COMENTÁRIOS À LEI ORGÂNICA DA **POLÍCIA CIVIL** DO **ESTADO** DO RIO DE JANEIRO E **LEGISLAÇÃO** CORRELATA

JAYME BERBAT FILHO
CLAUDIO ROBERTO PAZ LIMA

COMENTÁRIOS À LEI ORGÂNICA DA **POLÍCIA CIVIL** DO **ESTADO** DO **RIO DE JANEIRO** E **LEGISLAÇÃO** CORRELATA

(Lei Complementar n° 204, de 30 de junho de 2022)
Alterada pela Lei Complementar n° 211,
de 18 de outubro de 2023

Freitas Bastos Editora

Direitos exclusivos da edição e distribuição em língua portuguesa:

Maria Augusta Delgado Livraria, Distribuidora e Editora

Direção Editorial: *Isaac D. Abulafia*
Gerência Editorial: *Marisol Soto*
Diagramação e Capa: *Julianne P. Costa*

Dados Internacionais de Catalogação na Publicação (CIP) de acordo com ISBD

```
B484c     Comentários à Lei Orgânica da Polícia Civil do Estado do
          Rio de Janeiro e Legislação Correlata: Lei Complementar n°
          204, de 30 de junho de 2022 / Jayme Berbat Filho, Claudio
          Roberto Paz Lima. - Rio de Janeiro, RJ : Freitas Bastos, 2023.

            440 p. ; 15,5cm x 23cm

            Inclui bibliografia.
            ISBN: 978-65-5675-349-2

            1. Segurança pública. 2. Lei Orgânica. 3. Polícia Civil do
          Estado do Rio de Janeiro. I. Lima, Claudio Roberto Paz. II.
          Título.
2023-3139                                              CDD 363
                                                       CDU 351.75
```

Elaborado por Vagner Rodolfo da Silva - CRB-8/9410

Índices para catálogo sistemático:
1. Segurança pública 363.3
2. Segurança pública 351.75

Freitas Bastos Editora
atendimento@freitasbastos.com
www.freitasbastos.com

AGRADECIMENTOS

Jayme Berbat Filho

Agradeço, enternecidamente, aos meus amados pais: Jayme Berbat e Gracinda Cândida Marques Berbat, pois que a eles tudo devo; à minha avó, Fernanda Nogueira Marques (in memoriam), pelo amor e desvelo; ao meu tio Juvenil Dutra Berbat (in memoriam), minha referência! Agradeço à minha esposa, Cristiane de Sá Berbat, pelo companheirismo; aos meus filhos: Juliana, Leonardo, Manuela e Gabriela, na esperança de não lhes ter transmitido nenhum de meus muitos defeitos. Agradeço ao meu amigo, Marcelo Fernandes Rodrigues, pelas oportunidades profissionais; ao amigo Wladimir Sérgio Reale, decano da polícia judiciária brasileira, pelas oportunidades classistas; ao meu irmão Claudio Roberto Paz Lima, pela generosidade em secundar-lhe nesses comentários. Finalmente, agradeço às Polícias Civis do Rio de Janeiro e de São Paulo, por terem me permitido o cumprimento do santo dever: in sudore vultus tui vesceris pane.

AGRADECIMENTOS

Claudio Roberto Paz Lima

Agradeço a Deus pela força que me concedeu para lutar pelos meus ideais; aos meus pais, Francisco Ximenes Lima e Maria Hosana Paz Lima (in memoriam), pela vida, por minha formação moral e dedicação de uma vida inteira; à minha amada esposa, Silvia Regina Alfradique, pelo apoio incondicional de todos os dias e pelo exemplo de luta e coragem que me inspira; ao meu dileto amigo, José Ricardo Bento Garcia de Freitas, que apoia os meus projetos literários; ao meu amigo, Paulo Passos Silva Filho, pelo valoroso apoio à minha trajetória profissional. Agradeço especialmente ao meu amigo, Jayme Berbat Filho, pela oportunidade de construirmos juntos esta obra da máxima importância para a nossa Gloriosa Polícia Civil.

NOTA DOS AUTORES

Os *Comentários* têm como finalidade precípua o estudo da Lei Complementar (LC) nº 204, de 30 de junho de 2022, denominada Lei Orgânica da Polícia Civil do Estado do Rio de Janeiro, que cuida da estrutura organizacional dessa instituição, das competências dos seus órgãos, bem como das atribuições, deveres, direitos e prerrogativas dos seus servidores.

Nas páginas subsequentes, os autores analisam os dispositivos da lei orgânica, cotejando-os com as leis e decretos em vigor, com o intuito de orientar os operadores do direito que lidam com matérias jurídicas afetas à Polícia Civil do Estado do Rio de Janeiro, destacando as alterações mais relevantes verificadas com o advento da LC nº 204/22, inclusive as suas própria modificações promovidas pela Lei Complementar nº 211, de 18 de outubro de 2023.

Em alguns pontos, os dispositivos da nova lei serão comparados, no que couber, com as normas previstas no Estatuto dos Policiais Civis do Rio de Janeiro (DL nº 218/75) e no seu Regulamento (Decreto nº 3.044/80), haja vista que ambos permanecem vigendo, no que concerne ao regime disciplinar e recursal, em conformidade ao art. 69 da LC nº 204/22.

De igual modo, será também mencionada a Lei Estadual nº 3.586, de 21 de junho de 2001, a qual dispõe sobre a reestruturação do Quadro Permanente da Polícia Civil do Estado do Rio de Janeiro, porquanto à luz do que declara, expressamente, a Resolução SEPOL nº 379 de 11 de julho de 2022, a precitada lei deveria ter sido revisada, conquanto não tenha sido até o lançamento desses *Comentários*, em prazo não superior a 365 dias, em observância ao que foi instituído no parágrafo único do art. 66 da LC nº 204/22, de maneira que, interpretando-se *a contrario sensu* a disposição legal referida, infere-se que ela permanece em vigor até ulterior alteração, haja vista que o prazo mencionado é impróprio, não ensejando qualquer sanção a sua inobservância.

Logo, o escopo deste trabalho consiste em tornar conhecido, de modo didático, o texto da LC n° 204/22, por meio de interpretação sistemática, em que todos os seus artigos serão analisados *de per si*, de forma clara e objetiva, cotejados, no que couber, com as disposições constitucionais, legais e regulamentares que com eles se relacionem, em espírito de reverência para com a grandiosidade desta instituição bicentenária, tendo como norte a preocupação de ser útil aos eventuais consulentes.

Ademais, somos coevos da era da informação, em que mais do que nunca os servidores públicos têm a necessidade de conhecer seus direitos, vantagens, deveres e prerrogativas funcionais; conhecer-lhes o fundamento legal que serve de supedâneo ao exercício de suas legítimas pretensões perante à Administração Pública, de maneira que os *Comentários* também se prestam a auxiliar o servidor policial tanto no exercício de seu múnus, como no conhecimento dos critérios alusivos às suas promoções funcionais e à reivindicação de seus direitos, tais como gozo de férias, licenças, abonos, formas de aposentadoria e outras vantagens.

Assim, animado pela ideia de servir como uma espécie de *vade mecum*, que possibilitasse ao consulente formular suas pretensões, em sede administrativa, como forma de empuxo aos policiais a fim de que se emancipem, e assumam a responsabilidade pela própria vida funcional, libertando-os dos grilhões do desconhecimento, apresenta-se, por meio de *QR Code*, as disposições legais e regulamentares mais importantes atinentes a esses assuntos, a par da abordagem prática, por meio da qual foram apresentados os documentos exigidos à instrução dos respectivos pleitos, a exemplo do que se deu com a aposentadoria voluntária, em que foi elencado o *check list* dos documentos necessários à sua concessão, na ocasião em que o policial tiver cumprido seus requisitos.

Por opção meramente didática, os *Comentários* foram desdobrados da seguinte maneira: a primeira parte abrangendo a introdução com enfoque na constitucionalização da Polícia Civil, bem como os Títulos I e II da LC n° 204/22, que tratam, respectivamente, das regras gerais alusivas à PCERJ e da principiologia que a informa, elaborada por Jayme Berbat Filho; ao passo que a segunda parte, mais copiosa, abrangendo os Títulos III, IV e parte do V, que tratam de toda a organização e do funcionamento da PCERJ, além do regramento relativo ao servidor policial, a partir de seu ingresso, por meio da posse em cargo público, precedido de aprovação em concurso público, passando pelos direitos e deveres que lhes são inerentes, pelas promoções funcionais, da lavra de Claudio Roberto Paz Lima.

Ao final, em uma terceira parte, os autores elaboraram, a quatro mãos, as glosas atinentes às disposições finais, além de conclusão em que se reconhece a importância do advento do diploma legal em estudo, conquistado após décadas de incansáveis e ingentes esforços das entidades de classe, ensejando a expectativa de que esse possa ter sido o primeiro passo de uma longa jornada rumo à emancipação da PCERJ, tornando-a mais transparente, republicana, cidadã e apta aos desafios postos pelos novos tempos, que reclamarão por uma Polícia Civil cada vez profissional e voltada à consecução do interesse da coletividade a que ela serve.

Sabedores que diversas disposições da novel Lei Orgânica carecem de regulamentação, os autores realizaram uma abordagem acerca dessas lacunas normativas, a exemplo da imperiosa modificação da Lei Estadual n° 3.586/2001, relativamente ao Quadro Permanente da Polícia Civil. Nesse sentido, esta obra servirá como um norte também para aqueles que anseiam por essas mudanças, assim como para as autoridades empenhadas nesse mister.

Finalmente, os *Comentários* se deram ao influxo da admoestação de Ramalho Ortigão, "*devo dizer que nunca tive nem terei jamais a mais leve ideia de ensinar a mínima coisa ao ínfimo dos viventes,*" de maneira que as linhas que se seguem têm a nota da despretensão.

SUMÁRIO

1ª PARTE

Por Jayme Berbat Filho

1. CONSTITUCIONALIZAÇÃO DA POLÍCIA CIVIL

A Polícia Civil do Estado do Rio de Janeiro, assim como as Polícias Civis dos demais Estados e do Distrito Federal, tem por incumbência o exercício das funções de Polícia Judiciária e a apuração de infrações penais, conforme assentado em norma constitucional, no capítulo atinente à Segurança Pública, nos termos do artigo 144, IV e § 4º da Constituição da República Federativa do Brasil, bem como, por simetria, nos artigos 183, I e 188, *caput*, da Constituição do Estado do Rio de Janeiro.

Destaca-se que a Constituição da República Federativa do Brasil, promulgada em 1988, foi a primeira a inserir a Polícia Civil em texto constitucional, de maneira que se fazem oportunas algumas notas acerca dessa inovação normativa.

A constitucionalização da Polícia Civil, certamente, se deve, ao menos em parte, à circunstância de se tratar de uma Constituição de tipo analítico ou prolixo ou extenso,[1] isto é, que trata de forma

---

[1] Em teoria constitucional adota-se esta classificação das Constituições, a saber: analíticas e sintéticas, reservando-se a esta última apenas assuntos materialmente constitucionais, isto é, que se relacionem exclusivamente à organização do poder estatal e ao catálogo de direitos fundamentais. Por todos, SLAIBI Filho, Nagib, *Direito Constitucional*. 3. ed. Forense, 2009, p. 17.

minudente de matérias eminentemente constitucionais, tais como a organização estatal, na qual a instituição policial civil se insere.

As constituições de cariz analítico se caracterizam pela pormenorização de seu regramento, e acabam por fixar balizas à legislação infraconstitucional que, supervenientemente, a regulamentará ou que, na hipótese de ser recepcionada, passará a tê-la como fundamento de validade.

No entanto, outro motivo para a constitucionalização da Polícia Civil decorre da magnitude que o tema segurança pública assumiu, hodiernamente, no debate público, tendo este assomado à cumeeira dos maiores desafios a serem arrostados pelo poder público, quer seja no Brasil, quer seja alhures.

Portanto, a Constituição buscou enfrentar o desafio em comento, o mais pungente da atualidade, estruturando um conjunto ordenado de órgãos policiais, isto é, dispondo-os sob a forma de sistema, e cometendo-lhes atribuições distintas e complementares entre si, visando à consecução dos elevados fins colimados pelo justo anseio à segurança pública, qual seja a preservação da ordem pública e da incolumidade dos bens jurídicos mais relevantes (vida, liberdade e patrimônio), os quais merecem receber uma especial modalidade de tutela estatal, ou seja, a tutela penal.

A constitucionalização da Polícia Civil, conforme acima indicado, consiste no apogeu de uma epopeia que remonta ao alvará de 10 de maio do ano de 1808, após a transferência da família real portuguesa para o Brasil, então elevado à condição de Reino Unido de Portugal e Algarves, mediante a criação da Intendência Geral de Polícia da Corte e do Estado do Brasil, considerado o ato de fundação da Polícia Civil do Estado do Rio de Janeiro.

Ao longo de sua existência, a Polícia Civil do Estado do Rio de Janeiro, doravante indicada por sua sigla, PCERJ, foi submetida a inúmeras alterações, sendo que, atualmente, a Lei Complementar (LC) nº 204, de 30 de junho de 2022, denominada Lei Orgânica da Polícia Civil do Estado do Rio de Janeiro (LOPCERJ), cuida da estrutura organizacional dessa instituição bicentenária, das competências dos seus órgãos, bem como das atribuições, deveres, direitos e prerrogativas dos seus servidores, de modo que se trata da lei de regência da *gloriosa Polícia Civil!*

Logo, se impõe o estudo do aludido texto legal, sem perder de vista todo o arcabouço jurídico em vigor, em que também se incluem decretos regulamentares; a par das regras legais que permanecem vigentes e preenchem lacunas da LC n° 204/22, a qual, evidentemente, não tem a possibilidade de albergar todas as situações atinentes à organização e ao funcionamento da PCERJ.

Por consequência, será levado a efeito a interpretação sistemática da LC n° 204/22, como forma de compreensão do sentido e do alcance das normas jurídicas que cuidam da PCERJ; sendo que o processo sistemático de interpretação legal consiste, nas lições de hermenêutica jurídica de Carlos Maximiliano *"em comparar o dispositivo sujeito à exegese, com outros do mesmo repositório ou de leis diversas, mas referentes ao mesmo objeto".*[2]

Ainda, impende esclarecer que, mediante a criação da Secretaria de Estado de Polícia Civil, cujo acrônimo é SEPOL, por força do art. 1° da LC n° 204/2022, consolidando a elevação do *status* da instituição ao primeiro escalão do Poder Executivo estadual, anteriormente levado a efeito, em caráter precário, pelos Decretos Estaduais 46.544 e 46.601, ambos de janeiro de 2019, passou-se a admitir ambas as designações, a saber: Polícia Civil do Estado do Rio de Janeiro (PCERJ) ou Secretaria de Estado de Polícia Civil (SEPOL).

Após a promulgação da Lei Complementar n° 204/2022, a Estrutura Básica da SEPOL foi novamente alterada, a fim de que pudesse se conformar ao texto legal em comento, por meio do Decreto n° 48.273, de 14 de dezembro de 2022, o qual passou a ser a espécie normativa regulamentar desta matéria.

Saliente-se que a Lei Orgânica da Polícia Civil, instituída por lei complementar, por força do art. 118, X, da CERJ, tem por escopo o estabelecimento das competências dos órgãos da referida instituição,

---

[2]   MAXIMILIANO, Carlos. *Hermenêutica e Aplicação do Direito*, 19. ed. Forense, 2003, p. 104.

apontando sua estrutura organizacional; os seus princípios institucionais, que lhe servem de bússola no exercício de suas atividades e na consecução de seus elevados fins; bem como os direitos, deveres e prerrogativas dos servidores, com vistas à atuação eficiente da instituição policial.

Ademais, a determinação para que a LOPCERJ fosse veiculada por espécie normativa primária, cujo processo de elaboração exige quórum qualificado (maioria absoluta, isto é, metade mais um do total dos membros do órgão colegiado), a saber, por meio de lei complementar, difere da disposição similar, em nível federal, conforme se depreende da leitura do art. 144, § 7° da CF/88, tendo o plenário do STF, no julgamento da ADI n° 2.314/RJ,[3] considerado constitucional o art. 118, X da CERJ/89.

Logo, faz-se intuitiva a noção de que a lei que organiza a PCERJ, fixando-lhe as competências de seus órgãos; cometendo-lhe funções para serem desempenhadas, muitas delas em caráter de exclusividade; estabelecendo os cargos que serão ocupados por seus servidores e o regime jurídico que define como estes se relacionam com a Administração Pública, mormente, no que concerne às prerrogativas, deveres, direitos e vantagens; se revista da forma de lei complementar à Constituição do Estado do Rio de Janeiro.

Aliás, quanto à especificidade da matéria veiculada por meio de lei complementar, geralmente essa é constituída por questões atinentes à organização do Estado e do funcionamento de seus órgãos, o que justifica que ela seja submetida a processo legislativo mais rigoroso de elaboração e alteração, invocamos o comentário de Miguel Reale, em suas luminosas *Lições Preliminares de Direito*, segundo o qual, lei complementar à Constituição "é uma lei pertinente à estrutura do

---

3   ADI n° 2.314/RJ, julgamento em 17/06/2015, seguindo-se transcrição da respectiva ementa: *"POLÍCIA CIVIL – REGÊNCIA – LEI – NATUREZA. A previsão, na Carta estadual, da regência, quanto à polícia civil, mediante lei complementar não conflita com a Constituição Federal."*

Estado ou de seus serviços, leis, portanto, de organização básica, que exigem maioria absoluta para sua aprovação ou revogação".[4]

Assim, a clareza meridiana do disposto no inciso XVI, do art. 24 da CRFB/88, deixa estreme de dúvida que as normas que tratam da organização, garantias, direitos e deveres dos policiais civis são de competência legislativa concorrente entre a União Federal e os Estados.

Nesse compasso, tem-se que a promulgação da LC n° 204/22 decorre da regular atividade legiferante estadual, como manifestação de competência legislativa concorrente dos Estados-membros, do Distrito Federal e da União, sendo esta última apenas no que tange às normas gerais *ex vi* do § 1°, XVI, do art. 24 da CF.

Nessa senda, por exigência constitucional, o Projeto de Lei Complementar n° 55/2021, que culminou na promulgação da Lei Complementar n° 204/2022, objeto desses *Comentários*, foi de iniciativa do Governador do Estado do Rio de Janeiro, tendo sido enviado à Assembleia Legislativa do Estado, por meio da mensagem n° 33/2021.

O referido projeto de lei recebeu centenas de emendas dos deputados estaduais, que incrementaram, sobremaneira, o texto legal, haja vista que o texto original se atinha a tratar apenas dos aspectos organizacionais, não havendo nenhuma regra de valorização do servidor policial, o que ensejou um amplo debate por todas as entidades de classe das carreiras policiais, em audiências públicas ocorridas durante o respectivo processo legislativo.

Em seguida, o projeto de lei em apreço foi submetido ao rigoroso processo de votação e aprovação, isto é, pela maioria absoluta dos deputados estaduais; sancionado pelo governador do Estado com vetos, os quais foram derrubados pela Assembleia Legislativa e, finalmente, promulgada.

Eis, após longo decurso de tempo, a Lei Orgânica da PCERJ, aqui apresentada de modo a permitir a análise de cada um dos dis-

---

4   REALE, Miguel. *Lições Preliminares de Direito*, 27. ed. 4ª tiragem, Editora Saraiva, 2004, p. 165.

positivos legais que a compõem, relacionando-a a sua matriz constitucional, proclamada no art. 144, IV, § 4° da CF/88.

1.1. Estruturação da Lei Orgânica da Polícia Civil do Estado do Rio de Janeiro – LOPCERJ

Antes de adentrarmos os comentários ao texto legal, é importante discorrer acerca da estrutura da Lei Complementar em estudo, compreender de que maneira as diversas matérias foram dispostas, de como foram organizadas em títulos distintos, enfim, dar uma visão panorâmica do diploma legal em apreço, a fim de que tenhamos ideia da sua amplitude e da magnitude dos assuntos nela tratados para a PCERJ.

A LOPCERJ dispõe de cinco títulos, nos quais as matérias foram divididas, conforme abaixo discriminados.

O **Título I**, conquanto inominado, que compreende os artigos 1° ao 7°, poderia ser cognominado de "disposições preliminares", uma vez que precede todos os demais e estabelece as linhas gerais da instituição.

São apresentados os seguintes tópicos: conceito legal da PCERJ; a exclusividade do exercício das funções de polícia judiciária e sua condição de garantidora e indutora dos direitos fundamentais; as competências de seus órgãos; a indelegabilidade de suas funções, as quais lhe foram constitucionalmente deferidas; a interação da instituição com os demais órgãos do Sistema de Segurança Pública (instâncias formais de controle social) e demais instâncias informais de controle social; e o conceito de Policiais Civis, isto é, espécie do gênero servidor público, cujas especificidades de suas funções justificam que sejam tratados de maneira diferenciada dos servidores em geral.

Ainda, o conceito legal da PCERJ foi gizado, por meio da análise de seus elementos estruturantes, de maneira a permitir a compreensão do seu significado e sua posição de relevo na ordem constitucional.

Ademais, cuidou-se de dar a conhecer a equivocidade conceitual decorrente da separação das noções de funções de polícia judiciária e de apuração de infração penal, engendrada por interpretação estritamente literal da redação do disposto no § 4°, do art. 144 da CRFB/88, que, com efeito, constitui-se em expressão expletiva, empregada com o intuito de enfatizar seu significado, isto é, repetindo-a com outras palavras a fim de afirmá-la.

Por certo, o não reconhecimento da univocidade das noções de funções de polícia judiciária e apuração de infração penal, conforme será exposto no capítulo próprio, demonstra o esquecimento da natureza jurídica daquela, a saber: etapa inicial da apuração do fato aparentemente infringente da norma penal, haja vista a necessidade de viabilização da persecução criminal em Juízo, como forma de exercício do poder punitivo estatal, que se dá de maneira indireta, mediante o devido processo legal; como de sua origem histórica, no exórdio da formação do regime jurídico-político do Estado de Direito, impedindo a incoação de ação penal temerária, em obsequiosidade às garantias inerentes à dignidade humana.

De igual modo, analisou-se o inquérito policial, que é a documentação da apuração da infração penal ou instrumento pelo qual as funções de polícia judiciária se consubstanciam, mediante a exposição das alterações legislativas e jurisprudenciais recentes, alusivas às adaptações de suas características, notadamente, no que tange ao exercício do direito de defesa, ainda na fase extrajudicial, como maneira pela qual as funções de polícia judiciária se conformam às garantias constitucionais, possibilitando que o Estado-investigação se adeque aos parâmetros do devido processo legal, que se estende à investigação criminal.

O **Título II** compreende os artigos 8° e 9°, dispondo sobre os fundamentos e princípios regentes da PCERJ, bem como seus símbolos institucionais: hino, bandeira, brasão e distintivo.

Assim, expostos propedeuticamente o conceito, a função e a classificação dos princípios, relativamente às disciplinas científicas, os quais conferem grau mais elevado de certeza às suas proposições, sem qualquer deslustre ao conhecimento empírico, e mesmo vulgar, porquanto todos são, cada um a seu modo, fontes de conhecimento, que norteiam o homem em sua jornada cognoscitiva, foram comentados os princípios gerais da Administração Pública e os princípios institucionais peculiares à PCERJ.

O **Título III**, de grande amplitude, nos artigos 10 ao 33, trata da organização administrativa da PCERJ e do seu funcionamento.

Destaca-se a inovação legislativa prevista na subseção única do Capítulo II (art. 27 ao 29), alusiva à circunstância de que a PCERJ é a primeira instituição pública a prever, em sua lei orgânica, a sindicância patrimonial, importante ferramenta de apuração de enriquecimento ilícito de servidores públicos.

A propósito, o procedimento de perscrutação patrimonial em questão, por implicar em novidade no ordenamento jurídico pátrio, ainda é pouco conhecido e, lamentavelmente, pouco aplicado na Administração Pública.

Adscreve-se, por oportuno, que a previsão da sindicância patrimonial, conforme acima assinalado, corresponde à inequívoca demonstração do compromisso da PCERJ com a moralidade administrativa (art. 37 da CF), dando exemplo às demais instituições que também deveriam priorizar o combate à corrupção entre seus integrantes, o que a coloca, uma vez mais, na vanguarda.[5]

Ademais, cabe mencionar o recentíssimo advento da LC n° 211, de 18 de outubro de 2023, que alterou alguns dispositivos da LC n° 204/2022, levando a efeito relevante inovação no que tange à composição do Conselho Superior de Polícia, inserindo nele, na quali-

---

[5]   No que tange ao seu conhecimento teórico e prático, recomenda-se o *Manual de Sindicância Patrimonial: apuração de enriquecimento ilícito*, LIMA, Claudio Roberto Paz, FREITAS, José Roberto Bento Garcia e RICIARDI Júnior, Marco Antônio S., 2ª edição, Editora Freitas Bastos, 2022. Ainda, acerca da perscrutação patrimonial, recomenda-se a leitura de *Sindicância Patrimonial: Sobre a Apuração de Enriquecimento Ilícito pela Administração Pública*, de MAINIER, Paulo Enrique, in *Controle de Legalidade da Administração Pública Diálogos Institucionais*, pág. 111 a 136, Editora Foco, 2022, em que o procedimento em comento é analisado com precisão conceitual e exposição das mais importantes decisões jurisprudenciais acerca do tema.

dade de membros efetivos extraordinários, os Comissários de Polícia Civil e os ocupantes de cargos técnico-científicos, estes últimos da classe mais elevada, conforme dispõe o art. 31, §4°, I e II da LC n° 204/22, acrescentado pela LC n° 211, de 18 de outubro de 2023.

O **Título IV**, de particular importância para os servidores públicos policiais, compreendido do artigo 34 ao 59, desdobrando-se nos seguintes capítulos: ingresso; estágio probatório; direitos, prerrogativas e garantias; promoções, sendo este último dividido nas seções: promoção por antiguidade e por merecimento; bem como da promoção por bravura e *post mortem*.

Há que se registrar, por imperativo de consciência, o inegável avanço do texto da lei orgânica, mercê dos ingentes esforços envidados pelas incansáveis entidades de classe, durante o processo legislativo, no que tange às promoções funcionais, principalmente, ao prestigiar a promoção por antiguidade, especialmente, à classe mais elevada das respectivas carreiras policiais.

Com efeito, a inovação aludida no parágrafo anterior torna a PCERJ mais consentânea ao Departamento de Polícia Federal (DPF) e aos Ministérios Públicos estaduais, os quais há muito aboliram a promoção por merecimento, a qual, lamentavelmente, não raro, se desnatura no compadrio e na premiação da sabujice; ressalvados, evidentemente, os casos (e não são poucos) que não se ajustam nesta crítica e em que servidores são promovidos por merecimento, tendo em vista os relevantes serviços prestados à sociedade.

Outro ponto que merece destaque se refere aos critérios objetivos da promoção por bravura, cujos abusos que houve em suas concessões são inegáveis e macularam, sobremaneira, a PCERJ; assim como a circunstância de torná-la mais abrangente, compreendendo as investigações complexas e, destarte, permitindo-a aos peritos, no exercício de seus importantíssimos ofícios, bem como aos demais policiais, que conquanto não tenham atuado, propriamente, com intrepidez, se exceleram no exercício de suas atribuições funcionais, desvendando crimes complexos.

Ainda, outro aspecto da mais alta relevância consiste na parte que enuncia, dentre os direitos dos policiais civis, a aposentadoria especial, em que são analisadas as distintas hipóteses de aposentação com seus respectivos critérios e requisitos, os quais são diferenciados da generalidade dos servidores públicos.

Assim, tem-se a exposição das regras previdenciárias aplicáveis ao policial civil investido no cargo antes do advento da Emenda Constitucional n° 90/2021 (reforma previdenciária do regime próprio dos servidores públicos estaduais do RJ) e da Lei Complementar – RJ n° 195/2021, que a regulamentou e que se diferencia das regras aplicáveis àqueles que ingressarem no serviço público policial após a reforma constitucional citada.

A par da menção às regras transitórias, previstas nas EC n° 90/2021 e 94/2021, que mitigaram os efeitos draconianos da imposição de piso etário para a aposentadoria dos policiais civis, permitindo-lhes, desde que satisfeitos certos requisitos de acréscimo de tempo de serviço ("pedágio"), a aposentadoria voluntária com proventos integrais e paridade com os servidores ativos, no que concerne aos reajustes dos respectivos estipêndios.

O Título V, que se estende do artigo 60 a 74, cuida das disposições gerais, transitória e finais.

Adianta-se que, nas disposições finais, restou estabelecido que as mudanças necessárias à organização do quadro permanente da PCERJ deverão ser levadas a efeito em prazo não superior a 365 (trezentos e sessenta e cinco) dias, prevendo, inclusive, a unificação dos cargos de Inspetor de Polícia e Oficial de Cartório, em Oficial de Polícia, bem como a exigência da escolaridade superior para o ingresso na carreira de Investigador Policial, regulamentação esta que até a publicação deste compêndio ainda não ocorreu.

Em relação às vantagens, é também imprescindível consignar o teor do parágrafo único do artigo 73, a saber: "*Até a edição de novo Decreto do Governador, os direitos e vantagens previstos na presente Lei Complementar continuarão a ser regulamentados, no que couber, pelo Decreto Estadual n° 3.044, de 22 de janeiro de 1980.*"

Por conseguinte, os direitos e as vantagens contemplados na LOPCERJ que, porventura, não existam no decreto aludido no parágrafo anterior, terão de ser regulamentados, porquanto se constituem em normas jurídicas de aplicação imediata, porém, de eficácia contida, de maneira que, em tese, somente serão aptos à produção de seus efeitos quando sobrevierem espécies normativas que os regulamentem, sem embargo de eventual recurso ao Poder Judiciário, em sede de mandado de injunção, na hipótese de previsão constitucional do direito pretendido e ainda não regulamentado, quer seja por mora do Poder Executivo, quer seja do Poder Legislativo, à luz do que estatui o art. 5°, LXXI da CRFB/88.

2. POLÍCIA CIVIL – INSTITUIÇÃO DEMOCRÁTICA E PERMANENTE DE SEGURANÇA PÚBLICA

Art. 1° - A Polícia Civil do Estado do Rio de Janeiro, instituição democrática e permanente de Segurança Pública, dever do Estado, subordina-se, na forma do artigo 144 da Constituição da República Federativa do Brasil e artigo 184 da Constituição do Estado do Rio de Janeiro, diretamente ao Governador do Estado do Rio de Janeiro, sendo Secretaria de Estado órgão integrante do sistema de segurança pública estadual, consoante o inciso I do artigo 183 da Constituição do Estado do Rio de Janeiro.

O artigo 1° da LC n° 204/2022 apresenta o conceito legal da Polícia Civil do Estado do Rio de Janeiro (PCERJ), formado por seus elementos estruturais, que ora se enumeram: i) instituição; ii) democrática; iii) permanência; iv) segurança pública; v) subordinação direta ao Governador do Estado e vi) integrante do sistema de segurança pública.

O tentame de analisar o conceito legal precitado, decompondo-o em suas partes estruturais, não se deu sem se levar em consideração a fugacidade de tudo o que diz respeito ao que é humano e da rapidez com que tudo se modifica em nosso derredor, o que torna inglória a tarefa de gizar definições num mundo sujeito a transformações inescapáveis, em decorrência do inelutável decurso do tempo e de suas inexoráveis modificações.

No entanto, motivados pelo que Charles Sanders Peirce ensina, temos que *"a função dos conceitos é reduzir a multiplicidade das im-*

pressões sensíveis à unidade" e que *"a unidade à qual o entendimento reduz as impressões é a unidade de uma proposição".*[6]

Assim, inspirados no cânone da lógica transcrito no parágrafo anterior, passemos à disquisição do artigo 1° da LC n° 204/22 visando à formulação de proposição que configure, em seus contornos e em suas nuanças, o conceito de Polícia Civil do Estado do Rio de Janeiro.

A importância do art. 1°, no que concerne ao exame do diploma legal em comento, salta à vista, porquanto ele se constitui como uma espécie de sinopse da própria Lei Orgânica, na medida em que condensa seus elementos estruturais, os quais serão adiante conceituados.

2.1. Conceito de Instituição

Instituição, em vernáculo, comporta várias acepções, sendo que, a que ora interessa, é aquela que realça o seu aspecto político e administrativo, isto é, no sentido de organização que exerce o poder soberano estatal ou *jus imperii*, na consecução dos fins e na promoção dos valores que alicerçam e preservam a sociedade de indivíduos livres, sob o império da lei ou *rule of law*, que caracteriza o regime jurídico político intitulado de Estado de Direito, sendo que, nesta acepção específica, poder-se-ia afirmar que o vocábulo em comento se refere "às organizações fundamentais de um Estado ou de uma nação. Estas instituições são os órgãos do poder soberano no território em questão".[7]

Todavia, sob o prisma estritamente técnico jurídico, o conceito alude às noções de entidade ou pessoa jurídica de direito público, de órgão público e de autoridade pública, os quais constituem o

---

6   PEIRCE, Charles Sanders. Sobre *Uma Nova Lista de Categorias*, tradução Anabela Gradim Alves, Universidade da Beira Interior, Sec. 4. Disponível em: http://www.bocc.ubi.pt/pag/peirce-charles-lista-categorias.pdf. Acesso em 25/09/2022.

7   INSTITUIÇÃO. In: DICIO, *Dicionário Online de Português*. Porto: 7Graus, 2022. Disponível em: https://conceito.de/instituicao. Acesso em 12/11/2022.

arcabouço conceitual da estrutura organizacional da Administração Pública.

Nesse diapasão, o Estado do Rio de Janeiro é entidade estatal ou pessoa jurídica de direito público; ao passo que a PCERJ, transformada em SEPOL, seria órgão público autônomo integrante da Administração Pública daquele, incumbida das funções de polícia judiciária e, finalmente, o delegado de polícia seria a autoridade policial.

A propósito, convém trazer à colação a conhecida classificação dos órgãos públicos proposta por Hely Lopes Meirelles, pelo critério da posição ocupada no âmbito da estrutura governamental e administrativa, ensinada com o rigor conceitual que lhe caracteriza e a singeleza própria daqueles que têm o domínio do ramo do saber que expõem, que os considera de quatro espécies, a saber: independentes, autônomos, superiores e subalternos, exemplificando as Secretarias de Estado, subordinadas diretamente aos Chefes dos respectivos Poderes Executivos, como órgãos autônomos, o que se ajusta, perfeitamente, à SEPOL.[8]

Logo, faz-se oportuno que se façam algumas notas acerca do conceito de órgão público, haja vista que este seria a natureza jurídica da instituição Polícia Civil.

O conceito legal de órgão público se encontra expresso no inciso I, do parágrafo 2°, do art. 1° da Lei n° 9.784/99, a saber: "§ 2° *Para os fins desta Lei, considera*(m)-*se*: *I* - órgão - a unidade de atuação integrante da estrutura da Administração direta e da estrutura da Administração indireta."

Deste modo, verifica-se que o conceito de órgão público, previsto no dispositivo legal em comento, hauriu da doutrina sua formulação, bastando que se perlustre as exposições dos mais conspícuos administrativistas, quer em plagas nacionais, quer alhures, ao menos

---

[8]   MEIRELLES, Hely Lopes. *Direito Administrativo Brasileiro*, 28. ed. Malheiros Editores, atualizada por Eurico de Andrade Azevedo, Délcio Balestero Aleixo e José Emmanuel Burle Filho, 2003, p. 69 e 70. No mesmo sentido, isto é, adotando a mesma classificação, notadamente, no que diz respeito às Secretarias de Estado, DI PIETRO, Maria Sylvia Zanella, *Direito Administrativo*, 12. ed. Editora Atlas, 2000, p. 413.

dentre os juristas lusófonos, para que se chegue a esta constatação, apresentando-se, por todos, a definição de Marcelo Caetano, conforme se transcreve:

> *O órgão faz parte da pessoa coletiva (pessoa jurídica), pertence ao seu ser, exatamente como acontece com os órgãos da pessoa humana. É através de seus órgãos que a pessoa coletiva conhece, pensa e quer. O órgão não tem existência distinta da pessoa; a pessoa não pode existir sem órgãos.*[9]

Assim, tomando de empréstimo às Ciências Biológicas a noção de órgão, adotou-se, em direito público, a teoria do órgão, tendo esta encontrado sua formulação definitiva na obra do publicista alemão Otto Gierke, como a mais apropriada e científica para explicar a atuação do Estado, na qualidade de pessoa jurídica, por seus agentes, isto é, pelas pessoas físicas incumbidas de agirem nesta condição, rejeitando, portanto, as teorias importadas do direito comum, tendo a teoria do órgão sido amplamente reconhecida e adotada.

2.2. Instituição democrática

Subseguem, por oportuno, algumas anotações relativamente ao conceito de instituição democrática. Com efeito, poucas palavras foram usadas tão indevidamente, ao ponto de, por vezes, ser empregada em sentido diametralmente oposto, como o adjetivo "democrático!"

Regimes políticos ostensivamente ditatoriais, em que os direitos mais elementares são flagrantemente violados, se intitulam, não sem certa desfaçatez, de "populares" ou "democráticos!"

Por conseguinte, no tentame de se conferir algum sentido ao vocábulo em apreço, visto ser ele uma das características da PCERJ, recorre-se ao clássico *Sobre a Democracia*, de Robert Dahl, em que

---

[9] *Apud* MEIRELLES, Hely Lopes. *Op. Cit.* p. 68.

ao constatar a impossibilidade de um conceito acabado que tenha o condão de definir o que venha a ser democracia, opta por concebê-la sob a forma de um processo, no qual se verifique a presença de cinco critérios, quais sejam: *"participação efetiva; igualdade de voto; entendimento esclarecido; controle do programa de planejamento e inclusão de adultos."* [10]

Impende destacar que para Dahl os regimes políticos se apresentam sob a forma de gradiente, no que tange às características acima elencadas, isto é, há formas de governo mais ou menos democráticas do que outras, na medida em que adotem com maior ou menor amplitude as características nominadas.

Em sentido semelhante, isto é, reconhecendo a impossibilidade de formulação de conceito de instituição democrática, na condição ou qualidade de subconjunto do Estado Democrático de Direito, Guillermo O'Donnell inculca que tal conceito deve ser buscado por aproximação, tendo em vista que sua definição seria algo evasiva, o que impossibilitaria afirmações categóricas a seu respeito. [11]

Em face do que foi acima demonstrado, por meio da invocação dos estudos dos mais conspícuos pensadores da democracia contemporânea, em vez de tentarmos formular um conceito fechado do que seja uma Polícia democrática, se revela mais útil que se examine a transformação pela qual a instituição policial passou ao longo dos séculos até os dias atuais, como recurso para a compreensão do significado de Polícia democrática e suas implicações.

Inicialmente, a Polícia agia, exclusivamente, na consecução do pacto social, permitindo a convivência em sociedade, na qualidade de mantenedora da ordem pública, coibindo as variadas formas de perturbação social, visto que o homem, conquanto seja ser social, não é

---

[10]   DAHL, Robert. *Sobre a Democracia,* tradução de Beatriz Sidou, editora UNB, 2001, páginas 49 e 50.

[11]   O'DONNELL, Guillermo A. *Democracia Delagativa?* Novos Estudos Cebrap, n° 31, p. 25-40, 1991. Disponível em: biblio.fflch.usp.br/O_Donnell_GA_5_824139_DemocraciaDelegativa.pdf. Acesso em: 16 ago. 2023.

gregário, como o são certos animais, notadamente, alguns tipos de insetos, tais como as abelhas e os cupins, isto é, não obstante, o homem persiga seus interesses pessoais, por vezes em detrimento do direito de outrem, não prescinde da convivência com os seus semelhantes.

E eis aí a contradição fundamental do homem, que a um só tempo é solitário e solidário, egoísta e altruísta; e o corolário dessa concepção, relativamente, à importância de que a ordem social e política tenha a liberdade como bem primacial a fim de que o homem realize o potencial de sua humanidade, na linha de raciocínio das imorredouras páginas do magistral opúsculo *Entre os Cupins e os Homens.*[12]

Ora, desta tensão decorre, inescapavelmente, a necessidade de contenção de abusos de direitos e de toda sorte de atos lesivos a bens jurídicos necessários à convivência social, ao qual se lhes outorga a tutela penal; daí a polícia ser *"indispensável à prevenção da criminalidade e à segurança da disciplina social".*[13]

Demais disso, nos primórdios de nossa jornada civilizacional, a ação da Polícia enfatizava, especificamente, seu aspecto repressivo, tendo evoluído para a condição de prestadora de serviço de segurança pública, ou seja, afastando-se da antipática posição de órgão público meramente repressor para a condição de prestador de auxílio aos cidadãos; evidentemente que a par do exercício das funções que lhe são próprias.

Logo, tendo em vista que, em certos lugares, o Estado somente se faz presente por meio da Polícia, sendo esta, não raro, a primeira repartição pública à qual os cidadãos têm acesso a qualquer hora e que não se cinge mais a apenas atuar na prevenção e repressão criminais, senão que também na orientação dos cidadãos e na mediação de conflitos, constata-se, hodiernamente, a ação policial mais próxima dos usuários do serviço de segurança pública. Não por acaso esta lei orgânica inclui, em seu rol de competências, no inciso XXX,

---

[12]   LEME, Og Francisco. *Entre os Cupins e os Homens,* José Olympio Editora, RJ, 1988.

[13]   TORNAGHI, Hélio. *Instituições de Processo Penal.* Vol. 2. 2. ed. Editora Saraiva, 1977, p. 201.

do art. 4º, que a PCERJ mantém *"serviço diuturno de atendimento à população, podendo ser realizado o atendimento virtual em casos específicos não emergenciais"*, de modo que o serviço policial não sofre solução de continuidade.

Essa evolução na forma do exercício da atividade policial, deu ensejo ao policiamento de proximidade e às diversas modalidades de policiamento comunitário; no entanto, guardam pouca pertinência no que concerne ao exercício da função de polícia judiciária, isto é, da investigação criminal, haja vista que se atêm ao contexto da polícia territorial, na sua interação com os conselhos comunitários na resolução de problemas locais que, não raro, transcendem às funções estritamente policiais.

Portanto, adscreve-se que se nos afigura mais apropriado que se extraia do adjetivo em comento a noção de que ele signifique o conjunto de valores que alicerçam a cultura ocidental, tanto em sua raiz greco-romana, como em sua base judaico-cristã, na síntese civilizacional que culminou na Declaração de Independência dos Estados Unidos, na Declaração dos Direitos do Homem e do Cidadão e, finalmente, na Declaração Universal dos Direitos Humanos.

Aliás, a principiologia que informa o exercício da função policial, por expressa disposição do rol axiológico proclamado nas alíneas do art. 3º da LC nº 204/22, reforça o compromisso da PCERJ com todos os valores civilizatórios que nos foram legados e que servem de influxo ao exercício das funções de polícia judiciária.

2.3. Instituição permanente

Outra noção estrutural do conceito legal da PCERJ, extraída do artigo em comento, diz respeito à noção de permanência, isto é, à *"qualidade ou condição do que dura longo tempo"*,[14] ou seja, daquilo que é definitivo, o que, por sua vez, implica na característica de instituição que não pode ser extinta ao alvedrio de gestores ocasionais!

---

[14]   PERMANÊNCIA. Aulete digital. Disponível em: https://www.aulete. com.br/perman%C3%AAncia. Acesso em 12/12/2022.

Indene às propostas atabalhoadas dos demagogos que, eventualmente, assumam posição de relevo na estrutura governamental.

Tal qualidade é apanágio da instituição policial, porquanto paira sobranceira na organização estatal, tendo em vista a relevância das atividades que exerce, as quais são absolutamente vitais à existência de quaisquer grupamentos humanos; cuja função social transcende aos indivíduos que a integram e, sobretudo, ao arbítrio e, por que não dizer, aos caprichos de seus gestores eventuais.

Com efeito, outro traço da noção de permanência decorre da profissionalização da Polícia Civil, a qual é formada por servidores públicos, ocupantes de cargos próprios de carreiras típicas de Estado, escolhidos dentre os aprovados em concursos públicos, isto é, ao menos, aparentemente, infensos às ingerências políticas. Isso tempera, sobremaneira, a circunstância de que a Polícia Civil é instituição subordinada, administrativamente, ao poder político, no caso, ao Governador do Estado.

Este, eleito pelo povo, evidentemente, tem a prerrogativa de fazer as escolhas das políticas públicas atinentes à atuação dos órgãos policiais, isto é, as políticas de segurança pública, desde que o faça, por óbvio, nos lindes dos ditames legais, o que reforça o caráter de permanência da Polícia Civil, máxime tendo em vista a constitucionalização do tema, por iniciativa da CRFB/88, o que restringe, de certa maneira, eventuais alterações e supressões, no âmbito infraconstitucional.

2.4. Instituição de Segurança Pública

Segurança pública, cujo conceito pode ser perscrutado do enunciado no *caput* do art. 144 da CF, o qual anuncia que ela é "*dever do Estado, direito e responsabilidade de todos*", tem a sua finalidade justificada na "*preservação da ordem pública e na incolumidade das pessoas e do patrimônio*".

Portanto, sua consecução se dá pelo exercício dos órgãos policiais, que exercem as funções que lhes são próprias sob a forma de integração a um sistema, isto é, um conjunto coerente e ordenado, em sentido de unidade, de componentes que se complementam, ou seja, o sistema de segurança pública.

Logo, poder-se-ia considerar que o constituinte lhe reconheceu a natureza jurídica de direito – "*direito e responsabilidade de todos*" –, cuja fruição se materializa, precipuamente, na prestação de um serviço público – "*dever do Estado*" –, levado a efeito pelos órgãos policiais que compõem o sistema de segurança pública, dentre os quais à Polícia Civil compete a função de apuração das infrações penais.

Aliás, a lei orgânica, neste ponto, repete a fórmula estatuída no art. 144 da CF, corresponsabilizando a sociedade no que concerne à segurança pública, adotando a noção jurídica dos "deveres fundamentais", sob a ótica dos indivíduos como seus destinatários, em relação de reciprocidade para com os deveres estatais, de modo que os cidadãos teriam o dever de obedecer às leis como obrigação a eles deferida visando à consecução do direito à segurança pública.

Seja dito de passagem, acerca do conceito jurídico dos "deveres fundamentais," que se trata de assunto que ainda goza de certo ineditismo na literatura jurídica pátria, porquanto, culturalmente, somos avessos a deveres e sôfregos por direitos, quando não por privilégios; daí que se alvitra a leitura do respectivo verbete, no *Diccionario Crítico de Los Derechos Humanos,* da lavra do jurista espanhol Gregorio Peces-Barba Martínez, em que eles são analisados à luz de erudito escorço histórico e em cotejo com categorias jurídicas das mais importantes matizes jusfilosóficas.[15]

Assim, impende gizar-lhe a definição e a disquisição de sua finalidade, a fim de que se estabeleça, com rigor terminológico, o conceito jurídico de segurança que interessa à compreensão da PCERJ e sua missão institucional.

---

[15]   PECES-BARBA. Gregorio. *Los Derechos Humanos y Los Deberes, in Diccionario Crítico de Los Derechos Humanos,* p. 43/56, Universidad Internacional de Andalucía. Sede Iberoamericana, Imp. y encuadernación: Impre-Or, España, 1ª ed.

Inicialmente, tendo em vista as inconveniências decorrentes da polissemia do vocábulo segurança, faz-se apropriado que se diferencie a noção de segurança *tout court* ou jurídica, mencionada no capítulo que trata dos direitos e deveres individuais e coletivos; do direito à segurança pública, objeto dessas considerações e que denomina capítulo do título dedicado à defesa do Estado e das instituições democráticas.

Dessarte, ao influxo de engenhosa glosa de Guilherme Nucci, tem-se que o direito à segurança pública, a que alude o *caput* o art. 144 da CF, não se confunde com o direito à segurança jurídica, proclamado no *caput* do artigo 5° da CF.[16]

Com efeito, o *caput* o art. 144 da CF corresponde ao direito da coletividade à paz social, cuja responsabilidade pela sua consecução transcende à atuação dos agentes públicos, isto é, as instâncias formais ou institucionalizadas de controle social, albergando também as instâncias informais ou difusas de controle social, por força do princípio jurídico da solidariedade, contemplado no inciso I do art. 3° da CF, na perspectiva da reciprocidade de responsabilidades.

Enquanto que o *caput* do artigo 5° da CF constitui direito individual, oponível em face de todos, tanto relacionado à garantia insculpida no inciso II do art. 5° da CF, como à garantia prevista no inciso XXXVI do art. 5° da CF.

Em relação à sua finalidade, o constituinte estabelece relação de causa e efeito entre os conceitos de segurança pública e de preservação da ordem pública, haja vista que infunde a ideia de que a consecução desta se dá pelo exercício daquela, por meio da atuação dos órgãos que compõem o sistema de segurança pública.

Ainda, não se pode olvidar, sobretudo pelos valores que servem de substrato à ordem constitucional vigente, que a preservação da ordem pública deve ser alcançada mediante estrita observância dos direitos fundamentais, isto é, do catálogo de direitos e garantias que caracterizam as Constituições dos povos civilizados.

---

[16] Guilherme Nucci. Segurança Pública. Disponível em: https://guilhermenucci.com.br/seguranca-publica-um-dever-de-todos/. Acesso em 17/03/2023.

Ademais, a manutenção da ordem pública, uma das finalidades da atuação dos órgãos policiais, sob a forma de prestação de serviço público, como maneira de concretizar a fruição do direito à segurança pública, constitui condição imprescindível à convivência social, haja vista que a liberdade absoluta é autofágica!

Por óbvio, as condutas que lesem ou ameacem lesar bens juridicamente relevantes, os quais recebem a tutela estatal com a imposição de sanções penais que atinjam até mesmo a liberdade ambulatorial, ou que conquanto não sejam lesivos, sejam socialmente censuráveis, têm de ser coibidas!

Os motivos das proibições aos comportamentos anteriormente mencionados são de duas ordens: quer por imperativo ético, isto é, em virtude do rol axiológico que serve de substrato ao arcabouço jurídico e institucional, em que se funda a sociedade politicamente organizada; quer por razões de ordem prática, visto que a ausência de regramentos teria o condão de desembocar no caos social, porquanto liberdade pressupõe ordem!

Por outro lado, conforme a definição acima apresentada, a organização da sociedade com proibições e condicionamentos à ação humana tem que ser apta a possibilitar a todos a realização de suas pretensões e interesses. Em outras palavras, a vida em sociedade, conquanto necessite de limitações e até mesmo de vedações, tem que assegurar a observância dos direitos fundamentais, os quais são inerentes ao homem e antecedentes ao pacto social.

Em linguagem algo poética, na fórmula encontrada pelos Pais Fundadores da grande nação americana, no preâmbulo de sua notável Declaração de Independência do Império Britânico, subscrita pelas Treze Colônias, em 1786, a vida em sociedade tem de assegurar o direito inalienável à "busca da felicidade!

Seguindo-se o trecho deste maravilhoso manifesto por uma sociedade livre: "*São verdades autoevidentes, que todos os homens são criados iguais, e que são dotados por seu Criador de direitos inalienáveis, dentre os quais: a vida, a liberdade e a busca da felicidade.*" (Em tradução livre)[17]

---

[17]   *"We hold these truths to be self-evident, that all men are created equal, that they are endowed by their Creator with certain unalien-*

Quanto à outra finalidade da segurança pública, a saber: inco-lumidade das pessoas e dos bens, o significado lexicográfico do vo-cábulo "incolumidade", segundo o *Dicionário Online de Português*, é *"particularidade, característica ou condição de incólume (ileso ou inal-terado). Sem perigo; em que há segurança".*[18] Ainda, o aludido léxico apresenta o conceito jurídico do vocábulo em comento: *"Circuns-tância em que se está segurado e/ou salvaguardado; diz-se dos bens que se pretende salvaguardar."*[19]

Assim, cabe aos órgãos policiais salvaguardar, isto é, providen-ciar para que se deixem fora de perigo o direito à vida, à integridade física, à liberdade, em todas as suas formas de manifestação, e à pro-priedade, porquanto a experiência histórica demonstra à exaustão que as sociedades que preservaram esses direitos progrediram expo-nencialmente, sob o aspecto socioeconômico, a par de terem atin-gido patamares civilizatórios mais elevados e condignos à condição humana.

2.5. Subordinação direta ao Governador do Estado

O *status* de Secretaria de Estado e, *ipso facto*, sua subordinação direta ao Governador, isto é, ao Chefe do Poder Executivo estadual, constitui um dos elementos estruturais do conceito legal da PCERJ. Isto a distingue das Polícias Civis dos demais Estados, haja vista que, ordinariamente, as Polícias Civis são subordinadas, diretamente, às Secretarias de Segurança Pública, as quais, por seu turno, são subor-dinadas aos Governadores.

Assim, a elevação da PCERJ ao *status* de Secretaria de Estado, em caráter precário, se deu em período anterior à promulgação da

---

able Rights, that among these are Life, Liberty and the pursuit of Ha-ppiness". Acesso em 16/12/2022. https://www.archives.gov/founding--docs/declaration-transcript.

[18] INCOLUMIDADE. In: DICIO, *Dicionário Online de Português*. Porto: 7Graus, 2022. Disponível em: https://www.dicio.com.br/incolumida-de/. Acesso em: 12/12/2022.

[19] *Ibid.*

presente lei orgânica, tendo a aludida transformação ocorrido de forma algo atabalhoada, por meio do Decreto n° 46.544/2019, que extinguiu a Secretaria de Estado de Segurança e criou a Secretaria de Estado de Polícia Civil.

A partir do advento da LC n° 204/2022, esta passou a ser o fundamento legal de criação da SEPOL, a qual foi estruturada por meio do Decreto n° 48.273, de 14 de dezembro de 2022, que se tornou sua espécie normativa regulamentar.

Portanto, a previsão da subordinação direta da PCERJ ao Governador do Estado não ocorreu a partir da LOPCERJ, porquanto decretos anteriores, cuja legalidade é controvertida, expedidos a partir do ano de 2019, extinguiram a Secretaria de Segurança, em que se situava a PCERJ, elevando-a à condição de Secretaria de Estado de Polícia Civil (SEPOL).

Todavia, sua previsão, na LC n° 204/2022, ainda que ulterior aos controvertidos decretos, consolida a aludida elevação da PCERJ na estrutura governamental e, certamente, implica em sanatória do vício de sua forma de criação, porquanto se trata de matéria abrangida pela reserva legal, em observância ao disposto no inciso V, do art. 98 da Constituição do Estado do Rio de Janeiro.

O disposto neste artigo da Lei Orgânica, na parte atinente à subordinação das Polícias Civis aos Governadores dos Estados, também se coaduna com as disposições do § 4° do art. 144 da CRFB, de onde se extrai que a Polícia Civil é um órgão vinculado à Administração Pública direta dos Estados, a cuja missão precípua consiste na apuração de infrações penais.

2.6. Órgão integrante do Sistema de Segurança Pública

Compreendida a noção de segurança pública, isto é, seu conceito jurídico e sua finalidade à luz do art. 144 da CF, cabem algumas considerações acerca da noção de sistema.

Com efeito, o constituinte estabeleceu que o atendimento ao direito à segurança pública, na perspectiva de dever estatal, isto é, de prestação de serviço público, se dá por meio do exercício de diferentes e complementares funções policiais, através dos órgãos elencados nos incisos da norma constitucional acima aludida, os quais, por seu turno, formam o Sistema de Segurança Pública.

Deste modo, a característica da noção de sistema consiste na coerência entre os entes que o compõem; trata-se, portanto, de conjunto ordenado, em que as partes não estão apenas reunidas, senão que relacionadas entre si, reciprocamente jungidas, porquanto não são estanques, mas interdependentes.

Acrescente-se ao que foi expendido que o conceito jurídico de sistema, na lição de Geraldo Ataliba, fixado nas premissas tanto do reconhecimento de que a realidade é dotada de organicidade, como na constatação de que o pensamento humano é lógico, consiste no *"conjunto unitário e ordenado de elementos, em função de princípios coerentes e harmônicos"*.[20]

Ainda, realçando o aspecto da coordenação na noção de sistema, Geraldo Ataliba pontifica que *"os elementos de um sistema não constituem o todo, com sua soma, como suas simples partes, mas desempenham cada uma sua função coordenada com a função dos outros"*.[21]

A noção de que a segurança pública constitui um sistema, se revela importante no dia a dia da faina policial, em sua inglória tarefa de impedir e reprimir as infrações penais, que faz com que haja, por vezes e, lamentavelmente, não raro, superposição de órgãos no exercício das mesmas funções, ensejando ineficiência, desperdício de recursos públicos e sentimento de entropia entre os agentes públicos e os usuários dos serviços públicos que se relacionam com a preservação da ordem pública e a proteção das pessoas e dos patrimônios.

Com efeito, a CF dispõe sobre a Segurança Pública, no seu Capítulo III, do Título V (Da Defesa do Estado e Das Instituições

---

[20]   ATALIBA, Geraldo. *Sistema Constitucional Tributário Brasileiro*, Editora Revista dos Tribunais, 1968, p. 19.
[21]   *Ibid.*, p. 4.

Democráticas), sendo relevante destacar o estudo do artigo 144, relativamente às competências das polícias civis estaduais, a fim de que mais adiante possamos nos ater à organização da PCERJ.

Da disposição constitucional supramencionada importa extrair, para a finalidade a que se destinam esses *Comentários*, as competências dos órgãos policiais que compõem o sistema de segurança pública, no âmbito dos Estados-membros, em que se situa a PCERJ, os quais são organizados na forma da seguinte ilustração:

SISTEMA DE SEGURANÇA PÚBLICA COMPETÊNCIAS DOS ÓRGÃOS POLICIAIS – CRFB/88	
Polícias Civis	Art. 144 (...) § 4° - Às polícias civis, dirigidas por delegados de polícia de carreira, incumbem, ressalvadas a competência da União, as funções de polícia judiciária e a apuração de infrações penais, exceto as militares.
Polícias Militares e Corpos de Bombeiro	Art. 144 (...) § 5° - Às polícias militares cabem a polícia ostensiva e a preservação da ordem pública; aos corpos de bombeiros militares, além das atribuições definidas em lei, incumbe a execução de atividades de defesa civil.
Polícias Penais	Art. 144 (...) § 5° A - Às polícias penais, vinculadas ao órgão administrador do sistema penal da unidade federativa a que pertencem, cabe a segurança dos estabelecimentos penais.

Assim, faz-se imperiosa a observância, ao menos como regra geral, da especificação das tarefas cometidas a cada um dos órgãos policiais integrantes do aludido sistema, na forma descrita no quadro ilustrativo, a fim de que os direitos individuais sejam respeitados, tendo em vista que a atuação desses órgãos públicos, como expressão do poder de polícia coarcta, sobremaneira, as liberdades públicas.

Outro argumento para que os órgãos policiais atuem no âmbito de suas atribuições, na forma instituída na Constituição, se refere à consecução de um dos princípios regentes da Administração Pública, a saber, a eficiência (art. 37, *in fine*, da CF), haja vista que se trata de noção consabida a de que a especialização de uma tarefa tende a propiciar aos seus agentes a excelência na sua execução.

O art. 144 dispõe, ainda, no seu § 7°, que *"a lei disciplinará a organização e o funcionamento dos órgãos responsáveis pela segurança pública, de maneira a garantir a eficiência de suas atividades"*, em conformidade, portanto, com a principiologia que rege a Administração Pública pátria, deixando estreme de dúvida que esses órgãos compõem um sistema, em que a cada um deles é afetada, precipuamente, uma atividade, a qual será exercida de maneira coordenada com os demais.

Por derradeiro, repise-se que se ao constituinte originário aprouve enunciar a atividade de cada um dos órgãos policiais, este o fez visando a que os órgãos incumbidos desse mister se atenham a exercer as funções a eles cometidas e atuem de maneira coordenada, relativamente, à atuação dos demais.

3. INDEPENDÊNCIA FUNCIONAL E ADMINISTRATIVA DA POLÍCIA CIVIL

Art. 2° - À Polícia Civil, dentro de suas atribuições constitucionais, é assegurada independência funcional e administrativa, cabendo-lhe praticar atos próprios de gestão.

§ 1° - As decisões da Polícia Civil fundadas em sua independência funcional e administrativa, obedecidas as formalidades legais, têm eficácia plena e executoriedade imediata, ressalvadas as competências constitucionais e legais do Governador do Estado, do Poder Legislativo, do Poder Judiciário, do Ministério Público e do Tribunal de Contas.

§ 2° - A Polícia Civil encaminhará ao Governador sugestão de proposta orçamentária dentro dos limites estabelecidos na Lei de Diretrizes Orçamentárias.

§ 3° - A fiscalização contábil, financeira, orçamentária, operacional e patrimonial da Polícia Civil, quanto à legalidade, economicidade, aplicação de dotações e recursos próprios e renúncia de receitas, será exercida pela Assembleia Legislativa do Estado do Rio de Janeiro, com auxílio do Tribunal de Contas do Estado, segundo o disposto no Título IV, Capítulo I, Seção VIII da Constituição Estadual e, pela Controladoria Geral do Estado – CGE, mediante controle interno, por sistema próprio instituído por ato normativo.

Para afastar entendimentos equivocados, no que se refere à disposição do *caput* do artigo 2°, especialmente, no que tange à independência funcional e administrativa assegurada à PCERJ, tem-se que este artigo deva ser compreendido com certa reserva, mediante interpretação sistemática com as normas constitucionais, bem como alinhado aos entendimentos do STF alusivos ao tema.

É cediço que o artigo 144, § 6° da CF, cuja redação foi alterada, recentemente, pela EC n° 104/19, mediante o ingresso de um novo ator no proscênio da segurança pública, dispõe que as Polícias Militares, os Corpos de Bombeiros Militares, as Polícias Civis e as Polícias Penais subordinam-se aos Governadores dos Estados e do DF, de maneira que disposição legal em contrário incorreria na nódoa da inconstitucionalidade.

Ainda, faz-se imperioso registrar que tal atribuição de independência funcional e administrativa à PCERJ já foi levada a efeito em outros Estados da Federação, em suas respectivas leis orgânicas e até mesmo em suas Constituições estaduais, por meio de emendas, sendo objeto de demandas judiciais, ou seja, de ações diretas de inconstitucionalidade, ajuizadas perante o STF, no regular exercício do controle direto ou concentrado de constitucionalidade de leis e atos normativos.

A título de exemplo, temos a decisão do STF que, por unanimidade, invalidou a regra da Constituição do Estado de São Paulo, que conferia autonomia funcional, administrativa e financeira à admirável Polícia Civil paulista. A decisão foi tomada no julgamento da ADI n° 5.522, na sessão virtual encerrada em 18/02/2022.[22]

Todavia, o teor do artigo 2° da Lei Orgânica, em estudo, se harmoniza com a Constituição Federal, uma vez que ao assegurar à PCERJ independência funcional e administrativa, não afastou a sua subordinação ao Governador do Estado, notadamente, pelo fato de ter sido transformada em Secretaria de Estado, isto é, elevada à condição de órgão autônomo, na consagrada classificação dos órgãos públicos pelo critério da posição ocupada no âmbito da estrutura governamental e administrativa, já mencionada alhures desses *Comentários*.

Tanto isso é verdade que, esta mesma Lei Orgânica prevê, expressamente, nos seus artigos 1° e 6°, que a PCERJ é subordinada

---

[22] No mesmo sentido, isto é, declarando a inconstitucionalidade das normas que reconhecem a independência funcional e administrativa das Polícias Civis dos Estados e do DF, são as decisões nos julgamentos da ADI 5.520/SC e ADI 557/DF.

diretamente ao Governador, em reafirmação de sua posição ancilar à chefia do Poder Executivo estadual, o que, de certa forma, mitiga as aludidas independências administrativa e funcional e, por outro lado, a deixa escoimada de eventual vício de inconstitucionalidade.

3.1. Autoexecutoriedade dos atos da Polícia Civil

Esta disposição legal versa sobre a executoriedade imediata e a eficácia plena das decisões da PCERJ, tanto as de índole estritamente administrativas, como as que se relacionam aos atos de polícia judiciária, ou seja, sua atividade finalística, o que traduz uma das principais características dos atos administrativos, a saber: a autoexecutoriedade.

Entretanto, consigne-se que, conquanto os atos de polícia judiciária, os quais são espécie do gênero: ato administrativo, sejam, em regra, autoexecutórios, certos atos dessa espécie são heteroexecutórios, isto é, condicionam-se à apreciação prévia do Poder Judiciário a fim de que sejam viabilizados, especialmente, aqueles que implicam em constrição de direitos fundamentais, tais como a representação pela diligência de busca e apreensão domiciliar, prevista no § 1° do art. 240 do CPP, em sua interpretação conforme à disposição do contido no inciso XI, do art. 5° da CF; a representação pela interceptação de comunicações telefônicas, nos termos do art. 3°, I da Lei n° 9.296/95 e a prisão temporária, nos termos do art. 2° da Lei n° 7.960/89, cuja representação se restringe às situações excepcionais, a saber, crimes graves cometidos, em regra, mediante violência ou grave ameaça à pessoa, as quais se encontram elencadas no art. 1° da lei referida.[23]

Portanto, tão logo praticado o ato, evidentemente desde que obedecidas as formalidades legais, especificamente, no que tange à

---

[23]   Relativamente a esta classificação dos atos administrativos, em autoexecutórios e heteroexecutórios, por todos, COSTA. José Armando, *Fundamentos de Polícia Judiciária – Teoria e Prática*, Editora Forense, Rio de Janeiro, 1982, pp. 74/77.

presença dos elementos ou requisitos que compõem os atos administrativos, as determinações dos órgãos da PCERJ, tais como resoluções (espécie normativa secundária exclusiva do SEPOL), portarias e ordens de serviço serão executadas diretamente, produzindo de imediato seus efeitos, tendo tais decisões a idoneidade de, por si mesmas, submeter às suas determinações todos quantos se situem em sua órbita de incidência.

Com efeito, a autoexecutoriedade é característica do ato administrativo, sendo oportuna a compreensão de seu fundamento, que colima salvaguardar o interesse público, nas situações em que a Administração Pública necessite, ao bom exercício da função que lhe é própria, atuar *sponte sua*, isto é, sem recorrer a quem quer que seja, a fim de evitar a indesejável morosidade, que pudesse comprometer-lhe a atuação.[24]

A propósito, sem embargo do que foi acima asseverado, não se deve deslembrar de que por força do princípio da inafastabilidade ou indeclinabilidade da jurisdição, cuja dicção normativa se encontra no art. 5°, XXXV da CF, na hipótese de alguma determinação que dimanar da PCERJ violar algum direito ou se constituir numa ameaça a direito, o interessado, quer seja servidor público ou não, poderá levar à apreciação do Poder Judiciário sua pretensão.

Em arremate, a disposição legal em comento ressalva, expressamente, as competências dos demais órgãos, em demonstração da maneira cerimoniosa com que o assunto foi tratado.

3.2. Encaminhamento de proposta orçamentária e fiscalização, financeira e patrimonial

Com efeito, o planejamento orçamentário é tarefa essencial à gestão governamental, haja vista que é por meio da lei orçamentária anual que são presumidas as receitas e definidas as despesas públicas.

---

[24] CARVALHO Filho, José dos Santos. *Manual de Direito Administrativo*. 36. ed. Barueri (SP): Atlas, 2022. pp. 106 e 107.

Aliás, não se pode deslembrar que a mais importante forma de receita pública é a derivada da tributação, isto é, de atividade que, compulsoriamente, retira parcela significativa da riqueza gerada pela sociedade, visando à prestação de serviços públicos em favor desta, razão pela qual as despesas têm de ser previstas e executadas com o fito de justificar, tanto econômica, como eticamente, os recursos que são retirados dos cidadãos.

O art. 165 da CF prevê três instrumentos de planejamento orçamentário, a saber: o plano plurianual, a lei de diretrizes orçamentárias e a lei orçamentária anual, sendo que, conforme nos ensina Ricardo Lobo Torres, *"os três se integram harmoniosamente, devendo a lei orçamentária anual respeitar as diretrizes orçamentárias, consonando ambas com o orçamento plurianual"*.[25]

Relevante, no ponto, o teor do § 2º, do art. 2º da LC nº 204/2022, haja vista que propicia a participação da SEPOL na elaboração da lei orçamentária anual, inclusive por meio da propositura de *"recurso orçamentário destinado à realização de investigações"*, conforme dispõe o inciso XXXV, do art. 4º, desta lei orgânica, tornando o orçamento mais consentâneo às necessidades do serviço policial e, por conseguinte, mais apto à satisfação das necessidades dos usuários dos serviços de segurança pública.

Portanto, é importante que a PCERJ possa encaminhar ao Governador sugestão de proposta orçamentária, visando atender às necessidades da instituição, auxiliada neste desiderato pela sua Assessoria de Planejamento e Projetos, conforme indicado no Decreto nº 48.273/2022 (Anexo I, VI, 6.5). O encaminhamento da sugestão de proposta orçamentária deve ser feito pelo Secretário de Estado de Polícia Civil, conforme dispõe a parte final do inciso III, do parágrafo único, do art. 16 desta lei orgânica, sendo esta uma de suas atribuições.

Quanto ao disposto no § 3º, do art. 2º, desta lei orgânica, trata-se da aplicação, no plano infraconstitucional, dos artigos 70 e 75,

---

25   TORRES, Ricardo Lobo. *Curso de Direito Financeiro e Tributário*, Renovar, RJ, 8. ed. 2011, p. 172.

ambos da CF, que preconizam a fiscalização contábil, financeira, orçamentária, operacional e patrimonial do Estado e das entidades da Administração Direta e Indireta, quanto à legalidade, legitimidade, economicidade, aplicação das subvenções e renúncia de receitas, exercida pela Assembleia Legislativa, mediante controle externo, e pelo sistema de controle interno de cada Poder.

De igual modo, se depreende, por simetria e, textualmente, do artigo 122, *caput*, da Constituição Estadual do Rio de Janeiro, a mesma regra atinente ao controle administrativo em apreço, ao qual a LOPCERJ repisou a fim de dar-lhe realce.

Anote-se que esse controle não alcança o mérito dos atos administrativos praticados pela Polícia Civil, haja vista que esses são insindicáveis aos órgãos de fiscalização e controle financeiro, porque quando discricionários, eles são exercidos sob a égide do binômio: conveniência e oportunidade, mas somente em relação à legalidade, economicidade, aplicação de dotações e recursos próprios e renúncia de receita, visto ser este o escopo específico da aludida fiscalização.

Na verdade, há que se ressalvar a asserção levada a efeito no parágrafo anterior, uma vez que a regra da vedação do controle jurisdicional do mérito do ato administrativo, hodiernamente, é mitigada pela aplicação da teoria dos motivos determinantes, que possibilita a referida análise, no que tange à verificação da veracidade do motivo apresentado na motivação e, na hipótese deste inexistir, tratar-se-ia de ato nulo, porquanto conspurcado pela inexistência do elemento do ato administrativo em apreço.[26]

Noutro giro, a Lei Complementar n° 204/22 dispõe que o referido controle poderá ser feito, concorrentemente, pela Controladoria-Geral do Estado – CGE, mediante controle interno, por sistema próprio instituído por ato normativo. A propósito, a CGE foi criada, no âmbito do Poder Executivo do Rio de Janeiro, por meio da Lei n° 7.989, de 14 de junho de 2018, que se ocupa do Sistema de Controle Interno do Poder Executivo do Estado do Rio de Janeiro.

---

[26] Por todos, DI PIETRO. Maria Sylvia Zanella. *Direito Administrativo*, 12. ed. Atlas, São Paulo, 2000, p. 196.

Essa mesma lei promoveu a criação da Controladoria-Geral do Estado e o fundo de aprimoramento de controle interno, bem como organizou as carreiras de controle interno no âmbito estadual.

Além disso, há que se mencionar também a existência, na esfera da PCERJ, como um de seus órgãos superiores, da Controladoria-Geral da Polícia Civil, a qual compete o exercício, dentre outras competências, de *"assessorar o Secretário de Estado de Polícia Civil no controle interno orçamentário, financeiro, contábil, patrimonial e operacional, sob os aspectos da legalidade, legitimidade, economicidade, eficiência e eficácia"*, conforme disposto no inciso I, do parágrafo 1º, do art. 26 da LC nº 204/22, que será exaustivamente analisado no capítulo próprio.

Por fim, no que concerne à execução de atos de administração financeira, essa relevante tarefa é, precipuamente, objeto de atuação de dois órgãos da PCERJ, a saber: Departamento-Geral de Administração e Finanças (DGAF) e Departamento-Geral de Contratações e Convênios. As atribuições desses órgãos estão elencadas no anexo I, respectivamente, nos itens 6.17 e 6.16, do Decreto nº 48.273/2022.

4. POLÍCIA JUDICIÁRIA ESTADUAL – FUNÇÃO EXCLUSIVA DA POLÍCIA CIVIL

Art. 3° - À Polícia Civil incumbe, com exclusividade, sem prejuízo das funções institucionais e atribuições do Ministério Público, as funções de polícia judiciária estadual, exceto as relacionadas às infrações penais militares, cabendo-lhe garantir:
a) proteção à dignidade humana;
b) o respeito e a proteção dos direitos humanos;
c) promoção dos direitos e garantias fundamentais;
d) a preservação da ordem e segurança públicas, a incolumidade das pessoas e o patrimônio;
e) o respeito e obediência ao ordenamento jurídico.

Do *caput* do artigo extrai-se, inicialmente, que as incumbências da PCERJ, como órgão que exerce com exclusividade as funções de polícia judiciária, no âmbito estadual, devem coexistir em harmonia com as atribuições do Ministério Público, ao qual se designa o encargo de levar a efeito o controle externo da atividade policial, conforme estatui o inciso VII, do art. 129 da CF; observando-se também a competência prevista na legislação castrense, relativamente, às infrações penais militares, cuja apuração não cabe à Polícia Civil, em razão da especificidade da matéria que dispõe, inclusive, de jurisdição específica.[27]

Portanto, assentou-se no *caput* do presente artigo uma das importantes questões acerca da competência exclusiva da Polícia Civil,

---

[27] O conceito de crime militar está previsto no art. 9° do DL n° 1.001/69 (Código Penal Militar).

qual seja: o exercício das funções de Polícia Judiciária, isto é, da investigação criminal!

4.1. Polícia Judiciária e Apuração de Infrações Penais: Conceitos Unívocos

Com efeito, os conceitos de polícia judiciária e de apuração de infrações penais, expressões que o constituinte utilizou a fim de designar a investigação criminal, são unívocos, isto é, manifestações distintas de um mesmo fenômeno, porquanto não há como separá--las sem que se as desfigure.

Eliomar da Silva Pereira demonstra a artificialidade e a contradição da dissociação das noções unívocas em apreço, ao pontificar o que se transcreve:

> *Todas essas supostas funções de Polícia Judiciária são ainda elas todas relativas à atividade de investigação criminal. Afinal, para fornecer informações necessárias à instrução, pressupõe-se investigar; ao realizar diligências requisitadas, o que se segue é uma investigação; ao cumprirem-se mandados, estes se inserem no contexto de uma investigação; e ao representar pela prisão, a autoridade de Polícia Judiciária o faz no interesse da investigação.*[28]

Ora, a equipolência dos conceitos de polícia judiciária e apuração de infração penal constituía *communis opinio* até a infausta redação que o Constituinte empregou no § 4°, do art. 144 da CRFB/88, discriminando-as, como se fossem conceitos distintos, sendo oportuno invocar, por todos, os trechos que se seguem, de um processualista penal clássico, cujos estudos antecederam o texto constitucional vigente, que ensinava, eloquentemente, que *"a polícia judiciária não tem mais que função investigatória. Ela impede que desapareçam as*

---

[28]   PEREIRA. Eliomar da Silva, *Introdução ao Direito de Polícia Judiciária*, vol. 1, BH, Editora Fórum, 2019, p. 69.

provas do crime e colhe os primeiros elementos informativos da persecução penal, com o objetivo de preparar a ação penal".[29]

E mais adiante, não deixando qualquer margem de dúvida quanto à univocidade dos conceitos em cotejo, assevera que *"entre nós, a polícia judiciária prepara a ação penal, não apenas praticando atos essenciais da investigação, mas também organizando uma instrução provisória, a que se dá o nome de inquérito policial".[30]*

Demais disso, a clareza meridiana do art. 4° do CPP não oferece nenhuma dificuldade exegética, sendo de compreensão literal, em que se assevera que a apuração das infrações penais constitui a finalidade da polícia judiciária.

Acrescente-se, ainda, a fim de reafirmar a univocidade dos conceitos ora examinados, o teor do Enunciado n° 14 da Súmula Vinculante do STF, em que a investigação de crime ou apuração de infração penal está jungida ao órgão com competência de polícia judiciária, isto é, investigativa, evidenciando, destarte, que se trata do mesmo conceito, sob formas de expressão distintas, seguindo-se: *"É direito do defensor, no interesse do representado, ter acesso amplo aos elementos de prova que, já documentados em **procedimento investigatório realizado por órgão com competência de polícia judiciária**, digam respeito ao exercício do direito de defesa."* (Sem grifo no original).

Todavia, há opiniões contrárias, as quais discriminam as noções de polícia judiciária e de apuração de infrações penais, por meio de interpretação literal do disposto no art. 144, § 4° da CF, cuja fórmula se repetiu no *caput* do art. 2° da Lei n° 12.830/13, em que a redução da função de polícia judiciária ao cumprimento de requisições judiciais e ministeriais não se confunde com a atividade investigativa também a cargo das Polícias Civis.

Com efeito, esta celeuma semântica se deve à circunstância de que até a promulgação da CF, quando o tema não recebia tratamen-

---

[29]   MARQUES. José Frederico. *Elementos de Direito Processual Penal*, vol. 1, 1. ed. 1961, Editora Forense, p. 150.

[30]   *Ibid.* p. 152.

to constitucional, o Código de Processo Penal, que cuida da matéria na parte alusiva ao inquérito policial, especialmente em seu art. 4º, estatui que a apuração das infrações penais e a sua autoria constituem a finalidade da atividade de polícia judiciária.

Aliás, isso se conforma à classificação doutrinária que distingue a polícia de segurança ou de manutenção da ordem pública, que se caracteriza por sua atuação preventiva; e a polícia judiciária, que teria natureza repressiva, isto é, que se inicia após o cometimento do crime.

Portanto, à polícia judiciária incumbe atuar quando os esforços encetados pela polícia de segurança não impediram a ocorrência da infração penal, investigando o crime em todas as suas circunstâncias.

Ressalve-se que a *vexata quaestio* apresentada, longe de ser uma discussão bizantina, traz consigo implicações que têm a aptidão de engendrar ainda mais insegurança à persecução penal, porquanto não raro serve de pretexto para se infirmar a exclusividade da investigação criminal, conferida aos órgãos de Polícia Judiciária (Polícia Federal e Polícia Civil), motivo pelo qual deu-se-lhe atenção.

4.2. Investigação direta pelo Ministério Público

Ainda, quanto à exclusividade das funções de polícia judiciária, isto é, no que tange à apuração de infrações penais, esclareça-se, desde logo, possibilidade de o Ministério Público promover investigação criminal, diretamente, com supedâneo no entendimento do STF, tem natureza subsidiária, implicando em excepcionalidade, não sendo a regra da fase pré-processual da persecução penal.

Logo, a possibilidade investigatória em discussão não infirma a regra da exclusividade da investigação criminal cometida à Polícia Judiciária, isto é, à Polícia Federal e às Polícias Civis dos Estados e do Distrito Federal, na fase pré-processual da persecução penal.

À guisa de argumentação, o próprio MP, titular da ação penal, tem essa exclusividade mitigada, tanto na possibilidade da ação penal de iniciativa privada subsidiária da pública, à luz do art. 5º, LIX da

CRFB/88, a qual constitui direito fundamental e, destarte, cláusula pétrea; como na vedação de desistência da ação penal, prevista no art. 42 do CPP, em demonstração inequívoca de que se trata de poder/dever ao invés de faculdade.

Assim, poder-se-ia inferir que a possibilidade de investigação direta, pelo Ministério Público, nos estritos termos estabelecidos pelo STF (RE 593.727/MG), especialmente, no que tange ao seu controle judicial, não infirma a regra da exclusividade da Polícia Judiciária, no que concerne à apuração das infrações penais.[31]

4.3. Poder de Polícia

A propósito, convém que se defina a função de polícia judiciária, a fim de demonstrar que ela se confunde com a noção de apuração de infração penal, a despeito da inapropriada redação dissociada que se lhe deu no texto constitucional, de maneira que, preliminarmente, há que se analisar a noção de poder de polícia, da qual a função de polícia judiciária é espécie.

A definição legal de poder de polícia, um dos poderes da Administração Pública, se encontra no art. 78 do Código Tributário Nacional, haja vista que uma das hipóteses da espécie tributária: taxa, consiste no exercício do poder de polícia; sendo certo que se depreende da disposição legal em exame, a ideia de que poder de polícia é prerrogativa do Estado, que cerceia bens e direitos, na consecução do interesse público e que se espraia por toda a Administração Pública.

Logo, o poder de polícia se desmembra nas seguintes espécies: polícia administrativa e polícia de segurança, sendo que aquela incide sobre bens e direitos e é exercida pela generalidade dos órgãos públicos; enquanto que esta se dirige às pessoas, tanto individual-

---

[31] A investigação direta, pelo MP, foi reafirmada pelo Plenário do STF, no julgamento da ADI 7.170, na sessão virtual de 23.6.2023 a 30.6.2023, ocasião em que foi declarada a constitucionalidade do Grupo de Atuação Especializada ao Crime Organizado (GAECO).

mente, como coletivamente, e é exercida pelos órgãos policiais, que compõem o sistema de segurança pública, elencados no art. 144 da CRFB/88.

Outro traço distintivo entre as espécies do gênero poder de polícia, consiste na noção de que a polícia administrativa é objeto do direito administrativo, quer em seu aspecto doutrinário, quer dogmático; ao passo que a polícia judiciária, que é espécie do gênero polícia de segurança, por sua vez, pertence aos domínios do direito processual penal, especialmente no Título II, que disciplina o inquérito policial, abrangendo os artigos 4º ao 23 do CPP, constituindo-se, portanto, na fase pré-processual da persecução penal.

No entanto, em ambos os casos, isto é, quer no exercício do poder de polícia pela generalidade dos órgãos administrativos, quer no exercício do poder de polícia de segurança, por meio dos órgãos policiais enunciados nos incisos do art. 144 da CRFB/88, as regras de direito constitucional são-lhes aplicáveis, por ensejar, em ambos os casos, ao menos potencialmente, coarctação de direitos.

Assim, poder-se-ia sintetizar, por meio da ilustração que se segue, as principais diferenças entre as duas espécies de manifestação do poder de polícia:

PODER DE POLÍCIA	
Polícia Administrativa	• Incide sobre bens e direitos; • É exercida pela generalidade dos órgãos públicos; • Direito Constitucional e Administrativo
Polícia de Segurança	• Incide sobre pessoas; • É exercida pelos órgãos policiais (artigo 144 da CRFB/88); • Direito Constitucional e Processual Penal.

4.3.1. Polícia Judiciária

Ainda, aprendemos com Hely Lopes Meirelles, cujos estudos servem de norte às incursões nas sutilezas e peculiaridades do direito público, que o poder de polícia de segurança se desdobra em polícia de manutenção da ordem pública e polícia judiciária, reservando-se àquela o policiamento ostensivo, cometido às Polícias Militares, enquanto que está a Constituição atribui às Polícias Civis.[32]

Com efeito, o poder de polícia de segurança, próprio dos órgãos policiais, impõe limitações aos direitos individuais e se destina à prevenção e à repressão de crimes.

Ademais, Hélio Tornaghi ao diferenciar as espécies de polícia de segurança, ressalta que a polícia judiciária se caracteriza por sua atuação repressiva, isto é, após o cometimento do crime, por meio da apuração da infração penal, visando à viabilização do poder punitivo estatal.[33]

E, a par das lições *ex cathedra* do mestre Tornaghi, outro prócer do processo penal brasileiro, José Frederico Marques, adota entendimento semelhante, distinguindo a função de polícia judiciária das demais formas de expressão do exercício do poder de polícia, porquanto aquela se caracteriza por sua atuação investigativa, isto é, após o cometimento do crime, que não pôde ser evitado pelo policiamento preventivo ostensivo.[34]

A propósito, a divisão acima indicada, historicamente, remonta aos artigos 19 e 20 da Lei de 3 Brumário, ano IV, editada na França pós-revolucionária, no alvorecer do século dezenove, os quais estatuíam o que se transcreve:

> *A polícia administrativa tem por objeto a manutenção habitual da ordem pública em cada lugar e em cada parte da administração geral. Tende, principalmente, a prevenir os delitos. A polícia judiciária investiga os delitos que a polícia administrativa não conseguiu*

---

[32] MEIRELLES, Hely Lopes, *Op. Cit.*, p. 127.
[33] TORNAGHI, Hélio. *Op. Cit.*, p. 200.
[34] MARQUES. José Frederico. *Op. Cit.*, pp. 148 e 149.

evitar que se cometessem, reúne as respectivas provas e entrega os autores aos tribunais encarregados pela lei de puni-los.[35]

Nesta época, o magistrado Faustin Hélie, ainda nos pródromos da sua instituição, na França, apresentava o conceito de polícia judiciária, em seu portentoso *Tratado de Instrução Criminal*, que salienta o aspecto repressivo da aludida função, que se implementa a partir da ocorrência do crime com a finalidade de investigá-lo, cujo excerto se segue, *verbum pro verbo*:

> *A polícia judiciária é geralmente uma espécie de instrução preparatória que precede a instrução feita pelo juiz. Ela começa quando ocorre o delito, ela termina quando o juiz a assume, onde a justiça se processa. Tem por missão relatar crimes e delitos logo que sejam cometidos ou revelados, receber denúncias, apreender sumariamente, em caso de flagrante, os indícios e provas da sua preparação e transmitir de imediato à autoridade judiciária os autos desta investigação preliminar. (Tradução livre).*[36]

---

[35]   CRETELLA Jr. José. *Polícia e Poder de Polícia*, R. Dir. Adm., Rio de Janeiro, out/dez 1985, 162:10-34. Acesso em 20/02/2023. file:///D:/ARQUIVOS/Desktop/Cretella%20Jr%20poder%20de%20pol%C3%ADcia.pdf.

[36]   HÉLIE. Faustin, *Traité de l'Instruction Criminelle où Théorie du Code d'Instruction Criminelle*, Paris, 1851, Charles Hingray, Libraire Éditeur, Tome IV (*De la Police Judiciaire*), Livre III (*De la Police Judiciaire*), Chap. I (*Idée Générale de la Police Judiciaire*), § 205 (*Définition de la police judiciaire. Son caractère et son but*), p. 9. No original: "*La police judiciaire est en géneral une sorte d'instruction préparatoire qui précede l'instruction faite par le juge. Elle commence au moment où le delit se manifeste, elle finit au moment où le juge est saisi, où la justice procedé elle-même. Sa mission consiste à signaler les crimes et les delits aussitôt qu'ils sont commis ou qu'ils se révèlent, à recevoir les dénonciations, à saisir sommairement, au cas où ils sont flagrants, les indices et les preuves de leur préparation et à transmettre immédiatement à l'autorité judiciaire les actes de cette enquete préliminaire.*" Disponível em: https://books.google.com.na/books?id=89s-zAQAAMAAJ&pg=PA3&hl=zh-TW&source=gbs_toc_r&cad=3#v=onepage&q&f=false. Acesso em 02/04/2023.

No mesmo sentido, na doutrina pátria, Joaquim Canuto Mendes de Almeida, corifeu do processo penal, alude à circunstância de que a polícia judiciária possui caráter repressivo, ou seja, se dá *ex post facto*, e tem por objetivo permitir que o autor da infração penal seja submetido ao devido processo legal de índole penal, haja vista constituir-se em uma instrução prévia, que ocorre na fase preliminar da persecução penal.

Daí sua função de auxiliar à Justiça, como etapa prévia à instrução criminal, cumprindo dúplice papel, a saber, tanto o de impedir a incoação de um processo criminal sem o mínimo de justa causa, ou seja, função de proteção da liberdade individual; como de preservação de provas ao eventual exercício da pretensão punitiva, função acautelatória ou preparatória da ação penal.[37]

Cabe, no ponto, algumas considerações quanto às garantias constitucionais vigentes, notadamente, a ampliação do escopo do exercício do direito de defesa, que passou a alcançar a fase extrajudicial da persecução penal, conforme se depreende da leitura do art. 5°, LV da CF; do art. 7°, XIV e XXI da Lei n° 8.906/94 (Estatuto da OAB), alterada pela Lei n° 13.245/16; do art. 14-A do CPP, alterado pela Lei n° 13.964, de 2019, este relativamente aos integrantes das carreiras que compõem os órgãos policiais elencados no art. 144 da CF, nos casos em que forem investigados e *cujo objeto for a investigação de fatos relacionados ao uso da força letal praticados no exercício profissional* e do Enunciado n° 14 da Súmula Vinculante do STF, por meio do qual se adotou nova diretriz exegética que não mais permite que se conceitue o inquérito policial, ao menos peremptoriamente, como procedimento absolutamente sigiloso e no qual não há, em nenhuma hipótese, o exercício do direito ao contraditório e à ampla defesa.

Inicialmente, perfilha-se a indispensável observação de Eliomar da Silva Pereira, por consentânea ao regramento constitucional, no

---

[37] ALMEIDA, Joaquim Canuto Mendes. *Princípios Fundamentais do Processo Penal*, Ed. RT, 1973. p. 60.

sentido de que a polícia judiciária não é mera auxiliar do Poder Judiciário, porquanto a relação daquela com este se baseia na interdependência funcional, conforme a seguir transcrito:

> *A Polícia Judiciária no Brasil exerce suas atribuições com competência própria, não por delegação de uma qualquer autoridade judiciária. Os denominados "delegados de polícia" no direito brasileiro – embora mantenham a denominação histórica – não guardam mais qualquer resíduo de subordinação funcional, pois atuam segundo uma lógica de interdependência funcional que a Lei n° 12.830/2013 apenas veio reafirmar formalmente.*[38]

A ponderação referida corresponde à interpretação conforme à Constituição, em que se deve levar a efeito as disposições do Código de Processo Penal e demais leis extravagantes, pertinentes à atividade de apuração das infrações penais, haja vista que os direitos e garantias fundamentais são estendidos aos atos de polícia judiciária, isto é, à investigação criminal, como corolário do devido processo legal constitucional, o que fica demonstrado, a todas as luzes, pelo enunciado n° 14 da Súmula Vinculante do STF.

Ainda, quanto ao caráter de garantia ou de proteção da liberdade, característico das funções de polícia judiciária, como expressão da fase pré-processual da persecução criminal, permanece atual a judiciosa Exposição de Motivos do CPP.

Desse modo, a função garantidora da liberdade, a qual Joaquim Canuto intitula: *"preservadora da justiça contra imputações infundadas,"*[39]desempenhada pela polícia judiciária, mediante instrução preliminar ou prévia, isto é, atividade precedente ao exercício da pretensão punitiva, em Juízo, impede ou ao menos atenua, sobremaneira, a possibilidade de incoação de acusações infundadas.

---

[38]   PEREIRA. Eliomar da Silva. *Introdução ao Direito de Polícia Judiciária*, vol. 1, BH, Ed. Fórum, 2019, pp. 72 e 73.

[39]   ALMEIDA, Joaquim Canuto Mendes. *Op. Cit.*, p. 8.

E, acerca do outro papel desempenhado pela polícia judiciária, que também tem de ser enfatizado, a saber, acautelatório ou preparatório, no que concerne à preservação de provas ao eventual exercício da pretensão punitiva, haja vista que *"com o decurso inexorável do tempo, os vestígios do delito tendem a desaparecer, reclamando, assim, a existência de mecanismo que acautele meios de prova, às vezes inadiáveis ou intransponíveis, levando-os ao conhecimento do juiz e, depois, ao bojo de eventual ação penal"*, conforme o ensinamento contido no trecho do judicioso voto do Ministro Cezar Peluso, no RE 593.727 MG, em regra, nas hipóteses de delitos que deixam vestígios.

Portanto, dessume-se das lições acima coligidas as seguintes diferenças entre as funções de polícia judiciária (investigação criminal ou apuração de infração penal) e polícia de segurança *stricto sensu* ou de manutenção da ordem pública, conforme o quadro ilustrativo que se segue.

POLÍCIA JUDICIÁRIA E POLÍCIA DE SEGURANÇA FUNÇÕES:	
Polícia Judiciária	• Atuação repressiva, após o cometimento do crime, por meio da apuração da infração penal (inquérito policial); • Função protetiva (liberdade) e acautelatória (prova); • Essencial à Justiça; • Polícia Federal e Polícias Civis dos Estados e do Distrito Federal.
Polícia de Segurança	• Atuação preventiva, antes do cometimento do crime, por meio do policiamento ostensivo; • Manutenção da ordem pública; • Segurança Pública; • Polícias Militares dos Estados e do Distrito Federal.

Ainda, se afigura necessária a disquisição da natureza jurídica da requisição, uma vez que parte da doutrina e da jurisprudência pretende reduzir a função de polícia judiciária ao seu cumprimento, em demonstração de falta de compreensão acerca da atuação interdependente dos órgãos de polícia judiciária e dos órgãos aos quais a lei deferiu a prerrogativa de requisitar instauração de inquérito policial e demais diligências no curso da investigação criminal.

4.3.2. Natureza Jurídica da Requisição

Note-se que o cumprimento de requisições emanadas tanto do Poder Judiciário, como do Ministério Público, principalmente no que concerne à instauração de inquérito policial (art. 5º, II, do CPP), bem como no que tange ao cumprimento de diligências de busca e apreensão (art. 13, II, do CPP) ou de mandados de prisão (art. 13, III, do CPP), relacionam-se ao dever legal que têm as autoridades policiais (*rectius* Delegados de Polícia), não sendo esse aspecto, portanto, que caracteriza a função de polícia judiciária, a qual, insista-se, consiste na apuração das infrações penais por órgão policial ao qual a Constituição atribuiu esta incumbência.

A compreensão do significado da natureza jurídica do cumprimento, pelo órgão incumbido da função de Polícia Judiciária, da requisição judicial ou ministerial, ao menos relativamente à instauração de inquérito policial, a saber: dever jurídico, se faz indispensável ao desengano da separação das noções de funções de polícia judiciária e de apuração de infração penal, como se fossem conceitos distintos e inconfundíveis, haja vista que, conforme demonstrado, eles são conceitos unívocos.

A esse respeito, traz-se à lume a lúcida lição de Hélio Tornaghi, a fim de que se coloquem as coisas nos seus devidos lugares, evitando-se dissabores, mal-entendidos e desnecessárias confusões no exercício das funções afetas à fase extrajudicial da persecução penal, cuja transcrição se apresenta, de *verbo ad verbum*:

> *Não havendo subordinação da polícia judiciária ao Poder Judiciário ou ao Ministério Público, não poderiam estes ordenar à autoridade policial a instauração de inquérito. Devem, por isso, requisitá-la, pedi-la. Tal não significa, entretanto, que a requisição possa ser desatendida. (omissis) O dever da polícia não existe perante o juiz ou o Ministério Público, que não têm nenhum direito subjetivo neste caso, mas é dever de ofício.[40]*

No mesmo sentido das esclarecedoras lições do mestre Tornaghi, evidenciando a natureza jurídica do instituto da requisição e deixando estreme de dúvida de que não se trata de ordem, mas de cumprimento de dever legal, tem-se as judiciosas considerações do professor Guilherme Nucci, para quem *"não se deve confundir requisição com ordem, pois nem o representante do Ministério Público, nem tampouco o juiz, são superiores hierárquicos do delegado, motivo pelo qual não lhe podem dar ordens".[41]*

E, especificamente, em relação à instauração de inquérito policial, iniciado mediante requisição, prossegue o preclaro professor arrematando sua escorreita argumentação, conforme se segue: *"requisitar a instauração do inquérito significa um requerimento lastreado em lei, fazendo com que a autoridade policial cumpra a norma e não a vontade particular do promotor ou do magistrado".[42]*

Portanto, reduzir as funções de polícia judiciária ao atendimento de requisições ministeriais e do Poder Judiciário, não obstante, corresponder a dever legal do qual a autoridade policial não pode se eximir de seu cumprimento, não se compagina à circunstância histórica que a ensejou.

---

[40]   TORNAGHI, Hélio. *Op. Cit.*, p. 258.
[41]   NUCCI. Guilherme de Souza. *Manual de Processo Penal e Execução Penal*, 14. ed. 2017, R J, Ed. Forense, p. 115.
[42]   *Ibidem.*

4.4. Escorço histórico da Polícia Judiciária e a garantia dos direitos fundamentais

Com efeito, conforme acima mencionado em referência ao texto legal do 18 Brumário e ao comentário de Faustin Hélie, a noção de polícia judiciária surge na aurora da modernidade, contemporaneamente às grandes declarações de direitos, com a submissão do Estado à lei, e, deste modo, tem de ser compreendida no âmbito da separação de poderes (*rectius* funções) estatais, como desdobramento necessário desta e consectário lógico do ideário liberal, que propugnava por mais liberdade e isonomia ou igualdade perante a lei.

A par das funções estatais típicas, a saber: legislativa, executiva e judiciária, as quais são exercidas precipuamente pelos respectivos órgãos, que por elas são intitulados, constatou-se a necessidade de que as funções de justiça e de polícia também fossem levadas a efeito por órgãos distintos, como forma de dar mais efetividade à limitação do arbítrio estatal, por meio da fórmula da separação de funções.

Aliás, relativamente à concepção da separação da função policial e judicial, entregando-as a órgãos distintos, como desdobramento da separação das funções estatais, por consentânea ao regime jurídico político do Estado de Direito, descortinando, dessa forma, a perspectiva da polícia judiciária como instrumento de garantia da liberdade, sugere-se a leitura de Tornaghi, que dedica judiciosas considerações a esse respeito.[43]

Daí decorre o vínculo dos órgãos de Polícia Judiciária (Polícia Federal da União e Polícias Civis dos Estados e do DF) com a garantia dos direitos fundamentais, uma vez que em sua gênese já havia a ideia de contenção do poder estatal.

Com efeito, incumbe à PCERJ, no exercício das funções de polícia judiciária, a garantia dos direitos fundamentais previstos na Constituição, em consonância com os Tratados e Convenções Internacionais, especialmente os alusivos aos direitos humanos, dos quais o Brasil é signatário e cujas adesões nos inserem no contexto das nações civilizadas.

---

43   TORNAGHI, Hélio. *Op. Cit.*, pp. 199 a 203.

4.4.1. Proteção à dignidade humana

A alínea a do art. 3° da lei em comento, se refere ao inciso III, do art. 1°, da CRFB/88, em que a dignidade humana é erigida à condição de fundamento do ordenamento jurídico pátrio, devendo ser compreendida como atributo do indivíduo da espécie humana, ou seja, como seu valor intrínseco, que decorre tão somente de sua própria existência, cujo reconhecimento, pelo ente estatal, independe de qualquer outro atributo.

Neste sentido, isto é, de que a dignidade humana é o fundamento do ordenamento jurídico, Miguel Reale a esse respeito ensina que *"o valor da pessoa humana passa a ser visto como "valor-fonte" de todos os valores sociais, e, por conseguinte, como fundamento essencial à ordem ética, em geral, e à ordem jurídica, em particular".*[44]

Com efeito, o princípio da dignidade humana traz consigo o preceito ético de interdição ao tratamento da pessoa humana como meio para a consecução do que quer que seja, tendo em vista que o ser humano constitui um fim em si mesmo, pela própria circunstância hominal.[45]

Anote-se, por oportuno, que esta opção do constituinte o coloca em sintonia com os mais importantes documentos internacionais pertinentes ao assunto, os quais reconheceram o princípio da dignidade humana e erigiram os direitos humanos declarados em Tratados e Convenções Internacionais à categoria de direito supralegal, no que tange às nações que subscreverem e ratificarem seus preceitos.

A título de exemplo, o princípio da dignidade humana se encontra expressamente contemplado na mais conspícua Declaração de Direitos da contemporaneidade, a saber, no preâmbulo da *Declaração Universal dos Direitos Humanos* (Resolução 217 A II, proclamada em 10 de dezembro de 1948, pela Assembleia Geral da Orga-

---

[44] REALE, Miguel. *Direito Natural/Direito Positivo*, Editora Saraiva, São Paulo, 1984, p. 19.

[45] SANTOS. Mário Ferreira. *Dicionário de Filosofia e Ciências Sociais*, Editora Matese, 1965, p. 554.

nização das Nações Unidas), em demonstração de sua incontestável importância.

É, pois, sua condição de sujeito de direito *sic et simpliciter* por sua humanidade, que o torna titular de direitos inalienáveis, que impõe o dever a todos oponível de observá-los e à Polícia Civil, no exercício de suas funções, de protegê-los.

Este atributo, a dignidade, distingue o homem do restante da criação, tornando-o único no mundo! Ou, na judiciosa síntese de Miguel Reale, segundo o qual *"não fosse o homem o ser que é, não teríamos tido a emergência da "pessoa humana" como um valor primordial, um todo complexo merecedor de respeito e segurança em sua totalidade".*[46]

A propósito, Pérez Luño faz ressumar o alcance do princípio da dignidade humana e a noção de direitos humanos, que dela decorre como seu consectário, tornando esta a mais conspícua categoria jurídica da atualidade.[47]

Logo, o princípio da dignidade humana e a noção de proteção dos direitos humanos se interpenetram e se complementam. Ele tem como mote a ideia de que o homem, em virtude de sua humanidade, não pode ser considerado meio, mas sim um fim em si mesmo e constitui a mais eloquente resposta aos genocídios que conspurcaram, sobremaneira, o cruento século XX.

Aliás, esta peculiaridade do homem, que o faz *sui generis* na criação, isto é, que o torna inconfundível relativamente a qualquer outro ente e que, portanto, lhe confere dignidade, também não passou

---

[46]   REALE, Miguel. *Op. Cit.*, p. 7

[47]   *"Precisamente el gran avance de la Modernidad reside en haber formulado la categoría de unos derechos del género humano, para evitar cualquier tipo de limitación o fragmentación en su titularidad. A partir de entonces la titularidad de los derechos, enunciados como derechos humanos, no va a estar restringida a determinadas personas os grupos privilegiados, sino que va a ser reconocida como un atributo básico inherente a todos los hombres, por el mero hecho de su nacimiento."* PÉREZ LUÑO. Antonio E., *La Universalidad de los Derechos Humanos*, p. 39, in *Diccionario Crítico de Los Derechos Humanos*, Universidad Internacional de Andalucía. Sede Iberoamericana, Impresión y encuadernación: Impre-Or, España, 1ª edición.

despercebida à argúcia das intrigantes reflexões ontológicas de Ortega y Gasset, que de forma espirituosa demonstra a singularidade humana, ao afirmar que *"a vida humana, pois, transcende da realidade natural, não lhe é dada como lhe é dado à pedra cair e ao animal o repertório rígido de seus atos orgânicos — comer, fugir, nidificar etc. — Senão que o homem a faz, e este fazer a própria vida começa por ser a invenção dela".*[48]

Daí a importância da proteção da dignidade humana, a fim de que o indivíduo, isto é, este projeto existencial que ocupa lugar de tamanha importância na criação, possa se inventar e se realizar, plenamente, cabendo à Polícia Judiciária atuar para que esta proteção se efetive.

4.4.2. Respeito e proteção dos direitos humanos

A alínea *b* do art. 3º da lei orgânica contempla o papel da Polícia Judiciária, no que concerne ao respeito e à proteção dos direitos humanos, e tem de ser analisada à luz do que dispõe o artigo 5º, § 3º da CF, incluído pela Emenda Constitucional (EC) nº 45, de 2004.

As normas jurídicas internacionais que tratam da proteção aos direitos humanos, desde que a elas o país tenha aderido, subscrevendo-lhe o Tratado ou Convenção respectivo, a par de também terem sido ratificadas, por meio de votação semelhante à emenda constitucional, isto é, por meio de quórum qualificado e de dois turnos de votação, em ambas as Casas Legislativas (Câmara dos Deputados e Senado Federal), ingressam no ordenamento jurídico brasileiro com *status* de norma constitucional, isto é, no ápice da pirâmide normativa.

Deste modo, não obstante, os direitos humanos tenham o traço da universalidade, porquanto eles exprimem valores tidos por consensuais, no concerto dos povos, em dado momento histórico, a incorporação deles ao ordenamento jurídico, isto é, sua positivação, sob a forma de emenda à Constituição, observada a formalidade do processo legislativo expendida no parágrafo anterior, é aconselhável,

---

[48]   ORTEGA Y GASSET. José. *Meditação da Técnica*, trad. Luís Washington Vita, Livro Ibero-Americano, R J, 1963, p. 33.

haja vista que dissipa eventual questionamento à autodeterminação dos Estados nacionais.

Neste sentido, Nagib Slaibi Filho faz o perspicaz comentário de que "*a universalização dos direitos humanos não dispensa, antes exige, o estabelecimento de regras em cada país quanto à sua assimilação total ou parcial, pois a ideia da absoluta universalização conflita com a ideia da independência nacional*".[49]

Ademais, conforme os comentários alusivos à alínea *a* do art. 3º da lei em comento, a noção de direitos humanos se imbrica ao princípio da dignidade humana, haja vista que eles dizem respeito àqueles direitos essenciais, sem os quais o homem se veria despojado dos bens jurídicos indispensáveis à realização de seu projeto existencial ou, em outras palavras, esvaziado de sua humanidade.

Assim, os traços característicos da noção de direitos humanos, a saber, universalidade e essencialidade, este último na acepção de fundamental, correspondem ao que o mestre Miguel Reale denomina de "invariáveis axiológicas", ou seja, direitos que, segundo o maior jusfilósofo brasileiro "*uma vez conquistados, se transformam em fontes permanentes de legitimação da conduta humana, ao mesmo tempo que traçam limites impostergáveis à interferência do poder do Estado*".[50]

Portanto, os direitos humanos constituem esses valores imutáveis, que emergem da experiência humana, a qual se dá no processo histórico, mas que o transcendem, alçando-os acima das contingências políticas e sociais, condicionando o ordenamento jurídico, tanto no processo de elaboração, como de interpretação e aplicação das normas jurídicas.

Logo, os direitos humanos se confundem, não obstante, neles não se esgotem, com os próprios direitos fundamentais, insculpidos no *caput* do art. 5º da CF, de maneira que em muito se assemelham aos direitos naturais, porquanto veiculam noções invariantes, sob o aspecto axiológico, que na hipótese de não serem observados, despojam o homem da sua possibilidade de autorrealização.

---

[49]   SLAIBI Filho, Nagib. *Direito Constitucional*, 3. ed. Forense, 2009, p. 39.

[50]   REALE, Miguel. *Op. Cit.*, p. 19.

Ainda, a par de sua essencialidade, os direitos humanos, cuja proteção incumbe aos órgãos de Polícia Judiciária, têm historicidade, isto é, constituem conquistas civilizatórias que se deram ao longo de lento e penoso processo histórico. Cabe, no ponto, uma vez mais, abeberar-nos nas lições de Miguel Reale, que situa esses direitos naturais não como algo que seja congênito ao indivíduo da espécie humana, mas como categoria histórica, como conquistas civilizatórias incorporadas ao patrimônio da Humanidade.[51]

Assim sendo, a Polícia Civil deve respeitar rigorosamente os direitos humanos e proteger os cidadãos para que estes não sejam atingidos por atos atentatórios à sua dignidade.

A proteção acima aludida se deve tanto ao preso ou o investigado, no exercício da função de polícia judiciária, isto é, na persecução criminal em sua fase pré-processual, como à vítima inerme que recorre à Delegacia de Polícia em busca da tutela de seu direito violado por outrem.

Ademais, a PCERJ, como de resto as demais Polícias Civis dos Estados e do Distrito Federal, tem instrumentalizado a garantia prevista no inciso XLI do art. 5º da CRFB/88, dispensado serviço especializado visando à efetividade da legislação penal que versa os atentados aos direitos fundamentais (*rectius* direitos humanos).

No ponto, releva destacar que a PCERJ conta com unidades especializadas em matérias que estão jungidas à proteção dos mencionados direitos, tais como: a Delegacia de Combate de Crimes Raciais e Delitos de Intolerância (DECRADI); a Delegacia da Criança e Adolescente Vítima (DCAV); a Delegacia Especial de Atendimento à Pessoa de Terceira Idade (DEAPTI) e a Delegacia de Proteção à Criança e ao Adolescente (DPCA), dentre outras.

De igual modo, a Polícia Civil do Rio de Janeiro conta com um Departamento Especializado composto por 14 (quatorze) delegacias destinadas ao atendimento à mulher (DEAM), cujas ações são imprescindíveis para o combate à violência doméstica e familiar, que têm como cerne a vulnerabilidade de gênero.

---

[51]   *Ibid.*, p. 4.

Acrescenta-se que a Polícia Civil dispõe de manuais internos, acerca de rotinas e procedimentos especiais voltadas às seguintes apurações de crimes infringentes de direitos humanos, a saber: violência contra às mulheres; discriminação racial; violência contra os idosos; intolerância religiosa e políticas públicas de proteção à criança e aos adolescentes. Esses protocolos estão disponíveis internamente para a orientação de todos os policiais civis, são aplicados no dia a dia do serviço policial, quer seja nas unidades especializadas, quer seja nas unidades territoriais, nas hipóteses em que essas atuam, concorrentemente, e demonstram a toda evidência o compromisso da PCERJ para com a proteção dos direitos humanos.

4.4.3. Promoção dos direitos e garantias fundamentais

Inicialmente, cabe o esclarecimento de que as noções de direito e garantia, conquanto complementares, são inconfundíveis, haja vista que aquele tem natureza declaratória; enquanto esta tem função assecuratória, cuja finalidade consiste em assegurar a fruição do direito declarado.[52]

Assim, por agora, há que se fixar o sentido e o alcance da expressão direitos fundamentais a fim de se deixar escoimado de dúvida no que consiste a categoria jurídica que se pretende glosar visando à compreensão do que foi enunciado na alínea c do art. 3º da LC nº 204/22.

Pérez Luño, em erudita exposição acerca das raízes históricas e filosóficas dos direitos fundamentais, identifica-os com os direitos naturais, no que respeita ao seu conteúdo; assinala-lhes como conquista do constitucionalismo, no que concerne às limitações impostas ao poder estatal em favor dos indivíduos; além de anotar

---

[52]   Esta distinção é clássica, já encontrada em Ruy Barbosa, conforme nos informa Paulo Bonavides, em seu *Curso de Direito Constitucional*, Editora Malheiros, 15. ed. pp. 527 e 528.

sua internacionalização, por meio das declarações de direitos, como característica da contemporaneidade.[53]

Em sentido semelhante, isto é, reconhecendo a emergência desses direitos fundamentais como traço da contemporaneidade e situando-os no momento histórico de sua afirmação, Miguel Reale remata o que se transcreve:

> *Não é estranhável que as constituições contemporâneas e os tratados internacionais enunciem princípios que emergem do princípio fundante do valor da pessoa humana, centro em torno do qual se traçam os vínculos de justiça e segurança, ordem e liberdade, ou autodeterminação nacional e tantos que a vida comum vai exigindo como imagem mesma do homem de nosso tempo.[54]*

Desse modo, os direitos humanos são definidos como etapa de concretização de um processo que se inicia na Antiguidade, na abstração do ideal de justiça, na qual esses direitos eram anelados; ressurge revigorado na Modernidade com o jusnaturalismo e o primado da razão, na formação do Estado de Direito, pelo reconhecimento dos direitos subjetivos que garantem a fruição de direitos individuais oponíveis em face do ente estatal; passa pelo reconhecimento dos direitos humanos nos tratados internacionais, consagrando-os como atributos inelutáveis do atual estágio civilizacional; e, finalmente, ingressam nas constituições contemporâneas, tornando-se manifestações do direito positivo.

Adscreve-se que os direitos fundamentais, em teoria constitucional, sob a influência das ideias de Carl Schmitt, compõem aquilo que se designa de aspecto material ou substancial das Constituições, ou seja, dizem respeito ao seu conteúdo, de modo que não se concebe desde os primórdios do constitucionalismo, que um diploma legal fundante do ordenamento jurídico de um país livre deixe de

---

[53] PÉREZ LUÑO, Antonio E., *Los Derechos Fundamentales*. Disponível em: https://pt.scribd.com/document/497160975/1-Perez-Luno-Los--Derechos-Fundamentales-1. Acesso em 20/02/2023.

[54] REALE, Miguel. *Op. Cit.*, p. 10.

contemplar o catálogo de direitos e garantias fundamentais dos indivíduos e da coletividade.

Portanto, os direitos fundamentais e os direitos humanos seriam manifestações do direito natural, sendo aqueles positivados nas Constituições, isto é, no plano interno; ao passo que estes, proclamados nos tratados e convenções internacionais atinentes ao tema, se põem no plano externo.

Aliás, cabem algumas despretensiosas considerações acerca do direito natural, haja vista tratar-se do conjunto de valores que servem de substrato à noção dos direitos humanos.

O conceito de direito natural, conquanto adaptado às circunstâncias evolutivas, ao longo do processo histórico, implica na adoção, no que concerne à justificação da ordem jurídica, de ideais de justiça e liberdade que informam e prevalecem sobre o direito positivo.

Sua manifestação remonta a períodos imemoriais, havendo notícia a seu respeito, pelo menos, desde a Antiguidade, conforme exposto por Francisco Amaral, em seu merecidamente festejado livro de introdução ao Direito Civil, em que ele afirma o que se segue:

> *É o conjunto de princípios essenciais e permanentes atribuídos à Natureza (na antiguidade greco-romana), a Deus (na Idade Média), ou à razão humana (na época moderna), que serviram de legitimação ao direito positivo, o direito criado por uma vontade humana. Reconhece a existência desses dois direitos e defende a sua superioridade quanto ao positivo.*[55]

Logo, por direitos e garantias fundamentais referimo-nos aos direitos naturais proclamados na Constituição, na parte alusiva ao catálogo de direitos individuais e coletivos, os quais não se esgotam no rol exemplificativo dos incisos que compõem o art. 5º da CF; ao passo que por direitos humanos, ou por sua locução: direitos do homem, designam-se os direitos naturais contemplados nos tratados

---

[55]   AMARAL, Francisco. *Direito Civil – Introdução*, 6. ed. Editora Renovar, pp. 42 e 43.

internacionais, sendo dever da Polícia Civil induzi-los, promovê-los e protegê-los.

Ora, se afigura intuitivo que se exija da PCERJ, instituição integrante do Sistema de Segurança Pública, a promoção dos direitos e garantias fundamentais. Entretanto, normas especiais, como as contidas na presente Lei Orgânica, devem não só enfatizar a proteção dos direitos fundamentais, previstos na Constituição, como também deve atribuir-lhes caráter de essencialidade ao exercício do mister policial, a fim de que este se traduza, na prática, em efetivo acatamento às garantias constitucionais do cidadão, sem o qual não haverá legitimidade numa ação policial, ainda que aparentemente bem-sucedida.

Assim, no contexto de tudo quanto foi acima expendido, portanto, compreende-se o papel da Polícia Judiciária como garantidora da promoção dos direitos fundamentais.

4.4.4. Respeito e obediência ao ordenamento jurídico e a preservação da ordem pública

Afirme-se com a eloquência e a gravidade que o assunto merece que toda e qualquer instituição, independentemente do poder (*rectius* – função pública) que lhe denomine, ao se manifestar por meio da atuação dos seus agentes, deve obediência irrestrita ao ordenamento jurídico!

Por ordenamento jurídico ou, simplesmente, "direito", em uma das acepções do vocábulo destacado, conforme leciona Francisco Amaral, se designa: *"o conjunto de prescrições com que se disciplina e organiza a vida em sociedade, prescrições essas que encontramos formuladas e cristalizadas em regras dotadas de juridicidade, isto é, de caráter jurídico, o que as diferencia das demais regras de comportamento social e lhes confere eficácia garantida pelo Estado."*[56]

---

[56]   AMARAL, Francisco. *Op. Cit.*, p. 2.

Portanto, desde já, há que se distinguir as duas espécies de ordenamento jurídico, relativamente às diferentes tradições jurídicas ocidentais; sendo a primeira delas a romanística, que perfilhamos em nosso país, tendo em vista a influência colonial portuguesa; ao passo que a outra é a anglo-americana (*common law*).

O ponto que as distingue se refere à fonte principal (direta ou imediata ou primária) do direito, porquanto na tradição romanística ou *statute law* prevalece a aplicação do direito legislado, isto é, das espécies normativas elaboradas no Parlamento, as quais são genericamente designadas de "lei" e constituem a manifestação da soberania popular, haja vista que os parlamentares exercem mandatos que lhes foram conferidos pelos eleitores, em eleições diretas e periódicas; por outro lado, no sistema do *common law*, há predominância dos costumes, que se revelam pelos precedentes jurisprudenciais.[57]

Logo, a fonte principal do ordenamento jurídico pátrio, a que a PCERJ tem o dever de respeitar e obedecer, é a lei, conforme se depreende do art. 4º da L. 12.376/2010 (LINDB), que a consagra como a fonte principal (direta ou imediata ou primária) do ordenamento jurídico brasileiro.

Neste sentido, a ideia de lei, por ser a fonte principal do ordenamento jurídico, se encontra jungida à noção de fonte do direito, isto é, do meio pelo qual a norma jurídica se manifesta, ou seja, se exterioriza e se impõe *erga omnes*.

As espécies normativas que integram o conceito de lei, no sentido de regras aptas à criação, modificação e extinção de direitos, ou seja, à inovação na ordem jurídica, encontram-se elencadas no art. 59 da CRFB/88, as quais excetuando-se a medida provisória, elabo-

---

[57]   *Statute law*, segundo o Glossário de Termos Jurídicos da *United States Courts*, é a lei aprovada por uma legislatura (*law passed by a legislature*), ou seja, pelo Poder Legislativo. Disponível em: https://www.uscourts.gov/glossary#letters. Acesso em 28/03/23. Em sentido idêntico, tem-se o verbete respectivo do *Cambridge Dictionary: Statute law is a system of laws that have been decided and approved by a parliament*. Disponível em: https://dictionary.cambridge.org/pt/dicionario/ingles/statute-law. Acesso em 19/03/2023.

radas pelo Poder Executivo e apreciadas pelo Legislativo em etapa posterior ao início de sua vigência, provém do Poder Legislativo, no exercício de sua função típica: legiferação.

Demais disso, é consabido que ninguém pode se escusar de cumprir a lei, ainda que sob a alegação de seu desconhecimento, conforme a parêmia latina: *ignorantia legis neminem excusat*, e como disposto no art. 3º da LINDB, de modo que o referido princípio jurídico se aplica com muito mais razão à atuação dos agentes públicos, os quais têm por missão exatamente a garantia do cumprimento do ordenamento jurídico.

A propósito, o Decreto-Lei nº 220/75 prevê, no inciso VII do seu art. 39, a observância das normas legais e regulamentares como dever de todos os servidores públicos civis do Poder Executivo do Estado do Rio de Janeiro, cujo descumprimento pode ensejar a causa de demissão prevista no art. 52, inciso IX do mesmo diploma legal.

Em relação à disposição constante da alínea *d* do art. 3º, esta se coaduna com o disposto no *caput* do artigo 144 da CF/88, em que se estabelece que a segurança pública consiste na atividade, cuja finalidade compreende a preservação da ordem pública e a incolumidade das pessoas e do patrimônio, sendo que sua consecução se dá por meio de atuação sistêmica dos órgãos policiais.

Cabe, portanto, aos órgãos policiais integrantes do sistema de segurança pública, dentre os quais aqueles incumbidos da atividade investigativa ou de polícia judiciária, a saber, as Polícias Civis estaduais e a Polícia Federal na União, a função tanto de tutelar bens jurídicos essenciais, tais como a vida, a integridade física e o patrimônio, como de restauração da ordem pública, que se vê violada toda vez que ocorre um fato infringente de uma norma penal incriminadora.

Contudo, no regime jurídico político do Estado de Direito, em que os direitos humanos são proclamados e garantidos, a atuação dos órgãos policiais, na consecução de proteção da sociedade contra condutas lesivas que infringem normas penais incriminadoras, em prejuízo de bens jurídicos indispensáveis, se dá mediante estrito respeito a esses direitos.

Em linha com a preocupação da necessidade de que sejam proibidas as condutas que prejudique outrem, ou seja, que se preserve a ordem pública e mantenham-se incólumes as pessoas e seus patrimônios, porém, que essa atuação se dê com observância dos direitos fundamentais, invocamos a lição de José Pedro Galvão de Sousa e de seus ilustres coautores, que em verbete específico do *Dicionário de Política* conceituam ordem pública como *"reta disposição da sociedade política, nas suas instituições, baseada em preceitos cogentes, com vistas à plena realização do bem comum, assegurados os direitos fundamentais das pessoas"*.[58]

Ainda, Galvão de Sousa e os insignes professores que com ele elaboraram o luminoso *Dicionário de Política,* chamam a atenção para a circunstância de que a definição de ordem pública se compagina à ideia de poder de polícia, noções estas tratadas, sob aspectos distintos, tendo em vista a particularidade de cada um dos ramos do direito público que dela se utilizam, tanto pelo direito administrativo, como pelo direito penal, conforme abaixo transcrito:

> *Na doutrina, a ordem pública é objeto de especiais considerações no âmbito do direito administrativo e do direito penal, pois é tarefa primária do Estado garantir a tranquilidade e a paz, prevenindo ou reprimindo atividades que lhe são contrárias. Exercendo essa função dentro da lei, a autoridade pública opera com a força policial.*[59]

Por óbvio, as condutas que lesem ou ameacem lesar bens juridicamente relevantes, os quais recebem a tutela estatal com a imposição de sanções penais que atinjam até mesmo a constrição da

---

[58]   SOUSA, João Pedro Galvão, GARCIA, Clovis Lema e CARVALHO, José Fraga Teixeira. *Dicionário de Política,* verbete: ordem pública, TA Queiroz Editor, SP, 1998, p. 390.

[59]   SOUSA, João Pedro Galvão *et al., Op. Cit.,* verbete: ordem pública, TA Queiroz Editor, São Paulo, 1998, p. 390.

liberdade ambulatorial, ou que conquanto não sejam propriamente lesivos, sejam socialmente desvaliosos, ao ponto de serem incriminados, têm de ser coibidas; no entanto, a repressão a essas condutas nocivas, por parte dos órgãos policiais, invariavelmente, observarão os direitos humanos, inadmitindo-se, portanto, qualquer atuação contrária ao direito, ainda que sob a alegação de combate ao crime! Afinal de contas, os fins, definitivamente, não justificam os meios!

A propósito de tudo o quanto foi expendido, evidenciando o aspecto dramático da função hercúlea de manutenção da ordem pública com observância dos direitos fundamentais, que demonstra a mancheias a magnitude da função policial, no regime jurídico-político denominado Estado de Direito, Hélio Tornaghi com o atilamento e a elegância de estilo que caracterizam seus ensinamentos conceitua Polícia como abaixo transcrito:

> *Um dos mais altos órgãos do Poder público e por meio de uma atividade importantíssima ela assegura intransigentemente a Ordem, sem violar, mas, ao contrário, protegendo os direitos individuais. A difícil tarefa de estabelecer o equilíbrio entre as exigências da Segurança Social e as legítimas aspirações individuais é a que ela tem de cumprir a cada instante, sem desfalecimentos, mas também sem prepotência.* [60]

No mais, o sistema de segurança pública, no qual a Polícia Civil se insere, por meio do exercício da função de polícia judiciária, cujo significado, por rigor conceitual, se confunde com a noção de investigação criminal, haja vista que esta lhe serve de sinonímia, foi analisado nos comentários ao art. 1° desta Lei Orgânica, porquanto um dos elementos estruturais do conceito de Polícia Civil consiste na sua condição de órgão integrante do sistema de segurança pública.

---

[60]   TORNAGHI, Hélio. *Op. Cit.*, p. 241.

5. COMPETÊNCIAS DA POLÍCIA CIVIL

Art. 4º - Compete à Polícia Civil:

I - Planejar, coordenar, dirigir, praticar e executar, com exclusividade, observadas as funções institucionais e atribuições do Ministério Público, todos os atos necessários à apuração das infrações penais e sua autoria no inquérito policial, termo circunstanciados, e nos demais procedimentos policiais, exceto os de competência da Justiça Militar;

II - Manter e gerir a base de dados única e exclusiva de registro de ocorrências criminais do Estado do Rio de Janeiro, devendo todos os meios, sistemas de informática e ferramentas de comunicação de ocorrências criminais no Estado encaminharem tais comunicações para a base da Polícia Civil, em observância ao parágrafo 4º do artigo 144 da Constituição Federal, sem prejuízo das funções institucionais e atribuições do Ministério Público;

III - apurar as infrações penais mediante a utilização de técnicas de investigação, realização de pesquisas e perícias, o acompanhamento das atividades criminosas, a realização de operações policiais e outros meios de obtenção da prova;

IV - Planejar, organizar e executar ações de inteligência e contrainteligência destinadas à instrumentalização do exercício da atividade de polícia judiciária e demais atividades de segurança pública, observados os direitos e garantias fundamentais;

V - Preservar ou requisitar a preservação de locais de infrações penais, apreender instrumentos e produtos do crime, realizar exames técnico-científicos e elaborar laudos técnicos e laudos periciais;

VI -   Requisitar, por meio de Delegado de Polícia, nos termos da lei, informações, dados cadastrais, papéis e documentos de entidades públicas e privadas, assinalando os prazos para sua apresentação, indicando o procedimento policial que deu origem à requisição;

VII -   representar por medidas cautelares, intimar pessoas, promover a oitiva de testemunhas e o interrogatório dos indiciados, por meio de Delegado de Polícia, adotando providências destinadas a colher, resguardar e interpretar indícios ou provas de infrações penais e sua autoria, utilizando, sempre que possível, sistema informatizado de registro audiovisual das informações produzidas;

VIII -   organizar estatísticas das ocorrências policiais e cadastros de pessoas, bens e cenários de criminalidade e de antecedentes criminais, indispensáveis ao exercício de suas funções;

IX -   Organizar, manter atualizados, alimentar e gerir, com exclusividade, os bancos de dados desenvolvidos com base na atividade de polícia judiciária estadual, inclusive os decorrentes de interceptações telefônicas, telemáticas e de dados, observadas as funções institucionais e atribuições do Ministério Público;

X -   Gerenciar, com exclusividade, sem prejuízo das funções institucionais e atribuições do Ministério Público, os sistemas de interceptação utilizados na atividade de polícia judiciária estadual, exceto as relacionadas às infrações penais militares;

XI -   organizar, manter atualizados, alimentar e gerir, os arquivos, dados, registros e serviços de identificação civil e criminal, admitindo, quando cabível, a delegação de tais funções;

XII -   manter, nos inquéritos policiais, termos circunstanciados, demais procedimentos policiais e nos bancos de dados e arquivos gerados pela sua atividade de polícia judiciária, o sigilo necessário à elucidação do fato ou exigido pelo interesse da sociedade, pela segurança das pessoas, pela inviolabilidade da intimidade, da vida privada, da honra e da imagem das pessoas;

XIII - cumprir mandados de prisão, de busca domiciliar e outros, expedidos pela autoridade judiciária, no âmbito de sua atribuição constitucional;

XIV - realizar, organizar e fomentar pesquisas técnico-científicas relacionadas com as atividades de polícia judiciária e de apuração das infrações penais, no âmbito de sua atribuição constitucional;

XV - Registrar, fiscalizar e controlar armas, munições, explosivos, fogos de artifício e produtos químicos controlados, no âmbito de sua atribuição constitucional, na forma da lei, observadas as competências e atribuições do Corpo de Bombeiros Militar do Estado do Rio de Janeiro e da Polícia Militar do Estado do Rio de Janeiro;

XVI - fiscalizar atividades ligadas a diversões públicas, observadas as competências e atribuições do Corpo de Bombeiros Militar do Estado do Rio de Janeiro e da Polícia Militar do Estado do Rio de Janeiro;

XVII - realizar os procedimentos de investigação referentes à descoberta de paradeiro de pessoas desaparecidas;

XVIII - formalizar, com exclusividade, os procedimentos administrativos disciplinares, visando a apurar desvios de conduta atribuídos a seus servidores, bem como instaurar, quando a conduta atribuída constituir infração penal, o inquérito policial e o termo circunstanciado;

XIX - realizar correições e inspeções, em caráter permanente ou extraordinário, em razão do desenvolvimento de suas atividades administrativas ou de polícia judiciária;

XX - executar atos administrativos de natureza disciplinar;

XXI - executar atos de gestão orçamentária e financeira referentes a pessoal, aquisição de materiais, equipamentos e contratação de serviços, no âmbito da Polícia Civil, nos termos do planejamento orçamentário e financeiro anteriormente apresentado;

XXII - promover a abertura de concurso público para as carreiras do Quadro Permanente da Polícia Civil, mediante autorização do Governador;

XXIII - respeitados os casos de competência do Governador, prover os cargos, promover, exonerar, aposentar, bem como praticar todo e qualquer ato que importe em provimento ou vacância dos cargos do Quadro Permanente da Polícia Civil, como também dos cargos em comissão da estrutura básica da Polícia Civil;

XXIV - promover a avaliação médica dos servidores policiais civis, quando do ingresso, avaliação periódica, concessão de licença médica, readaptação e aposentadoria por invalidez;

XXV - recrutar, selecionar, formar, aperfeiçoar e qualificar os policiais;

XXVI - gerir, na forma da lei, com exclusividade, os recursos provenientes da prática de atos de fiscalização realizados pela Polícia Civil do Estado do Rio de Janeiro;

XXVII - praticar atos próprios de gestão;

XXVIII - zelar pela sua segurança orgânica;

XXIX - assegurar a unidade de investigação policial, bem como a eficácia dos princípios institucionais da Polícia Civil;

XXX - manter serviço diuturno de atendimento à população, podendo ser realizado o atendimento virtual em casos específicos não emergenciais;

XXXI - praticar atos próprios de gestão, administrar, na forma da lei, os fundos a ela vinculados, expedindo os competentes demonstrativos, e adquirir bens e contratar serviços, efetuando a respectiva contabilização;

XXXII - praticar atos e decidir sobre a situação funcional e administrativa do pessoal, ativo e inativo, de carreira e dos serviços auxiliares, organizados em quadros próprios;

XXXIII - propor ao Chefe do Poder Executivo a criação e a extinção de seus cargos, a fixação, reajuste e recomposição da
remuneração dos seus membros;

XXXIV - promover políticas públicas de atenção à saúde ocupacional, física e mental dos Policiais Civis, bem como
de prevenção de acidentes e doenças relacionadas com o
trabalho;

XXXV - propor ao Chefe do Poder Executivo a aprovação de
recurso orçamentário destinado a realizações das investigações;

XXXVI - exercer outras atribuições previstas em lei, desde que
compatíveis com missão constitucional da Polícia Civil;

Parágrafo Único - Nos casos do inciso XXIV deste artigo a avaliação médica será realizada pela Secretaria de Estado de Saúde
ou por delegação através de convênio a ser realizado pela Polícia
Civil.

Cabe, por ora, a compreensão do conceito de competência administrativa, haja vista que nas mais de três dezenas de incisos que complementam o *caput* do artigo 4°, são enumeradas as funções desempenhadas pela PCERJ, na consecução de sua missão institucional.

Advirta-se que o aludido instituto é relevantíssimo, em direito
público, porquanto somente a lei tem aptidão de atribuir aos órgãos
públicos, e aos seus agentes, as atividades que serão por eles desempenhadas, sob pena de invalidade do ato administrativo eivado do
vício da incompetência, isto é, do ato praticado pelo agente público
ao qual a lei não lhe tenha cometido tal atribuição.

Competência administrativa, pois, consiste, no conceito clássico
formulado por Hely Lopes Meirelles, *"no poder atribuído ao agente
da Administração para o desempenho específico de suas funções"*.[61]

---

61   MEIRELLES, Hely Lopes, *Op. Cit.*, 2003, p. 147.

Por oportuno, máxime por se tratar de instituição pública instalada em regime jurídico político democrático e, portanto, sob o influxo dos ideais de cidadania, que têm de nortear o exercício da função pública, é forçoso que se evidencie o aspecto do dever legal, que ressai da noção em exame, atenuando-se o aspecto de poder do órgão ou do agente público, que, ordinariamente, reverbera das definições doutrinárias atinentes ao assunto, como uma espécie de vezo autoritário que insiste em informar a disciplina administrativista.

Daí, o comentário de Celso Antonio Bandeira de Mello, que expõe magistralmente o ponto que se pretende dar destaque, seguindo-se sua transcrição *ipsis litteris*:

> *Costuma-se dizer – insatisfatoriamente, aliás – que competências são uma demarcação de poderes, um feixe de poderes ou um círculo de poderes. Esta forma de expressar é imprópria e escamoteia a verdadeira natureza das competências. Com efeito, inobstante os poderes que elas exprimem sejam, efetivamente, seu lado mais aparente, antes que poderes as competências são deveres; o que é particularmente visível no caso das competências administrativas. (omissis) É que ditas competências são atribuídas ao Estado, a seus órgãos e, pois, aos agentes nele investidos, especificamente para que possam atender a certas finalidades públicas consagradas em lei; isto é, para que possam cumprir o dever legal de suprir interesses concebidos em proveito da coletividade.* [62]

Ademais, a competência administrativa se desdobra, sob a influência de alguns critérios, quais sejam: em razão da matéria (*ratione materiae*), do lugar (*ratione loci*) e da pessoa (*ratione personae*); sendo ela, repise-se, condição indispensável para o exercício válido e eficaz da função pública.[63]

---

[62]   MELLO, Celso Antônio Bandeira de *Curso de direito administrativo*. Colaboração de Carolina Zancaner Zockun, Maurício Garcia Pallares Zockun, Weida Zancaner Brunini. 36. ed. rev e atual Belo Horizonte: Fórum, 2023. p. 126.

[63]   CRETELLA Júnior. José. *Dicionário de Direito Administrativo*, 3. ed. Forense, Rio de Janeiro, 1978, p. 137.

No que concerne aos atos de polícia judiciária, desempenhados nas Delegacias de Polícia, ou seja, no exercício da atividade fim da PCERJ, a classificação das competências, distribuídas pelos critérios acima mencionados, são aplicáveis, conforme abaixo demonstrado.

O critério territorial (em razão do lugar) é aplicável às Delegacias de Polícia, que se dividem em circunscrições policiais, sendo que o lugar em que o crime se consumou, em regra, determina a autoridade policial com atribuição (competência administrativa) para a apuração da infração penal, à luz do disposto no art. 4° do CPP.

À guisa de exemplo de exceção à regra do critério territorial, no que tange à determinação da autoridade policial com atribuição para a apuração da infração penal, tem-se o crime de estelionato, em que o local do domicílio da vítima, em vez do local da consumação do delito, determina a autoridade policial com atribuição para sua investigação, conforme dispõe o art. 171, § 4° do CP, alterado pela L. n° 14.155/2021.

O critério material, por seu turno, se fulcra na *"segmentação da atuação da polícia, com delegacias especializadas na investigação e no combate a determinado tipo de infração"*. [64]

Com efeito, há infrações penais cuja investigação apresenta complexidade, a par daqueles crimes que repercutem, sobremaneira, na percepção que os cidadãos têm em relação à segurança pública, razão pela qual, por ambos os motivos, a especialização do trabalho policial se impõe.

O critério em razão da pessoa, por sua vez, leva em consideração a figura da vítima, nos casos em que esta ostenta especial vulnerabilidade, a qual justifica a atuação em seu favor, conferindo-lhe tutela mais efetiva.

Segue o quadro ilustrativo, relativamente à distribuição das Delegacias de Polícia, em consonância aos critérios acima expostos:

---

[64]   TÁVORA, Nestor e ALENCAR, Rosmar Rodrigues. *Curso de Direito Processual Penal*, 12. ed. rev. e atual, Salvador, JusPodivm, 2017, p. 154.

DISTRIBUIÇÃO DAS DELEGACIAS POLICIAIS (exemplificativo)	
Ratione Materiae	• Delegacia de Combate à Corrupção e à Lavagem de Dinheiro; • Delegacia Antissequestro; • Delegacia de Repressão a Entorpecentes; • Delegacia de Homicídios.
Ratione Personae	• Delegacia da Criança e do Adolescente Vítima; • Delegacia de Proteção à Criança e ao Adolescente (Infrator); • Delegacia de Apoio ao Turista; • Delegacia de Atendimento à Mulher.
Ratione Loci	• Delegacias Distritais (Capital, Baixada Fluminense e Interior): • Delegacia de Atendimento Policial do Aeroporto Internacional RJ.

Ademais, o art. 4º contém rol exemplificativo (*numerus apertus*) de competências da Polícia Civil, contemplando algumas atribuições exclusivas que até então não estavam devidamente previstas em lei específica, as quais serão adiante comentadas.

Esclarece-se que todos os dispositivos ínsitos no artigo 4º, relativamente às competências da PCERJ, nas dezenas de incisos que o complementam, serão contemplados ao longo destes *Comentários*.

Todavia, por razões de ordem didática, lógica e com o escopo evitar repetições desnecessárias, optou-se por restringir este capítulo à análise das atribuições alusivas à atividade-fim, ou seja, vinculadas ao exercício da função de polícia judiciária, isto é, a apuração das infrações penais, por meio do inquérito policial, deixando-se as demais competências, de índole eminentemente administrativas, para serem tratadas nos capítulos que lhes sejam pertinentes.

5.1. Apuração de infrações penais

Cabe aos órgãos de Polícia Judiciária, ou seja, à Polícia Federal, no âmbito da União, bem como às Polícias Civis dos Estados e do Distrito Federal e, em regra, somente àquela e a estas, a incumbência de levar a cabo a apuração prévia destinada ao esclarecimento da infração penal, ao mesmo tempo em que desvenda sua respectiva autoria.

A essa atividade de investigação criminal se dá o nome de função de polícia judiciária!

Entre nós, o órgão de polícia judiciária da União tem a denominação de Polícia Federal, certamente, visando distingui-lo dos órgãos semelhantes pertencentes aos demais entes federativos; ao passo que aos órgãos de polícia judiciária dos Estados e do DF dá-se o nome de Polícias Civis, possivelmente, a fim de estremá-los das Polícias Militares.

Logo, o conceito de polícia judiciária admite uma abordagem subjetiva ou orgânica ao se referir à instituição que exerce a aludida função, quer seja a Polícia Federal, quer sejam as Polícias Civis; assim como um sentido objetivo ou funcional, no que concerne à função propriamente dita, ou seja, à investigação criminal.

5.1.1. Inquérito Policial (Conceito)

Ocorre que, conforme se depreende do trecho do escorreito voto do Ministro Cézar Peluso, no julgamento do RE 593.727 MG, *"o instrumento legal da formação da culpa, em sentido amplo, entendida como etapa preliminar destinada à apuração do fato que se desenha ilícito e típico, e de sua autoria, coautoria e participação, encontra-se, primordialmente, no inquérito policial".*[65]

Por certo, a persecução penal se inicia a partir da notícia do crime, percorre todas as diligências que informam o inquérito poli-

---

[65]   STF. Plenário. RE 593.727/MG, red. p/ o acórdão Min. Gilmar Mendes, julgado em 14/5/2015.

cial, levado a efeito pelo Estado-investigação, ou seja, pelos órgãos de polícia judiciária, e na hipótese de apurado o delito em todas as suas circunstâncias e respectiva autoria, servirá de lastro probatório para a dedução de pretensão de índole penal em Juízo, seja por meio da denúncia do Ministério Público ou da queixa do ofendido, esta última, nos casos dos crimes em que se procede mediante ação penal de iniciativa privada ou, ainda, na eventualidade do exercício do direito fundamental à propositura da ação penal privada subsidiária da pública, conforme estatui o inciso LIX do art. 5° da CF.

Ressalva-se, no entanto, as hipóteses dos delitos de menor potencial ofensivo, isto é, as contravenções penais e os crimes cuja pena máxima cominada não exceda a dois anos, por expressa definição do art. 61 da L. 9.099/95, alterado pela L. n° 11.313/06, em que o inquérito policial é substituído pelo termo circunstanciado, desde que o autor assuma o compromisso de comparecimento ao Juizado Especial Criminal, conforme dispõe o parágrafo único do art. 69 da L. 9.099/95.

O inquérito policial, por seu turno, consubstancia os atos de polícia judiciária, ou seja, consiste na documentação ou redução a escrito das diligências que apuram a ocorrência da infração à norma penal incriminadora; constituindo-se, dessa maneira, em etapa prévia e legitimadora ao exercício da pretensão punitiva, em Juízo, por aquele que tenha legitimação processual, quer seja o Ministério Público, por meio da denúncia, quer seja o ofendido, através da queixa.

Com efeito, o inquérito policial apresenta dúplice função, ora resguardando provas que pereceriam com o decurso do tempo, em sua dimensão acautelatória; ora impedindo a incoação de ação penal sem suporte probatório mínimo, em respeito à dignidade da pessoa humana, em sua dimensão protetora de direitos.

Assim, impende que se conceitue o inquérito policial, assinalando-lhe suas particularidades e sua finalidade, à luz do Título II, do Livro I (Do Processo em Geral) do CPP, cujo fundamento de validade é a CF, que o recepcionou e lhe conferiu contornos consentâneos à persecução penal, em um regime jurídico-político que prima pela promoção dos direitos fundamentais.

O notável *Manual de Polícia Judiciária do Estado de São Paulo*, reconhecendo a inexistência de conceito legal de inquérito policial, adota a definição formulada por Dilermando Queiroz Filho, que aduz ser ele o *"instrumento pelo qual a Polícia Civil materializa a investigação criminal, compila informações a respeito da infração penal, de suas circunstâncias e resguarda provas futuras, que poderão ser utilizadas em Juízo contra o autor do delito"*.[66]

Aliás, o conceito de inquérito policial que destaca o seu aspecto de documentação das diligências investigativas, ao influxo do que dispõe o art. 9º do CPP, é adotado por Amintas Vidal Gomes, em seu festejado *Manual do Delegado de Polícia*, que o define como:

> *Conjunto das pesquisas e indagações que a autoridade e seus auxiliares empreendem, a partir da primeira hora, para provar a existência de infração da lei penal (corpo de delito), apurar a autoria dessa infração e desvendar as circunstâncias do evento. Esses trabalhos podem resumir-se na expressão investigação policial.[67]*

E, em sentido algo semelhante, acrescentando-lhe ainda a aptidão à adoção de providências de constrição de direitos, em sua dimensão cautelar penal, em nome do interesse público que se revela na necessidade da apuração da infração penal, temos o magistério de Bismael Batista de Moraes, cujo conceito de inquérito policial se transcreve:

> *Procedimento técnico-jurídico, formal e escrito, elaborado pela Polícia Judiciária, enfeixando a coleta dos elementos materiais probatórios das infrações penais, de suas circunstâncias fáticas e*

---

66 *Manual de Polícia Judiciária: doutrina, modelos, legislação*, coordenador Carlos Alberto Marchi de Queiroz, São Paulo: Delegacia Geral de Polícia, 6. ed. 2010.

67 GOMES. Amintas Vidal. *Manual do Delegado de Polícia*, 8ª edição, rev. e atual. por Rodolfo Queiroz Laterza - Gen/Forense, RJ, 2013, p. 47.

a identificação dos seus autores, para auxiliar o Poder Judiciário
na realização da Justiça Penal, bem como para a concretização
de providências cautelares no interesse da ordem pública.[68]

Ainda, em admirável poder de síntese, tem-se o conceito de Ismar Estulano Garcia, que o condensa: *"inquérito policial é a documentação das diligências efetuadas pela Polícia Judiciária."*[69]

Adscreve-se que a conceituação do inquérito policial, como documentação da investigação criminal, isto é, da função de polícia judiciária, na esteira das irrepreocháveis definições acima coligidas, contemporaneamente, tem de ser conformada às garantias constitucionais outorgadas aos "acusados em geral", na expressão ampliativa empregada no inciso LV do art. 5° da CF.

Desse modo, Rafael Francisco Marcondes Moraes assinala a observância dos direitos fundamentais, aplicáveis à investigação criminal, como corolário do devido processo legal e afirma que *"o propósito primordial do inquérito policial é a elucidação das circunstâncias e da respectiva autoria do fato potencialmente criminoso, contribuindo com o Poder Judiciário para a justa aplicação da lei penal, acompanhada da constante tutela dos direitos fundamentais do investigado".*[70]

A par de também destacar a imparcialidade do delegado de polícia, na condução do inquérito policial, porquanto este colima, precipuamente, à busca da verdade, acrescentando que *"o procedimento investigatório também serve para produção de subsídios tanto para o ingresso da ação penal pela acusação (pública ou privada), como para viabilizar a defesa do sujeito a quem seja imputada a prática ilícita criminal".*[71]

---

[68] MORAES, Bismael Batista. *Direito e Polícia - Uma Introdução à Polícia Judiciária,* Ed. RT, SP, 1986, p. 123.
[69] GARCIA, Ismar Estulano. *Procedimento Policial-Inquérito,* 6. ed. AB Editora, 1995, p. 7.
[70] MORAES, Rafael Francisco Marcondes. *Prisão em Flagrante Delito Constitucional,* Salvador, JusPodivm, 2018, p. 65.
[71] MORAES, Rafael Francisco Marcondes de, *Op. Cit.,* p. 65.

E, em sentido semelhante, realçando que a finalidade precípua do inquérito policial consiste na busca da verdade e da necessidade de sua conformação à imparcialidade do delegado de polícia, em sua condução, como consectário do devido processo legal, em sua etapa extrajudicial, temos o esclarecimento de Henrique Hoffmann Monteiro de Castro, o qual assevera que *"a autoridade policial tem a responsabilidade de presidir a chamada devida investigação criminal, de matriz constitucional, conduzindo-a com a isenção e a imparcialidade próprias de agente estatal sem compromisso com algo distinto da verdade".* [72]

Assim, compreendido como documentação da atividade investigativa do fato infringente da norma penal, mediante a estrita observância dos direitos fundamentais, que tem por objetivo a busca da verdade acerca de fato infringente da norma penal incriminadora, o inquérito policial possui uma finalidade e se desdobra em características que, ao serem pormenorizadas, traçam-lhe sua feição, configurando-o e ressaltando-lhe aspectos que o distinguem dos procedimentos administrativos genericamente considerados.

5.1.2. Inquérito Policial (Finalidade)

Inquérito policial, pois, é procedimento singular, haja vista que conquanto seja presidido por autoridade administrativa, qual seja o delegado de polícia, à luz do que prescreve o § 1º do art. 2º da L. nº 12.830/13, colima finalidade judiciária, porquanto, em regra, serve de base à denúncia, nos crimes em que se procede mediante ação penal pública, ou à queixa, nas hipóteses de crimes de ação penal de iniciativa privada, conforme de depreende do art. 12 do CPP; sem embargo da possibilidade de apurar elementos que indigitem para o arquivamento dos seus autos, por ausência de justa causa, tais como:

---

[72]   CASTRO. Henrique Hoffmann Monteiro de. *Investigação criminal pela Polícia Judiciária*/Henrique Hoffmann Monteiro de Castro et al. (orgs.), 2. ed. Rio de Janeiro, Lumen Juris, 2017, Capítulo 1. *Polícia Judiciária e Garantia de Direitos Fundamentais*, pp. 4 e 5.

inexistência do fato, atipicidade da conduta ou inexistência de indícios de que o investigado concorreu para a prática da infração penal, por força do que dispõe o art. 17 do CPP, que condiciona seu arquivamento à apreciação judicial; uma vez que seu objetivo consiste, precipuamente, na apuração da verdade acerca de conduta comissiva ou omissiva infringente de norma penal incriminadora.

Esta particularidade, que faz do inquérito policial um procedimento singular, no qual se verifica uma amálgama de atuação administrativa e judiciária, não passou despercebida à inaudita agudeza de espírito do mestre Tornaghi, ao anotar que "*se organicamente a polícia judiciária entronca na máquina administrativa do Estado, funcionalmente ela se liga ao aparelho judiciário*".[73]

Outro traço atinente à finalidade do inquérito policial é a cautelaridade, haja vista que ele funciona como atividade pré-processual, exercendo função preparatória, quer seja na produção antecipada de provas, quer seja na produção das provas que são irrepetíveis, no que concerne ao seu papel acautelatório ou preparatório de eventual ação penal; bem como em relação à adoção de medidas constritivas de direitos, as quais são deferidas pelo Juiz, mediante representação do delegado de polícia, ainda na fase investigatória ou extrajudicial da persecução penal, conforme dispõe, por exemplo, o art. 2º da L. 7.960/89, que cuida da prisão temporária.

Aliás, Guilherme Nucci ensina que a nota característica da prova cautelar é a urgência, isto é, se refere à providência que não pode ser procrastinada, tendo em vista que o transcurso do tempo tornaria inexequível sua realização.

A cautelaridade, sob o aspecto probatório, consoante os ensinamentos do professor Guilherme Nucci, se apresenta da seguinte forma: prova cautelar como gênero, o qual se desdobra nas seguintes espécies: provas irrepetíveis e provas antecipadas, uma vez que, segundo seus ensinamentos:

---

[73]   TORNAGHI, Hélio, *Op. Cit.*, p. 202.

As provas urgentes, por cautela, são produzidas de imediato, sob pena de se perderem. Há aquelas que não serão repetidas, como vários tipos de exames periciais (ex.: laudo necroscópico), como regra, bem como as que são simplesmente antecipadas (ex.: o depoimento de testemunha muito idosa), mas que admite, se possível, a repetição.[74]

Ainda, Nestor Távora e Rosmar Rodrigues Alencar, ao se referirem ao valor probatório das provas produzidas na fase extrajudicial da persecução criminal, também distinguem as espécies de provas cautelares e assinalam que *"provas cautelares ou irrepetíveis ganham verdadeiro status de prova na fase pré processual (contraditório diferido ou postergado). Já o incidente de produção antecipada de prova deve tramitar perante o magistrado, com a presença das futuras partes, para ganhar seu valor probatório".* [75]

Ademais, assomam-se no inquérito policial os elementos informativos nele coligidos, que também auxiliam, de alguma forma, no convencimento do magistrado, no julgamento de eventual pretensão punitiva deduzida em Juízo, ou mesmo no que concerne à adoção de alguma providência restritiva de direito, ainda na fase extrajudicial da persecução penal, haja vista que, consoante a arguta observação de Jaime Pimentel Junior, *"tanto prova quanto elemento informativo são produtos de conhecimento impulsionados pela demonstração de cenários que auxiliam na formação do convencimento de quem está apreciando um fato determinado".*[76]

Ora, não obstante, o art. 155 do CPP, cuja redação foi alterada pela L. 11.690/08, estatuir a proibição do magistrado fundamentar sua decisão, exclusivamente, nos elementos informativos coligidos no inquérito policial, este dispositivo legal não o proibiu de, fundamentadamente, levá-los em consideração, em sua decisão, desde que

---

[74]   NUCCI, Guilherme de Souza. *Código de Processo Penal Comentado*, 8. ed. 2ª tiragem, SP, Editora RT, 2008, p. 342.

[75]   TÁVORA, Nestor e ALENCAR, Rosmar Rodrigues, *Op. Cit.*, p. 210.

[76]   PIMENTEL Júnior. Jaime. Revista de Direito de Polícia Judiciária | BRASÍLIA | ANO 1, N. 2 | p. 9-47 | JUL-DEZ 2017. Disponível em: https://doi.org/10.31412/rdpj.v1i2.507. Acesso em 16/06/2023.

o faça com arrimo nas provas produzidas na instrução criminal, ou seja, sob o crivo do contraditório, além de ressalvar, expressamente, os "efeitos judiciários" conferidos às *provas cautelares, não repetíveis e antecipadas,* produzidas na fase extrajudicial.

Adscreve-se, por tempestivo, que a caraterística da cautelaridade corresponde à circunstância de que o inquérito policial tem natureza pré-processual, tanto da formação da culpa, resguardando o direito individual contra a incoação de ação penal sem lastro probatório mínimo; como da formação do corpo de delito, viabilizando a preservação da prova, neste último caso, sobretudo, nas hipóteses de delitos que deixam vestígios (*delicta facti permanentis*), ou conforme o rigor conceitual de Jaime Pimentel Júnior, "*há no inquérito policial a produção de conhecimento com roupagem terminológica de "prova" – cautelares e não repetíveis – que possuirão um contraditório pleno diferido*".[77]

Ainda, conforme mencionado anteriormente, a cautelaridade do inquérito policial também concerne à adoção de medidas constritivas de direitos, notadamente, do direito à liberdade, ora nos casos de prisão em flagrante delito, cujas hipóteses se acham contempladas nos incisos do art. 302 do CPP, a qual é decretada pelo delegado de polícia e a apreciação pelo Juiz ocorre em momento ulterior à lavratura do respectivo auto, conforme se infere do art. 310 do CPP, alterado pela L. 13.964/19, que estatuiu a audiência de custódia; ora nas demais espécies de prisões provisórias, a saber, a prisão temporária, nos termos do art. 2° da L. 7960/89, e a prisão preventiva, prevista no art. 311 do CPP, as quais podem ser decretadas pelo magistrado antes do recebimento da denúncia e, portanto, em etapa que antecede ao aperfeiçoamento da relação processual penal.

De igual modo, o inquérito policial também tem aptidão à coarctação do direito à privacidade e à intimidade, nas hipóteses das interceptações de conversas telefônicas à luz do disposto no art. 3°, I da Lei n° 9.296/96; nos afastamentos dos sigilos fiscal e bancário,

---

[77] PIMENTEL Júnior. Jaime. *Op. Cit.* https://doi.org/10.31412/rdpj. v1i2.507. Acesso em 16/06/2023.

nos termos do § 4º do art. 1º da LC 105/01; bem como de providências de coerção real, nos casos de busca e apreensão domiciliar, conforme previsão do art. 241 do CPP, conformado na parte final do inciso XI, do art. 5º da CRFB/88, que estabelece a reserva de jurisdição, no que tange à adoção dessa providência; o sequestro de bens imóveis de procedência ilícita, previsto no art. 127 do CPP, dentre outras diligências autorizadas pela Justiça, as quais são decretados ainda na fase extrajudicial, o que, evidentemente, implica em constrição de direitos.

No entanto, que não fique qualquer laivo de dúvida de que todas essas providências restritivas de direitos, adotadas no curso do inquérito policial, são justificadas pela imperiosa necessidade de se reprimir o crime, sobretudo a criminalidade organizada que, ordinariamente, conta com a conivência de parte do estamento burocrático que a deveria reprimir, porquanto possui meios para embair as modalidades de controle e fiscalização tradicionais, de modo que somente pode ser debelada pela investigação criminal, mediante o uso de todos os recursos tecnológicos disponíveis e que sejam lícitos, isto é, prescritos em lei autorizativa, nos precisos lindes legais.

Daí a razão pela qual Guilherme Nucci, apropriadamente, esclarece que *"torna-se imprescindível considerar o inquérito um período pré-processual relevante, de natureza inquisitiva, mas já revestido de alguns contornos garantistas".*[78]

Aliás, a faceta do inquérito policial, como etapa pré-processual e, portanto, regida pelas regras jurídicas de direito processual penal, foi reafirmada recentemente, pelo STF, no julgamento da ADI 4.346, em que se declarou, por maioria, a inconstitucionalidade de lei mineira que permitia à Defensoria Pública local a requisição de instauração de inquérito policial, sob o fundamento de que se trata de matéria processual, porquanto disciplinado no art. 5º, II do CPP, ou seja, assunto da competência legislativa privativa da União, conforme o art. 22, inciso I, da Constituição Federal, sendo, portanto, defeso aos Estados-membros legislarem acerca desse tema.

---

[78]   NUCCI. Guilherme de Souza, *Op. Cit.*, p. 104.

5.1.3. Inquérito Policial (Características)

Compreendido o inquérito policial como conjunto ordenado de atos conduzidos por autoridade administrativa, a saber, o delegado de polícia, que intenta finalidade judiciária, quer seja embasando a exordial acusatória, conforme dispõe o art. 12 do CPP, quer seja coligindo elementos que justifiquem seu arquivamento, em observância ao art. 17 do CPP; cujo papel consiste na apuração extrajudicial de conduta comissiva ou omissiva que se apresente, ao menos na aparência, como típica e ilícita; e cujo desiderato consiste na apuração da verdade, por meio do acautelamento de provas perecíveis ou urgentes e do impedimento do exercício da pretensão punitiva em Juízo, de forma temerária ou injusta, faz-se oportuno que se lhe assinale suas particularidades mais marcantes.

Uma das características do inquérito policial consiste na circunstância de ser ele discricionário, isto é, os atos que o compõem não têm forma prescrita em lei, cuja eventual inobservância os inquinem, mas, ao contrário, fica ao alvedrio do delegado de polícia escolher, evidentemente que nos limites da liceidade, o caminho que deseja trilhar na elucidação do crime, porquanto o ato administrativo discricionário é realizado *"com liberdade na escolha de sua conveniência, oportunidade e conteúdo".*[79]

Demais disso, não obstante, o inquérito policial seja formal, porquanto compreenda um conjunto ordenado de atos, sua forma não é solene, isto é, as diligências previstas nos artigos 6° e 7° do CPP, em regra, não vinculam a atuação do delegado de polícia, o qual tem discricionariedade para agir no interesse da investigação; excepcionando-se a obrigatoriedade da requisição do exame de corpo de delito e sua impossibilidade de substituição pela confissão do acusado, nos casos dos crimes que deixam vestígios, à luz do que dispõe o art. 158 do CPP, hipótese da qual o ato do delegado de polícia é vinculado ao ditame legal referido.

---

[79]   MEIRELLES, Hely Lopes, *Op. Cit.*, p. 114.

Com efeito, emerge da interpretação do art. 14 do CPP, em que os requerimentos de diligências formulados pelo ofendido ou pelo indiciado podem ser indeferidos, que o delegado de polícia, na condução do inquérito policial, não está adstrito a nenhum critério preordenado, podendo agir com discrição, ou seja, segundo critérios de conveniência e oportunidade, isto é, *"o delegado de polícia conduz as investigações da forma que melhor lhe aprouver. Só não poderá indeferir a realização do exame de corpo de delito, quando a infração praticada deixar vestígios".*[80]

Discricionariedade, pois, é a prerrogativa de que dispõe algumas autoridades públicas, no caso o delegado de polícia na presidência do inquérito policial, de agir no desiderato de finalidade pública, haja vista que todo ato administrativo tem que colimar o interesse da coletividade, porém, sem que a lei lhe vincule a forma de fazê-lo, podendo persegui-lo da maneira mais oportuna à sua consecução, ou na definição de Cretella Júnior, trata-se da *"faculdade que se desenvolve na escolha dos meios e dos modos mais eficazes e oportunos para a realização do interesse público".*[81]

Outra particularidade do inquérito policial é ser inquisitorial, isto é, nele não há contraditório e ampla defesa; sendo que esta característica se imbrica a uma outra, qual seja, o sigilo dos respectivos autos, relativamente, ao imputado e seu defensor, sendo este último manifestado, expressamente, no art. 20 do CPP, que, por sua vez, o condiciona à circunstância de ser *"necessário à elucidação do fato ou exigido pelo interesse da sociedade".*

Porém, verifica-se tanto na legislação mais recente, especificamente, no art. 14-A do CPP, alterado pela L. 13.964/19, no qual se estabelece o prazo de 48 horas para apresentação de defensor; do mesmo modo que nos incisos XIV e XXI do art. 7º da L. nº 8.906/94, alterada pela Lei nº 13.245/16, que assegura ao advogado a prerrogativa de examinar *"mesmo sem procuração, autos de flagrante e de investigações de qualquer natureza"* e de *"assistir a seus clientes*

---

[80] TÁVORA, Nestor e ALENCAR, Rosmar Rodrigues, *Op. Cit.*, p. 209.

[81] CRETELLA Júnior. José. *Op. Cit.* p. 199.

investigados durante a apuração de infrações, sob pena de nulidade absoluta do respectivo interrogatório ou depoimento e, subsequentemente, de todos os elementos investigatórios e probatórios dele decorrentes ou derivados;" como do enunciado da Súmula Vinculante n° 14 do STF, a mitigação do caráter inquisitivo do inquérito policial, especialmente, em face do exercício do direito de defesa atinente às diligências concluídas e encartadas nos autos do caderno investigatório.

Com efeito, conforme ponderado pelo erudito jurista Cezar Peluso, que nos ensina, uma vez mais, por meio de seus irretocáveis votos em matéria processual penal, nos julgamentos submetidos à apreciação do STF:

> *Há, é verdade, diligências que devem ser sigilosas, sob risco de comprometimento do seu bom sucesso. Mas, se o sigilo é aí necessário à apuração e à atividade instrutória, a formalização documental de seu resultado já não pode ser subtraída ao indiciado nem ao defensor, porque, é óbvio, cessou a causa mesma do sigilo.*[82]

Note-se que o julgado em comento, isto é, o HC 88.190 antecede à edição da própria Súmula Vinculante 14 do STF, tendo esta sido julgada na Sessão Plenária de 02/02/2009, relevando destacar que o julgamento do *Habeas Corpus* citado, da relatoria do ministro Cezar Peluso, constitui seu precedente representativo.

E, ainda, acerca da amplitude do direito à defesa, estendo-se-lhe à fase extrajudicial da persecução penal, em obsequiosidade às garantias constitucionais, atenuando sobremaneira o caráter sigiloso e inquisitivo do inquérito policial, esclarece o ministro Cezar Peluso o que se transcreve, *verbum pro verbo*:

> *Os atos de instrução, enquanto documentação dos elementos retóricos colhidos na investigação, esses devem estar acessíveis ao indiciado e ao defensor, à luz da Constituição da República, que garante à*

---

[82] HC 88.190, voto do rel. min. Cezar Peluso, 2ª Turma, julgamento em 29-8-2006, *DJ* de 6-10-2006.

classe dos acusados, na qual não deixam de situar-se o indiciado e o investigado mesmo, o direito de defesa." [83]

Assim, o que importa é que o investigado saiba do conteúdo da imputação criminal que lhe foi atribuída, no curso da investigação criminal, a fim de que ele possa, caso deseje, defender-se da imputação e, de alguma maneira, concorrer para a consecução da verdade acerca do fato criminoso que lhe foi imputado, sem que com isso, evidentemente, se comprometa a atividade investigativa propriamente dita, haja vista que, caso contrário, ter-se-ia por inútil qualquer diligência previamente ou simultaneamente comunicada ao investigado.

Donde se infere que a mitigação do caráter inquisitivo e sigiloso dos atos que compõem o inquérito policial, que decorre da aplicação da garantia constitucional proclamada no inciso LV do art. 5° da CF, conforma-o, no que respeita ao seu escopo probatório, ao contraditório diferido ou postergado, uma vez que cessada a diligência policial sigilosa e, por consequência, documentado seu resultado nos respectivos autos, propicia-se à defesa do investigado o conhecimento de seu teor e sua manifestação acerca dos elementos coligidos em decorrência das diligências concluídas, cometendo-lhe deste modo, o direito à ampla defesa ainda na fase extrajudicial da persecução penal.

Portanto, conforme o entendimento jurisprudencial invocado, arrimado às alterações legislativas indicadas, os quais conformam a persecução penal extrajudicial aos direitos fundamentais, instaurando, destarte, a devida investigação criminal, constata-se que as vetustas características do inquérito policial se atualizaram e lhe conferiram nova fisionomia, em que o delegado de polícia deixa de exercer papel meramente ancilar ao órgão acusador e se torna protagonista da etapa antecedente à persecução penal em Juízo, exercendo função de relevo na perquirição da verdade acerca de fato criminoso a ele noticiado; afinal, consoante assevera o professor Henrique Hoffmann, conspícuo estudioso da matéria ora vertida, *"o inquérito*

---

[83]   *Ibidem.*

policial, principal procedimento investigativo pátrio, sobressai-se como imprescindível ferramenta de busca da verdade na persecução penal."[84]

Segue-se o quadro ilustrativo do Inquérito Policial, destacando-se seu conceito, suas funções, sua finalidade e suas particularidades, consoante tudo o que foi expendido:

INQUÉRITO POLICIAL	
Conceito	Documentação da função de Polícia Judiciária (apuração da infração penal e respectiva autoria).
Dúplice função	Acautelatória da prova e tutela da liberdade individual.
Finalidade	Apuração da verdade acerca do fato aparentemente infringente da norma penal incriminadora.
Características	**Discricionário:**
	Autoridade Policial tem a discrição de escolher a linha investigativa, nos ditames legais.
	Sigiloso:
	Não aplicável ao imputado e seu advogado, relativamente à diligência concluída.
	Inquisitivo:
	Contraditório diferido, imputado se defende no inquérito, em relação às diligências concluídas e documentadas.

84   CASTRO. Henrique Hoffmann Monteiro de. *Investigação criminal pela Polícia Judiciária*/Henrique Hoffmann Monteiro de Castro et al. (orgs.), 2. ed. Rio de Janeiro, Lumen Juris, 2017, Capítulo 3. *Indispensabilidade do Inquérito Policial*, p. 21.

Noutro giro, ao aludir à exclusividade da Polícia Civil, no que concerne à lavratura de termo circunstanciado, o qual, por sua vez, é um registro de fato tipificado como infração penal de menor potencial ofensivo, há que se ter reserva quanto à aplicação dessa disposição, haja vista que o plenário do STF já se manifestou, por mais de uma vez, pela constitucionalidade de leis que outorgaram esta prerrogativa à Polícia Rodoviária Federal e às Polícias Militares, ao argumento de que *"o Termo Circunstanciado de Ocorrência (TCO) não possui natureza investigativa, podendo ser lavrado por integrantes da polícia judiciária ou da polícia administrativa".* [85]

5.1.4. Meios de obtenção de prova de infrações penais e cadeia de custódia do vestígio

A apuração da infração penal, documentada no inquérito policial, se dá mediante a utilização de técnicas de investigação criminal, bem como da realização de exames periciais, os quais têm a aptidão de produzir e reunir elementos informativos atinentes ao crime e ao seu autor, a par de provas cautelares não repetíveis e antecipadas, que irão se incorporar, ulteriormente, ao processo penal.

Além disso, nas perquisições das organizações criminosas, há meios de obtenção de prova e de coleta de elementos de informação, que são consentâneos à complexidade da atuação dessas *societas sceleris*, que são as denominadas técnicas especiais de investigação criminal, previstas no art. 3º da Lei nº 12.850/13, dentre as quais ressaem a colaboração premiada, a captação ambiental, a ação controlada e a infiltração, por policiais, nas súcias criminosas investigadas, as quais possuem a natureza jurídica de meios de obtenção de prova. Ainda, há as operações policiais, as quais constituem *"fase de um inquérito policial, destinada à arrecadação de provas e indícios de autoria e materialidade de infrações penais".* [86]

---

[85]   ADI 6.245. Plenário, Sessão Virtual de 10.2.2023 a 17.2.2023 e ADI 5637/MG, julgada em 11/3/2022.

[86]   ANSELMO. Marcio Adriano. *Investigação criminal pela Polícia Judiciária*/Henrique Hoffmann Monteiro de Castro *et al.* (orgs.), 2. ed. Rio

Portanto, quer seja por meio de técnicas de investigação criminal das mais rudimentares, porquanto muitas delas são bastante eficazes, às mais sofisticadas, aplicáveis às organizações criminosas; quer seja através das requisições de exames periciais e das operações policiais, a PCERJ cumpre sua missão institucional, mediante a obtenção de indícios e de provas de infrações penais e sua autoria, coautoria e participação, em atendimento ao que dispõe o parágrafo 4°do art. 144 da CF.

No que tange à preservação da prova, a lei orgânica se harmoniza com o comando previsto no art. 6° do CPP, notadamente nos incisos I e II, cujas redações foram alteradas pela Lei n° 8.862/94, os quais tratam, respectivamente, das providências que devem ser adotadas pelo delegado de polícia, ao tomar conhecimento da prática de infração penal, *"para que não se alterem o estado e conservação das coisas, até a chegada dos peritos criminais,"* e, em etapa subsequente, isto é, terminado o trabalho de campo dos peritos criminais, *"apreender os objetos que tiverem relação com o fato,"* sendo que essas medidas de caráter assecuratório, no interesse da investigação criminal, concorrem para o desiderato de se *"colher todas as provas que servirem para o esclarecimento do fato e suas circunstâncias".*

Não há a menor dúvida de que as providências mencionadas, a par de outras também elencadas nos demais incisos do art. 6° do CPP, porquanto se trata de rol exemplificativo, tendo em vista que a discricionariedade é uma das particularidades do inquérito policial, são essenciais para a elucidação do crime noticiado e, quanto mais próximas do cometimento do delito forem elas adotadas, sob o aspecto cronológico, mais chances de êxito haverá na investigação. Elas constituem aquilo que Tourinho Filho, em dito algo espirituoso, chamou de *"excelente programa para um bom Delegado".*[87]

---

de Janeiro, Lumen Juris, 2017, Capítulo 10. *Inquérito policial como instrumento de obtenção de provas*, p. 64.

[87]   TOURINHO Filho, Fernando da Costa. *Manual de Processo Penal*, 4. ed. São Paulo, Ed. Saraiva, 2002, p. 78.

Sucede que a Lei 13.964/2019 fez consideráveis alterações no capítulo do Código de Processo Penal que trata do exame de corpo de delito e das perícias em geral, especialmente, ao instituir a chamada cadeia de custódia, cujo conceito legal, consoante o *caput* do art. 158-A do CPP, acrescentado pela lei mencionada, se reproduz *ipsis litteris: "o conjunto de todos os procedimentos utilizados para manter e documentar a história cronológica do vestígio coletado em locais ou em vítimas de crimes, para rastrear sua posse e manuseio a partir de seu reconhecimento até o descarte."*

As etapas que compõem a cadeia de custódia do vestígio coletado no local do crime ou na vítima encontram-se, exaustivamente, disciplinadas no § 1°, do artigo 158-A, que indica seu início *"com a preservação do local de crime ou com procedimentos policiais ou periciais nos quais seja detectada a existência de vestígio,"* assim como as fases subsequentes, previstas nos dez incisos que integram o art. 158-B do CPP (*reconhecimento, isolamento, fixação, coleta, acondicionamento, transporte, recebimento, processamento, armazenamento e descarte*).

Logo, tem-se à luz do que reza o § 3°, do art. 158-A do CPP, acrescentado pela Lei n° 13.964/2019, a imposição da observância da preservação da cadeia de custódia do vestígio, isto é, de *"todo objeto ou material bruto, visível ou latente, constatado ou recolhido, que se relaciona à infração penal,"* avultando a importância deferida ao momento inicial da persecução penal, que se dá mediante a notícia do crime.

Da mesma forma o disposto neste inciso da lei orgânica também reforça a indispensabilidade da realização do exame de corpo de delito, em consonância com o artigo 158 do CPP, o qual impõe que, *"quando a infração deixar vestígios, será indispensável o exame de corpo de delito, direto ou indireto, não podendo supri-lo a confissão do acusado".*

Ademais, a ausência de preservação de local de infrações penais compromete, sobremodo, o resultado da investigação criminal, daí a importância da sua exigência, conforme expressado na legislação processual penal, mormente do disposto no artigo 169 do CPP, que estatui o que se segue: *"para o efeito de exame do local onde houver sido praticada a infração, a autoridade providenciará imediatamente para que não se altere o estado das coisas até a chegada dos peritos, que poderão instruir seus laudos com fotografias, desenhos ou esquemas elucidativos."*

Adscreve-se, em arremate, que o trabalho policial, tanto investigativo como técnico-científico, baseia-se na utilização e observância de procedimentos que visam ao esclarecimento da infração penal, motivo pelo qual se faz imprescindível o isolamento dos locais em que a infração penal deixar vestígios, para que se possa alcançar o objetivo desejado, qual seja, o êxito na investigação criminal.

5.1.5. Requisição de dados cadastrais e representação por medidas cautelares

Trata-se de expressão do poder requisitante conferido ao Delegado de Polícia, relativamente, à obtenção de informações, exercido em face das instituições públicas e entidades privadas, custodiantes desses dados, motivado pelo interesse da investigação criminal, o qual já havia sido previsto no § 2º, do artigo 2º da Lei nº 12.830/2013 (Estatuto do Delegado de Polícia), cujos termos se transcreve: *"Durante a investigação criminal, cabe ao Delegado de Polícia a requisição de perícia, informações, documentos e dados que interessem à apuração dos fatos".*

Com efeito, a norma jurídica mencionada se revela de extrema importância para o exercício das funções de polícia judiciária, máxime em razão da vigência da cláusula constitucional insculpida no inciso X, do art. 5º da CRFB/88 e de sua regulamentação, no plano infraconstitucional, por meio de legislação protetiva da intimidade e da vida privada das pessoas, em especial, a L. 13.709/2018, alterada pela L. 18.853/2019, denominada Lei Geral de Proteção de Dados (LGPD).

Não raro, no decurso de uma investigação criminal, faz-se imprescindível a obtenção de informações, principalmente, de dados cadastrais de investigados, assim como de registros cartorários e outros documentos perante entidades públicas e privadas, que dispõem das informações precipitadas, as quais, por seu turno, não estão sujeitas à cláusula de reserva de jurisdição, porquanto se trata de dados que não têm o condão de por si sós, exporem a intimidade dos indivíduos.

Em tais casos, o Delegado de Polícia poderá requisitar essas informações, diretamente, às entidades detentoras desses dados, isto é, sem a necessidade de autorização judicial para o atendimento dessa finalidade, haja vista que a consecução dessa requisição nem de longe expõe a intimidade ou a vida privada de quem quer que seja e, portanto, não violam o bem jurídico tutelado pelos direitos fundamentais declarados nos incisos X e XII (inviolabilidade do sigilo das correspondências e das comunicações telefônicas), do art. 5º da CF.

Aliás, Henrique Hoffmann esclarece, didaticamente, que a distinção entre dados íntimos e dados meramente cadastrais é o critério que norteia a informação que se alberga sob a reserva de jurisdição e a informação que pode ser alcançada pelo poder geral de polícia, que autoriza o poder requisitante em comento, ao explicar o que se segue, *in verbis*:

> *Os dados cadastrais não revelam quaisquer aspectos da vida privada ou da intimidade do indivíduo. Trata-se de informações objetivas, não sensíveis, que não permitem um juízo de valor significativo sobre a pessoa. São elementos de caráter meramente identitário, e não de conteúdo.*[88]

A posição doutrinária acima expendida se conforma à jurisprudência do STF, apresentando-se à guisa de exemplo, relativamente à inviolabilidade das comunicações, a decisão da Segunda Turma no julgamento do HC 91.867/PA, em cujo relatório se constata a afirmação de que "*não se pode interpretar a cláusula do artigo 5º, XII,*

---

[88] CASTRO. Henrique Hoffmann Monteiro de. *Investigação criminal pela Polícia Judiciária*/Henrique Hoffmann Monteiro de Castro et al. (orgs.), 2. ed. Rio de Janeiro, Lumen Juris, 2017, Capítulo 13. *Requisição de Dados pelo Delegado de Polícia*, p. 99.

da CF, no sentido de proteção aos dados enquanto registro, depósito re-gistral. A proteção constitucional é da comunicação de dados e não dos dados".[89]

No mesmo sentido, o STJ decidiu que os dados cadastrais, sejam bancários, sejam telefônicos, não estão protegidos pelas respectivas cláusulas de sigilo constitucional, as quais se restringem às transações bancárias e às comunicações telefônicas, de forma que podem ser re-quisitados diretamente pelo delegado de polícia, a fim de instruírem investigações criminais, sendo oportuno destacar a decisão no HC 131.836/RJ, em que consta com clareza meridiana a distinção apon-tada e sua consequência ao exercício das funções de polícia judiciá-ria, ao asseverar que *"o inciso XII do artigo 5° da Constituição Federal assegura o sigilo das comunicações telefônicas, nas quais, por óbvio, não se inserem os dados cadastrais do titular de linha de telefone celular".*[90]

Destarte, temos como exemplos de dados cadastrais bancários as informações sobre número da conta corrente, nome completo do cliente, inscrição no RG e no CPF, além do número de telefone e en-dereço. De igual modo, considerados dados cadastrais telefônicos as referências identitárias sobre o proprietário de linha telefônica, tais como as informações sobreditas, além do número da linha telefônica e o respectivo endereço do usuário do serviço. Esses dados não se sujeitam à reserva de jurisdição e, portanto, podem ser requisitados, diretamente, pelo Delegado de Polícia, na condução de investigação criminal, como manifestação do poder geral de polícia, com funda-mento no § 2°, do artigo 2° da Lei n° 12.830/2013.

Quanto à capacidade postulatória da autoridade policial, em Juízo, consubstanciada na aptidão de oferecimento de representação por medidas cautelares, trata-se de mais um ponto em que a lei or-gânica reforça o protagonismo do Delegado de Polícia, na qualidade ou condição de condutor da investigação criminal, nos termos da L.

[89] HC 91.867/PA, Rel. Min. Gilmar Mendes, Segunda Turma, DJe 19.9.2012, publicado em 20.9.2012.
[90] STJ – Quinta Turma – Rel. Min. Jorge Mussi - HC 131.836/RJ - em 04.11.2010 - DJe de 06.04.2011.

12.830/2013 (Estatuto do Delegado de Polícia), na fase extrajudicial da persecução penal.

Aliás, o próprio Código de Processo Penal, bem como leis extravagantes anteriores ao diploma legal referido no parágrafo anterior, dispõe de hipóteses em que o Delegado de Polícia poderá representar ao Juiz, no curso da investigação criminal, por medidas cautelares que não podem ser levadas a efeito, diretamente, por ele, porquanto abrangidas pela cláusula constitucional da reserva de jurisdição.

A título exemplificativo, das hipóteses legais alusivas à possibilidade da representação do Delegado de Polícia, a par do disposto no § 2°, do art. 282, situado nas disposições gerais, do Título IX, do CPP, que trata das medidas cautelares genericamente consideradas, tem-se as seguintes: busca e apreensão, cuja previsão no art. 241 do CPP tem de ser interpretada na conformidade do inciso XI, do art. 5° da CF; incidente de insanidade mental, ainda na fase da investigação criminal, à luz do que estatui o § 1°, do art. 149 do CPP; interceptação de conversa telefônica e telemática, prevista no inciso I, do art. 3°, da Lei n° 9.296/96; afastamento de sigilo bancário, consoante previsão no § 4°, do art. 1°, da LC 105/2001; prisão preventiva, prevista no art. 13, IV c/c a parte final do art. 311, ambos do CPP e prisão temporária, instituída no art. 2° da Lei n° 7.960/89, todas instrumentalizadas no curso do inquérito policial.

Quanto às demais diligências, a saber: interrogatório do indiciado, que se encontra no inciso V, do art. 6°, do CPP; intimação e oitiva de testemunhas, cuja disciplina aplicada no inquérito policial se assemelha à instrução penal, por aplicação analógica das regras previstas nos artigos 202 a 225 CPP, estão, indubitavelmente, na esfera de atribuição do Delegado de Polícia. Como novidade, no entanto, o dispositivo revela a possibilidade da utilização, sempre que possível, de sistema informatizado de registro audiovisual das informações produzidas, em conformidade com as inovações tecnológicas já incorporadas, em grande medida, à instrução criminal, ao menos pelo Poder Judiciário fluminense.

5.1.6. Identificação criminal e inteligência policial

A gestão dos serviços de identificação criminal compete ao Instituto Félix Pacheco, subordinado ao Departamento-Geral de Polícia Técnico-Científica da PCERJ, como dispõe o Decreto Estadual nº 48.273/2022, em seu anexo I, item 5.3.3.

Assim, inicialmente, impende levar a efeito a definição de identificação criminal à luz do que dispõe o art. 6º do CPP, que arrola, exemplificativamente, as medidas cautelares abrangidas no poder geral de polícia; bem como o disposto na Lei nº 12.037/2009, que trata de assunto que apresenta indisputável relevância, mormente, no dia a dia da faina dos inóspitos plantões policiais, a saber, a identificação criminal do civilmente identificado, regulamentando, no plano infraconstitucional, o direito declarado no inciso LVIII, do art. 5º da CF.

A identificação criminal consiste no processo pelo qual se estabelece, com rigor científico, a identidade do indivíduo a quem se imputa o cometimento de crime, haja vista a necessidade de se saber a verdadeira identidade do autor da infração penal, a fim de que ele possa se defender da imputação em seu desfavor; a par da inaceitável inconveniência decorrente de uma imputação injusta, relativamente, à autoria delitiva, máxime pela circunstância de que o impedimento da submissão de um inocente às drásticas consequências do processo penal corresponde a uma das missões, talvez a mais importante, do exercício das funções de polícia judiciária, que atua como filtro garantístico na defesa da liberdade e da justiça.

Nesse sentido, o inciso VIII, do art. 6º, do CPP, acolhe o sistema datiloscópico de identificação humana como meio idôneo à consecução desse desiderato, tendo o art. 5º da Lei nº 12.037/2009 o confirmado como o principal meio de identificação criminal, acrescentando o processo fotográfico como seu coadjuvante, tendo em vista que este, ao contrário daquele, não dispõe das características de imutabilidade, perenidade e variabilidade, que dão à datiloscopia[91] contornos de disciplina científica.[92]

Com efeito, a datiloscopia se revela como o melhor de todos os sistemas de identificação humana que lhe antecederam, além de não ter surgido até os dias de hoje nenhum outro que o substituísse, porquanto ele traz consigo características que o torna preciso na determinação da identidade do indivíduo, a par de sua inexcedível praticidade, o que fez com que ele fosse adotado por todos os países civilizados. O sistema datiloscópico adotado pelas Polícias Judiciárias brasileiras é o que foi formulado por Juan Vucetich e introduzido, no Brasil, por Félix Pacheco, no limiar do século passado.

Quanto à identificação civil, que restringe a utilização da identificação criminal, por meio dos processos datiloscópico e fotográfico, ela *"é atestada por qualquer dos seguintes documentos: I - carteira de identidade; II - carteira de trabalho; III - carteira profissional; IV - passaporte; VI - carteira de identidade funcional e VI - outro documento público que permita a identificação do indiciado,"* conforme dispõe o art. 2º da Lei nº 12.037/2009.

No entanto, no art. 3º da Lei nº 12.037/2009, encontram-se as hipóteses em que se autoriza a identificação criminal dos indivíduos civilmente identificados, dentre as quais se destacam, por serem as mais comuns, as hipóteses em que *"o documento apresentar rasura ou tiver indício de falsificação"* e quando *"o estado de conservação ou a distância temporal ou da localidade da expedição do documento apresentado impossibilite a completa identificação dos caracteres essenciais".*

---

91 Papiloscopia é a disciplina científica da identificação humana, cujo objeto de estudo são as papilas dérmicas, dentre as quais se destacam as situadas nas extremidades dos dedos das mãos, colhidas sob a forma de datilogramas ou impressões digitais, que, por sua vez, corresponde à datiloscopia, razão pela qual esta é parte daquela.

92 Em caráter excepcional, e não abrangido no poder geral de polícia, isto é, sujeito à reserva de jurisdição, o parágrafo único do art. 5º, da L. 12.037/2009, incluído pela L. 12.654/2012, dispõe acerca da *"coleta de material biológico para a obtenção do perfil genético,"* como modalidade de identificação criminal.

Outro aspecto importante que merece consideração se relaciona às ações de inteligência de segurança pública, atividade comumente referida por sua sigla: "ISP", as quais se assemelham, conquanto não se confundam, com as funções de polícia judiciária, haja vista que em ambos os casos se colima a produção de conhecimento, qual seja, informações de interesse policial; porém, naquela o conhecimento produzido se destina ao assessoramento dos gestores da segurança pública, na tomada de decisões; enquanto que nesta a produção de conhecimento, quer seja de elementos informativos, quer seja de provas não repetíveis e antecipadas, se destina à consecução do desiderato do sistema de justiça criminal, possibilitando, se for o caso, o exercício da pretensão punitiva em Juízo.

Como ensina Romeu Antonio Ferreira, idealizador da Doutrina de Inteligência de Segurança Pública no Rio de Janeiro (DISPER-J),[93] escoimando qualquer dúvida que, invariavelmente, se incorre sobre o assunto, no que afeta à natureza das agências de ISP, transcreve-se o que se segue:

> Não têm cartórios e seus agentes não prendem e nem tomam declarações a termo. A principal característica da Inteligência é ser um instrumento de Produção de Conhecimento na medida em que busca dados e, por meio de metodologia específica, transforma-os em conhecimento preciso e útil, para que um chefe possa tomar uma decisão adequada.[94]

Ao passo que a investigação criminal, por seu turno, ainda segundo o autorizado magistério acima invocado, *"precisa seguir mais além, na busca das provas,"* porquanto o conhecimento produzido

---

[93] A Doutrina de Inteligência de Segurança Pública no Rio de Janeiro (DISPERJ) foi instituída pelo Decreto n° 37.272, de 01 de abril de 2005, tendo sido atualizada pelo Decreto n° 45.126 de 13 de janeiro de 2015.
[94] Trecho da aula inaugural proferida pelo Cel. EB R1 Romeu Antônio Ferreira, no 4° Curso de Inteligência de Segurança Pública da SESEG/RJ, em 02 Abr 2007. https://pt.scribd.com/document/637617409/. Acesso em 09/07/23.

terá de ser provado, sob o crivo do contraditório, da ampla defesa e ante à presunção de inocência do investigado, a par das demais garantias constitucionais, visando à aplicação da lei penal.

Com efeito, haurimos da DISPERJ, cuja transcrição se omite em razão da natureza reservada de seu manual, que inteligência de segurança pública (ISP) corresponde ao conjunto de ações aptas à identificação de tudo quanto represente ameaça, no âmbito da segurança pública, tendo em vista a finalidade de orientar os gestores públicos, no que tange ao planejamento e à execução de políticas públicas relacionadas a esta área de atuação estatal.

Faz-se oportuno, por ora, que se apresente também o conceito de contrainteligência, que complementa a noção de (ISP), abeberando-nos uma vez mais do que preconiza a DISPERJ, cujo conceito corresponde às ações que protegem à atividade de inteligência, salvaguardando os dados coligidos e a identificação de potenciais adversidades à aludida atividade. E, ainda, na acepção de inteligência negativa, nos domínios da segurança pública, ela intenta a obtenção de conhecimento, relativamente, aos desvios de condutas dos policiais, faceta na qual a contrainteligência em muito se assemelha à atividade de assuntos internos afetos à atuação correcional policial.

As atividades de inteligência e contrainteligência, no âmbito da PCERJ, estão a cargo da Subsecretaria de Inteligência (SSINTE), a qual será analisada, pormenorizadamente, nos comentários ao inciso IV, do artigo 16 desta lei orgânica.

É notório que as ações de inteligência e contrainteligência são fundamentais, haja vista que permite o conhecimento antecipado de assuntos relacionados aos interesses da segurança pública, a par de também servirem à instrumentalização das indispensáveis funções de polícia judiciária, capacitando o Estado-investigação no cumprimento de sua missão institucional.

5.1.7. Cumprimento de mandados de prisão e de busca e apreensão

Cabe à PCERJ cumprir as ordens escritas promanadas das autoridades judiciárias, notadamente, os mandados de prisão, tanto os de natureza penal, como os de natureza civil, estes no caso do devedor de alimentos, consoante o permissivo disposto no inciso LXVII, do art. 5° da CRFB/88; os mandados de busca e apreensão, relativamente, aos adolescentes infratores, ainda que imputáveis à época do cumprimento, mas alusivo à prática de ato infracional; e os mandados de busca domiciliar, observando-se, em todos os casos, as disposições legais e constitucionais pertinentes.

Trata-se de incumbência da PCERJ compatibilizar os cumprimentos dos mandados judiciais aos direitos fundamentais, especialmente, no caso do preso, à observância da comunicação da prisão à autoridade judiciária competente e aos familiares ou à pessoa por ele indicada, conforme proclamado no inciso LXII, do art. 5°, da CRFB/88, bem como o direito ao silêncio e à assistência de advogado, na forma do inciso LXII, do art. 5°, da CRFB/88.

Destaca-se que o art. 289-A do CPP, acrescentado pela Lei n° 12.403/2011, estatui que o *"juiz competente providenciará o imediato registro do mandado de prisão em banco de dados mantido pelo Conselho Nacional de Justiça para essa finalidade"*, de maneira que, em face dessa alteração legislativa, foi instituído o Banco Nacional de Monitoramento de Prisões (BNMP 2.0), que "é um sistema eletrônico que auxilia as autoridades judiciárias da justiça criminal na gestão de documentos atinentes às ordens de prisão/internação e soltura expedidas em todo o território nacional, materializando um Cadastro Nacional de Presos",[95]o qual possibilita a consulta dos mandados de prisão pendentes de cumprimento, imprimindo efetividade a essa relevante atividade policial, em auxílio ao Poder Judiciário.

---

[95]   CADASTRO NACIONAL DE PRESOS. Disponível em: https://www.cnj. jus.br/sistema-carcerario/bnmp-2-0/. Acesso em 26/07/2023.

No que tange à expressão busca e apreensão, comumente utilizada tanto no jargão policial, como no forense, Guilherme Nucci
ensina que são noções distintas entre si, porquanto a palavra busca,
em processo penal, consiste no *"movimento desencadeado pelos agentes
do Estado para a investigação, descoberta e pesquisa de algo interessante
para o processo penal, realizando-se em pessoas ou lugares;"*[96] enquanto
que, por apreensão se designa *"medida assecuratória que toma algo
de alguém ou de algum lugar, com a finalidade de produzir prova ou
preservar direitos".*

Logo, conquanto as noções de busca e apreensão, no mais das
vezes, estejam relacionadas, porquanto geralmente os bens e instrumentos relacionados ao crime são apreendidos em decorrência de
busca levada a efeito por policial, admite-se, em caráter excepcional,
que haja busca sem que resulte em apreensão, uma vez que a fundada suspeita que a justifica não corresponde ao juízo de certeza,
podendo a busca ser frustrada, assim como pode haver apreensão
sem que esta tenha sido antecedida de busca.

Ainda, quanto à busca, importa distinguir a de natureza pessoal,
disciplinada no art. 240, § 2° e a domiciliar, haja vista que aquela,
conforme preceitua o art. 244 do CPP, *"independerá de mandado, no
caso de prisão ou quando houver fundada suspeita de que a pessoa esteja
na posse de arma proibida ou de objetos ou papéis que constituam corpo
de delito, ou quando a medida for determinada no curso de busca domiciliar",* ou seja, prescinde de autorização judicial, podendo também
ser estendida ao veículo, excepcionando-se as hipóteses em que o
veículo faça às vezes de domicílio, a exemplo da boleia do caminhão.

Já a busca domiciliar, por sua vez, somente se admite na hipótese de mandado judicial, porquanto sujeita à reserva de jurisdição, na forma do art. 241 do CPP, cuja interpretação restritiva, em
conformidade à cláusula insculpida no inciso XI, do art. 5° da CF,
condiciona a aludida diligência à expedição do respectivo mandado
judicial, mediante representação da autoridade policial, no interesse

---

[96]   NUCCI. Guilherme de Souza, *Op. Cit.,* p. 476.

da investigação criminal, desde que demonstrada a impossibilidade de produção da prova por outro meio, pela magnitude da afronta que tal providência representa ao direito à privacidade.

No que concerne à apreensão decorrente do cumprimento de mandado de busca, medida cautelar preparatória de eventual processo penal de conhecimento ulterior, esta providência não se confunde com a apreensão baseada no art. 6º do CPP, isto é, daquela que emana do poder geral de polícia, cuja natureza, conforme leciona Nestor Távora, se trata de *"medida assecuratória, de índole administrativa e, por assim dizer, pré-cautelar"*.[97]

5.1.8. Dados de registros de ocorrências criminais, estatística e preservação de sigilo

A modernidade traz consigo a evolução tecnológica, tornando--se imprescindível que os órgãos públicos desenvolvam sistemas informatizados voltados à execução e ao controle de suas funções.

No caso, a atividade de polícia judiciária engendra miríade de dados sensíveis, de informações que dizem respeito à intimidade e à privacidade das pessoas, os quais devem ser tratados e protegidos, de acordo com a legislação vigente e observadas as garantias constitucionais pertinentes.

A PCERJ possui um sistema de controle operacional eletrônico, por meio do qual são armazenados todos os registros de ocorrência e demais procedimentos de polícia judiciária, possibilitando o acesso remoto por policiais autorizados, assim como pelo destinatário do inquérito policial, o Ministério Público, a quem cabe o controle externo da atividade policial.

Além disso, o sistema operacional viabiliza o controle dos bens e valores arrecadados no exercício da atividade finalística de polícia judiciária, nas hipóteses das fianças arbitradas e recolhidas, das multas aplicadas, por exemplo, mediante a lavratura dos autos de infração,

---

[97]   TÁVORA, Nestor e ALENCAR, Rosmar Rodrigues, *Op. Cit.*, p. 547.

nos casos de porte de arma de fogo ou de arma branca, ou mesmo de valores em espécie apreendidos e relacionados de alguma maneira à atividade criminosa.

Trata-se, como dissemos anteriormente, de dados sensíveis e, em regra, sigilosos que devem ser armazenados e analisados, exclusivamente, pela própria PCERJ, cuja gestão se comete ao Departamento Geral de Tecnologia da Informação e Telecomunicações (DGTIT), que é responsável por administrar toda a base de dados dos registros de ocorrência criminais.

A PCERJ desenvolveu outros sistemas operacionais, indicando-se a título de exemplo o sistema de ocorrências *online*, que possibilita aos cidadãos a comunicação de infrações penais sem a necessidade de se dirigirem à Delegacia de Polícia; sistema de controle de laudos, alusivos aos exames periciais requisitados pelo delegado de polícia; sistema de inteligência policial (SIP); sistema de controle de armas; sistema de controle de presos, dentre outros.

Destaca-se que a gestão dos dados decorrentes de interceptações telefônicas e telemáticas deverão observar, rigorosamente, as normas que cuidam da matéria, as quais se encontram previstas na Lei n° 9.296/96, que regulamenta o inciso XII, parte final, do artigo 5°, da CF, que institui a cláusula de reserva de jurisdição, no que tange à adoção das referidas medidas cautelares, motivado pela circunstância de que são invasivos da intimidade e da vida privada das pessoas.

Cabe à SSINTE, cujas atribuições serão objeto dos comentários ao art. 20 desta lei orgânica, o gerenciamento dos sistemas de interceptação telefônica utilizados no exercício das funções de polícia judiciária, de maneira que os dados coletados, em decorrência das interceptações telefônicas, ficam sob a responsabilidade exclusiva da PCERJ.

Cabe sublinhar a importância da preservação dos dados coletados ou interceptados que, em regra, são sigilosos, mediante a imposição àqueles que possuem acesso a esses sistemas de dados a proibição de divulgá-los, sob pena de responsabilização administrativa e criminal.

Em linhas gerais, o sigilo imposto aos dados obtidos no âmbito dos procedimentos policiais, com o escopo de evitar a divulgação indevida das informações contidas nos autos dos inquéritos policiais e, nos termos circunstanciados, visam garantir, precipuamente, a elucidação dos fatos apurados, no interesse da investigação criminal, por imposição do interesse público.

Além disso, no curso das investigações policiais são carreados aos respectivos autos inúmeros dados pessoais que têm a aptidão de exporem a intimidade das pessoas que, de alguma forma, os tiveram desvelados, no esforço de reconstituição das circunstâncias do crime, motivo pelo qual o dispositivo em comento impõe o ditame de que devem ser preservadas essas informações, em harmonia com o mandamento constitucional contido no inciso X, do artigo 5°, da CF; devendo ser observado, de igual modo, o disposto no artigo 190 da Constituição do Estado do Rio de Janeiro, que estendendo proteção adicional às vítimas e testemunhas, impõe o que se transcreve *verbatim: Na divulgação pelas entidades policiais aos órgãos de comunicação social dos fatos pertinentes à apuração das infrações penais é assegurada a preservação da intimidade, da vida privada, da honra e da imagem das vítimas envolvidas por aqueles fatos, bem como das testemunhas destes.*

No entanto, na questão atinente ao sigilo dos elementos informativos e das provas produzidos no inquérito policial, embora este seja a regra, conforme se extrai do teor do artigo 20 do CPP, que faz com que aquele seja uma das particularidades deste, deve-se mencionar que em virtude da ampliação do direito de defesa à etapa extrajudicial da persecução penal, este foi mitigado em relação ao investigado/indiciado e seu defensor, de maneira que se faz oportuna a compreensão da diferença entre as noções de sigilo interno e externo das investigações nele documentadas.

Assim, tem-se o sigilo externo das informações coligidas no inquérito policial, cujo escopo consiste na proibição da divulgação dessas informações ao público, a fim de preservar a intimidade e a honra das pessoas, em homenagem ao princípio da presunção de inocência; enquanto que há o sigilo interno oponível ao investigado e ao seu defensor, em deferência ao interesse social da utilidade e eficiência das diligências investigatórias, de modo que eles somente poderão ter acesso às informações e às provas já produzidas e documentadas nos autos do inquérito policial, nos termos do enunciado 14 da Súmula Vinculante do STF.[98]

Atente-se ainda que o sigilo das informações contidas nos procedimentos policiais não são excepcionados pela Lei n° 13.709/2018, denominada Lei Geral de Proteção de Dados, em consequência do que dispõe a alínea d, do inciso III, do art. 4° da lei precitada, que ressalva expressamente o sigilo inerente à investigação criminal, conforme se transcreve *verbatim*: *"Art. 4° - Esta Lei não se aplica ao tratamento de dados pessoais: (...) III - realizado para fins exclusivos de: d) atividades de investigação e repressão de infrações penais."*

Vale lembrar que, não raro, a PCERJ é instada a atender aos pedidos de acesso à informação por particulares, as quais passam pelo crivo da Ouvidoria da PCERJ, a quem compete *"a mediação administrativa entre os órgãos para a efetiva instrução das demandas apresentadas pelo cidadão; processar os requerimentos de pedidos de acesso à informação e coordenar as atividades de transparência e controle social,"* dentre outras atribuições elencadas no item 6.14, do anexo I, do Decreto n° 48.273/2022.

Quanto aos frequentes pedidos de informações provenientes dos meios de comunicação de massa, esses são intermediados pela Assessoria de Comunicação a quem *"compete desempenhar as atividades de relações públicas, assessorando o Secretário na gestão da imagem institucional, na divulgação da atuação da Secretaria de Estado de Polícia Civil, e na difusão dos seus valores e dos objetivos estratégicos"*, conforme previsto no item 6.6, do anexo I, do Decreto n° 48.273/2022.

Ainda, cumpre que se apresentem as noções de estatística de ocorrências criminais e de cadastro de informações policiais, conceitos em torno dos quais gravitam competência específica da PCERJ.

---

[98]   O tema da mitigação do sigilo do inquérito policial é analisado com mais profundidade por TÁVORA, Nestor e ALENCAR, Rosmar Rodrigues, *Op. Cit.*, pp. 140 a 149.

Desse modo, estatística, segundo o Dicionário Michaelis, é *"ramo da matemática que tem por objetivo a coleção, análise e interpretação de dados numéricos a respeito de fenômenos coletivos ou de massa,"*[99] no caso da PCERJ, os dados numéricos coligidos e analisados correspondem às informações contidas nos registros de ocorrências policiais, que se relacionam às infrações penais, as quais, por sua vez, constituem o evento que se busca, metodicamente, descrever e compreender, tendo em vista a necessidade de se combatê-lo, contendo-o em níveis aceitáveis ao convívio social, haja vista que sua cessação é inexequível.

A estatística se desdobra em duas partes, a saber: descritiva e indutiva ou inferencial, as quais se complementam, porquanto aquela implica na coleta e organização dos dados numéricos, que servem de base para que esta os analise e os interprete, valendo-se do cálculo de probabilidade a fim de inferir conclusões.

Cadastro, em uma de suas acepções jurídicas, conforme definição do Michaelis, é o *"registro policial ou judicial, com informações pessoais detalhadas, sobre criminosos,"*[100]de modo que os dados contidos no cadastro de informações policiais são os elementos numericamente descritos nas estatísticas organizadas, as quais são utilizadas nas inferências dos cenários criminais, cuja compreensão propicia a formulação de políticas públicas no âmbito da segurança pública.

A organização das estatísticas das ocorrências policiais e dos cadastros criminais revelaram-se ferramentas úteis ao planejamento das ações, por parte dos órgãos governamentais que compõem o sistema de segurança pública, no que concerne à tomada de decisões a partir da observação metódica, isto é, por meio da metodologia científica inerente à ciência estatística, da realidade criminal, tornando a atuação desses órgãos menos empírica e mais científica.

---

[99]   ESTATÍSTICA. Dicionário Michaelis. Disponível em: *https://michaelis. uol.com.br/moderno-portugues/busca/portugues-brasileiro/estat%- C3%ADstica/.* Acesso: 15/08/2023.

[100]   CADASTRO. Dicionário Michaelis. Disponível em: *https://michaelis. uol.com.br/moderno-portugues/busca/portugues-brasileiro/estat%- C3%ADstica/.* Acesso: 15/08/2023.

6. FUNÇÕES CONSTITUCIONAIS INDELEGÁVEIS DA POLÍCIA CIVIL

Art. 5º - As funções constitucionais da Polícia Civil são indelegáveis e somente podem ser desempenhadas, para a existência, validade e eficácia de seus atos, por ocupantes de cargo efetivo das carreiras que integram o Quadro Permanente e que estejam em efetivo exercício na estrutura básica da instituição.

Adscreve-se, por tempestivo, que a exclusividade da PCERJ, no que tange ao exercício das funções de polícia judiciária, isto é, da investigação criminal, no âmbito do Estado do Rio de Janeiro, em conformidade com a matriz constitucional prevista no § 4º, do artigo 144 da CF, foi expressamente declarada no *caput* do art. 3º desta lei orgânica, e reafirmada no art. 5º da lei mencionada, mediante a declaração da indelegabilidade de suas funções constitucionais, motivo pelo qual as resoluções ou os decretos ou quaisquer outros atos normativos secundários, que disponham de forma diversa, os quais, lamentavelmente, são cometidos vez por outra, serão tidos por írritos, porquanto contrariam as aludidas disposições legais, que por sua vez é espécie normativa primária, a par da afronta ao preceito constitucional que lhes serve de fundamento e lhes estabelece as balizas regulamentares, por meio da vedação de inovações jurígenas.

Aliás, o dispositivo em estudo também se harmoniza com o que preceitua o artigo 185 da Constituição do Estado do Rio de Janeiro, que proclama especificamente o seguinte: *"o exercício da função policial é privativo do policial de carreira, recrutado exclusivamente por concurso público de provas ou de provas e títulos, submetido a curso de formação policial."*

Esta lei orgânica define os policiais civis, em seu art. 7°, conforme será analisado mais adiante, no mesmo sentido da norma constitucional estadual acima indicada, os quais são, pela dicção legal referida *"os servidores públicos legalmente investidos, através de aprovação prévia em concurso público de provas ou de provas e títulos, em cargos de provimento efetivo do Quadro Permanente da Polícia Civil".*

Além disso, o artigo 14, inciso XXXII do Decreto-Lei n° 218/75 prevê como transgressão disciplinar de natureza grave *"cometer a pessoa estranha à Organização Policial, fora dos casos previstos em lei, o desempenho de encargos próprios ou da competência de seus subordinados"*, em demonstração de que isso sequer é tolerado, sob a ótica administrativa sancionatória, ensejando a possibilidade de punição ao policial que venha conceder a *extraneus,* de forma ilegítima, isto é, fora das hipóteses legais, qualquer função de sua competência.

Ademais, essas funções a que se refere o artigo 5° estão explicitadas em diversos pontos desta lei orgânica, bem como em outras normas que a regulamentam, tais como o Decreto Estadual n° 48.273/2022, que consolida a estrutura básica da PCERJ e a Lei Estadual n° 3.586/2001, importando esclarecer que essa característica funcional se relaciona à noção de função pública inerente a cargo público componente de carreira típica de Estado ou, na dicção constitucional atinente ao assunto, à luz do que dispõe a parte final do art. 247 da CF, acrescentado pela EC n° 20/98, que *"em decorrência das atribuições de seu cargo efetivo, desenvolva atividades exclusivas de Estado".*

6.1. Carreiras típicas de Estado

Assim, a indelegabilidade das funções inerentes aos cargos públicos efetivos, que compõem o quadro permanente da PCERJ, decorre da circunstância de que são carreiras típicas de Estado, isto é, conforme definição formulada pelo Fórum Nacional Permanente das Carreiras Típicas de Estado, mais conhecido pelo acrônimo *FONACATE*:

> *São aquelas que exercem atribuições relacionadas à expressão do Poder Estatal, não possuindo, portanto, correspondência no setor privado. Integram o núcleo estratégico do Estado, requerendo, por isso, maior capacitação e responsabilidade. (omissis) As carreiras consideradas típicas de Estado são as relacionadas às atividades de (omissis) Segurança Pública.[101]*

Com efeito, o inciso III, do art. 4º, da Lei nº 11.079/2004, que institui normas gerais para licitação e contratação de parceria público-privada, no âmbito da Administração Pública, afirma a *"indelegabilidade do exercício do poder de polícia,"* cuja função de polícia judiciária é uma de suas manifestações, a par de declará-la, expressamente, como atividade exclusiva do Estado, inadmitindo-se a prestação desse serviço público pelo particular, porquanto não se pode delegar parcela da expressão do poder soberano estatal, de modo que todas as funções inerentes aos cargos públicos que compõem o quadro permanente da PCERJ não têm correspondência na iniciativa privada e, portanto, se diferenciam da generalidade do serviço público.

No mesmo sentido, tem-se o art. 247 da CF, inserido pela EC nº 19/98, conhecida como a ampla reforma administrativa levada a efeito na transformação do Estado brasileiro, mais especificamente nas disposições constitucionais gerais, o qual ressalta a distinção do servidor público que exerce atribuição tipicamente estatal, nos termos da definição do *FONACATE* anteriormente apresentada, ao proclamar a especialidade da garantia alusiva à estabilidade deste, a qual é ainda mais rigorosa do que a que é conferida ao servidor público que, conquanto ocupante de cargo público de provimento efetivo, cuja nomeação tenha de ser antecedida pela aprovação em concurso público, não exerça, todavia, essas atribuições especiais, que manifestam a potestade estatal na consecução do interesse da coletividade.

---

[101]   CARREIRAS TÍPICAS DE ESTADO. FONACATE. Disponível em: https://fonacate.org.br/o-fonacate/. Acesso em 10/08/23.

Portanto, como consectário das especificidades das funções constitucionalmente conferidas às Polícias Civis, elas são indelegáveis e não encontram correspondência na iniciativa privada, fazendo com que os policiais que as exercem sejam servidores públicos dotados de prerrogativas que os distinguem da generalidade do serviço público, tanto em virtude de sua essencialidade, como por expressarem atos de império praticados na restauração da ordem pública e na preservação de bens jurídicos dos mais relevantes ao convívio em sociedade.

Sem embargo de tudo quanto foi exposto, é preciso consignar que existem serviços desempenhados no âmbito da PCERJ que não se enquadram na sua missão constitucional, os quais podem ser delegados, tais como as atividades meramente administrativas, isto é, que não guardam relação com a atividade finalística da Polícia Civil.

A título de exemplo de atribuições delegáveis, no âmbito da PCERJ, tem-se as seguintes atividades: assessoria de comunicação, prevista no inciso VI, 6.6., do anexo I, do Decreto 48.273/2022, a quem *compete desempenhar as atividades de relações públicas, assessorando o Secretário na gestão da imagem institucional, na divulgação da atuação da Secretaria de Estado de Polícia Civil, e na difusão dos seus valores e dos objetivos estratégicos* e a atividade de defesa dativa, por meio do Núcleo de Defesa Jurídica Policial, inserido na estrutura da Corregedoria-Geral de Polícia pelo Decreto n° 48.036/2022, alterado pelo Decreto n° 48.273/2022, cuja atribuição consiste na realização da defesa técnica gratuita aos policiais civis submetidos aos processos administrativos disciplinares (PAD) e às sindicâncias administrativas disciplinares (SAD).

6.2. Teoria da Tripartição do ato administrativo

Oportuno, no ponto, breve digressão acerca da teoria da tripartição do ato administrativo, haja vista que o art. 5° desta lei orgânica se refere aos diferentes planos deste, destacando-lhes a existência, validade e eficácia, a par de vedar-lhe a prática por pessoas estranhas ao serviço policial, isto é, por aquele que não ocupa cargo público de provimento efetivo, em carreira que integra o quadro permanente da PCERJ, o que equivaleria a tê-lo por inexistente e *a fortiori* inválido e ineficaz, ao menos como regra.

Por certo, ato administrativo é espécie de ato jurídico *lato sensu*, sendo útil invocar o conceito respectivo formulado por Cretella Júnior, que a esse respeito ensina com a lógica apurada característica de sua argumentação jurídica, conforme se reproduz *de verbo ad verbum*:

> *Ora, basta acrescentar as duas expressões – manifestação da vontade do Estado e em matéria administrativa – e teremos uma definição do ato administrativo, partindo do ato jurídico. Ato administrativo é toda manifestação da vontade da Administração, por seus representantes, que tenha por efeito imediato a aquisição, o resguardo, a transferência, a modificação ou a extinção de direitos em matéria administrativa.[102]*

Logo, não é de se estranhar que se aplique ao ato administrativo a teoria originariamente desenvolvida no direito comum, mais especificamente na parte geral do direito civil, como parece tê-lo feito o legislador, no que concerne aos *"planos distintos da patologia do ato jurídico",*[103] na feliz expressão formulada por Francisco Amaral.

Ou, em outras palavras, trata-se da aplicação da teoria da nulidade do ato jurídico, mediante a observação das peculiaridades do regime jurídico de direito público, derrogatório do direito comum, que tornam o ato administrativo distinto da generalidade dos atos jurídicos, afinal, está correta a advertência feita por Maria Sylvia Di Pietro, de que *"o conceito de ato jurídico pertence à teoria geral do direito, não sendo específico do direito civil".*[104]

---

[102]   CRETELLA Júnior. José. *Dicionário de Direito Administrativo*, 3. ed. 1978, Forense, RJ, p. 51 e 52.

[103]   AMARAL, *Francisco. Direito Civil – Introdução*, 6. ed. Editora Renovar, p. 511.

[104]   DI PIETRO, Maria Sylvia Zanella. *Direito Administrativo*, p. 179.

Assim, adaptando-se a teoria da nulidade dos atos jurídicos às especificidades do direito público, consoante o magistério de Cretella Júnior, constata-se que *"a teoria das nulidades no campo do direito administrativo vai além, porque, considerando agente, objeto e forma, deve ainda levar em conta o fim, o motivo, o mérito e a causa".[105]*

E, ao afirmar a complexidade do direito público, em face do direito comum, Cretella invoca essa característica como argumento à adoção da teoria da tripartição do ato administrativo, porquanto, segundo assevera o ínclito professor: *"os elementos ou requisitos do ato administrativo são mais ricos do que os elementos ou requisitos do ato jurídico do direito privado. A teoria das nulidades no campo do direito administrativo vai olhar o ato inexistente, o ato nulo e o ato anulável".[106]*

Por conseguinte, o ato administrativo hígido é aquele que após se aperfeiçoar, isto é, tornar-se perfeito, na acepção de terminado ou completo, não pode ser modificado por lei ou qualquer outro ato normativo ulterior, em tratamento idêntico ao que se outorga ao ato jurídico perfeito, nos termos tanto do inciso XXXVI, do art. 5°, da CF, como do § 1°, do art. 6° da Lei de Introdução às Normas do Direito Brasileiro, de modo que sua aptidão de criação, modificação e extinção de situações jurídicas tem o condão de somente ser desfeita por manifestação do poder constituinte, porquanto a superveniência de lei não se lhe pode infirmar.

No entanto, não se perca de vista a oportuna advertência feita por Carvalho Filho, em seu memorável Curso de Direito Administrativo, o qual esclarece que: *"perfeição não significa aqui o que não tem vícios; seu sentido é o de consumação, conclusão",[107]* uma vez que a utilização do termo perfeição, em sua acepção mais comum, poderia ensejar a ideia incorreta de que se trata de ato administrativo escorreito, isto é, sem qualquer nódoa que o apontasse como contrário à liceidade.

---

[105] CRETELLA Júnior. José. *Op. Cit.* p. 353.
[106] *Ibidem.*
[107] CARVALHO Filho. José dos Santos. *Manual de Direito Administrativo*, 25. ed. Ed. Atlas, SP, 2012, p. 125.

Daí a importância da compreensão da teoria das nulidades dos atos jurídicos e sua aplicação ao direito administrativo, haja vista que o vício que enodoa um ato administrativo implica na desconformidade de sua realização com a ordem jurídica, que anteriormente prescreveu-lhe a forma, ensejando repercussões no dia a dia do exercício da função administrativa.

Portanto, inicialmente, não se deve confundir o ato inexistente com o ato nulo, haja vista que este ao contrário daquele existe, apesar do vício que o acomete, tornando-o inválido, conforme se verifica do ensinamento de Pontes de Miranda a seguir reproduzido, *verbum pro verbo*:

> *O ato jurídico nulo entrou no mundo jurídico: se assim não fosse, nulo seria igual a inexistente; não haveria distinção entre o ser e o ser nulamente. Já no suporte fático está o défice; a despeito do défice, o ato penetrou no mundo jurídico, embora nulamente, exposto, de regra, como ato jurídico de suporte fático gravemente deficitário, a ataques fáceis e de quem quer que tenha interesse. Não nasceu morto, o que seria não nascer; nasceu impróprio à vida, por sua extrema debilidade.*[108]

E distinguindo o ato nulo do ato anulável, no plano de validade do ato administrativo, tendo em vista a gravidade da desconformidade do ato para com o Ordenamento Jurídico, porquanto o vício grave se caracteriza por sua insanabilidade, que o impede de ser convalidado; ao passo que o vício menos grave possibilita sua convalidação, por meio de preenchimento de requisito que lhe falte, com todas as implicações práticas decorrentes dessa distinção, o conspícuo jurista Pontes de Miranda ainda esclarece o que a seguir se transcreve:

---

[108]   MIRANDA, Francisco Cavalcanti Pontes de. *Tratado de direito privado*, parte geral, Tomo IV, atualizado por Marcos Bernardes de Mello e Marco Ehrhardt. São Paulo: Ed. Revista dos Tribunais, 2012. p. 91.

> *A nulidade é, hoje, a qualidade mais pejorativa, que pode ter o ato jurídico, por lhe faltar, no suporte fático, certo elemento de grande relevância, tornando-o deficitário, ou por haver presença de elemento que a tal ponto o corrói, como a não-observância da regra jurídica sobre forma especial, ou a ilicitude do objeto. (omissis) A validação, principalmente pela ratificação, (omissis) só se justifica quanto aos atos jurídicos anuláveis, — não quanto aos atos jurídicos nulos. O nulo é irratificável, como o é o inexistente, ratificação do nulo seria contradictio in terminis.*[109]

Assim, se constata que o ato administrativo nulo, isto é, que ostenta vício grave, não pode ser convalidado pela própria Administração, no exercício de sua prerrogativa de autotutela dos próprios atos, sendo dever desta declarar de ofício sua nulidade, extinguindo-o, sem prejuízo da possibilidade do reconhecimento de sua anulação, pelo Poder Judiciário, mediante provocação, máxime pela eventualidade de inação da Administração; enquanto que o ato administrativo anulável, isto é, enodoado por vício menos grave, ao contrário, pode ser convalidado pela própria Administração, haja vista que conquanto infringente de regra legal, no caso concreto, por razões diversas, especialmente, de ordem prática, ter-se-ia o interesse público melhor atendido pelo seu saneamento ou convalidação.

Finalmente, quanto ao plano de eficácia do ato administrativo, isto é, de sua aptidão à produção de efeitos, ainda que sujeito a termo ou condição que importe na suspensão de sua aplicação, interessa trazer à colação as sempre úteis lições de Carvalho Filho, que adverte acerca da distinção entre eficácia e exequibilidade, haja vista certa confusão entre ambos, pois que, conforme ensina o preclaro administrativista, mediante o trecho que se transcreve *in verbis*:

---

[109] MIRANDA, Francisco Cavalcanti Pontes de. *Tratado de direito privado*, parte geral, Tomo IV, atualizado por Marcos Bernardes de Mello e Marco Ehrhardt. São Paulo: Ed. Revista dos Tribunais, 2012. pp. 106 e 110.

> *Confundida às vezes com a eficácia, a exequibilidade tem, entretanto, sentido diverso. Significa ela a efetiva disponibilidade que tem a Administração para dar operatividade ao ato, ou seja, executá-lo em toda sua inteireza. Desse modo, um ato administrativo pode ter eficácia, mas não ter ainda exequibilidade.[110]*

Logo, ato administrativo eficaz é aquele que, concluído todo seu ciclo formativo, está apto à produção dos efeitos a que se destina, independentemente de sua operatividade, conforme a advertência doutrinária mencionada; enquanto que o ato ineficaz é aquele a que ainda falta completar as etapas de sua constituição, o que o impede de produzir efeitos.

---

[110]   CARVALHO Filho. José dos Santos. *Manual de Direito Administrativo*, 25. ed. Ed. Atlas, SP, 2012, p. 127.

7. INTERAÇÃO DA POLÍCIA CIVIL COM O SISTEMA DE SEGURANÇA PÚBLICA

> Art. 6° - A Polícia Civil atuará de forma interativa e integrada com os demais órgãos do sistema de segurança pública, bem como com outras instituições do poder público e com a comunidade, de maneira a garantir a eficiência e a eficácia de suas atividades, estando subordinada diretamente ao Governador.

Como o próprio art. 6° desta lei orgânica disciplina, a Polícia Civil do Estado do Rio de Janeiro integra o sistema de segurança pública, já conceituado no item 2.6 deste compêndio, o que, aliás, se harmoniza com a sua matriz constitucional, devendo, ainda, atuar em cooperação com outras instâncias de controle social, sejam elas formais ou institucionalizadas (instituições do poder público) e informais ou difusas (comunidade), visando à contenção da criminalidade; afinal de contas, por mais que se hipertrofiem as atribuições policiais, esta é sua função primacial! Sua causa final, no sentido metafísico consagrado pelo pensamento de Aristóteles.

Logo, entende-se por sistema de segurança pública, conforme anteriormente expendido, nestes *Comentários*, o conjunto ordenado de órgãos públicos, sob os auspícios de um princípio unificador e de uma finalidade específica, sendo oportuno trazer à colação o conceito de sistema apresentado por Mário Ferreira dos Santos, em seu notável *Dicionário de Filosofia e Ciências Culturais*, que emprega o vocábulo em comento, o qual etimologicamente provém do grego clássico, cujo significado é conjunto, na seguinte acepção: *"SISTE-*

MA (do gr. systhema, conjunto) – a) Grupo de entidades ou dados que são relacionados uns aos outros por intenção ou interdependência. "[111]

Assim, se justifica a qualificação de sistema de segurança pública, dada ao conjunto de órgãos policiais, os quais não estão meramente justapostos, mas dispostos de forma inter-relacionada, cujas atuações distintas são interdependentes e se complementam, de modo que à Polícia Civil, como o órgão policial que exerce a função de polícia judiciária, no aludido conjunto organizado ou sistema, cabe, precipuamente, a apuração preliminar da infração penal, a fim de possibilitar a propositura, em Juízo, de ação penal em desfavor daquele a quem se imputa crime ou o arquivamento daquela notícia de crime que não se comprovou, quer seja sob a ótica da materialidade, quer seja da autoria.

Com efeito, o conceito de sistema de segurança pública remete à noção de que as funções cometidas a cada órgão policial atende a uma finalidade, qual seja, a coibição de crimes ou pelo menos sua contenção, sob a inspiração de um princípio que os unifica, a saber, o respeito aos direitos fundamentais, informando-lhes as atuações, proclamando de antemão a tarefa de cada um desses órgãos policiais e, destarte, delimitando-os, considerando-se que o princípio jurídico da legalidade tem como função a contenção do poder estatal.

Em relação à sua finalidade, acrescente-se que há relação de causa e efeito entre os conceitos de segurança pública e de preservação da ordem pública, haja vista que a consecução desta se dá pelo exercício daquela, por meio da atuação dos órgãos que compõem o sistema de segurança pública, conforme se depreende da redação do *caput* do art. 144 da CF.

Ainda, repise-se, não se pode olvidar, pelos valores que servem de substrato à ordem constitucional vigente, que a preservação da ordem pública deve ser alcançada mediante estrita observância dos direitos fundamentais, isto é, do catálogo de direitos e garantias que caracte-

---

[111]   SANTOS. Mário Ferreira. *Dicionário de Filosofia e Ciências Sociais*, Editora Matese, 1965, p. 1.260.

rizam as Constituições dos povos civilizados, sendo este o princípio que norteia toda e qualquer ação policial e de justiça criminal.

No aspecto normativo, destaca-se que o artigo 144 da CF relaciona os órgãos que compõem o sistema de segurança pública, dentre eles, em nível nacional, a polícia federal, a polícia rodoviária federal, a polícia ferroviária federal; em nível local, as polícias civis estaduais e do Distrito Federal, as polícias militares, os corpos de bombeiros militares; além das polícias penais federais e estaduais, estas incluídas pela EC n° 104/2019, introduzindo-se mais um ator no proscênio da árdua missão de preservação da ordem pública e da proteção da sociedade.

Em relação aos municípios, a CF dispõe no § 8°, do artigo 144, que estes poderão instituir guardas municipais destinadas à proteção de seus bens, serviços e instalações, na forma da Lei n° 13.022/2014 (Estatuto Geral das Guardas Municipais).

Ora, conquanto as guardas municipais não estejam expressamente inseridas no elenco de órgãos componentes do sistema de segurança pública, apresentados nos incisos do artigo 144 da CF, não se pode perder de vista que a Lei n° 13.675/2018 as incluiu no sistema único de segurança pública, o que as legitima na atuação visando à consecução do desiderato de preservação da ordem pública e da incolumidade das pessoas e do patrimônio, ainda que indireta ou mediatamente, em decorrência de sua atividade precípua, qual seja, nos precisos termos da lei precitada, *"a proteção de bens, serviços, logradouros públicos municipais e instalações do Município"*.

Ademais, no que tange ao sistema de segurança pública, sobreleva a importância, no plano infraconstitucional, da mencionada Lei Federal n° 13.675/2018, que instituiu o Sistema Único de Segurança Pública (SUSP) e a Política Nacional de Segurança Pública e Defesa Social, reforçando a noção de unidade e coerência que deverá nortear as políticas de segurança pública.

Os órgãos que compõem o Sistema Único de Segurança Pública (SUSP) estão previstos no artigo 9° da Lei n° 13.675/2018, dentre os quais as Polícias Civis estaduais se encontram como integrantes operacionais do aludido sistema (§ 2°, IV), de onde se extrai o trecho normativo ora transcrito:

> *Lei n° 13.675/2018. Art. 9° É instituído o Sistema Único de Segurança Pública (SUSP), que tem como órgão central o Ministério Extraordinário da Segurança Pública e é integrado pelos órgãos de que trata o art. 144 da Constituição Federal, pelos agentes penitenciários, pelas guardas municipais e pelos demais integrantes estratégicos e operacionais, que atuarão nos limites de suas competências, de forma cooperativa, sistêmica e harmônica. (omissis) 2° São integrantes operacionais do Susp: (omissis) IV - polícias civis.*

Em tempo, a norma federal acima mencionada prevê a atuação conjunta, coordenada, sistêmica e integrada dos órgãos de segurança pública e defesa social da União, dos Estados, do Distrito Federal e dos Municípios, em articulação com a sociedade, enfatizando o caráter solidário da atuação no âmbito da segurança pública, segundo o qual todos devem ser reciprocamente responsáveis; a par de regulamentar, no plano legal, a diretriz constitucional anteriormente explicitada.

Cabe, portanto, aos órgãos policiais integrantes do sistema de segurança pública, dentre os quais às Polícias Civis nos Estados e no DF e à Polícia Federal na União, incumbidos da atividade investigativa ou do exercício da função de polícia judiciária, as quais são noções unívocas, conforme exaustivamente expendido no item 4.1 desses *Comentários*, a ingente tarefa tanto de tutelar bens jurídicos essenciais, tais como a vida, a integridade física e o patrimônio, como de restauração da ordem pública, que se vê violada toda vez que ocorre um crime, porquanto a função da polícia tem a finalidade de, na eloquente afirmação de Francesco Carnelutti, *"promover as condições materiais favoráveis à ordem social. Visto que o delito é uma desordem, compreende-se que a polícia participe na luta contra o crime".*[112]

---

[112]   *Apud* MARQUES. José Frederico. *Elementos de Direito Processual Penal*, vol. 1, 1. ed. 1961, Editora Forense, p. 148.

8. POLICIAIS CIVIS DO ESTADO DO RIO DE JANEIRO

Art. 7º - Para os fins desta Lei Complementar são considerados policiais civis os servidores públicos legalmente investidos, através de aprovação prévia em concurso público de provas ou de provas e títulos, em cargos de provimento efetivo do Quadro Permanente da Polícia Civil.

§ 1º - Considera-se Autoridade Policial o Delegado de Polícia que, legalmente investido, tem a seu cargo a direção das atividades institucionais da Polícia Civil, a condução das funções de polícia judiciária e a garantia dos direitos fundamentais de todas as pessoas alcançadas pela etapa pré-processual da persecução penal.

§ 2º - O Delegado de Polícia, no exercício das atribuições de seu cargo, goza de independência funcional, a qual importa na liberdade de decidir de acordo com as suas convicções técnico-jurídicas de forma fundamentada nos procedimentos policiais sob sua presidência, ressalvadas as funções institucionais e atribuições do Ministério Público.

§ 3º - Considera-se Agente de Autoridade Policial ou Agente de Polícia Civil, no âmbito da Polícia Civil, todo e qualquer policial civil investido nas atribuições de seu cargo.

§ 4º - Considera-se Perito Papiloscopista, no âmbito da Polícia Civil, o Papiloscopista Policial integrante dos quadros da Polícia Civil nas carreiras correspondentes à atividade da Polícia Técnico-Científica, responsável pelos laudos provenientes da sua atividade funcional de perícia em identificação humana.

§ 5º - Os Peritos Criminais e Peritos Legistas, integrantes dos quadros da Polícia Civil nas carreiras correspondentes à atividade da Polícia Técnico-Científica, são, nos termos da Lei Federal

> n° 12.030, de 17 de setembro de 2009, os únicos responsáveis pelos laudos provenientes da sua atividade funcional.
> § 6° - O Comissário de Polícia é o titular da classe mais elevada das categorias de Inspetor de Polícia e Oficial de Cartório Policial.

Neste capítulo apresentaremos os cargos públicos que compõem o Quadro Permanente da Polícia Civil do Estado do Rio de Janeiro, haja vista que somente os servidores públicos ocupantes destes são considerados policiais civis integrantes da PCERJ, daí a importância da compreensão das noções de cargo público e de servidor público, que estão no âmago do conceito de policial civil, as quais serão sucintamente expostas.

A definição legal de cargo público se encontra prevista no art. 3° da Lei n° 8.112/90, que o conceitua como *"o conjunto de atribuições e responsabilidades previstas na estrutura organizacional que devem ser cometidas a um servidor"*, sendo que o mesmo diploma legal, em seu art. 2°, formula o conceito de servidor público, a saber, *"pessoa legalmente investida em cargo público"*.

O policial civil, portanto, como titular de cargo público, no qual foi investido após aprovação em concurso público, é espécie do gênero servidor público, de maneira que se trata de pessoa física que entretém vínculo profissional, em caráter permanente, com o Estado (Administração Pública), sendo que no caso dos policiais civis integrantes da PCERJ, a contraparte se dá com o ente federativo denominado Estado do Rio de Janeiro.

Assim, os cargos públicos que formam o Quadro Permanente da PCERJ somente admitem o provimento originário, isto é, por meio de nomeação, precedida de aprovação em concurso público de provas e, em alguns casos, de provas e títulos, na forma da parte inicial do inciso II, do art. 37 da CF, cuja redação foi alterada pela EC n° 19/98; sendo que os cargos comissionados, que são aqueles de chefia e assessoramento, são providos de forma derivada, por meio da livre nomeação e exoneração dos dirigentes da SEPOL, aproveitando-se os ocupantes dos cargos policiais e modificando-lhes a posição ocupada na estrutura da organização policial, atribuindo-lhes responsabilidades adicionais, consentâneas às funções próprias dos cargos em comissão.

Ademais, a Lei Estadual n° 3.586/2001, ainda em vigor, disciplina o Quadro Permanente da PCERJ, elencando-lhe os cargos e atribuindo-lhes as funções respectivas, esclarecendo-se, por sua utilidade didática, que o conceito de quadro, em direito administrativo, consiste no conjunto de cargos públicos, valendo, por todos, apresentar a clássica definição formulado por Tito Prates da Fonseca, segundo o qual *"os cargos considerados com abstração dos órgãos a que pertencem, sejam eles individuais ou plurais, formam conjuntos que se denominam quadros"*.[113]

Com efeito, servidor público é designação genérica que, na dicção da CF/88, identifica tanto o titular de cargo público, como o empregado público; todavia, conquanto ambos tenham em comum a circunstância de somente admitirem seu provimento mediante aprovação em concurso público, eles se diferenciam no que tange ao regime jurídico que os disciplina, relativamente, às suas pretensões em face da Administração.

No caso do cargo público, seu titular se sujeita ao regime estatutário, isto é, às regras previstas em diploma legal específico, no caso dos policiais civis da PCERJ, tanto o Estatuto dos Servidores Públicos do Poder Executivo do Rio de Janeiro (DL n° 220/75), aplicado subsidiariamente, como o Estatuto dos Policiais Civis do Rio de Janeiro (DL n° 218/75); enquanto que o emprego público sujeita o empregado à Consolidação das Leis Trabalhistas.

Estas diferenças repercutem no que concerne à competência do órgão jurisdicional para dirimição de eventuais lides, haja vista que no que concerne aos servidores estatutários compete à Vara de Fazenda Pública dos Tribunais de Justiça, porquanto a Administração

---

[113]   *Apud* CRETELLA JR. José. *Dicionário de Direito Administrativo*, 3. ed. 1978, Forense, RJ, p. 427.

goza de prerrogativa de foro; ao passo que aos celetistas compete a Justiça do Trabalho, especializada, que atua com viés de defesa do empregado, por enxergar-lhe como o polo vulnerável da relação jurídica, o que, aliás, a par de ser verdadeiro, deveria, de alguma maneira, penetrar nas decisões dos Juízos Fazendários, os quais, não raro, se mostram infensos aos interesses dos servidores públicos.

Quanto à natureza permanente do vínculo de trabalho do servidor público estatutário, esta decorre da garantia da estabilidade daquele no serviço público, alcançável por meio de requisitos objetivos e subjetivos, previstos no art. 41 da CF, cuja redação foi alterada pela EC n° 19/98.

Arremata-se, por ora, a compreensão do conceito de servidor público, por meio da transcrição da lapidar definição que se lhe dá Antônio Carlos Alencar Carvalho, a qual se segue, *in verbis*:

> *Servidores públicos compreendem a figura daqueles que prestam serviços ao Estado em caráter permanente e com um vínculo de natureza profissional, os quais ingressam no serviço público mediante processo seletivo especial, denominado concurso público de provas ou provas e títulos, e que irão assumir um posto específico na Administração Pública chamado de cargo público, dispondo de garantias especiais de permanência nos quadros estatais, como a estabilidade [...]*[114]

No que concerne, especificamente, ao Quadro Permanente da PCERJ, não se pode olvidar tudo o que dispõe a Lei Estadual n° 3.586/2001, que cuidou de sua reestruturação e permanece vigendo, naquilo que não for conflitante com a lei orgânica ora comentada; advertindo-se que a Lei Estadual n° 3.586/2001 deveria ter sido revogada, por outra lei que dispusesse acerca do assunto em comento, no prazo de 365 (trezentos e sessenta e cinco dias) a contar da data

---

[114]   CARVALHO, Antonio Carlos Alencar. *Manual de Processo Administrativo Disciplinar e Sindicância: à luz da jurisprudência dos Tribunais e da casuística da Administração Pública*. 4. ed. Belo Horizonte: Fórum. 2014. p. 67.

de promulgação da LC nº 204/22, em 30 de junho de 2022, por disposição expressa constante em seu próprio art. 66, parágrafo único.

No entanto, a referida alteração legislativa não ocorreu até a elaboração desses *Comentários*, sendo oportuno, ainda assim, indicar que o dispositivo da lei orgânica mencionado, em seus três incisos, endereçou os seguintes assuntos que, necessariamente, serão objeto de legislação ulterior, os quais alteram, sobremaneira, a estrutura do aludido quadro, ei-los: I - *a unificação dos cargos de inspetor e oficial de cartório, em oficial de polícia, de nível superior* (art. 66, I, da LC nº 204/22); II - *a unificação dos cargos de técnico e auxiliar de necropsia, de nível médio* (art. 66, II, da LC nº 204/22); III - *investigador policial, de nível superior* (art. 66, III, da LC nº 204/22).

Curiosamente, tanto a unificação dos cargos de inspetor e oficial de cartório em oficial de polícia, conforme disposto no art. 66, I, da LC nº 204/22, como a elevação da escolaridade do investigador policial, *ex vi* do art. 66, III, da LC nº 204/22, inicialmente haviam sido vetados pelo Chefe do Poder Executivo; no entanto, em ambos os casos os vetos foram derrubados pelos deputados estaduais, de maneira que terão de ser regulamentados por lei ulterior que substituirá a Lei Estadual nº 3.586/2001, ainda que a mora legislativa aludida se protraia *sine die*.

Ademais, a Lei nº 3.586/2001 prescreve as atribuições genéricas dos cargos que compõem o Quadro Permanente da PCERJ, quais sejam: Delegado de Polícia; Inspetor de Polícia; Oficial de Cartório Policial; Investigador Policial; Piloto Policial; Papiloscopista Policial (*rectius* – perito papiloscopista, por força do § 4º, do art. 7º, desta lei orgânica); Perito Legista; Perito Criminal; Técnico Policial de Necropsia; e Auxiliar Policial de Necropsia.

Após esta breve introdução, passamos à exposição, em espécie, dos cargos públicos policiais, comentando-lhes, em apertada síntese, a natureza e as principais particularidades.

8.1. Delegado de Polícia

O delegado de polícia, em face do que dispõe o art. 144, § 4° da CF, pode ser definido como o agente público que dirige o órgão de polícia judiciária, cuja incumbência precípua consiste no exercício da função de polícia judiciária ou apuratória de infrações penais, haja vista que sua condição de dirigente da instituição policial lhe confere também atribuições administrativas, isto é, atividades-meio realizadas visando a propiciar a consecução da função pública finalística da Polícia Civil, qual seja, o esclarecimento de crimes, sob o primado da busca da verdade, em regime jurídico político de Estado de Direito com a obsequiosa observância de todas as garantias que lhe são corolárias.

Com efeito, a matriz constitucional que outorga, topologicamente, à carreira do delegado de polícia a prerrogativa de situar-se no cimo da instituição policial, se espraia no plano infraconstitucional, luzindo, notadamente, por meio das normas jurídicas que serão abaixo nominadas.

Inicialmente, a disposição do art. 4° do Código de Processo Penal, alterado pela Lei n° 9.043/95, indiscutivelmente recepcionada pela ordem constitucional vigente, declara ser a autoridade policial aquele que atua como órgão da polícia judiciária colimando a apuração das infrações penais.

Aliás, não se perca de vista que a expressão autoridade policial é sinônimo de delegado de polícia, conforme explicitado na redação do § 1°, do art. 2°, da L. n° 12.830/13, que optou pela redundância como forma de afastar indesejáveis filoneísmos exegéticos que, desgraçadamente, pululam de uns anos para cá, a despeito da antológica admoestação do genial Hélio Tornaghi, que esclarece o seu sentido com a clareza que lhe é característica, conforme se transcreve, *verbum pro verbo*:

> *O art. 4° não comporta outra interpretação literal. Ao dizer que "a polícia judiciária será exercida pelas autoridades policiais", é evidente que ele se refere aos órgãos da polícia judiciária. **Seria***

tautológico repetir: a polícia judiciária será exercida pelas autoridades da polícia judiciária. Mas, é curial que só a esses ele se refere. Ao falar em autoridades policiais esse dispositivo subentende: autoridades de polícia judiciária.[115] (Sem grifo no original).

Portanto, na qualidade de agente público que manifesta a volição do Estado-investigação, estendendo a cláusula constitucional do devido processo legal à etapa extrajurisdicional da persecução criminal e, desta forma, assegurando aos cidadãos a impossibilidade de incoação de processos Kafkianos, o delegado de polícia, como órgão de Polícia Judiciária, presenta-a, sendo inapropriado, sob o aspecto técnico-jurídico, referir o instituto da representação ou, noutras palavras, que aquele seria o representante desta, porquanto não se trata de duas vontades em que uma substitui a outra ou que um age em nome do outro, como se dá nas hipóteses de incapacidade de fato ou de exercício, mas sim de uma única vontade manifestada pelo órgão do ente abstrato, isto é, como parte da pessoa jurídica que presenta e, portanto, como se fosse ela própria, pois conforme a perspicaz observação de Pontes de Miranda, *"o órgão da pessoa jurídica não é representante legal. A pessoa jurídica não é incapaz. O poder de presentação, que ele tem, provém da capacidade mesma da pessoa jurídica."*[116]

Ora, não obstante, haja certa equivocidade de significado, relativamente, ao vocábulo autoridade, conforme se constata ao se pervagar os glossários de ciência política e os elucidários jurídicos nacionais e alienígenas, pode-se afirmar que se extrai da variedade de definições apresentadas um substrato comum que lhes particulariza, a saber: a noção de comando, decisão, condução, direção, enfim, ideias que prefiguram o conceito de poder, o qual, no Estado de Direito, mais se assemelha à noção de prerrogativa, como meio de se

---

[115]   TORNAGHI, Hélio. *Op. Cit.*, p. 242.
[116]   MIRANDA, Francisco Cavalcanti Pontes de. *Tratado de direito privado*, parte geral, Tomo I, atualizado por Judith Martins-Costa, Gustavo Haical e Jorge Cesa Ferreira da Silva. São Paulo: Ed. Revista dos Tribunais, 2012. p. 578.

levar a efeito o dever legal imposto ao agente público na consecução do interesse da coletividade, despindo-se da atuação estatal o ranço autoritário que, infaustamente, ainda a impregna.

Por conseguinte, à autoridade policial ou delegado de polícia incumbe a condução da investigação criminal, à luz do disposto no art. 2°, § 1° da Lei n° 12.830/13, sendo que na consecução desta atribuição legal ele tomará decisões que terão de ser obedecidas, especialmente, nas diligências realizadas no curso da investigação criminal, algumas delas previstas no rol exemplificativo constante do art. 6° do CPP.

Do mesmo modo, relativamente, à *"requisição de perícia, informações, documentos e dados que interessem à apuração dos fatos,"* nos termos do art. 2°, § 2° da Lei n° 12.830/13; assim como ao indiciamento, privativo do delegado de polícia, *"por ato (rectius – decisão) fundamentado, mediante análise técnico-jurídica do fato, que deverá indicar a autoria, materialidade e suas circunstâncias"*, por força do art. 2°, § 6° da Lei n° 12.830/13; às postulações do ofendido ou de seu representante legal; bem como do advogado do investigado, haja vista que este possui direitos ainda na fase extrajudicial da persecução penal, a par da investigação policial não ter caráter unidirecional, sendo, destarte, instrumento de busca da verdade; ouvida de testemunhas, dentre outras medidas que, por expressarem a potestade pública serão compulsoriamente atendidas.

Ainda, a autoridade policial ou delegado de polícia terá de decidir acerca da adoção de medidas cautelares aptas à restrição de direitos fundamentais, a exemplo do que ocorre com a lavratura do auto de prisão em flagrante delito, nos termos estatuídos pelo art. 304 do CPP, cuja redação foi alterada pela Lei n° 11.113, de 2005, decisão esta que priva a liberdade do autor do crime que tenha sido capturado nas hipóteses enumeradas no art. 302 do CPP.

Portanto, a medida extrema de constrição da liberdade, bem jurídico fundamental, na hipótese da captura do indivíduo em flagrante delito, tem sua apreciação judicial diferida, ou seja, após sua comunicação ao juiz, pela autoridade policial, por autorização expressa do art. 5°, LXI da CF, senão vejamos.

Com efeito, o instituto jurídico da prisão ("*ninguém será preso senão*"), disciplinado no texto constitucional, estabelece uma importantíssima exceção à regra de que esta teria de se estear numa ordem judicial ("*por ordem escrita e fundamentada da autoridade judiciária competente*"), ao proclamar, na parte inicial do inciso LXI, do art. 5°, (*senão em flagrante delito*).

Logo, a prisão em flagrante delito, categoria jurídica de índole constitucional, utilizada para disciplinar a liberdade individual, mediante a interdição da ação estatal, no que tange à sua constrição, restringe-se a duas hipóteses taxativas: ordem judicial, ou seja, mandado de prisão expedido por autoridade judiciária e atualidade da perpetração de crime, aquilo que se denomina de flagrante delito.

Assim, a exclusividade da prisão em flagrante delito, pelo delegado de polícia, que a formaliza, podendo, portanto, deixar de fazê-lo por entender ausentes seus requisitos, consiste em direito fundamental que deixa o indivíduo a salvo do arbítrio estatal. Daí sua previsão normativa no Título II da CF, que dispõe acerca dos direitos e garantias fundamentais e a demonstração à toda evidência da magnitude do complexo de decisões que o ordenamento jurídico pátrio outorgou ao delegado de polícia.

Ademais, a par das decisões cautelares, tem-se às decisões de contracautela, que também são albergadas no conjunto de deliberações do delegado de polícia, as quais visam a assegurar a fruição de direitos fundamentais, a exemplo da concessão de liberdade provisória, mediante arbitramento de fiança, nos delitos afiançáveis, em sede policial, a saber, aqueles cuja pena máxima cominada em abstrato não ultrapasse quatro anos de reclusão à luz do que dispõe o art. 322 do CPP, alterado pela Lei n° 12.403/11.[117]

---

[117] Além dos crimes apenados com reclusão, cuja pena máxima não exceda a quatro anos, também é cabível a decisão contracautelar, pelo delegado de polícia, independentemente da escala penal, desde que o crime cuja pena máxima cominada que ultrapasse a quatro anos

Aliás, no que tange às decisões contra cautelares adotadas pelo delegado de polícia, no exercício de seu ofício, vale apresentar a judiciosa consideração feita por Ruchester Marreiros Barbosa, alusiva à faceta pouco comentada da função do cargo referido, tendo em vista que, comumente, as análises a esse respeito se atém ao aspecto investigatório, atenuando-se a relevante função de garantidor dos direitos fundamentais, que caracteriza e distingue o cargo de delegado de polícia na ambiência persecutória criminal, como mecanismo legítimo de controle social, conforme se transcreve, *in verbis*:

> *Não é por outra razão que defendemos há muito tempo que o delegado de polícia não é uma figura autômata no âmbito da investigação criminal, pois a todo instante exerce função imanente de decidir. E uma das mais importantes, que dá sentido à sua função democrática, além da exclusiva função de investigar, é assegurar que ninguém será levado à prisão ou nela mantido quando for cabível liberdade provisória, ou até mesmo decidir pela não lavratura do auto de prisão em flagrante por estar calçada em prova ilícita, exercendo o papel de verdadeira autoridade de garantias (...,)[118]*

De igual modo, a L. n° 12.830/13, denominada de Estatuto do Delegado de Polícia, que disciplina a investigação criminal por ele conduzida, em seu art. 2°, conformando-se à diretriz constitucional que lhe fundamenta, assevera que "*as funções de polícia judiciária e a apuração de infrações penais exercidas pelo delegado de polícia são de natureza jurídica, essenciais e exclusivas de Estado*".

---

seja apenado com detenção, porquanto esta se afigura a interpretação lógico-sistemática mais consentânea à *ratio* da L. n° 12.403/11, que se deu claramente ao influxo de uma política criminal de desencarceramento.

[118]   BARBOSA, Ruchester Marreiros. *Investigação criminal pela Polícia Judiciária*/Henrique Hoffmann Monteiro de Castro *et al.* (orgs.), 2. ed. Rio de Janeiro, Lumen Juris, 2017, Capítulo 7. *Função de Decisão e de Cautelaridade da Prova do Delegado de Polícia*, p. 40.

E, em seu art. 3°, ao afirmar: *"devendo-lhe ser dispensado o mes-mo tratamento protocolar que recebem os magistrados, os membros da Defensoria Pública e do Ministério Público e os advogados,"* a L. n° 12.830/13 reconhece-lhe como protagonista da fase extrajurisdicional da persecução penal e, de algum modo, preconiza sua isonomia para com os demais atores do sistema de justiça criminal.

A propósito, esta ambivalência do delegado de polícia, que se situa entre o sistema de segurança pública e o sistema de justiça criminal, se revela no hibridismo da função inerente ao seu cargo que, conquanto seja administrativa, possui finalidade judiciária e torna-o *sui generis* na estrutura organizacional e funcional da Administração Pública.

Neste sentido, oportuno trazer à colação a observação feita por Franco Perazzoni, que ressalta o amálgama da técnica jurídica e do tirocínio policial, que aprestam o delegado de polícia ao exercício de seu peculiar ofício, conforme se transcreve:

> *Não se trata, por assim dizer, de um policial-jurista (ou seja, um servidor policial cuja exigência mínima de ingresso na carreira seja a posse do diploma de direito), mas, na verdade, um jurista policial (uma autoridade pública, cuja atribuição legal é eminentemente jurídica, mas que, por acertada opção legislativa e constitucional, deixou de integrar, historicamente, a carreira da magistratura para tomar assento no âmbito da própria instituição policial, como um sujeito autônomo e distante da futura relação processual, imparcial, em plena consonância com um sistema jurídico verdadeiramente acusatório).*[119]

Atento a esta espécie de anfibologia que distingue o cargo de delegado de polícia, Édson Luis Baldan, ao redigir a apresentação do excelente *Prisão em Flagrante Delito Constitucional*, de autoria de

---

[119] PERAZZONI, Franco. *Investigação criminal: conduzida por delegado de polícia – comentários à Lei 12.830/2013*, coordenadores: Eliomar Pereira da Silva, Sandro Lúcio Dezan, Curitiba, Juruá Editora, 2013, p. 238.

Rafael F. M. de Moraes, mediante indisputável estro, formula o conceito de delegado de polícia que, a par de sua beleza, enfeixa as noções salientadas, que são essenciais à sua compreensão, seguindo-se:

> *Representa a flâmula do Direito fincada no subsistema de segurança pública, com poderes e deveres que o tornam verdadeiro magistrado sem toga e o determinam sentenciar sem uma linha escrita antecedente à sua decisão, a exemplo do que ocorre ao ensejo da medida extrema e extrajurisdicional da prisão em flagrante delito.[120]*

E, no mesmo tom, em arremate, não poderíamos deixar de lembrar da formulação lapidar da especialíssima função da autoridade policial, levada a efeito por Paulo Braga Castello Branco, ao asseverar que *"o papel do delegado de polícia é de juiz do fato. Não é o juiz das linhas do processo, mas do fato bruto. É o delegado de polícia o operador do direito que olha no branco dos olhos da criminalidade e deve decidir acerca da tipificação da conduta em raios de segundos".[121]*

Enfim, o epíteto de autoridade policial, tradicionalmente, conferido ao cargo de delegado de polícia, ratificado na L. n° 12.830/13, assim como nessa lei orgânica, em seu art. 7°, § 1°, é empregado com o escopo de definir, no âmbito da Polícia Civil, que autoridade policial é somente o delegado de polícia, distinguindo-se do agente de polícia civil ou agente da autoridade policial, noção esta que, em sentido *lato*, abrange os demais cargos integrantes do Quadro Permanente da PCERJ; bem como, externamente, em relação a todos que, de alguma maneira, se sujeitem ao exercício dos poderes requisitórios do delegado de polícia, em decorrência do exercício do poder-dever geral de polícia, excepcionando-se apenas

---

[120]   MORAES, Rafael Francisco Marcondes de. *Op. Cit.*
[121]   BRANCO, Paulo Braga Castello. *A análise da antijuridicidade da conduta pelo delegado de polícia, sob a perspectiva da teoria dos elementos negativos do tipo penal.* Revista Jus Navigandi, ISSN 1518-4862, Teresina, ano 18, n° 3.609, 19 mai. 2013. Disponível em: https://jus.com.br/artigos/24487. Acesso em: 26 set. 2023.

os casos submetidos à reserva de jurisdição, em que ao delegado caberá exercer a capacidade postulatória de que é titular, mediante representação, em Juízo, nos casos de prisão temporária, busca e apreensão domiciliar etc.

Adscreve-se, pela relevância, duas inovações trazidas pela L. nº 12.830/13, que acentuam as particularidades do cargo de delegado de polícia, em reconhecimento de sua importância para a sociedade e, conseguintemente, a necessidade de outorgar-lhe prerrogativas mínimas para a desincumbência de suas funções, a saber, restrições à avocação e redistribuição dos inquéritos policiais, pelos superiores hierárquicos, nos termos do § 4º do art. 2º; e a inamovibilidade relativa, mediante a obrigatoriedade de motivo para a remoção do delegado de polícia, na forma preconizada no § 5º do art. 2º, isto é, de que esta *"dar-se-á somente por ato fundamentado,"* o que propicia sua sindicabilidade, pela autoridade judicial.

Com efeito, as prerrogativas aludidas se complementam e constituem meio idôneo à consubstanciação da necessária imparcialidade da investigação criminal, a qual, de alguma maneira, já se apresenta como vestíbulo de uma potencial ação penal, razão pela qual inadmite-se preterições ou perseguições, de maneira que ao agente público incumbido de presentar o Estado-investigação, deve-se assegurar condições funcionais mínimas para que ele não receie represálias em decorrência de sua atuação.

Acerca da complementaridade das citadas prerrogativas, que se destinam à asseguração da imparcialidade já na etapa investigatória, convém chamar à baila a interpretação que se lhe deu Guilherme Cunha Werner, que afirma serem eles *"dispositivos legais interdependentes, verso e o reverso de uma mesma moeda, depreendendo-se que não se pode retirar da investigação o delegado de polícia, avocando o inquérito policial, nem, tampouco, retirá-lo da investigação através da sua remoção".*[122]

---

[122] WERNER, Guilherme Cunha. *Investigação Criminal conduzida por delegado de polícia – Comentários à Lei 12.830/2013*, coordenadores: Eliomar Pereira da Silva, Sandro Lúcio Dezan, Curitiba, Juruá Editora, 2013, p. 178.

É bem verdade que ambas as prerrogativas referidas cumprem, ainda que insuficientemente, o desiderato a que se propuseram, todavia, cabe sobretudo à maturidade dos titulares desse cargo, bem como aos demais componentes da instituição policial, dar efetividade a essas prerrogativas legais, a fim de que elas não sejam esvaziadas por sua dessuetude.

Hodiernamente, as atribuições genéricas do Delegado de Polícia Civil do Rio de Janeiro estão dispostas na Lei Estadual n° 3.586/2001, acessível por meio do *QR Code* abaixo:

8.2. Agentes de Polícia Civil, Peritos e Comissários de Polícia

Os parágrafos 3°, 4°, 5° e 6° do artigo 7° da LC n° 304/2022 cuidam dos Agentes de Polícia, dos Peritos e do Comissário de Polícia Civil, cujas atribuições encontram-se previstas na Lei Estadual n° 3.586/2001, cujo inteiro teor pode ser acessado por meio do *QR Code* abaixo:

Os dispositivos do artigo 7º em comento devem ser interpretados em consonância com o disposto no art. 1º da Lei Estadual nº 3.586/2001, de onde se depreende que o agente de autoridade policial ou agente de polícia civil, no âmbito PCERJ, nos termos do § 3º da lei examinada, é *"todo e qualquer policial civil investido nas atribuições de seu cargo,"* tendo a precitada lei estadual apresentado o Quadro Permanente da Polícia Civil do Estado do Estado do Rio de Janeiro desdobrado nos seguintes grupos de classes:

> ***Grupo I*** *- Autoridade Policial (Delegado de Polícia);* ***Grupo II*** *- Agentes de Polícia Estadual de Apoio Técnico-Científico (Perito Legista, Perito Criminal, Papiloscopista Policial (Rectius – Perito Papiloscopista), Técnico Policial de Necropsia e Auxiliar Policial de Necropsia);* ***Grupo III*** *- Agentes de Polícia Estadual de Investigação e Prevenção Criminais (Inspetor de Polícia, Oficial de Cartório Policial, Investigador Policial e Piloto Policial).*

Dada a singularidade, transcrevemos da Lei nº 3.596/2001 as atribuições genéricas do Piloto Policial, que se diferencia dos demais cargos públicos policiais por serem isolados ao invés de serem de carreira, conforme dispõe o art. 4º, parágrafo único, IV da lei estadual referida, a quem compete *"exercer atividades de natureza técnica, compreendendo a execução de trabalhos relacionados com o transporte aéreo, com o cumprimento das normas de navegação e segurança preconizadas pelo DAC e verificação das normas reguladoras de manutenção de aeronaves; controlar todo o sistema de comunicação a bordo e julgar quanto ao emprego da aeronave, tendo em vista as condições meteorológicas; apoiar os serviços policiais em todo o Estado, subsidiando as investigações e operações policiais, com vistas à apuração de atos e fatos delituosos; e outras atividades que forem definidas por lei ou regulamento."*

Ainda, há que se ressaltar que exsurge do art. 7º, § 4º da LC nº 204/2022 a nomenclatura Perito Papiloscopista, revogando a denominação anterior, constante do art. 3º da Lei nº 3.586/2001, haja vista que se trata de atividade pericial, por excelência, cujo objeto científico consiste na identificação humana, cujos laudos por ele exarados são de suma importância para a Polícia Judiciária, no que concerne ao esclarecimento de crimes, especialmente, em relação à respectiva autoria, mediante sua identificação nos vestígios deixados no local ou no instrumento do evento criminoso.

Apesar do reconhecimento serôdio que foi acima mencionado, a papiloscopia foi oficializada no Brasil, como método de identificação criminal, desde o Decreto 4.764 de 1903 (Regulamento da Secretaria da Polícia do Distrito Federal), tendo a presente lei orgânica proclamado-a como parte da Polícia Técnico-Científica; no entanto, os reflexos dessa mudança ainda têm de ser implementados, no que concerne à adequação do índice de remuneração dos ocupantes do aludido cargo, mediante a alteração da Lei Estadual nº 3.586/2001, cujo prazo para a sua revogação já se esgotou, sendo premente que seja levada a efeito a regulamentação do Quadro Permanente da PCERJ, a fim de conformá-lo às novas diretrizes.

Ademais, relativamente às atividades periciais criminais, abrangendo sobretudo as funções inerentes aos cargos de Perito Criminal e Perito Legista, nominados no art. 7º, § 5º da LC nº 204/2022, deve-se interpretá-lo em conformidade ao que dispõe a Lei Federal nº 12.030/2009, que estabelece normas gerais para as perícias de natureza criminal, ressaltando-se que à luz do art. 2º da lei referida, *"no exercício da atividade de perícia oficial de natureza criminal, é assegurado autonomia técnica, científica e funcional, exigido concurso público, com formação acadêmica específica, para o provimento do cargo de perito oficial;"* bem como se sujeitam a regime especial de trabalho, tendo em vista a especificidade de suas funções, de modo que conforme previsto no art. 3º da lei federal aludida, *"em razão do exercício das atividades de perícia oficial de natureza criminal, os peritos de natureza criminal estão sujeitos a regime especial de trabalho".*

Por derradeiro, o art. 7º, § 6º da LC nº 204/2022 trata do Comissário de Polícia, isto é, do *"titular da classe mais elevada das categorias (rectius – cargos) de Inspetor de Polícia e de Oficial de Cartório Policial,"* sendo certo que, em razão da clareza meridiana do dispositivo legal em apreço, depreende-se como estreme de dúvida que os ocupantes do cargo de Investigador Policial não concorrem à classe de Comissário de Polícia, a qual se reserva a ser a mais alta classe da carreira dos cargos de Inspetor de Polícia e de Oficial de Cartório, que deverão ser unificados, sob a denominação de Oficial de Polícia, nos termos preconizados no art. 66, parágrafo único, I da LC n° 204/22.

Nesse diapasão, a Lei n° 3.586/2001, consoante alteração promovida pela Lei Estadual n° 4.368, de 05 de julho de 2004, trata do Inspetor de Polícia e do Oficial de Cartório Policial, prescrevendo--lhes exercer, *"quando ocupante da classe Comissário de Polícia, além da assistência às autoridades superiores em assuntos técnicos especializados e fiscalização de trabalhos de segurança, investigações e operações policiais, segurança de autoridades, bens, serviços e de áreas de interesse da segurança pública, investigações e operações policiais, com vistas à apuração de atos e fatos que caracterizam infrações penais, também, a supervisão, coordenação, orientação e o controle de chefias de equipes de policiais civis hierarquicamente subordinados;"* ex vi do anexo V do diploma legal mencionado, após a aludida alteração legislativa.

Ressalte-se que a LC n° 211, de 18 de outubro de 2023, que alterou alguns dispositivos da LC n° 204/2022, inovou ao reservar aos Comissários de Polícia Civil e aos Peritos, estes últimos da classe mais elevada das respectivas carreiras, assentos no Conselho Superior de Polícia, ainda que com a ressalva de serem membros efetivos extraordinários, cujas atribuições se atêm às promoções funcionais, excetuando-se as alusivas ao cargo de Delegado de Polícia.

Referida inovação, ainda que tíbia, representa inequívoco avanço institucional, mediante o reconhecimento da pluralidade das carreiras componentes da Polícia Civil do Estado do Rio de Janeiro, tornando seu Conselho Superior mais representativo e legítimo.

De suma importância para a sociedade, o exercício funcional desse conjunto de cargos policiais dá concretude aos atos e determinações que permitem à PCERJ o cumprimento de sua missão institucional.

Não resta dúvida de que o trabalho policial, como acertadamente indicado no art. 8°, IV desta lei orgânica, é interdisciplinar, assim como se depreende do ciclo de atividade de polícia judiciária, elencado no § 2°, do art. 8° da LC n° 204/22, de que se trata de função coletiva, feita a muitas mãos, isto é, resultado de somatório de esforços que concorrem para um mesmo fim, de maneira que a atuação da autoridade policial sem os agentes com os quais ombreia, na inglória atividade de repressão ao crime, seria como fogo que não incende e não alumia, seria absolutamente inócua.

Por tudo o que foi expendido nos comentários ao art. 7° da LC n° 204/22, os servidores policiais que compõem os cargos arrolados nos respectivos parágrafos, indistintamente, constituem a causa eficiente da Polícia Civil do Estado do Rio de Janeiro! São eles que transformam o que é potência em ação, que realizam os preceitos constitucionais, legais e regulamentares na consecução da segurança pública, ou seja, da preservação da ordem pública e da incolumidade dos bens jurídicos essenciais à convivência em sociedade.

9. PRINCÍPIOS E FUNDAMENTOS INSTITUCIONAIS

Art. 8° - A Polícia Civil observará, no exercício de suas funções, além da legalidade, impessoalidade, moralidade e eficiência, os seguintes princípios:

I - unidade e indivisibilidade institucional;

II - indivisibilidade da investigação policial;

III - unidade de doutrina e unidade técnico-científica, aplicadas à investigação policial;

IV - interdisciplinaridade da ação investigativa;

V - hierarquia e disciplina;

VI - respeito à dignidade e aos direitos humanos.

§ 1° - A função de polícia judiciária no Estado do Rio de Janeiro é exercida exclusivamente pela Polícia Civil, sob a direção do Secretário de Estado de Polícia Civil.

§ 2° - A investigação policial compreende, no plano operativo, todo o ciclo da atividade de polícia judiciária, iniciando-se com o conhecimento da prática do fato e desdobrando-se em ações continuadas, com o objetivo de definir a materialidade, a autoria e as circunstâncias da infração penal e de minimizar os efeitos da atividade criminosa, mediante as seguintes ações:

I - articulação ordenada dos atos notariais, alusivos à formalização das provas da infração penal, em inquérito policial, termo circunstanciado ou outro instrumento legal;

II - realização de atos de verificação, apuração e pesquisas técnico-científicas;

III - realização de exames periciais e produção de laudos e,

IV - realização de operações policiais como atividade de repressão criminal qualificada.

§ 3º - A investigação policial tem caráter técnico-científico e jurídico e produz conhecimentos e indicadores sócio-políticos, econômicos e culturais que se revelam no fenômeno criminal e permitem a adoção de políticas públicas e de medidas preventivas para diminuir os efeitos nocivos da atividade criminosa.

§ 4º - A hierarquia e a disciplina deverão ser observadas administrativamente pelos policiais civis, que deverão cumprir as leis, os regulamentos, as ordens, as normas de serviço e as decisões da Administração Superior.

A palavra princípio possui mais de um significado, pois que a polissemia é apanágio da nossa opulenta língua vernácula, sendo que, nos domínios da lógica, apresenta a acepção de *"proposição primeira,"*[123] dando a ideia de pressuposto, isto é, daquilo que antecede ou em que se baseia toda a construção que se segue e, neste sentido, trata-se de palavra sinônima à noção de fundamento, conotando alicerce, pilar, enfim, sustentáculo.

E, em ciência, a palavra princípios, em sua forma plural, guarda relação com a acepção utilizada em lógica que foi acima evocada, isto é, como *"as proposições diretivas, características, às quais todo desenvolvimento posterior as subordina,"* conforme definição de Mário Ferreira dos Santos, em verbete específico de seu *Dicionário de Filosofia e Ciências Culturais.*[124]

Em sentido semelhante Miguel Reale, nas páginas de sua imorredoura *Filosofia do Direito,* ensina que por princípios designa-se o conjunto de juízos fundamentais, os quais são *"a ligação lógica de um predicado a algo, com o reconhecimento concomitante de que tal atributividade é necessária, implicando sempre uma "pretensão de verdade,"*[125]

---

[123]   SANTOS. Mário Ferreira. *Dicionário de Filosofia e Ciências Sociais,* Editora Matese, 1965, p. 1.136.

[124]   *Ibid.,* p. 1.136.

[125]   REALE, Miguel. *Filosofia do Direito,* Ed. Saraiva, SP, 19. ed. 2. tiragem, 2000, p. 59.

formulando, em seguida, o conceito de princípios da forma que se transcreve, *de verbo ad verbum*:

> *Princípios são, pois, verdades ou juízos fundamentais, que servem de alicerce ou de garantia de certeza a um conjunto de juízos, ordenados em um sistema de conceitos relativos a dada porção da realidade. Às vezes também se denominam princípios certas proposições que, apesar de não serem evidentes ou resultantes de evidências, são assumidas como fundantes da validez de um sistema particular de conhecimentos, como seus pressupostos necessários.[126]*

E arremata sua lição de lógica jurídica informando-nos que "*a expressão verbal, escrita ou oral, de um juízo, chama-se proposição*".[127]

Assim, os princípios consistem em conjunto de juízos ou proposições coordenados, coerentes entre si e fundantes de uma dada província do conhecimento humano, não havendo, pois, conhecimento metódico ou científico, isto é, submetido à metodologia que confira razoável grau de certeza aos seus enunciados, que não se apoie em seus princípios ou fundamentos, motivo pelo qual eles foram destacados na lei orgânica.

Ainda, os princípios se classificam em razão de sua extensão, os quais vão dos onivalentes, isto é, aplicáveis a todo e qualquer campo do conhecimento humano, verdadeiras diretrizes de raciocínio, cuja inobservância obstaculizam qualquer pensamento lógico; até os monovalentes, os quais, por seu turno, se circunscrevem a uma determinada disciplina científica; além dos princípios plurivalentes, que ocupam posição intermediária, porquanto informam mais de um domínio do saber, apesar de não chegarem a ter a nota da universalidade.

No entanto, sem nos aprofundarmos nessas camadas mais profundas do estudo da lógica, notadamente, pela indigência de conhecimentos do expositor, propedeuticamente, por se afigurar mais

---

[126] REALE, Miguel, *Op. Cit.* p. 60.
[127] *Ibid.*, p. 59.

apropriado à finalidade desses *Comentários*, uma vez que o esforço que ora se empreende se direciona à interpretação jurídica, por meio de formulação do significado, em suas nuanças e circunstâncias, de regras de direito a fim de que se possa verificar-lhes o alcance e a aplicação, indiquemos os princípios gerais de direito administrativo e os institucionais da Polícia Civil do Estado do Rio de Janeiro, em que se podem classificar naqueles os enunciados no *caput* do art. 8°, enquanto que nestes os elencados nos respectivos incisos.

9.1. Princípios Gerais da Administração Pública

O *caput* do artigo 8° se refere, inicialmente, a quatro dos cinco princípios gerais da Administração Pública, doutrinariamente classificados como explícitos ou expressos, porquanto proclamados no *caput* do artigo 37, da CF, dada a importância deles no que concerne ao regime jurídico administrativista.

A propósito, ei-los: legalidade, impessoalidade, moralidade e eficiência.

Note-se que na disposição legal em comento, constata-se a ausência da publicidade, que é um dos princípios reitores do direito público, que também foi expressamente declarado na disposição constitucional mencionada; contudo, certamente, isso se deu em face da circunstância de que o sigilo, por mais que tenha sido mitigado, permanece como uma das características do inquérito policial, que, por seu turno, é o procedimento em que se consubstancia a função de polícia judiciária, motivo pelo qual se verifica a referida omissão eloquente a seu respeito, no texto desta lei orgânica.

Evidentemente que, em relação aos atos praticados pela SEPOL, que não exprimem o exercício de função de polícia judiciária, isto é, que não guardem qualquer relação com a apuração de infrações penais e, portanto, sejam atos administrativos comuns aos praticados por todo e qualquer órgão público no exercício da atividade executiva, o princípio da publicidade tem aplicação, porquanto, neste sentido, a aludida Secretaria obedece ao regime jurídico de direito público que, em regra, prima pela transparência de sua atuação, máxime a fim de que possa ser controlada tanto pelos órgãos de fiscalização e controle, como pela sociedade.

A propósito, uma das formas mais elevadas de expressão da democracia, isto é, da participação popular na gestão da *res* pública, se materializa por meio do controle dos órgãos estatais pela sociedade, não sendo apenas o exercício do direito de sufrágio, em eleições periódicas, que encerra a noção contemporânea de regime democrático, havendo no direito brasileiro mecanismos jurídicos que o prestigiam, a exemplo do que se dá com a Lei n° 4.717/65 (lei da ação popular), que em seu art. 1° confere legitimidade ativa ao cidadão para *"pleitear a anulação ou a declaração de nulidade de atos lesivos ao patrimônio"* dos entes federativos, suas autarquias, as sociedades de economia mista de que sejam sócios e de toda e qualquer entidade subvencionada pelo erário.

No que respeita ao basilar princípio da legalidade, previsto no *caput* do artigo 37 da CF, e cuja existência prescinde de tradução em linguagem normativa, haja vista que paira sobranceiro no altiplano dos valores que fundam a ordem jurídica do Estado Democrático de Direito, este rege e vincula toda a atividade da Administração Pública.

Portanto, a atuação dos órgãos públicos somente é possível quando autorizada por lei e na forma da lei autorizativa, estremando-se da noção da legalidade no âmbito do direito privado, preceituada no art. 5°, II, da CF, em que a atuação dos particulares somente é interditada nas hipóteses de vedação legal, constituindo-se em constrangimento ilegal a imposição ao indivíduo de qualquer conduta que não dimane de uma fonte do direito.

O princípio da legalidade consiste, consoante ensinamento de Hely Lopes Meirelles, na diferença de que a atuação administrativa é delimitada, antecipadamente, por uma regra de direito que a previu e estabeleceu sua forma de realização, sendo, portanto, antípoda à sua incidência, relativamente, aos particulares, aos quais tudo lhes foi permitido à exceção do que a ordem jurídica lhes veda fazer, seguindo-se a didática e irretocável definição:

> *Na Administração Pública não há liberdade nem vontade pessoal. Enquanto na administração particular é lícito fazer tudo que a lei não proíbe, na Administração Pública só é permitido fazer o que a lei autoriza. A lei para o particular significa poder fazer assim; para o administrador público significa deve fazer assim.*[128]

Aliás, a polícia judiciária, como integrante da Administração Pública, tem sua atuação adstrita ao princípio da legalidade, de modo que esta atividade se subordina à forma procedimental e aos prazos legais, descritos no plano normativo, sendo oportuno transcrever a lição de José Frederico Marques:

> *A Administração pública, porém, está subordinada à ordem jurídica e atua dentro da esfera da legalidade; e, na investigação policial, está ela sujeita, também, a essas limitações. Daí estatuir, o Código, sobre o prazo dos inquéritos policiais (art. 10) e determinar que as autoridades policiais os remetam ao juízo competente (art. 10, § 1º), proibindo-lhes, por isso, arquivá-los (art. 17).*[129]

Ainda, nas pegadas do insigne publicista Hely Lopes Meirelles, considera-se o princípio jurídico ora examinado de forma ampliativa, a fim de que nele também se possa albergar a noção de bem comum, isto é, de interesse público, que, por vezes, conquanto não se encontre expresso, emerge das entrelinhas do texto legal, principalmente, quando interpretado sistemática e teleologicamente, pois que, conforme a lição que ora se reproduz *ipsis litteris*:

---

[128]   MEIRELLES, Hely Lopes. *Direito Administrativo Brasileiro*, 28. ed. p. 86.

[129]   MARQUES. José Frederico. *Elementos de Direito Processual Penal*, vol. 1, 1. ed. 1961, Editora Forense, p. 154.

Legalidade significa que o administrador público está, em toda a sua atividade funcional, sujeito aos mandamentos da lei e às exigências do bem comum, e deles não se pode afastar ou desviar, sob pena de praticar ato inválido e expor-se à responsabilidade disciplinar, civil e criminal, conforme o caso.[130]

Desse modo, o princípio da legalidade, em seu dúplice significado, emerge com função eminentemente política, em atendimento ao escopo de contenção do ente estatal, confinando-o às suas atribuições típicas, que justificam e legitimam sua existência; impedindo-o de soçobrar a iniciativa individual e, destarte, gerando empecilhos às realizações existenciais arduamente conquistadas, ao longo de lutas renhidas e de martírios, no penoso processo civilizacional.

No que tange ao princípio da impessoalidade, esclareça-se de antemão que inexiste consenso doutrinário relativamente ao seu significado, no entanto, o consideramos unívoco à noção de finalidade pública, conceito fulcral de direito público, na esteira do fecundo magistério de Hely Lopes Meirelles, o qual ensina que ele "*nada mais é que o clássico princípio da finalidade, o qual impõe ao administrador público que só pratique o ato para o seu fim legal. E o fim legal é unicamente aquele que a norma do Direito indica expressa ou virtualmente como objetivo do ato, de forma impessoal*".[131]

Com efeito, a identificação do princípio da impessoalidade com a noção de finalidade pública ou da prevalência do interesse público, é a que mais se compagina aos valores incorporados ao preâmbulo da Constituição vigente, que reinaugurou a democracia e estabeleceu mecanismos de inclusão social aptos a implodirem as injustificadas desigualdades sociais, verdadeira chaga nacional.

Pela aplicação deste princípio se colima afastar os ominosos efeitos do patrimonialismo que, historicamente, sequestraram nosso desenvolvimento socioeconômico, mediante práticas iníquas, tais

---

[130] MEIRELLES, Hely Lopes. *Direito Administrativo Brasileiro*, 28. ed. p. 86.
[131] *Ibidem* pp. 89 e 90.

como os subsídios em favor de grupos empresariais alinhados ao caudilho de plantão; as elisões fiscais às quais uma minoria tem acesso, por meio de finórios expedientes decorrentes de interpretações casuísticas de uma legislação copiosa e confusa, que onera exageradamente os que não querem ou não podem "comprar" as facilidades que desvanecem as "dificuldades;" as sinecuras concedidas à parentela e aos acólitos às custas de oneração das sempre crescentes despesas dos combalidos orçamentos; os privilégios odiosos conferidos aos grupos de pressão, em detrimento da sociedade e, sobretudo, da posteridade.

De igual modo, o princípio jurídico em exame também visa à proibição de utilização do aparato coercitivo do Estado para levar a efeito perseguições cruéis, desleais e aleivosas contra os opositores ou em desfavor daqueles que ousem dar opiniões que contrariem o *establishment*, motivadas, no mais das vezes, por divergências religiosas ou ideológicas, ou mesmo sob o acicate de antipatias despropositadas ou simplesmente por emulação.

Em sua monumental e singular análise histórica e sociológica da vida nacional, desde suas raízes coloniais que remontam à Revolução de Avis, ainda na Baixa Idade Média, em Portugal, até meados do século passado, nos albores do serôdio processo de industrialização brasileiro, em situação que permanece, lamentavelmente, ainda inalterada em sua estrutura, se bem que com pequenos ganhos contingenciais, Raymundo Faoro, em seu inexcedível *Os Donos do Poder*,[132] demonstra o enraizamento e a capacidade de adaptação das práticas patrimonialistas que há muito capturaram o Estado brasileiro, desde à aristocracia de antanho ao atual estamento burocrático, por meio de distribuição a mancheia de favores aos escolhidos, malbaratando os escassos recursos públicos provenientes do trabalho e da poupança da sociedade.

---

[132]   FAORO, Raymundo. *Os Donos do Poder – Formação do patronato político brasileiro*, Ed. Globo, 3. ed. 2001.

Neste sentido, o cerne do princípio da impessoalidade reside na proibição de que o administrador aja de maneira patrimonialista, como se a Administração lhe pertencesse, como se ela fosse seu domínio, pertencesse ao seu partido político, e de que dela pudesse dispor como bem entendesse, ainda que pretextando fazer justiça, de modo que a atividade administrativa, informada por este princípio, se apresenta infensa aos favorecimentos de toda sorte, assegurando uma atuação estatal imparcial, isonômica, que não pretere os adversários e tampouco ostenta predileções.

No que concerne ao princípio da moralidade administrativa, preliminarmente, deve-se ter em conta que moral e direito se imbricam, como se fossem círculos secantes, em cujas áreas de interseção se justapõem, porquanto não há como negar o substrato axiológico que subjaz às regras jurídicas, especialmente as de conduta, mediante proibições e permissões, de maneira que somente os prosélitos de um positivismo jurídico anacrônico e embolorado poderiam afirmar o divórcio entre ambos, como se houvesse um completo alheamento entre eles.

Por este princípio, exige-se do administrador público mais do que apenas a observância formal da regra que dimana da fonte do direito, a qual vincula sua atuação, por aplicação do princípio da legalidade, de maneira que esta é necessária, porém insuficiente, haja vista que lhe é vedada a aplicação da lei de forma acrítica, isto é, sem que se leve em consideração a justiça e a honestidade ínsitas aos atos administrativos.

Formulada, originalmente, por Maurice Hauriou, no início do século XX, na França, o princípio da moralidade administrativa colima adstringir o administrador público, por meio da perquirição do elemento anímico ou, em outras palavras, a verificação do objetivo almejado com a prática do ato administrativo e sua conformidade com os fins estatais, a saber, a promoção do bem comum.

No escólio de Emerson Garcia, o conceito se apresenta com clareza, conforme se extrai do trecho que se reproduz, *verbum pro verbo*:

> *A moralidade administrativa buscou justificar a sindicabilidade do móvel do agente público. O controle dos objetivos a serem alcançados, de importância ímpar na teoria da instituição desenvolvida por Hauriou, seria divisado por uma perspectiva externa (la fin) e outra interna (but), configurando esta última o propósito, o animus do agente, o que permitiria uma ampla aferição da adstrição do ato aos objetivos da instituição.*[133]

A eficiência, por seu turno, foi alçada à condição de princípio constitucional expresso da Administração Pública pela EC 19/98, no entanto, ela já era cogitada anteriormente ao advento da emenda constitucional referida, no âmbito doutrinário, por administrativistas a exemplo de Hely Lopes Meirelles, o qual prenunciava que a função administrativa *"já não se contenta em ser desempenhada apenas com legalidade, exigindo resultados positivos para o serviço público e satisfatório atendimento das necessidades da comunidade e de seus membros".*[134]

Com efeito, o princípio da eficiência dá ênfase ao caráter instrumental do ente estatal, o qual não é um fim em si mesmo, mas meio ou instrumento para a promoção das necessidades básicas da sociedade, que não possam ser supridas pela iniciativa privada, mediante a prestação de serviços públicos, diretamente ou por concessionários, exigindo-se, destarte, que os servidores públicos ou aqueles que lhes façam as vezes, nas hipóteses legalmente autorizadoras de delegação, sejam aptos a realizarem suas atividades com diligência, de maneira escorreita, em tempo razoável, enfim, que satisfaçam às expectativas e necessidades dos utentes.

Evidentemente que, em relação ao serviço público, não se deve importar às cegas as regras de desempenho do setor privado, tais como metas de produtividade que se atém às vendas de produtos ou serviços, bem como de outros expedientes que estimulam a compe-

---

[133]   GARCIA, Emerson *et al. Improbidade Administrativa*, 9. ed. SP, Saraiva, 2017, p. 135.

[134]   MEIRELLES, Hely Lopes. *Direito Administrativo Brasileiro*, 28. ed. p. 94.

tição entre os empregados, porquanto as especificidades da gestão pública reclamam certas diferenças; todavia, também não se pode admitir que o instituto da estabilidade se degenere em desleixo, sendo certo que os administradores públicos não podem ser condescendentes com a desídia e que possuem recursos para impedirem resultados ineficientes de seus subordinados.

Dessa peculiaridade do serviço público ressai a vedação de que, pretextando eficiência, o agente público aja de forma voluntariosa, em inobservância do princípio da legalidade, pois que sua ação, ao contrário do particular, pressupõe autorização legal.

Além dos mencionados princípios gerais da Administração Pública, o artigo em estudo também anuncia os princípios setoriais ou institucionais da PCERJ e da investigação policial que ela exerce com exclusividade, porquanto esta é a função precípua daquela, sua dimensão funcional ou objetiva, os quais serão subsequentemente comentados.

9.2. Princípios institucionais da Polícia Civil do Estado do Rio de Janeiro

Preambularmente, têm-se os princípios da unidade e indivisibilidade institucionais, os quais se complementam e se interpenetram, porquanto, conceitualmente, não se divide o que é único, sob pena de se incorrer em grave ilogicidade.

Com efeito, a indivisibilidade institucional é decorrente da característica da unidade, que qualifica a instituição pública, o que se evidencia mediante a perquisição do próprio sentido lexicográfico, haja vista que o vocábulo unidade, conforme definição de Aurélio Buarque de Holanda Ferreira, "é qualidade do que é um ou único, por oposição de pluralidade: a unidade do poder; combinação de esforços e de pensamentos; união; qualidade do que apresenta uniformidade, identidade, homogeneidade".[135]

---

[135] UNIDADE. Dicionário Aurélio. Acessível em https://www.dicio.com.br/unidade/.Acesso em: 15/07/2023.

Logo, o que é único, por definição, é incindível!

Essas características da PCERJ se relacionam à função policial judiciária ou investigatória criminal ou apuratória de infrações penais, esta última na dicção constitucional expletiva, que se revela na investigação policial, consubstanciada primacialmente no inquérito policial, que exprime o poder estatal apto a sujeitar as pessoas, sob o respectivo território, a se conformarem com as regras jurídicas vigentes, as quais são aplicadas pelos agentes públicos, mormente, por aqueles cuja missão consiste na defesa da sociedade, por meio do exercício do poder de polícia, na fase extrajudicial da persecução criminal, que tem por finalidade possibilitar eventual dedução, em Juízo, da pretensão punitiva que emerge com o cometimento do delito.

Assim, unidade e indivisibilidade, como princípios institucionais, em termos práticos, têm o sentido de que todos os policiais civis, indistintamente, isto é, independentemente do cargo ocupado no quadro da instituição ou da classe ocupada na carreira do cargo respectivo, integram a PCERJ, de maneira que a atuação deles é imputável à instituição e não à pessoa física do agente público que realiza ato dentro de suas atribuições legais, estatutárias e regulamentares, sem prejuízo, evidentemente, da responsabilização administrativa e criminal do policial que, eventualmente, transgrida alguma das normas referidas, no seu exercício funcional.

Quanto à investigação policial, instrumento de que se vale o órgão de polícia judiciária para a consecução de sua finalidade, impende gizar seu conceito, perscrutando a etimologia e o significado do vocábulo composto respectivo, iniciando-se pelo verbo investigar, cuja ação ou efeito corresponde ao substantivo investigação.

Invoca-se o latinista Ernesto Faria que, em seu dicionário, conceitua o vocábulo latino *investigare*, em seu sentido próprio, como *"seguir a pista, o rastro,"*[136] o que vislumbra sua relação com a atividade investigatória policial, ao menos já permitindo-se-lhe lobrigar a atuação.

---

[136]   FARIA, Ernesto. *Dicionário Escolar Latino-Português*, FAE, 6. ed. p. 292.

Nesta linha, Caldas Aulete, em seu dicionário da língua portuguesa, ao fixar a acepção corrente do verbo investigar, dá-lhe o seguinte significado, que se aplica perfeitamente à atividade de polícia judiciária ou de apuração de infração penal, a saber: *"1. Buscar desvendar; fazer diligência para descobrir; 2. Buscar descobrir (algo) por meio de exame e observação.*[137] E apresenta o significado da palavra policial, na sua forma gramatical adjetiva, em um dos seus significados como *"3. Que envolve crimes e/ou sua investigação."*[138]

Assim, extrai-se das definições coligidas, que a investigação policial pode ser conceituada, sucintamente, como atividade de elucidação de crime, em todas as suas circunstâncias, indigitando seu autor e eventuais coautores e partícipes, a fim de que eles sejam submetidos ao processo legal de natureza penal, ou que alvitre o arquivamento dos respectivos autos, na hipótese de não se verificar o que aparentava ser um injusto penal ou de não se conseguir apontar a autoria, por insuficiência de elementos idôneos à formação da culpa.

Ainda, a investigação policial, sob o aspecto procedimental, se materializa no inquérito policial, a par de também se fazer presente no termo circunstanciado, nas hipóteses de delito de menor potencial ofensivo, sendo que sua indivisibilidade deflui do que dispõe o artigo 9° do Código de Processo Penal, que preceitua que *"todas as peças do inquérito policial serão, num só processado, reduzidas a escrito ou datilografadas e, neste caso, rubricadas pela autoridade,* haja vista não fazer nenhum sentido que um mesmo crime seja objeto de investigação em procedimentos distintos.

Aliás, o princípio da eficiência aplicado à apuração das infrações penais concita às investigações em bloco, em que organizações criminosas, que agem com *modus operandi* semelhante e venham a vitimar inúmeras pessoas sejam investigadas, em um único procedimento, pelos crimes praticados, o que facilita eventual propositura de ação penal e indenização às vítimas.

---

[137] INVESTIGAR – Aulete digital. Disponível em: https://aulete.com.br/ investigar. Acesso em 11/09/23.
[138] POLICIAL – Aulete digital. Disponível em: https://aulete.com.br/policial. Acesso em 11/09/23.

Ademais, a busca da verdade do evento criminoso é o cerne da investigação policial, porquanto tal atividade não está comprometida com a acusação, porém, com a cabal elucidação do fato infringente de norma penal incriminadora, afastando juízos açodados instigados pela ojeriza causada pela prática do crime e atuando como uma *"garantia contra apressados e errôneos juízos, formados quando ainda persiste a trepidação moral causada pelo crime ou antes que seja possível uma exata visão de conjunto dos fatos, nas suas circunstâncias objetivas e subjetivas"*, nas atemporais admoestações constantes da erudita exposição de motivos do Código de Processo Penal.

Com efeito, investigação policial é atividade de decifração de crime que, conquanto oculto, pode ser reconstituído, por meio de seus vestígios, no que tange à materialidade delitiva, bem como dos indícios da respectiva autoria, mediante oitiva da vítima, de testemunhas *de auditu*, de testemunhas *de visu* e, até mesmo, da própria confissão do autor, que pode fazê-lo, em decorrência de sua resipiscência, desinteressadamente, sem colimar qualquer situação jurídica de vantagem pelo direito premial.

O crime, portanto, tem sua ocorrência reconstituída e sua memória perpetuada, mediante as diligências levadas a efeito na investigação criminal, conduzida pela polícia judiciária, a fim de que os órgãos estatais integrantes do sistema de justiça criminal possam defender a sociedade, por meio do legítimo exercício da pretensão punitiva, que no Estado de Direito, se realiza indiretamente, isto é, mediante o devido processo legal, em que são observados todos os direitos e garantias individuais, especialmente, o contraditório, a ampla defesa e a presunção ou estado de inocência.

Portanto, o agente público a quem incumbe a atividade investigativa ou de polícia judiciária é, essencialmente, alguém que envida esforços visando à revelação do que se desconhece acerca do crime e suas circunstâncias, não podendo jamais, sob pena de desqualificar sua atuação, portar-se como um acusador, ainda que sua descoberta reveladora do crime e de seu autor implique na submissão deste ao devido processo legal de índole penal, como forma de realização da pretensão punitiva estatal que, legitimamente, e na defesa da sociedade, emerge toda vez que a ordem jurídica é violada por um comportamento que se subsome a uma norma penal incriminadora e desde que não haja nenhuma causa de justificação ou de exculpação da conduta do agente.

Ainda, a investigação policial é informada pelos princípios da unidade de doutrina e da interdisciplinaridade da ação investigativa, além de seu caráter técnico-científico e de seu aspecto jurídico, porquanto a condução da aludida atividade tem de se conformar aos direitos e garantias fundamentais, proclamados na Constituição, bem como a todo o regramento infraconstitucional que lhes dá concretude, sem o que o conhecimento acerca do evento criminal não será idôneo à produção de seus efeitos na consecução de sua finalidade judiciária.

A propósito, a contradição entre as noções de unidade e de interdisciplinaridade da investigação policial é apenas aparente, exsurge de análise perfunctória, visto que ambas podem e devem conjungir no aprimoramento do esforço investigatório.

Logo, a noção de unidade da investigação policial se refere à adoção de métodos e de procedimentos que obedecem a certa padronização, empregados na apuração das infrações penais, bem como nas atividades técnico-científicas, que a subsidiam; enquanto que, por interdisciplinaridade, se entende a interseção entre domínios do saber, quer sejam científicos, quer sejam hauridos empiricamente, aplicados à investigação policial a fim de que esta seja executada com eficiência, especialmente, em face dos avanços tecnológicos e seus efeitos colaterais deletérios, no que diz respeito à sofisticação de antigas modalidades criminosas.

Demais disso, reforçando o que foi acima exposto, as técnicas investigativas e os exames periciais têm de se conformar ao ordenamento jurídico, que lhes impõe lindes inafastáveis, sob pena de não se poder aproveitar o elemento indiciário ou mesmo a prova não repetível produzida na etapa extrajudicial da persecução penal.

Daí, a exigência de que a investigação policial seja revestida de caráter técnico-jurídico, isto é, que ela seja conduzida pelo delegado de polícia, conforme preceitua o art. 1º da Lei nº 12.830/13, porquanto este é o agente público versado nas ciências jurídicas, cuja atuação se dá na fase policial, colimando a que esta não contrarie as disposições legais que a informam, pois, conforme já examinado, as garantias individuais se estendem à fase preliminar ou pré-processual da persecução penal.

Neste aspecto, destaca-se que nos incisos do § 2º, do art. 8º, da Lei Complementar nº 204/2022, são apresentadas as ações que compõem o plano operativo da investigação policial, o qual compreende todo o ciclo da atividade de polícia judiciária, isto é, desde o conhecimento, pela autoridade de polícia judiciária, da prática da infração penal, geralmente, por meio da notícia do crime, passando pelas diversas diligências e providências que instruem o inquérito policial, até o deslinde da apuração, com o escopo de definir a materialidade, a autoria e as circunstâncias da infração penal, ensejando, se for o caso, a deflagração de ação penal em face daquele a quem se imputa a prática do crime.

Desse modo, a investigação policial, cujas balizas já estão delineadas, no rol exemplificativo previsto no artigo 6º do CPP, é reforçada e minudenciada nas seguintes ações, apresentadas nos incisos da disposição legal supramencionada: "*I - articulação ordenada dos atos notariais, alusivos à formalização das provas da infração penal, em inquérito policial, termo circunstanciado ou outro instrumento legal; II - realização de atos de verificação, apuração e pesquisas técnico-científicas; III - realização de exames periciais e produção de laudos e, IV - realização de operações policiais como atividade de repressão criminal qualificada.*"

Além disso, cabem algumas notas atinentes ao princípio da hierarquia e disciplina, o qual se vale de noções que conquanto estejam mutuamente vinculadas, são inconfundíveis, a par de serem imprescindíveis para a organização e o funcionamento de qualquer instituição; contudo, no que se refere à instituição policial, eles têm sua importância e aplicação sobrelevados, tendo em vista a natureza do serviço policial.

Assim, salientando o aspecto das relações funcionais que exsurge da atuação administrativa, informada pela noção de hierarquia, Maria Sylvia Di Pietro a conceitua como que gravitando em torno das concepções de coordenação e de subordinação entre os servidores de uma mesma instituição, apontando para as consequências práticas de sua aplicação, no âmbito da organização, e demonstrando que dele decorrem os atos de avocação, delegação e, sobretudo, os de natureza disciplinar, conforme a escorreita definição que se transcreve:

> *Em consonância com o princípio da hierarquia, os órgãos da Administração Pública são estruturados de tal forma que se cria uma relação de coordenação e subordinação entre uns e outros, cada qual com atribuições definidas na lei. Desse princípio, que só existe relativamente às funções administrativas, não em relação às legislativas e judiciais, decorre uma série de prerrogativas para a Administração: a de rever os atos dos subordinados, a de delegar e avocar atribuições, a de punir; para o subordinado surge o dever de obediência.*[139]

Ressalta-se que da noção de disciplina, extraída da definição de hierarquia apresentada, decorre o dever de obediência, que a relação de subordinação engendra para o servidor, quer seja no que tange à sua chefia imediata, quer seja relativamente à Administração, abstratamente considerada, de maneira que a subordinação hierárquica enseja para o policial civil o dever de obediência às ordens exaradas por seus superiores hierárquicos, na consecução das funções que lhes foram legalmente atribuídas, desde que, evidentemente, tais ordens não sejam manifestamente ilegais, porquanto estas não têm o condão de obrigar a quem quer que seja e, caso se verifiquem, serão oportunamente infirmadas pela própria Administração de ofício ou pelo Poder Judiciário, caso provocado.

---

[139]   DI PIETRO, Maria Sylvia Zanella. *Direito Administrativo*, p. 74.

Em sentido semelhante, José dos Santos Carvalho Filho, realçando o aspecto organizacional, assevera que *"hierarquia é o escalonamento em plano vertical dos órgãos e agentes da Administração que tem como objetivo a organização da função administrativa"*.[140] E indica que da hierarquia decorre o poder disciplinar, que almeja resguardar a disciplina funcional, dotando os agentes públicos superiores do dever e da prerrogativa de fiscalização das atividades desempenhadas pelos agentes públicos que ocupam posições inferiores e que a eles estejam subordinados, em uma estrutura escalonada, concluindo que *"disciplina funcional, assim, é a situação de respeito que os agentes da Administração devem ter para com as normas que os regem, em cumprimento aos deveres e obrigações a eles impostos"*.[141]

Acrescenta-se, pela peculiaridade da aplicação do aludido princípio às especificidades do serviço policial, que o Código de Ética Policial, preconizado no art. 10 do Decreto-Lei nº 218/75, ainda em vigor, em seus incisos XIV (*obedecer às ordens superiores, exceto quando manifestamente ilegais*) e XVI (*respeitar e fazer respeitar a hierarquia do serviço policial*), considerou-os comportamentos, cuja inobservância implica em sua violação e, portanto, dão ensejo à transgressão disciplinar de natureza grave, haja vista que à luz do art. 14, XXXV c/c o art. 15, § 3º, ambos do DL nº 218/75, toda infringência ético-policial acarreta transgressão de natureza grave e, em tese, a possibilidade de demissão.

Por derradeiro, em correspondência ao dever de obediência, anteriormente aludido, surge àqueles que, porventura, se acharem em posição hierarquicamente superior, o dever de dispensar tratamento deferente tanto aos seus superiores e pares como aos seus subordinados, aliás, melhor seria dizê-lo: sobretudo em relação aos seus subordinados; pois que, caso contrário, incorrerão na transgressão disciplinar constante do art. 14, XX do Decreto-Lei nº 218/75, a saber: *"deixar de tratar os superiores hierárquicos e os subordinados com a*

---

[140]   CARVALHO Filho, José dos Santos. *Manual de Direito Administrativo*, 25. ed. 2012, SP, Ed. Atlas, p. 67.

[141]   *Ibid.*, p. 70.

deferência e urbanidade devidas;" sendo, por conseguinte, vedado aos chefes, sejam eles da menor unidade administrativa até a direção da instituição, comportarem-se de forma desrespeitosa ou prepotente, porquanto mesmo admoestações verbais têm de ser externadas nos limites da civilidade.

10. SÍMBOLOS INSTITUCIONAIS DA POLÍCIA CIVIL

> Art. 9º - São símbolos institucionais da Polícia Civil o hino, a bandeira, o brasão e o distintivo, conforme os modelos estabelecidos pelo Conselho Superior de Polícia, mediante proposta do Secretário de Estado de Polícia Civil.

A palavra distintivo, quando corresponde à classe dos adjetivos, significa o *"que distingue, que mostra diferença, que assinala cada indivíduo ou objeto.*[142] E, quando correspondente à classe dos substantivos, o vocábulo referido tem o sentido de *"coisa que distingue; emblema; insígnia,"*[143] sendo que é nesta acepção que o art. 9º se refere ao distintivo como um dos símbolos institucionais da Polícia Civil do Estado do Rio de Janeiro.

Insígnia, por seu turno, é *"sinal distintivo de uma função, de dignidade, de posto,"*[144] razão pela qual os distintivos ou insígnias dos cargos que integram o Quadro Permanente da Polícia Civil do Estado do Rio de Janeiro se diferenciam uns dos outros, pelas cores que lhes particularizam, sendo que nos distintivos constam o brasão da PCERJ e abaixo dele a denominação do cargo público do policial que o traz consigo.

O distintivo é usado acompanhado ou não da carteira funcional para a identificação do policial civil, máxime no exercício da função, quer seja nos recintos das repartições policiais, quer seja em diligências externas ou em operações policiais, desde que *"haja necessidade*

---

[142] DISTINTIVO. Aulete digital. Disponível em: https://www.aulete.com.br//distintivo. Acesso em 02/10/2023.

[143] FERREIRA, A. B. H. *Novo dicionário da língua portuguesa.* 2. ed. RJ. Nova Fronteira. 1986. p. 600.

[144] *Ibid.* p. 951.

da ostensividade", à luz do que preceitua o art. 2° do Decreto estadual n° 2.252 de 24 de novembro de 1978.

Brasão, em heráldica ou armaria, é *"conjunto de figuras e ornatos que compõem o distintivo."*[145] O brasão da PCERJ tem *"como figura central a estrela representativa da Polícia do Distrito Federal e do Estado da Guanabara e, celebrando a data magna da Instituição, a inscrição "1808",*[146] enleado pela ramada; enquanto que o pavilhão policial civil tem o brasão precitado ao centro, com as cores estaduais, a saber, o azul e o branco, ao fundo.

A bandeira da Polícia Civil do Estado do Rio de Janeiro, concebida pelo Delegado de Polícia Cyro Advincula da Silva, que se encontra acessível por meio do *QR Code* abaixo, foi instituída pelo Decreto estadual n° 10.891, em 22 de dezembro de 1987, tendo sido hasteada pela primeira vez no dia 10 de maio de 1988, às 10 horas, em frente à sede da Secretaria de Estado da Polícia Civil, na Rua da Relação, durante a festividade comemorativa do 180° aniversário da criação da Instituição.[147]

Acerca do belíssimo Hino oficial da Polícia Civil do Estado do Rio de Janeiro, deve-se inicialmente, mencionar que sua letra é de autoria dos policiais civis: Ademir Ribeiro da Silva e Jorge Cypriano

---

[145]   BRASÃO. Aulete digital. Disponível em: https://aulete.com.br/bras%-C3%A3o. Acesso em 02/10/2023.

[146]   Símbolos da Polícia Civil. Disponível em: http://policiacivilrj.net.br/simbolos.php. Acesso em: 16/08/2023.

[147]   *Ibidem.*

Alves, enquanto que sua composição é do músico e Sargento do Corpo de Bombeiro Militar do Rio de Janeiro José Ribamar Serra e Silva, cujas palavras iniciais: *"Gloriosa Polícia Civil, em defesa de quem precisar"*, evocam a magnitude de sua missão institucional, seu compromisso com a sociedade a que serve; a par de demonstrarem a reverência com que estes talentosos e inspirados policiais traduziram, em versos, o sentimento que anima a todos quantos têm a honra de integrarem-na.

Disponibilizamos a versão original do Hino por meio do *QR Code* abaixo:

Antecipadamente, desculpamo-nos com os leitores e consulentes por eventuais erros, imprecisões e lacunas que se verifiquem nos *Comentários*, porquanto a despeito do zelo com que foram redigidos e de todos os esforços envidados na consecução de um texto que interpretasse o diploma legal em comento da melhor maneira possível, somos falíveis e, muito provavelmente, constatar-se-ão correções a serem levadas a efeito e preenchimento de assuntos relevantes que não tenham sido devidamente abordados, de modo que nos colocamos à disposição da crítica que colime o aprimoramento da exegese da LC nº 204/2022.

Finalmente, por dever de consciência, há que se registrar que as achegas que nos foram oferecidas por Claudio Roberto Paz Lima e José Ricardo Bento Garcia de Freitas, este último tendo ido muito além da mera revisão gramatical do texto, foram de tal monta que poder-se-ia afirmar serem eles coautores desses despretensiosos comentários.

2ª PARTE

Por Claudio Roberto Paz Lima

11. ESTRUTURA ORGANIZACIONAL BÁSICA

Art. 10 - A estrutura organizacional básica da Polícia Civil compõe-se de:

I - Direção Superior;

II - Órgãos de Execução Estratégica;

III - Órgãos de Execução Tática; e

IV - Órgãos de Execução Operativa.

§ 1° - Os Órgãos de Direção Superior têm por finalidade a proposição, a deliberação e a definição das políticas de caráter institucional, atividades de controle interno, inclusive a prática da atividade de polícia judiciária de natureza correcional.

§ 2° - Os Órgãos de Execução Estratégica têm por finalidade a gestão das seguintes políticas:

I - desenvolvimento dos recursos humanos, compreendendo o recrutamento, a seleção, a formação, a capacitação, o ensino, a pesquisa e a extensão;

II - informações, telecomunicações e informática, por meio da captação, da análise, da organização e da difusão de dados e conhecimentos; e

III - apoio logístico-administrativo para as unidades da instituição, visando à garantia do seu regular funcionamento.

§ 3° - Os Órgãos de Execução Tática têm por finalidade a coordenação e comando das unidades operativas.

§ 4° - Os Órgãos de Execução Operativa têm por finalidade o exercício da polícia judiciária e da investigação policial.

No artigo 10 da LC nº 204/2022 estão elencados os Órgãos que compõem a Estrutura Organizacional Básica da Secretaria de Estado de Polícia, divididos em quatro importantes grupos: Direção Superior, Execução Estratégica, Execução Tática e Execução Operativa.

O referido artigo, com seus incisos e parágrafos, anuncia as características gerais dos órgãos que compõem a Estrutura Organizacional Básica. Para melhor exposição, o texto legal foi transcrito na sua integralidade, para dar suporte aos comentários subsequentes, metodologia que foi utilizada em toda esta obra. Os dispositivos em comento são bastante claros e autoexplicativos, todavia serão cotejados com as disposições dos subsequentes artigos 11, 12, 13 e 14.

O § 1° do artigo 10 define como finalidade dos Órgãos de Direção Superior a proposição, a deliberação e a definição das políticas de caráter institucional, atividades de controle interno, inclusive a prática de atividade de polícia judiciária de natureza correcional, cujos conceitos merecem relevo.

Políticas de caráter institucional: são ações voltadas ao cumprimento do planejamento estratégico, de acordo com a identidade institucional definida para o órgão.

A Secretaria de Estado de Polícia Civil possui a sua identidade institucional (Missão, Visão e Valores) prevista na Resolução SEPOL n° 083/2019, que estabelece no artigo 5° os seguintes componentes: I - Missão: apuração eficiente e qualificada das infrações penais; II - Visão: ser reconhecida como referência de Polícia Judiciária pelo alto índice de elucidação das infrações penais; III - Valores: ética, hierarquia e disciplina; comprometimento; valorização do servidor; garantia dos direitos fundamentais; excelência e transparência na prestação do serviço à sociedade; gestão por resultado e parcerias institucionais. De acordo com essas premissas, os Órgãos de Direção Superior definirão as ações a serem adotadas pelos demais Órgãos da SEPOL.

Atividades de controle interno: a palavra controle significa verificar, averiguar. O objetivo do controle interno, portanto, é desenvolver ações preventivas para evitar condutas ou procedimentos ilícitos, incorretos ou impróprios que possam atentar contra os princípios da organização. Elas não se confundem com atividades correcionais. Sobre Controle Interno, Carvalho Filho ensina que *"o controle pode ser interno ou externo, consoante decorra de órgão integrante ou não da própria estrutura em que se insere o órgão controlado. É interno o controle que cada um dos Poderes exerce sobre seus próprios atos e agentes. É externo o controle exercido por um dos Poderes sobre o outro; como também o controle da Administração Direta sobre a Indireta".*[148]

Prática de atividade de polícia judiciária de natureza correcional: diz respeito às atividades de correição desenvolvidas não somente pelas Corregedorias, mas por todas as autoridades no âmbito de suas competências, sejam preventivas ou repressivas.

O § 2º deste artigo definiu como finalidade dos Órgãos de Execução Estratégica a gestão do desenvolvimento dos recursos humanos, das informações, telecomunicações e informática, bem como o apoio logístico-administrativo para todas as unidades da instituição, visando à garantia do seu regular funcionamento.

Nessa mesma linha, o § 3º do artigo 10 em estudo estatui que os Órgãos de Execução Tática têm por finalidade a coordenação e comando das unidades operativas, ou seja, aquelas que executam, efetivamente, a atividade-fim, assegurando o cumprimento de todas as diretrizes e comandos da instituição.

Além disso, o § 4º anuncia que os Órgãos de Execução têm por finalidade o exercício da Polícia Judiciária. São esses órgãos que, de fato, executam as atividades-fim da Polícia Civil, como o atendimento ao público, a condução das investigações policiais, administrativas

---

[148] CARVALHO Filho, José dos Santos. Manual de Direito Administrativo. 36 ed. Barueri (SP): Atlas, 2022. p. 910.

ou operacionais, divididas em unidades especializadas, coordenadorias, divisões ou unidades distritais.

Na sequência, será realizado o estudo do artigo 11, que trata especificamente dos Órgãos de Direção Superior.

12. ÓRGÃOS DE DIREÇÃO SUPERIOR

Art. 11 - São Órgãos de Direção Superior da Polícia Civil:
I -   Secretaria de Estado de Polícia Civil;
II -   Subsecretaria de Estado de Gestão Administrativa;
III -   Subsecretaria de Estado de Planejamento e Integração Operacional;
IV -   Subsecretaria de Estado de Inteligência;
V -   Superintendência-Geral de Polícia Técnico-Científica;
VI -   Corregedoria-Geral de Polícia Civil;
VII -   Controladoria-Geral de Polícia Civil;
VIII -   Conselho Superior de Polícia Civil.

As disposições do artigo anterior tratam da macroestrutura da Polícia Civil do Estado do Rio de Janeiro. Doravante, cuidaremos dos comentários alusivos aos Órgãos de Direção Superior que estão previstos no artigo 11 da Lei Orgânica.

Levando-se em conta que esses órgãos aqui estudados são classificados como órgãos superiores, é oportuno trazer à colação a lição de Sylvia Zanella Di Pietro: *"superiores são órgãos de direção, controle e comando, mas sujeitos à subordinação e ao controle hierárquico de uma chefia; não gozam de autonomia administrativa nem financeira. Incluem-se nessa categoria órgãos com variadas denominações, como Departamentos, Coordenadoria, Divisões, Gabinetes"*.[149]

12.1. Secretaria de Estado de Polícia Civil

A Secretaria de Estado de Polícia Civil é um órgão autônomo do Poder Executivo, subordinado diretamente ao Governador do

---

149 DI PIETRO, Maria Sylvia Zanella. *Direito administrativo*. 35. ed. Rio de Janeiro: Forense, 2022. p. 684.

Estado, cujo Titular da Pasta tem as suas atribuições previstas nos artigos 16 e 17 desta lei complementar, posteriormente comentados.

Sobre o conceito de órgão autônomo, seguimos a doutrina de Maria Sylvia Zanella Di Pietro, segundo a qual os órgãos autônomos são aqueles que se localizam na cúpula da Administração, subordinados diretamente à Chefia dos órgãos independentes; gozam de autonomia administrativa, financeira e técnica e participam das decisões governamentais. Entram nessa categoria os Ministérios, as Secretarias de Estado e de Municípios, o Serviço Nacional de Informações e o Ministério Público"[150].

Mister reforçar que a SEPOL tem a sua estrutura disciplinada pelo Decreto Estadual n° 48.273/2022, de onde se extrai que o Gabinete do Secretário conta com a Assessoria Técnico-Especial e com os Núcleos de Segurança Institucional Interno e Externo, além da Chefia de Gabinete.

12.2. Subsecretaria de Estado de Gestão Administrativa

A Subsecretaria de Gestão Administrativa, usualmente representada pela sigla SSGA, é dirigida por um Subsecretário de Estado, o qual possui as suas atribuições definidas no artigo 18 desta Lei Orgânica.

O Decreto Estadual n° 48.273, de 14 de dezembro de 2022, no seu anexo I, inciso VI, item 6.15, prevê que a Subsecretaria de Gestão Administrativa tem a atribuição de assistir o Secretário de Estado de Polícia Civil em suas representações social e funcional e substituí-lo em sua ausência ou impedimento, além de promover a gestão administrativa e a governança no âmbito da SEPOL.

O referido decreto prevê ainda as seguintes atribuições da SSGA: articular, propor, monitorar e avaliar as atividades de pessoal, formação e capacitação; tecnologia da informação e telecomu-

---

[150]   DI PIETRO, Maria Sylvia Zanella. *Direito administrativo*. 35. ed. Rio de Janeiro: Forense, 2022. p. 684.

nicações; contratações e convênios; infraestrutura e logística; gestão administrativa, orçamentária, financeira e contábil e dos fundos vinculados; estabelecer e implementar as ações de comunicação interna, por meio do Boletim Interno; propor, articular, monitorar e avaliar os projetos e programas estratégicos e institucionais; além de outras atividades que lhe forem atribuídas.

No que diz respeito à gestão dos fundos vinculados à PCERJ, conforme disposto no anexo I, inciso VI, do Decreto Estadual n° 48.273/2022, a PCERJ dispõe, além do FUNESPOL, dos seguintes fundos: Fundo Especial da ACADEPOL e o Fundo Estadual de Investimentos e Ações de Segurança Pública e Desenvolvimento Social – FISED, que ao contrário dos anteriores tem caráter transitório.

A Lei Estadual n° 1.345/1988 criou o FUNESPOL com a finalidade de reequipar a PCERJ, sendo o mesmo regulamentado pelo Decreto Estadual n° 11.945, de 27 de setembro de 1998.

Ressalta-se que o controle da arrecadação tributária em favor do FUNESPOL é atribuição da CGPOL, conforme dispõe o item 6. 7, do anexo I, do Decreto Estadual n° 48.273/2022; sem embargo de a gestão ser levada a efeito pela Subsecretaria de Gestão Administrativa e pelo Departamento-Geral de Administração e Finanças.

O Fundo Especial da ACADEPOL foi criado "*com a finalidade de dotar a Academia Estadual de Polícia Silvio Terra, da Secretaria de Estado da Polícia Civil, dos meios necessários ao atingimento de suas finalidades,*" conforme dispõe o art. 1°, da Lei n° 12.076/1988, que o instituiu.

As receitas que constituem o Fundo da ACADEPOL estão elencadas no art. 2° da lei acima mencionada, das quais se destacam os "*auxílios, subvenções e contribuições de entidades públicas e privadas, nacionais ou estrangeiras, desde que destinados a atender ao disposto no art. 1°;*" os recursos provenientes de cursos, palestras e demais atividades afins, cujo tema versa tanto sobre segurança pública, como sobre o aperfeiçoamento profissional dos policiais civis e os recursos "*provenientes de inscrições em concursos públicos para ingressos nas carreiras da Polícia Civil do estado, ou realizados mediante convênio com entidades públicas ou privadas, da mesma natureza*".

O FISED, por sua vez, foi criado pela Lei Complementar n° 178/2017, que regulamenta os parágrafos 6° e 7° do art. 183 da Constituição do Estado do Rio de Janeiro, incluídos pela EC n° 70/2017, com a finalidade de apoiar os programas e projetos na área de segurança pública, de prevenção à violência e desenvolvimento social, que sejam a eles associados.

O organograma correspondente à macroestrutura da Subsecretaria de Estado de Gestão Administrativa, com base no Decreto Estadual n° 48.273/2022, está acessível por meio do *QR Code* abaixo:

12.3. Subsecretaria de Estado de Planejamento e Integração Operacional

A Subsecretaria de Estado de Planejamento e Integração Operacional da Polícia Civil, denominada de SSPIO, é dirigida por um Subsecretário de Estado, cujas atribuições estão elencadas no artigo 19 da LC em exame.

Assim como no tópico anterior, aqui ressalta-se o teor do Decreto Estadual n° 48.273, de 14 de dezembro de 2022, no seu anexo I, inciso VI, item 6.21, relativamente às seguintes atribuições da SSPIO: assessorar o Secretário de Estado de Polícia Civil na esfera de suas atribuições, assisti-lo em suas representações social e funcional, substituí-lo em suas ausências ou impedimentos, quando também ausente o Subsecretário de Estado de Gestão Administrativa; planejar, supervisionar e coordenar o emprego dos órgãos operacionais da Polícia Civil; propor e consolidar normas de planejamento, promover a integração entre órgãos da União e dos demais entes federativos com órgãos da Secretaria de Estado de Polícia Civil; promover a integração entre unidades da Polícia Civil para fins operacionais; aferir a produtividade investigativa e o desempenho operacional dos órgãos de execução da SEPOL, bem como desempenhar outras atividades que lhe forem cometidas.

O organograma da macroestrutura da Subsecretaria de Estado de Planejamento e Integração Operacional, com base no Decreto Estadual nº 48.273/2022, por ser acessado por meio do *QR Code* abaixo:

12.4. Subsecretaria de Estado de Inteligência

A Subsecretaria de Estado de Inteligência (SSINTE) é um órgão de Direção Superior da Secretaria de Estado de Polícia Civil, subordinado diretamente ao Secretário de Estado de Polícia Civil, cuja missão encontra-se prevista no artigo 20 da LC nº 204/2022, cabendo-lhe exercer as atividades de inteligência e contrainteligência, de acordo com a política e estratégia de inteligência estadual.

As atribuições da SSINTE estão também elencadas no Decreto Estadual nº 48.273, de 14 de dezembro de 2022, anexo I, inciso VI, item 6.39, bem como na Resolução SEPOL nº 449, de 30 de dezembro de 2022, que aprovou o Regimento Interno da Subsecretaria de Inteligência Policial.

Segundo o regimento interno, à Subsecretaria de Inteligência compete, cumulativamente, atuar como Agência Central do Sistema de Inteligência do Estado do Rio de Janeiro (SISPERJ) e da Polícia Civil (SISEPOL), além de ser representante estadual no Sistema Nacional de Inteligência de Segurança Pública (SISP).

É relevante pontuar que à Subsecretaria de Inteligência compete realizar o planejamento, a reunião de dados, o processamento e a difusão de conhecimentos sobre fatos e situações de imediata ou potencial ameaça, risco ou oportunidade à Sociedade, ao Estado do Rio de Janeiro e à Polícia Civil.

É inconteste a importância desse Órgão de Direção Superior que cuida da gestão das atividades de inteligência e contrainteligência, que atua como representante estadual do Rio de Janeiro no Sistema Nacional de Inteligência de Segurança Pública.

Segundo a Resolução SEPOL nº 449/2022, a Subsecretaria de Inteligência possui em sua estrutura os órgãos constantes do organograma que pode ser acessado por meio do seguinte *QR Code*:

12.5. Superintendência-Geral de Polícia Técnico-Científica

A Superintendência-Geral de Polícia Técnico-Científica foi normatizada pela Lei Complementar 204/2022, cujas competências estão elencadas no seu artigo 21, que será posteriormente comentado, incluindo-se a atribuição de assistir o Secretário de Estado de Polícia Civil em suas representações social e funcional, assessorá-lo nos assuntos pertinentes à gestão das atividades de polícia técnico-científica, bem como desempenhar outras atividades que lhe forem designadas.

Com essa regulamentação, inseriu-se a Superintendência no grupo dos Órgãos Superiores da SEPOL, dirigida por Perito ou Delegado de Polícia Civil do Estado do Rio de Janeiro, ambos ocupantes de cargo efetivo em atividade, da classe mais elevada e com mais de 12 (doze) anos na instituição.

Observa-se que, até o advento da Lei Complementar nº 204/2022, na linha vertical da estrutura organizacional da Secretaria de Estado de Polícia Civil do Rio de Janeiro, o órgão de Polícia Técnico-Científica de maior posição hierárquica era o Departamento-Geral de Polícia Técnico-Científica, como se depreende do anexo I, inciso III, item 2.7 do Decreto nº 48.035/2022 (alterado pelo Decreto nº 48.273/2022).

Desse modo, é relevante que a Polícia Técnico-Científica tenha assegurado espaço junto aos órgãos de direção superior da Polícia Civil. Entretanto, por simetria, reputa-se que a nomenclatura mais adequada para o novo órgão seria a de Subsecretaria de Estado de Polícia Técnico-Científica, considerando as competências que lhe foram atribuídas.

A macroestrutura da Superintendência-Geral de Polícia Técnico-Científica está representada no organograma disponibilizado por meio do *QR Code* abaixo, com base no Decreto Estadual nº 48.273/2022:

12.6. Corregedoria-Geral de Polícia Civil

A Corregedoria-Geral de Polícia Civil, identificada pela sigla CGPOL, encontra-se disciplinada no artigo 24 da presente Lei Complementar, cujas atribuições serão comentadas posteriormente em capítulo próprio.

Trata-se de um órgão da máxima importância, que compõe a Direção Superior da Polícia Civil do Estado do Rio de Janeiro, dirigido por um Corregedor-Geral, ocupante de cargo efetivo de Delegado de Polícia do Estado do Rio de Janeiro, em atividade, da classe mais elevada da carreira, com mais de 12 (doze) anos no cargo e de conduta ilibada. Em linhas gerais, as atribuições da Corregedoria-Geral também estão regulamentadas no Decreto nº 48.273, de 14 de dezembro de 2022 (anexo I, inciso VI, item 6.7).

De acordo com o aludido decreto, à Corregedoria-Geral de Polícia Civil compete, genericamente, promover o controle processual e arrecadação de tributos recolhidos a favor do Fundo Especial da Polícia Civil – FUNESPOL; a realização de inspeções nas Unidades da Polícia Civil e correições nos procedimentos de polícia judiciária, bem como a apuração das transgressões disciplinares e infrações penais atribuídas aos policiais civis.

É pertinente salientar que a Lei Complementar nº 204/2022 sedimentou a competência exclusiva da Polícia Civil para apuração das transgressões disciplinares atribuídas aos integrantes do seu Quadro Funcional. Além disso, a novel lei orgânica assegurou, originariamente, ao Corregedor-Geral de Polícia diversas atribuições exclusivas e outras privativas relativamente à instauração, à instrução e ao julgamento no âmbito dos procedimentos administrativos disciplinares.

Registre-se, ainda, que dentre as competências atribuídas à Polícia Civil pela novel Lei Orgânica, inclui-se a execução de atos de natureza disciplinar e a realização de correições, conforme dispõe o artigo 4º, incisos XIX e XX da LC nº 204/2022. Trata-se do exercício do Poder Disciplinar, o qual, segundo Hely Lopes Meirelles "é a faculdade de punir internamente as infrações dos servidores e demais pessoas sujeitas à disciplina dos órgãos e serviços da Administração".[151]

O Poder Disciplinar, conquanto não se confunda com o Poder Hierárquico, com ele se relaciona, haja vista que a Administração Pública se vale deste *"para distribuir e escalonar as funções de seus órgãos, ordenar e rever a atuação de seus agentes, estabelecendo a relação de subordinação entre os servidores do seu quadro de pessoal,"*[152]ao passo que por meio daquele *"controla o desempenho dessas funções e a conduta interna de seus servidores, responsabilizando-os pelas faltas cometidas,"*[153]de maneira que ambos constituem os pilares sobre os quais toda a estrutura organizacional da Administração Pública se mantém.

Os *atos administrativos de natureza disciplinar* compreendem aqueles realizados no âmbito dos procedimentos disciplinares, tais como instauração, instrução, julgamento e aplicação de sanções, como também as ações de fiscalização.

Com efeito, os *procedimentos administrativos disciplinares* são aqueles voltados a apurar a responsabilidade administrativa dos servidores públicos, relativamente às infrações administrativas de qualquer natureza. Dentre esses procedimentos, destacam-se a sindicância administrativa disciplinar (SAD), a qual pode ser de natureza investigativa (não punitiva, por não comportar o contraditório e a ampla defesa) ou de cunho acusatório (punitiva, por prever o contraditório e a ampla defesa), e o processo administrativo disciplinar (PAD). Este último é voltado à apuração de transgressões de natureza grave, sujeitas à pena de suspensão igual ou superior a 60 (sessenta) dias, demissão ou cassação de aposentadoria.

Atualmente, pode-se afirmar que a Polícia Civil tem a competência para promover o *ciclo completo* na área correcional, promovendo a instrução desde a instauração de uma investigação preliminar

---

[151]   MEIRELLES, Hely Lopes *Op. Cit.*, p. 120.
[152]   *Ibid.*, p. 117.
[153]   *Ibid.*, p. 120.

até a conclusão do processo administrativo disciplinar, sem a necessidade de atuação de órgão externo.

O organograma da Estrutura Básica da Corregedoria-Geral de Polícia Civil está acessível por meio do *QR Code* abaixo, consoante o disposto no Decreto Estadual n° 48.273/2022:

12.7. Controladoria-Geral de Polícia Civil

A Controladoria-Geral de Polícia Civil, identificada pela sigla CGPC, encontra-se disciplinada no artigo 26 da presente Lei Complementar, cujas atribuições serão abordadas em capítulo específico dos *Comentários*. A CGPC é um órgão de extrema relevância que compõe a Direção Superior da Polícia Civil do Estado do Rio de Janeiro, sendo dirigida por um Controlador-Geral, ocupante de cargo efetivo de Delegado de Polícia, em atividade e da classe mais elevada, com mais de 12 (doze) anos no cargo.

As atribuições da Controladoria Geral também estão previstas no Decreto n° 48.273, de 14 de dezembro de 2022, anexo I, inciso VI, item 6.12, que permanece em vigor, naquilo que não conflitar com estas normativas.

À Controladoria-Geral da Polícia Civil compete, genericamente: assessorar o Secretário de Polícia Civil no controle interno orçamentário, financeiro, contábil, patrimonial e operacional, sob os aspectos da legalidade, legitimidade, economicidade, eficiência e eficácia; auditar e avaliar os controles internos; instaurar e apurar as sindicâncias patrimoniais; apoiar o controle externo em consonância com as normativas da Controladoria-Geral do Estado – CGE, Auditoria-Geral do Estado – AGE e Tribunal de Contas do Estado – TCE; fomentar boas práticas organizacionais, controle social, transparência da gestão, prevenção e combate à fraude e à corrupção.

Oportunamente, as atribuições da Controladoria-Geral de Polícia serão comentadas no capítulo alusivo aos artigos de 26 a 29 da Lei Complementar n° 204/2022.

O organograma da Estrutura Básica da Controladoria-Geral de Polícia Civil está acessível por meio do *QR Code* abaixo, de acordo com o disposto no Decreto Estadual n° 48.273/2022:

12.8. Conselho Superior de Polícia Civil

O Conselho Superior de Polícia encontra-se disciplinado nos artigos 30 a 33 desta Lei Complementar, cujos comentários serão inseridos no capítulo próprio, posteriormente.

Adianta-se, por necessário, que o Conselho Superior, presidido pelo Secretário de Estado de Polícia Civil, tem por finalidade propor, opinar e deliberar sobre matérias relacionadas à administração superior da Polícia Civil, conforme as políticas institucionais, nos termos desta Lei Complementar.

O artigo 31 da Lei Complementar *sub examine* disciplina que o Conselho Superior de Polícia é composto por 09 (nove) membros, sendo 06 (seis) membros natos, Delegados de Polícia, e 03 membros efetivos, nomeados pelo Secretário de Estado de Polícia Civil, entre integrantes do cargo efetivo da estrutura da Polícia Civil do Estado do Rio de Janeiro, da classe mais elevada e em atividade na estrutura interna da Polícia Civil.

Com o advento da Lei Complementar n° 211, de 18 de outubro de 2023, que alterou a Lei Orgânica da Polícia Civil,também deverão fazer parte do Conselho Superior de Polícia, como membros efetivos extraordinários, Comissários de Polícia e Peritos, de última classe, com finalidade específica de deliberar acerca das promoções do Quadro Permanente da Polícia Civil, com exceção do cargo de Delegado de Polícia.

Como veremos adiante, no artigo 31, § 1°, estão indicados como membros natos o Secretário de Estado de Polícia Civil, o Subsecretário de Estado de Gestão Administrativa, o Subsecretário de Estado de Planejamento e Integração Operacional, o Subsecretário de Estado de Inteligência, o Corregedor-Geral de Polícia Civil e o Controlador-Geral de Polícia Civil.

13. ÓRGÃOS DE EXECUÇÃO ESTRATÉGICA

Art. 12 - São Órgãos de Execução Estratégica:
I -   Academia Estadual de Polícia Sylvio Terra;
II -   Departamento-Geral de Gestão de Pessoas;
III -   Departamento-Geral de Administração e Finanças;
IV -   Departamento-Geral de Tecnologia da Informação e Telecomunicações.

Após os comentários dos Órgãos de Direção Superior, passamos à análise daqueles denominados Órgãos de Execução Estratégica, constantes do artigo 12, incisos I, II, III e IV, da LC 204/2022, começando pela Academia Estadual de Polícia Sylvio Terra.

13.1. Academia Estadual de Polícia Sylvio Terra

A Academia Estadual de Polícia Sylvio Terra – Acadepol, é um órgão vinculado à Subsecretaria de Gestão Administrativa da Secretaria de Estado de Polícia Civil. De acordo as disposições do Decreto Estadual nº 48.273/2022 (anexo VI, item 6.19), compete à Acadepol, em linhas gerais, desenvolver as ações institucionais de educação inicial e continuada, enquanto Escola de Governo, bem como planejar, dirigir, realizar e supervisionar o recrutamento, seleção, formação, especialização, aprimoramento profissional e cultural dos policiais civis no exercício de suas funções.

Além dessas atribuições, a Acadepol é encarregada de desenvolver, propor ou adotar, em razão de pesquisas realizadas sobre assuntos de interesse da atividade policial, novas metodologias e técnicas de ensino policial e estabelecer intercâmbio sistemático com outras entidades congêneres.

Em uma breve digressão histórica, pontuamos que a Acadepol foi fundada em 2 de fevereiro de 1912, por instrução do Chefe de Polícia Civil do Distrito Federal. A Academia de Polícia chamava-se Escola de Polícia Científica do Rio de Janeiro. Seu primeiro diretor foi o Professor Elísio de Carvalho, que defendia um movimento reformador da Polícia do Rio de Janeiro, no sentido de criar uma polícia judiciária democrática.

Em 1944, com a mudança do nome da Polícia Civil do Distrito Federal para Departamento Federal de Segurança Pública, a Escola de Polícia foi reorganizada, graças ao trabalho dedicado do Delegado Sylvio Terra, Diretor da Divisão de Polícia Técnica. Entusiasta do ensino policial, o Delegado atualizou e ampliou as atividades destinadas à formação de todo o quadro de servidores, como comissários, peritos, escrivães, investigadores, datiloscopistas, guardas-civis, entre outros. Em justa homenagem ao mencionado Delegado de Polícia, a Escola de Polícia, que havia sido, posteriormente, denominada Academia de Polícia, passou a se chamar Academia Estadual de Polícia Sylvio Terra.[154]

A Academia Estadual de Polícia Sylvio Terra teve o seu Regimento Interno aprovado pela Resolução SEPOL nº 381, de 25 de julho de 2022[155], de onde se pode extrair a finalidade do órgão, a sua estrutura organizacional e os cargos que a integram com as respectivas atribuições, incluindo o Centro Geral de Estudos e Projetos Estratégicos (CGEPE), a Divisão de Recrutamento e Seleção (DRS), a Divisão de Ensino Policial (DEP), a Divisão de Administração e outros setores e serviços.

É relevante destacar que a Academia Estadual de Polícia Sylvio Terra trabalha com três eixos formativos: Metodologia e Técnicas de Investigação Criminal; Inteligência Policial, Tecnologia e Sistemas

---

[154]   Fonte: ACADEPOL. Disponível em: http://policiacivilrj.net.br/acade-pol.php. Acesso: 16/08/2023.

[155]   A Resolução SEPOL nº 381, de 25 de julho de 2022 foi publicada no Diário Oficial do Estado do Rio de Janeiro na edição nº 144, do dia 05 de agosto de 2022, páginas 12, 13 e 14.

de Informação; Gestão Estratégica em Segurança Pública; Protocolos e Táticas Operacionais Policiais.

O Regimento Interno dispõe ainda que a Acadepol terá como atribuições específicas, adicionadas às já dispostas na legislação vigente, a oferta de cursos de Qualificação Profissional, de Educação Profissional Técnica de Nível Médio, de Extensão e de Pós-graduação *lato sensu*, autorizados pelo Conselho Estadual de Educação.

Os objetivos da Acadepol foram também foram disciplinados Resolução SEPOL n° 381, de 25 de julho de 2022, transcritos na íntegra: I - promover o desenvolvimento contínuo e permanente dos servidores da SEPOL, com foco nas competências requeridas para o alcance dos objetivos e metas institucionais; II - formular a matriz curricular do eixo de formação policial, com ênfase no perfil profissiográfico das distintas carreiras do Quadro Permanente da SEPOL; III - priorizar a oferta de ações educacionais diretamente relacionadas às atividades policiais, com vistas a garantir melhores resultados aos diversos setores da estrutura da SEPOL; IV - ampliar a captação e a aplicação dos recursos destinados à capacitação no âmbito da SEPOL, através de uma gestão estratégica na área de ensino, aliando inovação e tecnologia para alcance de melhor nível de desempenho; V - divulgar e controlar os resultados das ações educacionais; VI - promover o Curso de Formação Profissional dos concursos públicos para provimento dos cargos do Quadro Permanente da SEPOL; VII - difundir a produção de conhecimento através de palestras, seminários, jornadas, *workshops* e outras ações acadêmicas; VIII - zelar pelo reconhecimento e pela valorização da instituição como essencial à função policial.

Ressalta-se que, por meio do Parecer CEE n° 62 de 20 de dezembro de 2022[156], a Secretaria de Estado de Educação do Rio de Janeiro credenciou, por cinco anos, a Academia Estadual de Polícia Sylvio Terra como Escola de Governo, autorizando ainda o funcionamento da Pós-Graduação *lato sensu* em Segurança Pública em sua

---

[156]   Fonte: Diário Oficial do Estado do Rio de Janeiro, edição n° 242, página 31, do dia 29 de dezembro de 2022.

sede, o que implica em considerável valorização da referida Casa de Ensino.

Por último, disponibilizamos por meio do *QR Code* abaixo o organograma da estrutura organizacional da Acadepol, acessível:

13.2. Departamento-Geral de Gestão de Pessoas

O Departamento-Geral de Gestão de Pessoas, também conhecido como DGGP, é um Órgão de Execução Estratégica, dirigido por um Diretor-Geral ocupante de cargo efetivo de Delegado de Polícia do Estado do Rio de Janeiro, da classe mais elevada de seu Quadro Permanente, subordinado diretamente à Subsecretaria de Gestão Administrativa (SSGA).

O Departamento-Geral de Gestão de Pessoas possui, dentre outras, a competência de dirigir, realizar, supervisionar e orientar as atividades inerentes à gestão de pessoal, bem como cuidar da valorização profissional, da qualidade de vida e da prevenção e atenção à saúde dos Policiais Civis.

Insta salientar que o Decreto Estadual nº 48.273/2022, posterior à promulgação da LC nº 204/2022, promoveu relevantes alterações na estrutura do Departamento-Geral de Gestão de Pessoas: a) deslocamento da Policlínica da Polícia Civil José da Costa Moreira para o rol de órgãos específicos subordinados diretamente à Subsecretaria de Estado de Polícia (SSGA); b) inserção do Centro Cultural da Polícia Civil, tendo em sua estrutura o Museu da Polícia Civil e o

Serviço de Cultura; c) transformação da Divisão de Valorização Profissional e Qualidade de Vida em Serviço de Valorização Profissional apenas, deslocando o Serviço de Transporte à subordinação direta ao Diretor do DGGP e o remanejamento do Serviço de Cultura para o Centro Cultural da Polícia Civil; d) o Serviço de Qualidade de Vida foi deslocado para a estrutura da Policlínica da Polícia Civil.

Por oportuno, salienta-se que a Policlínica da Polícia Civil José da Costa Moreira deverá ser dirigida, preferencialmente, por médico com inscrição no CREMERJ, ou profissional da área de saúde com especialização em Gestão Hospitalar ou com experiência mínima de 01 (um) ano em administração hospitalar. Compete à Policlínica prestar a assistência social, psicológica, médica, odontológica, fisioterapêutica, hospitalar e ambulatorial aos policiais civis, seus auxiliares, inativos, dependentes, pensionistas e a outros mediante convênio, bem como assessorar o Secretário de Polícia Civil nas questões que envolvam assuntos relacionados à saúde dos policiais civis, inclusive para ingresso nas políticas públicas de saúde emanadas pelo Ministério da Saúde.

Noutro giro, o artigo 4°, parágrafo único da LC n° 204/2022, descreve que, no que concerne à seara da saúde ocupacional, física e mental dos Policiais Civis, a avaliação médica será realizada pela Secretaria de Estado de Saúde ou por delegação através de convênio a ser realizado pela Polícia Civil.

Por derradeiro, reitera-se que o Centro Cultural abriga em sua estrutura o Serviço de Cultura e também o Museu da Polícia Civil, este último criado em 15 de janeiro de 1912, destinado ao trato da memória institucional da Polícia Civil, como descrito no seu Regimento Interno aprovado pela Resolução SEPC n° 680, de 29 de novembro de 1994.

13.3. Departamento-Geral de Administração e Finanças

O Departamento-Geral de Gestão de Administração e Finanças, ao qual se atribui a sigla DGAF, é o Órgão de Execução Estratégica dirigido por um Diretor-Geral, ocupante de cargo efetivo de Delegado de Polícia do Estado do Rio de Janeiro, da classe mais elevada de seu Quadro Permanente, subordinado diretamente à Subsecretaria de Gestão Administrativa (SSGA).

Segundo a regulamentação trazida pelo Decreto Estadual nº 48.273/2022, no anexo I, inciso V, item 6.17, ao DGAF compete: planejar, organizar, coordenar e controlar a gestão administrativa, orçamentária, financeira e contábil da SEPOL; gerir os fundos vinculados e transitórios de acordo com o planejamento estratégico; realizar a prestação de contas financeira e contábil aos órgãos externos e internos; dirigir, prover e supervisionar as atividades de infraestrutura e logística, por meio da manutenção, projetos e obras de engenharia, patrimônio, almoxarifado, transporte, arquivo geral e documentos, além de outras atividades de apoio e serviços comuns a todos os órgãos da SEPOL; elaborar, consolidar, executar e atualizar o Planejamento de Contratações Anual (PCA).

O Departamento-Geral de Administração e Finanças também tem por atribuição controlar, organizar e acompanhar o cumprimento das normas relacionadas ao patrimônio, à guarda e distribuição de materiais e equipamentos, além de implementar, no âmbito de suas responsabilidades, rotinas e procedimentos que possibilitem um efetivo desempenho e produtividade.

13.4. Departamento-Geral de Tecnologia da Informação e Telecomunicações

O Departamento-Geral de Gestão de Tecnologia da Informação e Telecomunicações, ao qual se atribui a sigla DGTIT, é o Órgão de Execução Estratégica dirigido por um Diretor-Geral, ocupante de cargo efetivo de Delegado de Polícia do Estado do Rio de Janeiro, da classe mais elevada de seu Quadro Permanente, subordinado diretamente à Subsecretaria de Gestão Administrativa (SSGA).

Segundo o disposto no já mencionado Decreto Estadual n° 48.273/2022, no anexo I, inciso VI, item 6.20, ao DGTIT compete, em linhas: planejar, coordenar, controlar, orientar, executar e fazer executar as atividades de informática, telefonia, telecomunicações; e coordenar, controlar e supervisionar as atividades de administração e gerenciamento dos Bancos de Dados da Secretaria de Estado de Polícia Civil. Como órgão de TI (tecnologia da informação), a DGTIT desempenha um papel de extrema relevância para as atividades da Polícia Civil, mormente em relação aos seus sistemas operacionais e bancos de dados.

Além disso, o DGTIT cuida da realização de projetos e implementação de novos sistemas informatizados, visando à modernização e à melhoria de trabalho da Polícia Civil, como, por exemplo, a implementação do processo eletrônico criminal e a criação da plataforma digital de videoconferência, dentre outros projetos já concretizados.

14. ÓRGÃOS DE EXECUÇÃO TÁTICA

Art. 13 - São Órgãos de Execução Tática:
I - Departamentos Gerais Distritais;
II - Departamento-Geral de Polícia Especializada;
III - Departamento-Geral de Homicídios e Proteção à Pessoa;
IV - Departamento-Geral de Combate à Corrupção, ao Crime Organizado e à Lavagem de Dinheiro;
V - Departamento-Geral de Polícia de Atendimento à Mulher;
VI - Departamento-Geral de Polícia Técnico-Científica.

Neste tópico abordaremos, seguindo a sequência descrita no *caput* do artigo 13 da LC nº 204/2022, a composição e as competências dos Órgãos de Execução Tática, que estão dispostos individualmente, para uma melhor compreensão, facilitando eventual trabalho de pesquisa.

14.1. Departamentos Gerais Distritais

A Polícia Civil do Estado do Rio de Janeiro conta com mais de uma centena de Unidades Distritais, também chamadas de Delegacias Distritais, distribuídas em várias regiões, Capital, Baixada Fluminense e Interior do Estado[157]. Por conseguinte, a gestão administrativa e organizacional dessas Unidades precisa ser descentralizada para um desempenho e controle das atividades de Polícia Judiciária, em razão do volume de ocorrências policiais, o que justifica a existência dos Departamentos Gerais.

---

[157] DEPARTAMENTOS E DELEGACIAS. Disponível em: http://policiacivil-rj.net.br/departamentos_e_delegacias.php. Acesso em: 16/08/2023.

Consoante prevê o Decreto Estadual n° 48.273/2022, no anexo I, inciso VI, itens 6.26, 6.27 e 6.28, a Secretaria de Estado de Polícia Civil do Rio de Janeiro conta com o Departamento-Geral de Polícia da Capital, Departamento-Geral de Polícia da Baixada e o Departamento-Geral de Polícia do Interior, todos eles dirigidos por um Diretor-Geral, símbolo DG, ocupante de cargo efetivo de Delegado de Polícia do Rio de Janeiro, da classe mais elevada do seu Quadro Permanente.

A lista das unidades distritais no âmbito da Polícia Civil encontra-se disponível no seguinte endereço eletrônico: http://policiacivil-rj.net.br/departamentos_e_delegacias.php.

14.2. Departamento-Geral de Polícia Especializada

Ao Departamento-Geral de Polícia Especializada, também denominado pela sigla DGPE, dirigido por um Delegado de Polícia do Estado do Rio de Janeiro, da classe mais elevada do seu Quadro Permanente, compete coordenar e controlar as atividades de Polícia Judiciária relacionadas às Delegacias e Divisões Especializadas em todo o Estado do Rio de Janeiro.

Segundo consulta em fonte aberta[158], a Polícia Civil do Estado do Rio de Janeiro conta com várias Delegacias Especializadas sob a coordenação do DGPE, além das unidades subordinadas ao Departamento-Geral de Homicídio e Proteção à Pessoa; ao Departamento-Geral de Combate à Corrupção e à Lavagem de Dinheiro e ao Departamento-Geral de Atendimento à Mulher.

A lista de Delegacias Especializadas no âmbito da Polícia Civil encontra-se disponível no seguinte endereço eletrônico: http://policiacivilrj.net.br/departamentos_e_delegacias.php.

Como já exposto anteriormente, essa distribuição de competência ocorre em razão da matéria, considerando a ocorrência de infrações penais cuja investigação apresenta maior complexidade, im-

---

[158] DEPARTAMENTOS E DELEGACIAS. Disponível em: http://policiacivil-rj.net.br/departamentos_e_delegacias.php. Acesso: 16/08/2023.

pondo especialização do trabalho policial, como exemplo: infrações penais praticadas contra mulher, criança, adolescente, idoso, turista ou consumidor; crimes contra o patrimônio; infrações penais praticadas por meio de informática; repreensão a entorpecentes; crimes raciais e delitos de intolerância, dentre outros.

14.3. Departamento-Geral de Homicídio e Proteção à Pessoa

Ao Departamento-Geral de Homicídio e Proteção à Pessoa, cuja sigla é DGHPP, dirigido por um Delegado de Polícia do Estado do Rio de Janeiro, da classe mais elevada do seu Quadro Permanente, compete planejar, coordenar, controlar as atividades de Polícia Judiciária das Delegacias Policiais integrantes de seu departamento, quais sejam: Delegacia de Homicídios da Capital; Delegacia de Homicídios da Baixada Fluminense; Delegacia de Homicídios de Niterói, São Gonçalo e Itaboraí, bem como da Delegacia de Descoberta de Paradeiros.

Destaque-se que a Delegacia de Descoberta de Paradeiros, com a sigla DDPA, foi criada por meio do Decreto n° 44.940, de setembro de 2014, cuja estrutura foi definida na Resolução n° 822, de 09 de outubro de 2014, estando no escopo de suas competências a investigação dos casos relativos ao desaparecimento de pessoas, incluindo a realização de programas, projetos e convênios com o objetivo de auxiliar na divulgação de informações afetas a esses casos.

Conclui-se que a Delegacia de Descoberta de Paradeiros exerce atividades de prevenção e investigação de desaparecimento de pessoas, independente da vinculação do sumiço à existência de crime, precedendo, em regra, a atuação das Delegacias de Homicídio, quando for o caso.

Acrescenta-se que o artigo 4°, inciso XVII, da Lei Complementar n° 204/2022, dispõe sobre a competência para a realização de investigações de descoberta de paradeiros. Por meio desse tipo de investigação especializada, a Polícia Civil exerce importante papel na garantia do direito à vida, na medida em que atua na solução de casos de desaparecimento de pessoas adultas, crianças e adolescentes.

14.4. Departamento-Geral de Combate à Corrupção, ao Crime Organizado e à Lavagem de Dinheiro

Ao Departamento-Geral de Combate à Corrupção, ao Crime Organizado e à Lavagem de Dinheiro, cuja sigla é DGCOR-LD, dirigido por um Delegado de Polícia Civil do Estado do Rio de Janeiro, da classe mais elevada do seu Quadro Permanente, compete coordenar e executar a atuação da Secretaria de Estado de Polícia Civil no combate à corrupção, ao crime organizado e à lavagem de dinheiro.

Segundo o disposto no Decreto nº 48.037/2022, o DGCOR--LD possui na sua estrutura os seguintes órgãos: DCC-LD – Delegacia de Combate à Corrupção e à Lavagem de Dinheiro; DCOC-LD – Delegacia de Combate às Organizações Criminosas e à Lavagem de Dinheiro; LAB-LD – Laboratório de Tecnologia Contra Lavagem de Dinheiro, e GRA – Gabinete de Recuperação de Ativos.

Dentre as diversas atribuições, do DGCOR-LD, incluem-se as seguintes: instaurar investigações relacionadas a tais delitos e aos antecedentes e realizar análises financeiras e patrimoniais complexas; gerenciar o laboratório de tecnologia e contra a lavagem de dinheiro; gerir os aspectos tecnológicos e bases de dados pertinentes às investigações relativas à lavagem de dinheiro e delitos conexos; concentrar o recebimento e análise dos relatórios oriundos do COAF e ainda de outros órgãos que promovam identificação de atividade suspeita de lavagem de dinheiro; e gerenciar a política de recuperação de ativos em favor da Polícia Civil.

Ressalte-se que as atividades desenvolvidas no âmbito das mencionadas integrantes da estrutura do Departamento-Geral de Combate à Corrupção, ao Crime Organizado e à Lavagem de Dinheiro não excluem as atribuições de outras unidades, distritais ou especializadas, no âmbito de suas competências.

14.5. Departamento-Geral de Polícia de Atendimento à Mulher

Ao Departamento-Geral de Polícia de Atendimento à Mulher (também conhecido como DGPAM), dirigido por Delegado de Polícia do Estado do Rio de Janeiro, compete coordenar e controlar as atividades de Polícia Judiciária das Delegacias Especializadas de Atendimento à Mulher (DEAMs).

Segundo consulta ao site da Polícia Civil do Estado do Rio de Janeiro, encontram-se em funcionamento as seguintes DEAMs: Angra dos Reis; Belford Roxo; Cabo Frio; Campo Grande; Campos dos Goytacazes; Centro do Rio de Janeiro; Duque de Caxias; Jacarepaguá; Niterói; Nova Friburgo; Nova Iguaçu; São João de Meriti; São Gonçalo e Volta Redonda.

Em relação às Delegacias Especializadas de Atendimento à Mulher, é importante destacar o mandamento ínsito no artigo 33 da Constituição do Estado do Rio de Janeiro, nos seguintes termos: "*Art. 33 - Para garantia do direito constitucional de atendimento à mulher, vítima de violência, principalmente física e sexual, ficam instituídas as Delegacias Especializadas de Atendimento à Mulher*".

Pontua-se que a CF/RJ prevê no artigo 33, § 1°, que o corpo funcional das Delegacias Especializadas de Atendimento à Mulher será composto, preferencialmente, por servidores do sexo feminino, com formação profissional específica.

Por fim, registra-se que o § 2° do artigo 33 supramencionado prevê que o Estado providenciará, nos setores técnicos da Polícia Civil, a instalação de serviços especiais de atendimento à mulher, constituídos, preferencialmente, por servidores do sexo feminino.

14.6. Departamento-Geral de Polícia Técnico-Científica

Ao Departamento-Geral de Polícia Técnico-Científica, DGPTC, dirigido por um Diretor-Geral, símbolo DG, ocupante do cargo de Delegado de Polícia ou, preferencialmente, um Perito da classe mais elevada, compete planejar, coordenar e controlar as atividades administrativas e de Polícia Judiciária relacionadas ao Instituto de Identificação Félix Pacheco, Instituto Médico-Legal Afrânio Peixoto, Instituto de Criminalística Carlos Éboli, Instituto de Pesquisa e Perícias em Genética Forense, Coordenadorias Regionais e Postos Regionais de Polícia Técnico-Científica.

As informações acerca desses institutos estão inseridas nos comentários do artigo 14, inciso III, desta Lei Complementar, expostos no capítulo seguinte.

14.7. Departamentos de Polícia de Área e Departamento-Geral de Polícia das Delegacias de Acervo Cartorário

A despeito de não ter sido inserido no texto da Lei Complementar n° 204/2022, insta salientar que o Decreto Estadual n° 48.273/2022 dispõe sobre os **Departamentos de Polícia de Área**, os quais poderiam ter sido classificados, salvo diferente entendimento, como órgãos de Execução Tática. A tais Departamentos compete o estabelecimento de estratégias de integração e cooperação regionais; a instituição de um fórum permanente de análise, compartilhamento de informações e ações conjuntas; a adequação dos recursos humanos e logísticos às necessidades regionais; o acompanhamento e avaliação das ações realizadas; e a promoção de uma rotina de reuniões e monitoramento do cumprimento das metas operacionais e administrativas pertinentes à sua região.

De igual modo, o **Departamento-Geral de Polícia das Delegacias de Acervo Cartorário** também não foi contemplado pela Lei Complementar n° 204/2022, ao qual, segundo o Decreto Estadual n° 48/273/2022, compete coordenar e controlar as atividades de Polícia Judiciária das Delegacias de Acervo Cartorário.

Pontue-se que o Departamento-Geral de Polícia das Delegacias de Acervo Cartorário cuida da tramitação de procedimentos policiais mais antigos que são deslocados de outras unidades, pelo critério temporal, levando-se em conta a data da instauração da investigação.

Esse Departamento de Acervo Cartorário é composto pelas seguintes Unidades de Polícia Judiciária: 10ª Delegacia de Acervo Cartorário – Especializadas Tradicionais; 11ª Delegacia de Acervo Cartorário – Nova Iguaçu; 12ª Delegacia de Acervo Cartorário – Belford Roxo; 13ª Delegacia de Acervo Cartorário – Duque de Caxias; 15ª Delegacia de Acervo Cartorário – Niterói; 16ª Delegacia de Acervo Cartorário – São Gonçalo; Delegacia de Acervo Cartorário – Capital.

15. ÓRGÃOS DE EXECUÇÃO OPERATIVA

Art. 14 - São Órgãos de Execução Operativa:
I -   Coordenadoria e Divisões de Polícia;
II -   Delegacias de Polícia;
III -   Institutos e unidades de Polícia Técnico-Científica.

Neste capítulo cuidaremos dos Órgãos de Execução Operativa, os quais são voltados para a *atividade-fim* da instituição, que atuam diretamente na prestação dos serviços à sociedade, os quais são organizados e distribuídos com competências previamente definidas, respeitando-se a unidade institucional e a unidade das apurações levadas a efeito pela Polícia Civil.

15.1. Coordenadorias e Divisões de Polícia

As Coordenadorias e Divisões de Polícia são órgãos de execução operativa que possuem finalidades específicas e até mesmo especialidades, previamente definidas, como, por exemplo, aquelas dispostas no Decreto Estadual n° 48.273/2022 (anexo único, inciso VI), adiante destacadas.

Coordenadoria de Fiscalização de Armas e Explosivos (CFAE), dirigida por um Coordenador, símbolo DAS-8, ocupante de cargo efetivo de Delegado de Polícia do Estado do Rio de Janeiro, tem a competência de fiscalizar o transporte, armazenamento e comércio de produtos controlados pelo Ministério do Exército; controlar o estoque de armas e munições da Polícia Civil, assim como bens patrimoniais, coletes e distintivos policiais; controlar armas e munições apreendidas pela Secretaria de Estado de Polícia Civil;

controlar e fiscalizar as empresas privadas de segurança e vigilância sediadas ou que atuem no Estado do Rio de Janeiro; autorizar transferência de veículos blindados, bem como desempenhar outras atividades que lhe forem cometidas.

Tendo em vista que o artigo 4°, inciso XV, da LC n° 204/22, incumbe à Polícia Civil registrar, fiscalizar e controlar armas, munições, explosivos, fogos de artifício e produtos químicos controlados, é relevante consignar as atribuições da Delegacia Especializada em Armas, Munições e Explosivos (DESARME), criada pelo Decreto n° 45.952/2017, à qual compete, dentre outras atribuições, *"dirigir, planejar, coordenar e executar as atividades de polícia judiciária cujo objeto decorre da participação de pessoas e/ou organizações criminosas concernente ao tráfico ilegal ou outra forma estruturada de comércio ilegal de armas de fogo, munições, explosivos e/ou acessórios no território do Estado do Rio de Janeiro, (omissis) ainda, investigar a origem das armas de fogo, munições, explosivos e/ou acessórios apreendidos; a prática de ações e operações policiais, em conjunto ou isoladas, visando a prevenção e repressão de crimes dessa natureza,"* consoante a Resolução n° 1.081/2017.

Coordenadoria de Recursos Especiais (CORE), dirigida por um Coordenador, símbolo DAS-8, ocupante de cargo efetivo de Delegado de Polícia do Estado do Rio de Janeiro, tem a competência de planejar, coordenar, controlar, orientar, executar e fazer executar, de forma integrada e descentralizada, ações e operações policiais e outras que, por sua natureza, não possam ser realizadas pelos demais órgãos da Secretaria de Estado de Polícia Civil.

Coordenadoria de Comunicações e Operações Policiais (CECOPOL), dirigida por um Coordenador, símbolo DAS-8, ocupante de cargo efetivo de Delegado de Polícia do Estado do Rio de Janeiro, tem a competência de coordenar o emprego dos equipamentos de comunicações, especialmente de radiocomunicação, acionando os recursos necessários, inclusive especiais, em caso de emergência.

Coordenadoria de Investigações de Agentes com Foro (CIAF), dirigida por um Coordenador, símbolo DAS-8, ocupante de cargo efetivo de Delegado de Polícia do Estado do Rio de Janeiro, tem a competência de coordenar as funções de Polícia Judiciária em atividades cooperativas junto ao Ministério Público do Estado do Rio de Janeiro em investigações de matérias criminais de atribuição originária do Procurador Geral de Justiça.

Sobre as Divisões, destacamos a DC-POLINTER (Divisão de Captura e Polícia Interestadual) e a DRFA (Divisão de Roubos e Furtos de Automóveis), sem embargos das divisões internas que compõem outros da Administração da Polícia Civil.

Por fim, merece relevo a Divisão de Arquivo Geral da Polícia Civil, que possui os serviços de microfilmagem, de evidências criminais e de documentos, estes dois últimos responsáveis pela guarda de objetos apreendidos e documentos policiais, respectivamente.

15.2. Delegacias de Polícia

Delegacias de Polícia são unidades fixas destinadas ao atendimento ao público, numa determinada área circunscricional, previamente delineada no ato que a criou ou em razão da especialização na apuração de determinados delitos.

Quando a Delegacia de Polícia é definida em razão da área circunscricional (territorial), dizemos que se trata de uma Delegacia Distrital. Em tais casos, essas unidades estarão subordinadas, imediatamente, ao respectivo Departamento Geral (Departamento-Geral de Polícia da Capital; Departamento-Geral de Polícia da Baixada Fluminense ou Departamento-Geral de Polícia do Interior).

Quando a Delegacia de Polícia é definida em razão da especialização na apuração de determinados delitos, dizemos que se trata de Delegacia Especializada, sendo subordinada ao respectivo Departamento-Geral (Departamento-Geral de Polícia Especializada; Departamento-Geral de Homicídios e Proteção à Pessoa; Departamento-Geral de Combate à Corrupção, ao Crime Organizado e à Lavagem de Dinheiro; Departamento-Geral de Polícia de Atendimento à Mulher; Departamento-Geral de Polícia das Delegacias de Acervo Cartorário).

Adianta-se, por oportuno, que o artigo 60 da LC n° 204/2022 dispõe que o ato de criação de cada unidade policial deverá estabelecer a sua classificação, levando em conta os dados relativos aos índices analíticos de criminalidade e violência, bem como a população, extensão territorial e a densidade demográfica.

15.3. Institutos e Unidade de Polícia Técnico-Científica

Os Institutos e Unidades de Polícia Técnico-Científica são aqueles subordinados ao Departamento-Geral de Polícia Técnico-Científica, disciplinado no artigo 13, inciso VI da Lei Complementar n° 204/2022 (Lei Orgânica da Polícia Civil. Destacamos os seguintes institutos:

Instituto de Identificação Félix Pacheco (IIFP) - É o órgão especializado em identificação através de impressões digitais, com a atribuição a manutenção e a atualização do arquivo Criminal do Estado. O IIFP é responsável por confeccionar e emitir "Folhas de Antecedentes Criminais", "Atestado de Antecedentes", "Laudos de Perícia Papiloscópica", "Certidão de Vida Privada" e outros documentos associados à defesa da cidadania.

O instituto recebeu esse nome em homenagem ao jornalista, político e poeta José Félix Alves Pacheco, que foi considerado o pioneiro defensor da introdução no Brasil do método de identificação pelas impressões digitais — para a qual ainda havia descrentes e alguma oposição no país. Foi Félix Pacheco o fundador e primeiro diretor do Gabinete de Identificação e Estatística da Polícia do Distrito Federal, hoje Instituto de Identificação Félix Pacheco — o primeiro no país a adotar o banco de dados dactiloscópicos.

Oportunamente, pontuamos neste subitem a competência prevista no artigo 4°, inciso XI da LC n° 204/2022, relativamente à gestão dos serviços de identificação criminal, no âmbito da competência do Instituto Félix Pacheco, subordinado ao Departamento-Geral de Polícia Técnico-Científica da PCERJ, como dispõe o Decreto Estadual n° 48.273/2022, em seu anexo I, item 5.3.3.

O serviço de identificação civil, por sua vez, feito através da expedição da carteira de identidade (RG), no Rio de Janeiro, foi delegado ao Departamento de Trânsito (DETRAN), entidade autárquica estadual, por força do Decreto n° 22.930-A, de 21 de janeiro de 1997.

Instituto Médico-Legal Afrânio Peixoto (IMLAP) - É o órgão responsável pela realização de exames médico-legais, dentre eles o exame de necropsia destinado a identificar a causa da morte e suas circunstâncias médicas e os exames em pessoas vivas para estabelecer as causas e as consequências de danos físicos e mentais produzidos por ações ou omissões criminosas.

Esse instituto médico legal recebeu o nome em homenagem ao médico, político e professor Júlio Afrânio Peixoto, doutor em Medicina na Faculdade de Medicina da Bahia, em 1897, defendendo tese intitulada "Epilepsia e crime". Ao se mudar para o Rio de Janeiro, começou a lecionar aulas de Higiene na Faculdade Nacional de Medicina e aulas sobre Medicina Legal na Faculdade de Direito do Rio de Janeiro.

Instituto de Criminalística Carlos Éboli (ICCE) - É o órgão responsável pela realização de exames periciais, incluindo os confeccionados em locais de crime, bem como os múltiplos exames laboratoriais, visando analisar os vestígios relacionados com as investigações penais.

Esse instituto recebeu o nome em homenagem ao Perito Criminal Carlos de Mello Éboli, por meio do Decreto n° 272, de 30 de julho de 1975, tendo a referida homenagem se dado em razão do trabalho por ele desenvolvido ao longo de décadas da área da perícia criminal do Estado do Rio de Janeiro.[159]

Extrai-se dos considerandos que justificaram o decreto acima referido, que deu nova denominação ao Instituto de Criminalística do Rio de Janeiro, que o perito criminal Carlos de Mello Éboli "se

---

[159] Rio de Janeiro. Decreto Estadual n° 272, de 30 de julho de 1975. Disponível em: https://leisestaduais.com.br/rj/decreto-n-272-1975-rio-de-janeiro-da-nova-denominacao-ao-instituto-de-criminalistica-da-secretaria-de-estado-de-seguranca-publica-1975-07-30-versao-original?origin=instituicao. Acesso em: 18/10/2023.

impôs à admiração do país e elevou bem alto o conceito de nossa polícia, inclusive no exterior, fazendo valer a sua ciência e o seu talento na busca apaixonada da verdade".

Instituto de Pesquisa e Perícias em Genética Forense (IPP-GF) - Criado por meio do Decreto n° 37.775, de 07 de junho de 2005, tendo as competências elencadas na Resolução n° 819/2005, tendo como atribuições precípuas: a realização de exames periciais criminais de sua especialidade, nos termos da legislação processual penal e demais normas de caráter administrativo-regulamentares que regem as atividades técnico-científicas; manter intercâmbio cultural com órgãos ou entidades nacionais e estrangeiras, sobretudo congêneres, e, ainda, estudos e pesquisas no campo técnico-científico, visando à qualidade e à atualidade de seu emprego.

Postos Regionais de Polícia Técnico-Científica (PRPTC) - Esses postos foram instituídos pelas Resoluções n° 95/2007 e 155/2008, criando, inicialmente, distribuídas no Estado do Rio de Janeiro.

Cada PRPTC possui os seguintes serviços: Serviço Médico Legal (SML); Serviço de Perícia Criminal (SPC); Serviço de Identificação Criminal e Retrato Falado (SICREF) e Serviço de Administração e Apoio Operacional (SAAO).

Centro de Estudos e Pesquisas Forenses - (CEPF) - Em linhas gerais, têm-se que o CEPF foi instituído na Polícia Civil do Rio de Janeiro, tendo por escopo a realização de pesquisas visando ao aprimoramento de conhecimento e capacitação na área técnica de exames periciais.

Os serviços, divisões e postos que compõem o Departamento-Geral de Polícia Técnico-Científica estão dispostos no Decreto Estadual n° 48.273/2022, que alterou a estrutura da Secretaria de Estado de Polícia Civil, anteriormente à Lei Complementar em estudo.

É importante antecipar neste subitem o disposto no artigo 71 da LC n° 204/2022, relativamente à carga-horária de trabalho dos Peritos Criminais e Peritos Legistas, aos quais é assegurada a reserva de parte de sua carga horária exclusivamente para a redação de laudos, observadas a natureza dos exames periciais, a complexidade e o número de laudos do setor de perícias.

16. COMPOSIÇÃO DA DIREÇÃO SUPERIOR DA POLÍCIA CIVIL

Após a análise da Estrutura Básica da Secretaria de Estado de Polícia Civil, passaremos aos comentários acerca das autoridades que compõem esses órgãos, iniciando-se por aquelas relacionadas à Direção Superior da PCERJ, a saber:

Art. 15 - Compõem a Direção Superior da Polícia Civil do Estado do Rio de Janeiro:

I - Secretário de Estado de Polícia Civil;

II - Subsecretário de Estado de Gestão Administrativa;

III - Subsecretário de Estado de Planejamento e Integração Operacional;

IV - Subsecretário de Estado de Inteligência;

V - Superintendente-Geral de Polícia Técnico-Científica;

VI - Corregedor-Geral de Polícia Civil;

VII - Controlador-Geral de Polícia Civil;

VIII - Conselho Superior de Polícia Civil.

§ 1º - O Secretário de Estado de Polícia Civil tem as prerrogativas e representações de Secretário de Estado, inerentes ao cargo e aquelas que lhe forem conferidas por lei ou regulamento.

§ 2º - Os titulares dos órgãos elencados nos incisos II a V têm as prerrogativas e representações de Subsecretários de Estado, inerentes ao cargo e aquelas que lhe forem conferidas por lei ou regulamento.

Art. 16. A Polícia Civil do Estado do Rio de Janeiro tem por titular o Secretário de Estado de Polícia Civil, escolhido pelo Governador do Estado dentre os Delegados de Polícia ocupantes de cargo efetivo da classe mais elevada da carreira, com mais de 15 anos na instituição. (Alterado pela Lei Complementar nº 211, de 18 de outubro de 2023).

Parágrafo Único - É da atribuição do Secretário de Estado de Polícia Civil.

I -   exercer a chefia institucional da Polícia Civil;

II -   integrar, como membro nato, e presidir o Conselho Superior de Polícia;

III -   encaminhar ao Governador as propostas de criação e extinção de órgãos e cargos, bem como sugestão de proposta orçamentária anual;

IV -   praticar atos e decidir questões relativas à administração geral e execução orçamentária da Polícia Civil;

V -   respeitados os casos de competência do Governador, prover os cargos, bem como conceder promoção e demais formas de provimento derivado;

VI -   respeitados os casos de competência do Governador, editar atos de aposentadoria, exoneração e outros que importem em vacância de cargos da carreira e atos de disponibilidade dos servidores da Polícia Civil;

VII -   delegar suas funções administrativas;

VIII - dar posse aos nomeados para cargos efetivos das carreiras do Quadro Permanente da Polícia Civil, bem como aos nomeados em comissão para cargos da Polícia Civil;

IX -   avocar, observados os requisitos legais, qualquer procedimento policial podendo promover a sua redistribuição;

X -   designar os titulares da Direção Superior e dirigentes dos órgãos administrativos e operativos da estrutura da Polícia Civil;

XI -   promover, mediante autorização do Governador, a abertura de concurso público para qualquer das carreiras da Polícia Civil;

XII -   decidir acerca da disponibilidade de policiais civis;

XIII - decidir acerca da demissão e da cassação de aposentadoria pela prática de falta disciplinar punível com demissão quando estava na atividade, após abertura e conclusão de procedimento administrativo assegurada a ampla defesa, salvo de Delegado de Polícia;

XIV - presidir os Fundos Especiais próprios e transitórios da Secretaria de Estado de Polícia Civil;

XV - exercer outras atribuições previstas em lei.

Art. 17 - O Secretário de Estado de Polícia Civil, escolhido pelo Governador do Estado, integra o Secretariado Estadual.

Art. 18. A Subsecretaria de Estado de Gestão Administrativa será dirigida pelo 1º Subsecretário de Estado, ocupante do cargo efetivo de Delegado de Polícia do Estado do Rio de Janeiro, em atividade, e da classe mais elevada da carreira, com mais de 12 (doze) anos na instituição, competindo-lhe assistir o Secretário de Estado de Polícia Civil em suas representações social e funcional, substituí-lo em suas ausências ou impedimentos; assessorá-lo nos assuntos pertinentes à gestão administrativa; planejar, dirigir, coordenar as atividades inerentes à gestão de pessoas, organização funcional e recursos materiais e financeiros, além de outras atividades que lhe forem atribuídas. (Alterado pela Lei Complementar nº 211, de 18 de outubro de 2023).

Art. 19. A Subsecretaria de Estado de Planejamento e Integração Operacional será dirigida pelo 2º Subsecretário de Estado, ocupante de cargo efetivo de Delegado de Polícia do Estado do Rio de Janeiro , em atividade, e da classe mais elevada da carreira com mais de 12 (doze) anos na instituição, competindo-lhe assistir o Secretário de Estado de Polícia Civil em suas representações social e funcional, substituir o Secretário de Estado de Polícia Civil em suas ausências ou impedimentos, quando também ausente o 1º Subsecretário de Estado, assessorá-lo nos assuntos pertinentes à gestão das atividades-fim da Instituição; planejar, dirigir, coordenar as atividades inerentes à gestão operacional e produtividade policial, bem como desempenhar outras atividades que lhe forem designadas. (Alterado pela Lei Complementar nº 211, de 18 de outubro de 2023).

Art. 20. A Subsecretaria de Estado de Inteligência Policial será dirigida pelo 3º Subsecretário de Estado, ocupante de cargo efetivo de Delegado de Polícia do Estado do Rio de Janeiro, em atividade, e da classe mais elevada da carreira, com mais de 12 (doze) anos na instituição, competindo-lhe normatizar, planejar, dirigir, coordenar, supervisionar, apoiar e executar as atividades destinadas à produção de conhecimentos de inteligência, propondo o fomento de novas tecnologias de modo a estimular e aperfeiçoar as atividades policiais, executar e fazer executar as atividades de inteligência e contrainteligência, bem como substituir o Secretário de Estado de Polícia Civil em suas ausências ou impedimentos, quando também ausentes o 1º Subsecretário de Estado e o 2º Subsecretário de Estado, e desempenhar outras atividades que lhe forem designadas. (Alterado pela Lei Complementar nº 211, de 18 de outubro de 2023).

Parágrafo Único - A Subsecretaria de Estado de Inteligência Policial é a destinatária de dados e provedora imediata de conhecimentos produzidos pelos Órgãos de Execução Tática e Operativa, constituindo-se em unidade central de informações destinadas ao assessoramento do Secretário de Estado de Polícia Civil e ao suporte da atividade-fim da Polícia Civil, cabendo-lhe o que for disciplinado no regulamento e, em especial:

I -   exercer as funções de agência central do Sistema Estadual de Inteligência em Segurança Pública (SISPERJ), subsistema do Sistema Brasileiro de Inteligência (SISBIN) instituído pela Lei Federal 9.883, de 07 de dezembro de 1999;

II -   representar o Estado do Rio de Janeiro perante os órgãos de inteligência da União, Estados e Municípios;

III -   promover a articulação com os órgãos e unidades de informações e de inteligência, de instituições públicas e privadas.

Art. 21. A Superintendência-Geral de Polícia Técnico-Científica será dirigida pelo Superintendente-Geral de Polícia Técnico-Científica, Perito ou Delegado de Polícia do Estado do Rio de Janeiro, sendo preferencialmente Perito, ambos ocupantes de cargo efetivo em atividade, da classe mais elevada da carreira e com mais de 12 (doze) anos na instituição competindo-lhe assistir o Secretário de Estado de Polícia Civil em suas representações social e funcional, assessorá-lo nos assuntos pertinentes à gestão das atividades de polícia técnico científica, bem como desempenhar outras atividades que lhe forem designadas. (Alterado pela Lei Complementar nº 211, de 18 de outubro de 2023).

Art. 22 - O Gabinete do Secretário de Estado de Polícia Civil será dirigido por um Chefe de Gabinete, ocupante de cargo efetivo de Delegado de Polícia do Estado do Rio de Janeiro, em atividade, competindo-lhe assistir o Secretário de Estado de Polícia Civil nas suas representações política e social, incumbir-se do despacho de seu expediente, bem como coordenar e supervisionar as atividades dos órgãos que o integram e de outros, quando determinado.

Art. 23 - São impedidos para o exercício dos cargos de Secretário de Estado de Polícia Civil, de 1º Subsecretário de Estado, de 2º Subsecretário de Estado, de 3º Subsecretário de Estado, de Superintendente-Geral de Polícia Técnico-Científica, Corregedor-Geral de Polícia Civil, Controlador-Geral de Polícia Civil e do Chefe de Gabinete do Secretário de Estado de Polícia Civil, aqueles que:

I -   tenham sofrido condenação em segunda instância, na esfera penal, por crime doloso, nos 60 (sessenta) meses anteriores e enquanto durar os efeitos de sua condenação;

II -   tenham sofrido, em caráter definitivo, condenação por ato de improbidade, nos 60 (sessenta) meses anteriores e enquanto durar os efeitos de sua condenação.

Inicialmente, é relevante resumir os requisitos objetivos e subjetivos para as autoridades ocupantes dos cargos de Direção Superior (incisos I, II, III, IV, V, VI e VII) levando-se em conta as recentes alterações promovidas pela Lei Complementar nº 211, de 18 de outubro de 2023. O cargo de Secretário de Estado de Polícia Civil deve ser exercido por Delegado de Polícia de 1ª Classe, com mais de 15 anos na instituição, escolhido e nomeado pelo Governador do Estado.

- Os cargos de Subsecretário de Estado de Gestão Administrativa, Subsecretário de Estado de Planejamento e Integração Operacional e Subsecretário de Estado de Inteligência, devem ser ocupados por Delegado de Polícia de 1ª Classe, com mais de 12 (doze) anos na instituição, designado pelo Secretário de Estado de Polícia Civil e nomeado pelo Governador do Estado.

- O cargo de Superintendente-Geral de Polícia Técnico-Científica deve ser, preferencialmente, ocupado por Perito Criminal ou Perito Legista, da Polícia Civil do Rio de Janeiro, podendo também ser Delegado de Polícia Civil, todos da classe mais elevada (1ª classe), com mais de 12 (doze) anos na instituição, designado pelo Secretário de Estado de Polícia Civil e nomeado pelo Governador do Estado.

- O cargo de Corregedor-Geral de Polícia Civil deve ser ocupado por Delegado de Polícia Civil do Estado do Rio de Janeiro, em atividade, da classe mais elevada da carreira, com mais de 12 (doze) anos no cargo e de conduta ilibada, designado pelo Secretário de Estado de Polícia Civil e nomeado pelo Governador do Estado.

- O cargo de Controlador-Geral de Polícia Civil deve ser ocupado por Delegado de Polícia Civil do Rio de Janeiro, em atividade, da classe mais elevada da carreira e com mais de 12 (doze) anos no cargo, designado pelo Secretário de Estado de Polícia Civil.

Nessa ordem, ressalta-se que o Secretário de Estado de Polícia Civil possui as prerrogativas e representações de Secretário de Estado, integrante do Poder Executivo do Estado do Rio de Janeiro. Já as demais autoridades, elencadas dos incisos II a V, possuem as prerrogativas e representações de Subsecretários de Estado, inclusive para efeito dos respectivos cargos comissionados.

16.1. Secretário de Estado de Polícia Civil

O Secretário de Estado de Polícia Civil, a que se refere o *caput* do artigo 16, é a autoridade de maior grau hierárquico no âmbito da Instituição, que outrora era exercido pelo Chefe de Polícia. Repise-se que com a estruturação da Secretaria de Estado de Polícia Civil, por meio do Decreto Estadual n° 46.601 de 2019[160], ao Secretário de Estado de Polícia Civil passou a incumbência de exercer a Chefia da Polícia Civil.

A Lei Complementar n° 204/2022 de fato sedimentou essa transformação, dispondo que a função de polícia judiciária, no Estado do Rio de Janeiro, é exercida exclusivamente pela Polícia Civil, sob a direção do Secretário de Estado de Polícia Civil, o qual será escolhido pelo Governador do Estado dentre os Delegados de Polícia ocupantes de cargo efetivo da classe mais elevada da carreira, com mais de 15 anos na instituição.

Consigna-se, por oportuno, que antes da promulgação da Lei Complementar n° 204/2022, diversos atos de gestão eram praticados pelo Secretário de Estado da Polícia Civil por **delegação**, com suporte no Decreto n° 01, de 13 de março de 2018[161], do então Interventor Federal da Segurança Pública do Rio de Janeiro. Por meio da referida norma foram delegadas ao então Secretário de Segurança (SESEG) as competências previstas no artigo 1°, incisos II a XI; XV; XVI; XX a XXIV e XXVI, todos do Decreto Estadual n° 40.644, de 08 de março de 2007. Com a extinção da Secretaria de Estado de Segurança, ocorreu a transferência dessas atribuições como previsto no artigo 1° do Decreto Estadual n° 46.581, de 22 de fevereiro de 2019, *in verbis*:

---

[160] RIO DE JANEIRO. Decreto Estadual n° 46.601/2019, artigo 1°, § 2°- Ao Secretário de Estado de Polícia Civil incumbe exercer a Chefia da Polícia Civil do Estado do Rio de Janeiro.

[161] RIO DE JANEIRO. Decreto n° 01, de 13 de março de 2018. Interventor Federal. Disponível em: http://www.intervencaofederalrj.gov.br/intervencao/licitacoes-e-contratos/licitacoes-e-contratos-1. Acesso em: 06/09/2023.

> *Art. 1° - O art. 3.° do Decreto n° 46.559, de 14 de janeiro de 2019, passa a vigorar acrescido de Parágrafo Único com a seguinte redação: Art. 3° - (...) Parágrafo Único - As competências delegadas ao então Secretário de Estado de Segurança, a exemplo daquelas previstas no Decreto n° 01, de 13 de março de 2018 do Interventor Federal, serão exercidas pelos titulares da Secretaria de Estado de Polícia Militar – SEPM e da* **Secretaria de Estado de Polícia Civil – SEPOL**, *no que referente à gestão administrativa e de pessoal de cada Secretaria.*

Hodiernamente prevalecem as atribuições do Secretário de Estado de Polícia Civil que estão dispostas nos incisos do parágrafo único do artigo 16, compreendendo atos de gestão e de império, sob a ótica da classificação dos atos pelo critério das prerrogativas.

O artigo 16, parágrafo único, inciso I, ratifica que compete ao Secretário de Estado de Polícia Civil exercer a chefia institucional da Polícia Civil. O inciso II lhe atribuiu a presidência do Conselho Superior de Polícia, como membro nato, cujas competências serão abordadas no capítulo que cuida dos artigos 30 ao 33 desta Lei Orgânica.

O inciso III do aludido dispositivo atribuiu o encaminhamento ao Governador do Estado das propostas de criação e extinção de órgãos e cargos. É de amplo conhecimento que tanto a criação como a extinção de órgãos dependem de lei e, nessa matéria, a Constituição incluiu a exigência na relação das denominadas "reservas legais", matérias cuja disciplina é reservada à lei (art. 48, XI).

Anteriormente, era exigida lei para a criação, estruturação e atribuições dos órgãos, todavia, com a nova redação dada ao dispositivo pela EC n° 32, de 11/9/2001, a exigência passou a alcançar apenas a criação e a extinção dos órgãos. De igual modo, cargo público só pode ser criado por lei, devendo-se dar forma e estrutura ao cargo. Portanto, o que compete ao Secretário de Estado de Polícia Civil é apenas o encaminhamento de proposta ao Governador do Estado com a sugestão de criação de órgão ou cargo público.

Na parte final, o inciso III trata da possibilidade do Secretário de Estado de Polícia Civil encaminhar ao Governador sugestão com vistas à Lei Orçamentária Anual (LOA). A Lei Orçamentária Anual tem por escopo estimar as receitas e fixar as despesas do Estado para o exercício financeiro, em consonância com o artigo 209, § 5°, da Constituição do Estado do Rio de Janeiro, e também com base na Lei de Diretrizes Orçamentária que estiver em vigor.

O artigo 16, parágrafo único, inciso IV, cuida da prática de atos e decisões relativas à administração geral da instituição e da execução orçamentária da Polícia Civil. Como gestor máximo da Instituição, o Secretário de Estado tem a competência de decidir acerca da execução orçamentária da Polícia Civil, no tocante à utilização de verbas previamente destinadas, devendo observar os limites impostos por lei e a finalidade dos recursos, sob pena de responsabilidade.

Na sequência, o inciso V dispõe que, respeitados os casos de competência do Governador, compete ao Secretário de Estado de Polícia Civil prover os cargos, bem como conceder promoção e demais formas de provimento derivado.

Nesse espeque, necessário recorremos à lição de Maria Sylvia Zanella Di Pietro, que alude com muita propriedade acerca do provimento derivado[162]:

> *Provimento derivado é o que depende de um vínculo anterior do servidor com a Administração; a legislação anterior à atual Constituição compreendia (com pequenas variações de um Estatuto funcional para outro) a promoção (ou acesso), a transposição, a reintegração, a readmissão, o aproveitamento, a reversão e a transferência. Com a nova Constituição, esse rol ficou bem reduzido, em decorrência do artigo 37, II, que exige a aprovação prévia em concurso público de provas ou de provas e títulos para a investidura em cargo ou emprego público, ressalvadas as nomeações para cargo em comissão declarado em lei de livre nomeação e exoneração.*

---

[162] DI PIETRO, Maria Sylvia Zanella. *Direito administrativo*. 35. ed. Rio de Janeiro: Forense, 2022. p. 768.

Portanto, o Secretário de Estado de Polícia Civil poderá nomear servidores, já investidos no cargo de policial civil, a cargo em comissão, de livre nomeação e exoneração.

Nessa ordem, o artigo 16, parágrafo único, inciso VI, prescreve que o Secretário de Estado de Polícia Civil tem por atribuição a edição de atos de aposentadoria, exoneração e outros, ressalvadas os casos de competência do Governador do Estado, que importem em vacância de cargos da carreira policial e a disponibilidade dos servidores. Cuidam-se de atos administrativos praticados pelo Secretário de Estado, que muitas vezes se revestem de natureza enunciativa, como o ato de aposentadoria, e em outras tem a natureza punitiva, como a demissão e a cassação de aposentadoria. Em complemento, o inciso XII do mesmo artigo confere a competência para decidir acerca da disponibilidade de policiais civis.

Considerando que o conceito de aposentadoria e exoneração é de simples compreensão, impende robustecer apenas os comentários em relação aos atos de disponibilidade dos servidores da Polícia Civil, em decorrência da extinção de seu cargo ou de declaração de sua desnecessidade, cuja matriz constitucional encontra-se normatizada no art. 41, § 3° da CF[163]. Ainda sob aspecto normativo, insta salientar o teor do artigo 25 do Decreto-Lei n° 220/75, de onde se extrai que "*extinto o cargo ou declarada sua desnecessidade, o funcionário estável será posto em disponibilidade, com proventos proporcionais ao tempo de serviço*".

Sobre o conceito doutrinário de disponibilidade, recorremos à assertiva lição de José do Santos Carvalho Filho:

> *Nunca é demais lembrar que a extinção de um cargo é fato cuja apreciação fica atribuída aos órgãos administrativos, ainda que, como regra, dependa de lei para consumar-se. A estabilidade não*

---

[163]   Constituição Federal. § 3° Extinto o cargo ou declarada a sua desnecessidade, o servidor estável ficará em disponibilidade, com remuneração proporcional ao tempo de serviço, até seu adequado aproveitamento em outro cargo. (Redação dada pela Emenda Constitucional n° 19, de 1998).

protege o servidor contra a extinção do cargo, porque nesta se presume o interesse maior da Administração. Por outro lado, não seria justo que a extinção do cargo carreasse para o servidor situação de angústia pela perda do trabalho. É com essas vertentes que nasceu a disponibilidade.

É oportuno assinalar, desde logo, que o instituto em foco não se confunde com a disponibilidade punitiva, que, conforme indica a própria expressão, estampa modalidade de sanção funcional, e nada tem a ver com a extinção ou desnecessidade do cargo. É o caso da disponibilidade punitiva de magistrados, prevista no art. 93, VIII, da CF, pela qual fica o juiz afastado compulsoriamente de seu cargo pelo voto da maioria absoluta do respectivo tribunal ou do Conselho Nacional de Justiça, percebendo subsídios proporcionais ao tempo de serviço. Idêntica sanção, aliás, aplica-se também aos membros do Ministério Público, como prevê o art. 130-A, § 2°, III, da CF, introduzido pela EC n° 45/2004.[164]

Nesse diapasão, registra-se que os estatutos a que estão subordinados os Policiais Civis do Estado do Rio de Janeiro não tratam da disponibilidade como punição. Todavia, tanto o artigo 16 do DL n° 218/75, como o artigo 46 do DL n° 220/75, dispõem sobre *"cassação de aposentadoria ou disponibilidade"*, como espécie de sanção administrativa.

Na hipótese do servidor ter cometido a infração disciplinar sujeita à demissão ainda quando estava em atividade e, ao ser concluída a apuração do competente processo administrativo disciplinar, ele for colocado em disponibilidade, o ato punitivo terá a natureza de *cassação de disponibilidade.*

O inciso VII trata da possibilidade de delegação das funções administrativas do Secretário de Estado de Polícia Civil. O que merece ser ressaltado neste inciso é que somente as funções administrativas

---

[164]   CARVALHO Filho, José dos Santos. Manual de Direito Administrativo. 36 ed. Barueri (SP): Atlas. 2022. p. 616.

podem ser delegadas, sendo indiscutível que as funções de Polícia Judiciária são indelegáveis.

A Delegação de funções administrativas se baseia na descentralização interna da Administração, devendo observar, principalmente, a especialidade das atribuições e as competências do delegante e do delegado.

O inciso VIII dispõe que compete ao Secretário de Polícia Civil dar posse aos nomeados para cargos efetivos das carreiras do Quadro Permanente da Polícia Civil, bem como aos nomeados em comissão para cargos da Polícia Civil. É cediço que posse é o ato que completa a investidura no cargo público. Tal ato se materializa pela assinatura do respectivo termo de posse que, no caso em exame, é de atribuição do Secretário de Estado de Polícia Civil. Enquanto a posse compete ao Secretário, a nomeação, que é o ato administrativo que indica uma pessoa para provimento originário de um cargo público vago, é de competência do Governador do Estado.

O inciso IX prescreve que compete ao Secretário de Estado de Polícia Civil avocar, observados os requisitos legais, qualquer procedimento policial podendo promover a sua redistribuição.

Avocar é um verbo que vem da palavra latina *"advocare"*. O termo é usado no campo do direito para se referir ao que é feito por uma autoridade quando ela assume a resolução de um conflito cuja falha ou impasse corresponde a um órgão de nível inferior.

Na prática, os procedimentos policiais são instaurados e instruídos pelas autoridades competentes de acordo com a matéria ou pela divisão geográfica (circunscrição). No entanto, em alguns casos podem surgir conflitos de atribuição, que serão dirimidos pelas autoridades hierarquicamente superiores.

Neste inciso, ficou clara a intenção do legislador no sentido de atribuir ao Secretário de Estado de Polícia Civil a competência para avocar e redistribuir qualquer procedimento, seja administrativo ou criminal.

Na sequência, o inciso X atribui ao Secretário de Estado de Polícia Civil a designação dos titulares da Direção Superior e dirigentes dos órgãos administrativos e operativos da estrutura da Polícia Civil, ressalvada a competência do Governador para a nomeação do cargo em comissão correspondente.

Não menos importante é a disposição do inciso XI que confere ao Secretário de Polícia civil a abertura de concurso público para qualquer das carreiras da Polícia Civil, mediante autorização do Governador do Estado do Rio de Janeiro.

O inciso XIII, por sua vez, cuida da competência do Secretário de Estado de Polícia Civil para decidir acerca da demissão e da cassação de aposentadoria, mediante a devida apuração por meio de processo administrativo disciplinar, sob o crivo do devido processo legal, do contraditório e da ampla defesa.

Nesse sentido, deve-se atentar para o teor do artigo 25 desta Lei Complementar, que reservou ao Secretário de Polícia Civil a aplicação de quaisquer das sanções administrativas disciplinares aos Policiais Civis, inclusive demissão e cassação de aposentadoria, com exceção das hipóteses de demissão ou cassação de aposentadoria relativas a Delegados de Polícia, cuja competência é privativa do Governador do Estado.

Pontua-se que antes da promulgação da Lei Orgânica em comento, prevaleciam as disposições do artigo 23 do Decreto-Lei nº 218/75, em relação às autoridades competentes para a aplicação das penas disciplinares aos Policiais Civis. Entretanto, o artigo 73, *caput*, da Lei Complementar nº 204/2022 o revogou expressamente, nestes termos: *"Art. 73 - Revoga-se o artigo 23 do Decreto-Lei nº 218, de 18 de julho de 1975 e a Lei nº 1.500, de 21 de agosto de 1989".*

Como já mencionado em outro ponto, continuam em vigor as disposições do DL 218/75, relativamente às transgressões disciplinares e às sanções disciplinares cabíveis. De igual modo, as hipóteses de demissão elencadas no artigo 52 do Decreto-Lei nº 220/75 também permanecem em vigor em relação aos Policiais Civis.

A cassação de aposentadoria está prevista no artigo 55 do DL 220/75, sendo aplicável nas seguintes hipóteses: *Art. 55 - A pena de cassação de aposentadoria ou de disponibilidade será aplicada se ficar provado, em inquérito administrativo, que o aposentado ou disponível: I - praticou, quando ainda no exercício do cargo, falta suscetível de determinar demissão; II - aceitou, ilegalmente, cargo ou função pública, provada a má-fé; III - perdeu a nacionalidade brasileira.*

Nessa ordem, o artigo 16, parágrafo único, inciso XVI da LC 204/2022, regulamenta que compete ao SEPOL presidir os Fundos Especiais próprios e transitórios da Secretaria de Estado de Polícia Civil e exercer outras atribuições previstas em lei. Acrescenta-se que o Decreto Estadual n° 48.273/2022 relaciona os Fundos Vinculados e Transitórios: Fundo Especial da Polícia Civil – FUNESPOL (vinculado); Fundo Especial da ACADEPOL (vinculado); e Fundo Estadual de Investimentos e Ações de Segurança Pública e Desenvolvimento Social – FISED (transitório).

Adiante, o artigo 17 estabelece que *"o Secretário de Estado de Polícia Civil integra o Secretariado Estadual"*.

16.2. Subsecretário de Gestão Administrativa

Como já demonstrado anteriormente, o Subsecretário de Estado de Gestão Administrativa, também denominado 1° Subsecretário de Estado, possui a incumbência de assistir o Secretário de Polícia Civil em suas representações social e funcional, além de diversas outras atribuições, inclusive a de substituir o chefe da pasta em caso de ausências ou impedimentos.

As ausências referem-se aos afastamentos autorizados, como férias, licenças e viagens no interesse da Administração, dentre outros. Os impedimentos são óbices legais para decidir em determinadas matérias, vistas sob o prisma subjetivo da pessoa do Gestor da Pasta.

Além de estar posicionado na linha imediata de sucessão, o Subsecretário de Estado de Gestão Administrativa integra o Conselho Superior de Polícia como membro nato.

16.3. Subsecretário de Planejamento e Integração Operacional

O Subsecretário de Estado de Planejamento e Integração Operacional é o segundo na linha de hierarquia, substituindo o Secretário de Estado de Polícia Civil somente na ausência ou impedimento do Subsecretário de Gestão Administrativa. Ele também é membro nato do Conselho Superior de Polícia e exerce, primordialmente, a gestão das atividades operacionais e de produtividade policial, bem como desempenha outras atividades que venham a ser designadas.

16.4. Subsecretário de Inteligência

O texto do artigo 20 desta Lei em comento é autoexplicativo, não necessitando de maiores detalhamentos, exceto quanto à exigência constante do *caput* em que se exige que a Subsecretaria de Inteligência Policial seja dirigida por Delegado de Polícia Civil do Estado do Rio de Janeiro, em atividade, e da classe mais elevada da carreira, com mais de 12 (doze) anos na instituição.

Tal previsão assegura que essa tão importante função, que cuida do conhecimento, tratamento e devida difusão de dados e informações sensíveis, não venha a ser exercida por pessoal não pertencente à Polícia Civil, além de exigir um tempo razoável de experiência profissional, suficiente para se avaliar a idoneidade moral e capacidade profissional daquele que vier a exercê-la.

Acrescente-se, a título de digressão histórica, que as atividades de inteligência no âmbito da Polícia Civil eram realizadas pela Controladoria de Inteligência da Polícia (CINPOL), subordinada à Subsecretaria de Inteligência (SSINTE), a qual era diretamente à Secretaria de Estado de Segurança. Com a reestruturação do Poder Executivo do Rio de Janeiro, que ocorreu a partir de janeiro de dois mil e dezenove, a SSINTE passou para a Secretaria de Estado de Polícia Civil, em substituição à CINPOL.

Em consonância com os comentários do artigo 4°, incisos IV e X, e também no artigo 11, inciso IV, a SSINTE teve o seu Regimento Interno aprovado pela Resolução SEPOL n° 449, de 30 de dezembro de 2022, em complemento às disposições do Decreto Estadual n° 48.273/2022, que regulamenta a estrutura organizacional da Secretaria de Estado de Polícia Civil.

Todas as atribuições contidas no Parágrafo Único do artigo 20 em comento foram inseridas no Regimento Interno da SSINTE.

16.5. Superintendente-Geral de Polícia Técnico-Científica

Na sequência, o artigo 21 da LC n° 204/2022 traz uma inovação ao prever o novel cargo de Superintendente-Geral de Polícia Técnico-Científica, em consonância com a criação da respectiva Superintendência Geral de Polícia Técnico-Científica, que deverá ser dirigida, preferencialmente, por Perito (Criminal ou Legista), ocupante de cargo efetivo em atividade, da classe mais elevada da carreira e com mais de 12 (anos) no cargo. Não obstante, a Lei Complementar permite, igualmente, que o aludido cargo seja ocupado por Delegado de Polícia de 1ª Classe, em atividade e com mais de 12 (doze) anos no cargo.

Assim como os demais subsecretários citados anteriormente, o Superintendente-Geral de Polícia Técnica-Científica tem a competência de assistir o Secretário de Estado de Polícia Civil em suas representações social e funcional, tendo como função específica assessorá-lo nos assuntos pertinentes à gestão das atividades de Polícia Técnico-Científica.

Ademais, pela leitura do § 2° do artigo 21 extrai-se que o Superintendente-Geral de Polícia Técnico-Científica tem as prerrogativas e representações inerentes ao cargo de Subsecretário de Estado, bem como quaisquer outras que foram conferidas por lei ou regulamento.

Complementando as disposições do artigo 21 em análise, o Decreto Estadual n° 48.273/2022 (anexo VI, item 6.46) acrescenta que ao Superintendente-Geral de Polícia Técnico-Científica compete planejar, coordenar, supervisionar e propor ações para o Centro de Estudos e Pesquisas Forenses, além de outras atividades que lhe forem designadas.

Repisa-se que antes da vigência da Lei Complementar n° 204/2022 e, consequentemente, do Decreto Estadual n° 48.273/2022 o Órgão de Polícia Técnico-Científica de mais elevada posição hierárquica na estrutura da Secretaria de Estado de Polícia Civil era o Departamento-Geral de Polícia Técnico Científica.

16.6. Chefe de Gabinete

O anexo I, inciso VI, do Decreto n° 48.273/2022, regulamenta as atribuições da Chefia de Gabinete, dispondo que à Chefia de Gabinete do Secretário de Estado de Polícia Civil, dirigido por um Chefe de Gabinete, símbolo SS, ocupante de cargo efetivo de Delegado de Polícia do Estado do Rio de Janeiro, da classe mais elevada de seu Quadro Permanente, compete:

– assistir o Secretário de Estado de Polícia Civil nas suas representações política e social;

– incumbir-se das atividades de agenda do Secretário, despacho de seus expedientes e processos endereçados ao Gabinete, examinando, emitindo pronunciamentos e encaminhando-os à decisão superior;

– quando for o caso, despachar e decidir sobre atos, documentos e atendimento às consultas e requerimentos rotineiros, bem como coordenar e supervisionar as atividades dos órgãos que o integram e de outros, quando determinado.

– coordenar a tramitação dos expedientes externos, físicos ou eletrônicos, endereçados à Secretaria de Estado de Polícia Civil e ao Gabinete, examinando e encaminhando-os aos órgãos pertinentes ou à decisão superior, quando for o caso, e despachar requerimentos e processos rotineiros, bem como coordenar e supervisionar as atividades do Núcleo de Protocolo Geral, e de outros órgãos, quando determinado (Decreto n° 48.273/2022, anexo I, inciso VI, item 6.2)

    – acompanhar a tramitação dos Projetos Legislativos de interesse da Instituição, bem como atuar em outras atribuições e atividades em que, face às peculiaridades da demanda ou relevância institucional, seja necessária sua atuação, por designação do Secretário (Decreto n° 48.273/2022, anexo I, inciso VI, item 6.3).

16.7. Impedimentos para o exercício dos cargos de Direção Superior

O artigo 23 e seus incisos I e II tratam de hipóteses que impedem o servidor de exercer os cargos de direção superior da Secretaria de Estado de Polícia Civil, em razão de condenação penal em segunda instância (inciso I) e condenação pela prática de ato de improbidade administrativa (inciso II), nos termos dos incisos seguintes.

O impedimento previsto no inciso I se refere expressamente à condenação penal em segunda instância, por crime doloso, nos cinco anos anteriores e enquanto durarem os efeitos de sua condenação. Já o inciso II trata da condenação definitiva (transitada em julgado) pela prática de ato de improbidade administrativa nos cinco anos que antecedem a nomeação ou enquanto durarem os efeitos da condenação.

Tais critérios objetivos são vinculantes e devem ser observados pela autoridade competente antes do ato de nomeação. Nada obsta que, caso a condenação mencionada ocorra após a nomeação, a autoridade seja exonerada do respectivo cargo em comissão mencionado no *caput* do artigo 23.

Não obstante, tal previsão, cabe ressaltar que os cargos mencionados no *caput* são todos de livre nomeação e exoneração. Assim sendo, qualquer outra causa que desabone a conduta da autoridade e seja incompatível com o exercício dos cargos de direção poderá ensejar a respectiva exoneração do cargo em comissão. Nas hipóteses de impedimento aqui estudadas não foram expressamente inseridas, por exemplo, a ocorrência de punição administrativa disciplinar.

17. CORREGEDORIA-GERAL DE POLÍCIA CIVIL

Art. 24 - A Corregedoria-Geral de Polícia Civil será dirigida por um Corregedor-Geral, ocupante de cargo efetivo de Delegado de Polícia do Estado do Rio de Janeiro, em atividade, da classe mais elevada da carreira e com mais de 12 (doze) anos no cargo e de conduta ilibada.

§ 1º - À Corregedoria-Geral de Polícia Civil compete:

I - assessorar o Secretário de Estado de Polícia Civil e prestar apoio técnico em matéria de natureza disciplinar;

II - proceder a inspeções administrativas nos órgãos da Polícia Civil;

III - realizar correições nos procedimentos de polícia judiciária;

IV - praticar atos de fiscalização e orientação das atividades funcionais e da conduta dos policiais civis;

V - instaurar sindicâncias e processos administrativos disciplinares, bem como inquéritos policiais no âmbito de sua atribuição;

VI - celebrar termo de compromisso de ajustamento de conduta, no âmbito de sua atribuição, na forma de Lei específica;

VII - dirimir conflito de atribuição, positivo ou negativo, entre Autoridades Policiais e suas unidades subordinadas.

§ 2º - É da atribuição exclusiva do Corregedor Geral:

I - instaurar sindicâncias administrativas disciplinares, para apurar infrações disciplinares imputadas a policiais civis, e sindicâncias sumárias, nos demais casos, no âmbito da atribuição da Corregedoria-Geral de Polícia;

II - instaurar processos administrativos disciplinares, para apurar infrações disciplinares imputadas a policiais civis;

III -   instaurar inquéritos policiais para apurar infrações penais, sua autoria e materialidade, imputadas a policiais
civis, no âmbito da atribuição da Corregedoria-Geral
de Polícia;

IV -   praticar todos os atos relativos ao processo administrativo disciplinar ou a sindicância administrativa disciplinar, no âmbito da atribuição da Corregedoria-Geral
de Polícia;

V -   praticar todos os atos inerentes à celebração do termo
de compromisso de ajustamento de conduta no âmbito
de sua atribuição, na forma de Lei específica;

VI -   avocar procedimentos disciplinares em tramitação em
órgãos e nas unidades policiais;

VII -   encaminhar ao Secretário de Estado de Polícia Civil os
processos administrativos disciplinares cuja conclusão
seja pela aplicação da sanção de demissão ou de cassação de aposentadoria de policiais civis;

VIII -   decidir os recursos hierárquicos interpostos contra atos
punitivos aplicados a policiais civis pelos Corregedores
Regionais ou por dirigentes de Delegacias de Polícia e
demais órgãos;

IX -   determinar, cautelarmente, a remoção de servidores policiais para a seção de pessoal em situações diversas, por
conveniência disciplinar, quando a gravidade do fato
imputado inviabilizar a sua permanência em atividade;

X -   aplicar sanções disciplinares no âmbito de sua competência.

§ 3º - Das decisões do Corregedor-Geral no âmbito das
sindicâncias e processos administrativos disciplinares caberá
pedido de reconsideração ao próprio e recurso hierárquico ao
Secretário de Estado de Polícia Civil, no prazo de 15 (quinze)
dias úteis, contados da publicação do ato em diário oficial.

§ 4º O Corregedor-Geral, ao receber o pedido de reconsideração,
poderá processá-lo como recurso hierárquico, encaminhando-o
diretamente ao Secretário de Estado de Polícia Civil.

§ 5° - Quando à transgressão disciplinar for cominada potencial aplicação de sanção igual ou superior a 60 (sessenta) dias de suspensão, demissão, cassação de aposentadoria, disponibilidade ou perda das prerrogativas do cargo, as sindicâncias administrativas disciplinares deverão, imediatamente, ser encaminhadas ao Corregedor-Geral, para, se for o caso, determinar a instauração de processo administrativo disciplinar, com a consequente distribuição do feito a uma das Comissões Permanentes de Inquérito Administrativo.

Art. 25 - São competentes para aplicação das sanções disciplinares:

I -   o Governador do Estado, em qualquer caso, e privativamente nos casos de demissão e cassação de aposentadoria de Delegados de Polícia;

II -   o Secretário de Estado de Polícia Civil, em qualquer caso, e privativamente nos casos de demissão e cassação de aposentadoria em relação aos demais servidores policiais civis;

III -   o Corregedor-Geral, nos casos de advertência, repreensão e suspensão até 90 (noventa) dias;

IV -   os Corregedores Regionais, nos casos de advertência, repreensão e suspensão até 60 (sessenta) dias;

V -   os dirigentes das Delegacias de Polícia e seus respectivos Diretores de Departamento, nos casos de advertência, repreensão e suspensão até 30 (trinta) dias.

O *caput* do artigo 24 anuncia os requisitos exigidos ao dirigente da Corregedor-Geral de Polícia, reservando legalmente a função para o ocupante de cargo efetivo de Delegado de Polícia Civil do Estado do Rio de Janeiro, reforçando que o mesmo deve ser da classe mais elevada da carreira, com 12 (doze) anos no cargo. Além disso, o texto legal impõe que o aludido servidor deve estar em atividade e ter conduta ilibada. Nota-se que esse último requisito, *conduta ilibada*, não é exigido expressamente para ocupação de nenhum outro cargo de direção disposto na Lei Complementar nº 204/2022.

Antes de avançarmos nos demais comentários inerentes à Corregedoria-Geral de Polícia, é necessário reforçar que a presente Lei Complementar não dispõe sobre deveres, proibições, sanções administrativas, tampouco sobre procedimentos disciplinares. Por consequência, tais matérias permanecem disciplinadas pelos Decretos-Lei nº 218/75 e 220/75.

No artigo 24, § 1º da LC 204/2022 estão dispostas as competências da Corregedoria-Geral, enquanto o § 2º dispõe sobre as suas atribuições exclusivas. A esse respeito, é importante acrescentar que o Decreto Estadual nº 48.273, de 14 de dezembro de 2022, em complemento à Lei Orgânica, dispõe sobre a abrangente gama de atribuições do órgão, sendo relevante inclusive ressaltar a existência das Corregedorias Regionais de Polícia.

Às Corregedorias Regionais de Polícia compete, concorrentemente, proceder às inspeções administrativas nos órgãos da Polícia Civil, correições nos procedimentos de polícia judiciária, bem como a apuração das transgressões disciplinares e infrações penais atribuídas aos policiais civis, na sua circunscrição. Atualmente, existem seis Corregedorias Regionais de Polícia Civil, são elas: 1ª CRP – Grande Niterói; 2ª CRP – Região Serrana; 3ª CRP – Região dos Lagos; 4ª CRP – Macaé; 5ª CRP – Itaperuna; e 6ª CRP – Sul Fluminense e Costa Verde.

A Corregedoria-Geral, por sua vez, com sede na capital, tem a missão de exercer também o controle interno da Polícia Civil, onde se inserem uma série de competências voltadas a garantir a legalidade e a eficiência da corporação, as quais podem ser divididas em função disciplinar e de controle de eficiência/qualidade, mormente em relação aos procedimentos de Polícia Judiciária.

Nessa toada, é salutar pontuar que as corregedorias não possuem apenas o viés repressivo, mas atuam também na prevenção das infrações disciplinares, através de fiscalizações, correições e inspeções regulares ou extraordinárias, almejando maior eficiência e qualidade das investigações policiais.

Quanto à função disciplinar, as corregedorias devem investigar e julgar os desvios de conduta dos Policiais Civis, por meio de procedimentos disciplinares próprios, respeitando, com rigor, os inafastáveis princípios constitucionais do devido processo legal, do contraditório e da ampla defesa, dentre outros pertinentes ao processo administrativo sancionador.

Destarte, o artigo 24 e seus parágrafos reforçam a importância da Corregedoria-Geral para a política de controle interno da Polícia Civil, uma instituição bicentenária que ocupa um papel de extrema relevância na sociedade, que precisa de um órgão correcional forte para combater os desvios de conduta e a prática de corrupção no âmbito interno.

Reputa-se que o fortalecimento da Corregedoria é crucial para a imagem institucional da Polícia Civil e para qualidade do serviço prestado, não somente na aplicação de punições/sanções administrativas, mas também para implementar políticas educativas, preventivas e profiláticas na seara correcional.

17.1. Competências da Corregedoria-Geral de Polícia Civil

Neste subitem estão inseridos os comentários relativos ao artigo 24, § 1° da Lei Complementar n° 204/2022, juntamente com os sete incisos. Sobre o rol de competências da Corregedoria-Geral da Polícia Civil elencadas na presente Lei Orgânica, assinale-se, inicialmente, o assessoramento e o apoio técnico prestado ao Secretário de Estado de Polícia Civil, constante do inciso I.

Esse assessoramento consiste, em linhas gerais, na manifestação do Corregedor-Geral de Polícia nos procedimentos de natureza disciplinar, bem como na elaboração de normas correcionais e no planejamento estratégico, no âmbito da Polícia Civil do Rio de Janeiro.

Os incisos II, III e IV cuidam de ações preventivas e também repressivas realizadas pela Corregedoria-Geral de Polícia Civil (CGPOL). Essas atribuições são, precipuamente, divididas entre dois departamentos existentes na estrutura do órgão, o Departamento-Geral de Inspeção e Correição (DGIC) e o Departamento-Geral de Assuntos Internos (DGAI), cujas atribuições encontram-se definidas no Decreto Estadual/RJ n° 48.273, de 14 de dezembro 2022.

Destacamos a seguir, por necessário, algumas atribuições dos aludidos departamentos que estruturam a Corregedoria-Geral de Polícia.

Ao **Departamento-Geral de Inspeção e Correição (DGIC)** compete realizar correições ordinárias e extraordinárias, bem como inspeções, nas unidades policiais; decidir sobre arquivamento de atas de correição e relatórios de inspeção; analisar, sob a ótica disciplinar, as atas correcionais, cujas irregularidades não tenham sido sanadas no prazo concedido; decidir sobre auditoria realizada nos registros de ocorrência com vistas à convalidação de dados para fins estatísticos da Polícia Civil; sugerir o declínio de atribuição de procedimentos de polícia judiciária suscitados por autoridades policiais.

No que concerne à realização de correições, consigna-se a recente publicação da Resolução SEPOL n° 508, de 05 de julho de 2023, que estabelece método de auditoria correcional remoto e informatizado, sem agendamento prévio, nas Unidades de Polícia Administrativa e/ou Judiciária, inclusive nos órgãos periciais. As novas rotinas têm por escopo possibilitar à Corregedoria-Geral o acompanhamento contínuo dos procedimentos realizados pelas referidas Unidades, modernizando a metodologia de correição presencial.

Ao **Departamento-Geral de Assuntos Internos (DGAI)** compete designar Delegados de Polícia para a presidência de inquéritos policiais, sindicâncias administrativas disciplinares, sindicâncias sumárias e demais expedientes de apuração preliminar; decidir pelo arquivamento de expedientes de apuração preliminar após regular instrução; manifestar-se em todas as sindicâncias administrativas disciplinares, sindicâncias sumárias e expedientes, antes de remetê-las ao Corregedor-Geral; planejar e coordenar as ações policiais operacionais da Corregedoria-Geral de Polícia Civil; recomendar ao Corregedor-Geral a remoção de servidor policial por conveniência disciplinar; manifestar-se, previamente, em pedido de reconsideração e recurso hierárquico relativamente à sindicância administrativa disciplinar.

Além desses dois departamentos, a CGPOL possui em sua estrutura o **Departamento-Geral das Comissões Permanentes de Inquéritos Administrativos (DGCPIA)**, no qual funcionam as três Comissões Permanentes de Inquéritos Administrativos, responsáveis, privativamente, pelos processos administrativos disciplinares (PADs) no âmbito da Polícia Civil do Estado do Rio de Janeiro.

O artigo 24, § 1°, inciso V, a seu turno, reforça a competência da Corregedoria-Geral para instaurar os mais diversos tipos de procedimentos e processos administrativos, voltados à apuração da conduta de Policiais Civis, inclusive inquéritos policiais, no âmbito de suas atribuições.

Genericamente, o inciso V menciona a categoria de "sindicâncias", abrangendo as sindicâncias sumárias (sem cunho disciplinar), as sindicâncias administrativas disciplinares (investigativas ou acusatórias), não se encaixando nesse conceito a sindicância patrimonial, voltada à apuração de enriquecimento ilícito de servidores da PCERJ, que fica a cargo da Controladoria-Geral da Polícia Civil.

Repisa-se que as sindicâncias disciplinares acusatórias são instauradas e processadas pelo Departamento-Geral de Assuntos Internos e, após a conclusão, são submetidas ao Corregedor-Geral para a decisão final: a) arquivamento; b) aplicação das sanções de advertência, repreensão ou suspensão até 59 dias; c) sugestão de arquivamento de processo administrativo disciplinar.

Não raro, a apuração se inicia por meio de sindicância administrativa disciplinar mesmo nas hipóteses de faltas graves previstas somente no artigo 14 do Decreto-Lei n° 218/75. Se durante a instrução se vislumbrar que a pena em potencial ultrapassa os limites da SAD, a autoridade sindicante remeterá os autos ao Corregedor-Geral de Polícia com a sugestão de instauração de processo administrativo disciplinar.

O processo administrativo disciplinar consiste em um tipo de procedimento mais solene, instaurado para apurar faltas graves, passíveis da pena de suspensão igual ou superior a 60 (sessenta) dias, demissão, cassação de aposentadoria ou cassação de disponibilidade.

Como já sinalizado anteriormente, os processos administrativos disciplinares são instruídos pelas três Comissões Permanentes de Inquéritos Administrativos (CPIA), integrantes do Departamento-Geral das Comissões Permanentes de Inquéritos Administrativos (DGCPIA). Cada comissão processante é composta por três membros (um presidente e dois vogais), que devem ser policiais civis em atividade. A comissão tem que ser presidida, obrigatoriamente, por um Delegado de Polícia e deve contar também com um servidor efetivo que funciona como secretário do colegiado.

Na parte final da redação, o artigo 24, § 1°, inciso V, dispõe que a Corregedoria-Geral tem a atribuição de instaurar inquéritos policiais no âmbito de suas atribuições, desde que sejam investigados policiais civis. Esses inquéritos também são conduzidos pelas Autoridades Policiais lotadas no Departamento-Geral de Assuntos Internos.

No inciso VI do mesmo dispositivo supramencionado foi inserida a competência do Corregedor-Geral para celebrar Termo de Compromisso Ajustamento de Conduta (TCAC), que consiste em instrumento introduzido pelo Decreto Estadual/RJ n° 46.339[165], de 15 de junho de 2018, aplicável nos casos de infração disciplinar de menor potencial ofensivo, por meio do qual o agente assume a responsabilidade pela irregularidade a que deu causa e se compromete

---

[165]   RIO DE JANEIRO. Decreto Estadual n° 46.339/2018. Art. 1° - Os órgãos e as entidades da Administração Pública Direta e Indireta do Estado do Rio de Janeiro, nos casos de infrações disciplinares de menor potencial ofensivo, poderão celebrar Termo de Ajustamento de Conduta – TAC, medida sem caráter punitivo e alternativa à eventual instauração de sindicância ou processo administrativo disciplinar e à aplicação de penalidades de advertência ou repreensão aos agentes públicos.

a ajustar sua conduta e a observar os deveres e proibições previstos na legislação vigente.

O TCAC é, portanto, um instrumento de consensualidade entre o agente transgressor e a Administração, no âmbito do direito administrativo disciplinar, com caráter educativo e preventivo, voltado ao incremento da celeridade, da economicidade e da eficiência por parte da Administração.

É importante destacar a relevância da inserção deste instrumento processual consensual na Lei Orgânica da Polícia Civil do Rio de Janeiro, que permitirá a aplicação de medida alternativa ao servidor que praticar transgressão disciplinar de menor potencial ofensivo, sob o manto de lei específica.

O Termo de Ajustamento de Conduta há muito é utilizado pelo Poder Executivo Federal, no entanto, malgrado a existência do Decreto Estadual RJ nº 46.339/2018, supramencionado, esse instituto ainda não foi utilizado no âmbito da Polícia Civil do Rio de Janeiro, sendo certo que, o artigo 24, § 1º, inciso VI, passou a exigir a previsão em lei para a regulamentação do TAC.

O direito sancionador sempre foi tratado como direito indisponível, acreditando-se ser imperiosa a necessidade do Estado em aplicar sanção, em atendimento ao princípio da supremacia do interesse público. Entretanto, a democratização da atuação administrativa abriu espaço para utilização de mecanismos consensuais de satisfação desse interesse, sem que seja imprescindível a aplicação de pena, superando-se, assim, o modelo liberal mais agressivo por parte da Administração Pública, dando lugar à *justiça consensual ou negociada*, que já vem sendo utilizada por outros entes da federação.

Assim sendo, a consensualidade permite à Administração Pública atuar de forma harmônica com os interesses da sociedade, ao mesmo tempo em que evita o uso da coerção e prestigia o uso do acordo administrativo. Nesse contexto, o princípio da supremacia do interesse público dá lugar à necessidade de ponderação dos interesses envolvidos na atuação administrativa, notadamente a eficiência e a economia processual.

É de suma importância que seja proposta e aprovada o quanto antes a lei regulamentadora do Termo de Ajustamento de Conduta no âmbito da Polícia Civil, a fim introduzir essa espécie de acordo entre a Administração e o servidor processado, possibilitando a resolução rápida e eficaz dos conflitos revestidos de menor gravidade, sob o ponto de vista do regime jurídico disciplinar.

Por último, o inciso VII cuida da atribuição do Corregedor--Geral em dirimir conflito de atribuição, positivo ou negativo, entre Autoridades Policiais e suas unidades subordinadas. Esses conflitos são comuns, especialmente em relação aos procedimentos de Polícia Judiciária, como inquérito policial e termo circunstanciado, além dos processos administrativos, em que o Corregedor-Geral é instado a decidir sobre a Unidade competente para apurar.

O Departamento-Geral de Inspeção e Correição tem a incumbência de analisar essas demandas e sugerir ao Corregedor-Geral de Polícia ou ao Secretário de Estado de Polícia Civil o declínio de atribuição de procedimentos de polícia judiciária, suscitados por autoridades policiais ou até mesmo por órgãos externos, como o Ministério Público.

17.2. Atribuições exclusivas do Corregedor-Geral de Polícia

Neste subitem inserimos os comentários alusivos ao artigo 24, § 2º e seus 10 (dez) incisos, nos quais se encontram insculpidas as competências exclusivas do Corregedor-Geral da Polícia Civil. Adiantamos neste ponto que a exclusividade para a instauração de sindicância administrativa disciplinar e sindicância sumária se refere ao âmbito interno da CGPOL, entretanto, nada obsta que essas atribuições sejam delegadas a outras autoridades policiais lotadas na Corregedoria-Geral de Polícia.

É indene de dúvidas que no âmbito da Polícia Civil do Estado do Rio de Janeiro não é apenas o Corregedor-Geral que detém a competência de instaurar sindicâncias administrativas disciplinares.

Portanto, atente-se para a parte final do dispositivo: *"no âmbito da atribuição da Corregedoria-Geral de Polícia".* Daí se extrai que a exclusividade aqui inserida se refere às apurações a cargo da Corregedoria-Geral, que em nada altera as competências dos demais órgãos internos, como Departamentos e Unidades de Polícia Judiciárias (Delegacias Especializadas ou Distritais), no tocante à instauração de sindicância administrativa disciplinar e sindicância sumária.

O artigo 24, § 1º inciso II prevê a exclusividade em relação à instauração do processo administrativo disciplinar (PAD), sendo certo que somente a Corregedoria-Geral tem a competência para instaurar esse tipo de procedimento no âmbito da Polícia Civil do Rio de Janeiro.

Daí a importância de se conhecer as diferenças e peculiaridades da sindicância administrativa disciplinar (SAD) e do processo administrativo disciplinar (PAD). Isso vale inclusive para os demais operadores do direito administrativo sancionador, servidores e advogados. Não raro, a origem e a tramitação dos procedimentos administrativos causam certa confusão para as defesas, principalmente quando a apuração se inicia no âmbito de uma Delegacia Distrital, por meio de sindicância, e depois o feito é remetido para a Corregedoria-Geral para a instauração do processo administrativo disciplinar.

Em razão disso, chamamos a atenção do leitor para o teor do § 5º deste mesmo artigo 24, o qual anuncia que quando à transgressão disciplinar for cominada potencial aplicação de sanção igual ou superior a 60 (sessenta) dias de suspensão, demissão, cassação de aposentadoria, disponibilidade ou perda das prerrogativas do cargo, as sindicâncias administrativas disciplinares deverão, imediatamente, ser encaminhadas ao Corregedor-Geral, para, se for o caso, determinar a instauração de processo administrativo disciplinar, com a consequente distribuição do feito a uma das Comissões Permanentes de Inquérito Administrativo.

Aqui se deve registrar que até 31/12/2018 a competência para conduzir os processos administrativos disciplinares (PAD), relativamente aos policiais civis, era exclusiva da Corregedoria-Geral Unificada – CGU/SESEG, a qual foi desmobilizada com a transformação da estrutura do Poder Executivo do Estado do Rio de Janeiro, levada a efeito por meio do Decreto Estadual/RJ n° 46.544, de 01 de janeiro de 2019.

A Corregedoria da Polícia Civil, até então denominada Corregedoria Interna, não tinha atribuição para conduzir processo administrativo disciplinar, denominado PAD, uma vez que sequer possuía comissão permanente de inquéritos administrativos. Essas funcionavam no âmbito da desmobilizada Corregedoria-Geral Unificada da extinta Secretaria de Estado de Segurança.

A partir de janeiro de 2019, as três comissões permanentes de inquéritos administrativos que funcionavam na Corregedoria-Geral Unificada foram transferidas para a estrutura da Corregedoria-Geral de Polícia Civil, e a competência para a instauração de PAD passou para o Secretário de Estado de Polícia Civil, que a delegou, juntamente com outras atribuições, para o Corregedor-Geral de Polícia, por meio da Resolução SEPOL n° 055, de 24 de junho, de 2019.

Assim, demonstra-se que a partir da promulgação da Lei Complementar n° 204/2022, a competência para a instauração de processo administrativo disciplinar, em face de Policiais Civis, passou a ser exclusiva do Corregedor-Geral de Polícia. Não obstante, reclama-se a regulamentação desse tipo de procedimento, uma vez que o Decreto-Lei n° 218/75 não a disciplina, ficando a instituição à mercê do Decreto-Lei n° 220/75 (Estatuto dos Funcionários Públicos Civis do Poder Executivo do Estado do Rio de Janeiro) e de seu regulamento, Decreto 2.479/79.

No inciso III, § 2°, do artigo 24 em estudo, encontramos que a competência para instaurar inquéritos policiais visando à apuração de infrações penais, imputadas a policiais civis, é exclusiva somente em relação às atribuições da Corregedoria-Geral, não impedindo que esses procedimentos sejam instaurados em outras Unidades de Polícia Judiciária (PCERJ). De igual modo, nada obsta que o Corregedor-Geral delegue essa atribuição a outras autoridades policiais lotadas na Corregedoria-Geral de Polícia Civil.

Na sequência, o inciso IV da norma em comento representa a materialização do disposto nos incisos I e II, anteriormente comentados, que dispõem sobre a competência do Corregedor-Geral para a instauração de sindicâncias e processos disciplinares, reforçando a ampla competência da referida autoridade no que diz respeito aos procedimentos disciplinares.

Sem embargo, quando tratamos de processo administrativo disciplinar (PAD) devemos ter cuidado com a expressão "todos os atos", uma vez que esse tipo de processo é conduzido por um colegiado, composto por três membros, que têm por atribuição a condução da apuração administrativa, da instrução até o relatório final, cabendo ao Corregedor-Geral o julgamento nos casos que lhe competem.

Assim sendo, não é possível, por exemplo, que o Corregedor--Geral interfira na condução do processo ou que realize ato de instrução, sob pena de nulidade, por ofensa ao devido processo legal exigido no PAD.

Por outro lado, existem alguns tipos de atos intrínsecos à instrução do processo administrativo disciplinar que são praticados, exclusivamente, pelo Corregedor-Geral. Por exemplo, a prorrogação de prazo, a decisão sobre requerimentos da defesa, sugestão de sobrestamento, designação ou substituição dos membros da comissão, reconhecimento de impedimento ou suspeição, dentre outros.

O inciso V diz respeito à celebração de Termo de Compromisso de Ajustamento de Conduta (TCAC), sendo esta prevista como atribuição exclusiva do Corregedor-Geral, na forma de lei específica. Estranha-se a parte final do aludido inciso, que impõe a reserva legal, uma vez que tal medida negocial administrativa já havia sido instituída pelo Decreto Estadual/RJ nº 46.339/2018, abrangendo todos os servidores públicos civis do Poder Executivo do Estado do Rio de Janeiro.

Segundo o artigo 1º do referido decreto, os órgãos e as entidades da Administração Pública Direta e Indireta do Estado do Rio de Janeiro, nos casos de infrações disciplinares de menor potencial ofensivo, poderão celebrar Termo de Ajustamento de Conduta – TAC, medida sem caráter punitivo e alternativa à eventual instauração de sindicância ou processo administrativo disciplinar e à aplicação de penalidades de advertência ou repreensão aos agentes públicos. No artigo 6°, § 1°, o Decreto Estadual/RJ n° 46.339/2018 prevê que a celebração do TAC será realizada pela autoridade competente para a instauração do processo administrativo disciplinar e pelo agente público interessado.

Entretanto, malgrado a vigência do aludido decreto estadual, a Polícia Civil ainda não implementou o Termo de Ajustamento de Conduta, sendo certo que a partir da promulgação da Lei Complementar n° 204/2022 tal instrumento dependerá de regulamentação por meio de lei.

Retornando aos comentários dos incisos do artigo 24, § 2° da LC 204/2022, tem-se que o inciso VI atribui ao Corregedor-Geral de Polícia a competência administrativa, no que concerne à avocação de procedimentos disciplinares, em tramitação nos órgãos e nas unidades policiais, o que reforça o comentário inserido no inciso I deste parágrafo, relativamente à competência concorrente para instaurar sindicâncias no âmbito da Polícia Civil. O ato avocatório pode ser motivado pela gravidade das condutas apuradas, pela repercussão do fato, bem como pelo envolvimento de servidores de diferentes Unidades.

Em prosseguimento, destacamos que o texto do inciso VII se relaciona inteiramente ao inciso II, anteriormente comentado, sendo relevante destacar que os processos administrativos disciplinares podem ser concluídos pelas comissões processantes com as seguintes sugestões: arquivamento ou aplicação das sanções disciplinares de advertência; repreensão; suspensão (de até 90 dias); demissão; cassação de aposentadoria; cassação de disponibilidade.

As últimas sanções supramencionadas (demissão, cassação de aposentadoria ou disponibilidade) extrapolam a competência do Corregedor-Geral de Polícia, como se depreende do artigo 25 desta mesma Lei Complementar. Em tais casos os processos administrativos disciplinares devem ser remetidos ao Secretário de Estado de

Polícia Civil para decisão, na forma do artigo 25, inciso II, posteriormente comentado.

Passando para o inciso IX do parágrafo 2° em comento, temos que ao Corregedor-Geral foi atribuída competência exclusiva para determinar, cautelarmente, a remoção de servidores policiais para a seção de pessoal em situações diversas, por conveniência disciplinar, quando a gravidade do fato imputado inviabilizar a sua permanência em atividade, deixando de ser automática tal remoção. Inicialmente, essa medida altera a lotação do servidor, mas não implica no afastamento do exercício do cargo.

A propósito, o artigo 75 do Decreto Estadual n° 2.479/79 prevê como hipótese de afastamento compulsório do servidor, quando o mesmo for preso preventivamente, pronunciado, denunciado por crime funcional ou condenado por crime inafiançável em processo no qual não haja pronúncia, até decisão transitada em julgado. De igual modo, será ainda afastado o servidor condenado por sentença definitiva à pena que não determine demissão. Assim como na hipótese de estar cumprindo pena disciplinar de suspensão, o aludido afastamento implica na interrupção da contagem do tempo de efetivo exercício do cargo.

O inciso X trata da competência do Corregedor-Geral para aplicar sanções disciplinares no âmbito de suas atribuições. Essas sanções estão previstas no artigo 25, inciso III desta Lei Orgânica: *(...) III - o Corregedor-Geral, nos casos de advertência, repreensão e suspensão até 90 (noventa) dias.* O revogado artigo 23 do Decreto-Lei n° 218/75, no seu inciso IV, previa que o Corregedor da Polícia Civil possuía a competência para aplicar até 50 (cinquenta) dias de suspensão. Atualmente, essa competência foi ampliada, podendo o Corregedor-Geral aplicar até 90 (noventa) dias de suspensão, respeitado o devido processo legal, a ampla defesa e o contraditório.

Como visto acima, a Lei Complementar n° 204/2022 ampliou a competência outrora prevista no artigo 23, inciso IV, do Decreto-Lei n° 218/75, em relação à aplicação da sanção administrativa de suspensão, que foi elevada ao patamar máximo de 90 (noventa) dias, o que denota o fortalecimento do Corregedor-Geral de Polícia Civil.

Não se olvide, contudo, que a aplicação de sanção disciplinar exige prévia instrução processual, sob o crivo do contraditório e da ampla defesa, seja por meio da sindicância administrativa disciplinar ou do processo administrativo disciplinar.

17.3. Recursos Administrativos

O artigo 24, § 1°, inciso VIII, da Lei Complementar n° 204/2033, atribuiu ao Corregedor-Geral de Polícia a competência exclusiva para decidir os recursos hierárquicos interpostos contra atos punitivos aplicados a policiais civis pelos Corregedores Regionais ou por dirigentes de Delegacias de Polícia e demais órgãos.

É importante destacar que tal competência compreende os atos punitivos aplicados a policiais civis pelos Corregedores Regionais ou por dirigentes de Delegacias de Polícia e demais órgãos internos da PCERJ, sem embargo da possibilidade de ser impetrado pedido de reconsideração junto à autoridade que aplicou a sanção.

Já em relação às punições aplicadas pelo Corregedor-Geral de Polícia, esses recursos serão dirigidos ao Secretário de Estado de Polícia, como disposto nos §§ 3° e 4° deste artigo, que disciplinam o pedido de reconsideração ao Corregedor-Geral e o recurso hierárquico ao Secretário de Estado da Polícia Civil, estabelecendo-se o prazo processual de 15 (quinze) dias úteis a contar da publicação do ato em diário oficial.

Nesse sentido, é de bom alvitre acrescentar que o artigo 61 do Decreto Estadual/RJ n° 31.896/2002 dispõe que das decisões administrativas caberá recurso, em face de razões de legalidade e de mérito. O recurso será dirigido à autoridade que proferiu a decisão, a qual, se não a reconsiderar no prazo de cinco dias úteis, o encaminhará à autoridade superior.

Salienta-se, entretanto, que antes de submeter o recurso ao Secretário de Estado de Polícia Civil, o Corregedor-Geral poderá reconsiderar o seu ato, atenuando ou extinguindo a sanção, sob o manto da autotutela da Administração Pública. Por último, consigna-se que recursos não têm efeito suspensivo.

Esses dispositivos se coadunam com a Lei n° 5.427/09, que estabelece normas para os processos administrativos disciplinares, sendo relevante destacar o teor dos artigos 54 e 56 da referida lei estadual, de onde se extrai que das decisões proferidas em processos administrativos e das decisões que adotem providências acauteladoras cabe recurso, e que o julgamento do recurso administrativo competirá à autoridade ou órgão imediatamente superior àquela que houver proferido a decisão recorrida, salvo expressa disposição legal ou regulamentar em sentido diverso.

Nesse diapasão, se a sanção disciplinar for aplicada pelo Secretário de Estado de Polícia Civil, caberá o pedido de reconsideração e, subsidiariamente, o recurso hierárquico ao Governador do Estado, autoridade que ocupa a posição de maior grau hierárquico no Poder Executivo.

17.4. Requisitos para a instauração de Processo Administrativo Disciplinar

Considerando que o processo administrativo é o meio pelo qual a Administração se vale para promover a apuração das transgressões disciplinares, com potencial para resultar em sanções mais graves ao servidor processado, a sua instauração reclama o preenchimento de alguns requisitos legais, que devem ser observados por ocasião do juízo de admissibilidade feito pela autoridade competente, no caso, o Corregedor-Geral de Polícia.

No artigo 24, § 5° da Lei Complementar n° 204/2022 estão previstos os pressupostos necessários à instauração de processo administrativo disciplinar no âmbito da Polícia Civil do Estado do Rio de Janeiro, repisa-se:

> *Art. 24, § 5° - Quando à transgressão disciplinar for cominada potencial aplicação de sanção igual ou superior a 60 (sessenta) dias de suspensão, demissão, cassação de aposentadoria, disponibilidade ou perda das prerrogativas do cargo, as sindicâncias administrativas disciplinares deverão, imediatamente, ser encaminhadas ao Corregedor-Geral, para, se for o caso, determinar a instauração de processo administrativo disciplinar, com a consequente distribuição a uma das Comissões Permanentes de Inquérito Administrativo.*

Como ressaltado outras vezes, a Lei Complementar n° 204/2022 não revogou expressamente o Decreto-Lei n° 218/75 (Estatuto dos Policiais Civis do Estado do Rio de Janeiro), com exceção do seu artigo 23. Entretanto, depreende-se que ocorreu a derrogação em relação ao artigo 25-B (acrescido pela Lei n° 4.236/2003), no que diz respeito aos requisitos necessários para a deflagração de processo administrativo anteriormente adotado, que disciplinava nestes termos:

> *Art. 25-B - Quando à transgressão disciplinar for cominada pena superior a 60 (sessenta) dias de suspensão, demissão, cassação de aposentadoria ou de disponibilidade, os autos serão encaminhados ao Chefe da Polícia Civil, que os remeterá ao Secretário de Estado de Segurança Pública para instauração de processo administrativo disciplinar, por distribuição a uma das Comissões Permanentes de Inquérito Administrativo – CPIAs.*

Com esse espeque, é imperioso discorrer acerca das modificações promovidas pela novel Lei Complementar em relação ao dispositivo anterior, como abaixo enumerado:

a) Em se tratando da pena de suspensão como requisito para instauração do PAD, o texto anterior (artigo 25-B do DL n° 218/75) exigia que à transgressão disciplinar fosse cominada pena **superior a 60 (sessenta) dias de suspensão.** Na nova redação, encontra-se disposto que a deflagração do processo administrativo disciplinar estará justificada quando à transgressão disciplinar for cominada potencial aplicação de sanção **igual ou superior a 60 (sessenta) dias de suspensão.**

b) O texto derrogado também previa a instauração do PAD quando à transgressão disciplinar fosse aplicada a pena de demissão, cassação de aposentadoria ou **de** disponibilidade. A novel redação suprimiu a preposição *de*, deixando margem à interpretação equivocada em relação à cassação de disponibilidade, levando a crer que a *disponibilidade* seria uma espécie de sanção, quando, na verdade, a sanção é a cassação da disponibilidade, cujo conceito foi detidamente analisado anteriormente nos comentários ao artigo 16, inciso VI (competências do Secretário de Estado de Polícia Civil);

c) Sobre a autoridade competente para a instauração, o texto derrogado do DL 218/75 previa a remessa dos autos ao Chefe de Polícia com vistas ao Secretário de Estado de Segurança Pública (cargo extinto), sendo certo que atualmente, com a vigência da Lei Complementar nº 204/2022, a competência para a instauração do PAD é exclusiva do Corregedor-Geral de Polícia Civil, que remeterá os autos a uma das Comissões Permanentes de Inquérito Administrativo, no âmbito do DGCPIA/CGPOL;

d) O artigo 24, § 5º, da LC nº 204/2022 também inseriu como fundamento para instauração do PAD a *perda das prerrogativas do cargo*, por óbvio decorrente da prática de transgressão disciplinar, entretanto, essa medida não se encontra no rol taxativo das espécies de transgressões disciplinares previstas no ainda vigente artigo 16 e incisos do Decreto-Lei nº 218/75, que somente prevê as seguintes sanções administrativas: advertência; repreensão; suspensão; demissão; cassação de aposentadoria e cassação de disponibilidade.

Normalmente, o processo administrativo disciplinar é precedido por sindicância administrativa disciplinar (SAD), de natureza investigativa ou acusatória. Todavia, nada obsta que a Administração resolva instaurar diretamente o PAD, a depender da gravidade e da subsunção legal do fato apurado, mormente nos casos previstos no artigo 61, parágrafo único, do Decreto-Lei nº 220/75, que dispõe: a autoridade promoverá a apuração da irregularidade diretamente por meio de inquérito administrativo (PAD), sem a necessidade de sindicância quando já existir denúncia do Ministério Público, quando tiver ocorrido prisão em flagrante ou for apurar abandono de cargo ou função.

Caso não estejam presentes os requisitos para a deflagração do processo administrativo disciplinar (PAD), a Administração pode ser valer da sindicância administrativa disciplinar (SAD), para a eventual aplicação das sanções de advertência, repreensão e/ou suspensão, desde que esta não ultrapasse o limite de 59 (cinquenta e nove dias), com fundamentos nos regulamentos aqui comentados.

17.5. Revisão Administrativa

Conquanto a Lei Complementar nº 204/2022 não tenha disciplinado a revisão administração, é de bom alvitre assinalar que o Corregedor-Geral de Polícia possui a competência delegada pelo Secretário de Estado de Polícia para promover o juízo de admissibilidade do aludido requerimento, como dispõe a Resolução SEPOL nº 055/2019.

Salienta-se que a revisão administrativa não é espécie de recurso, mas se trata de um instrumento em favor dos administrados que permite que seja suscitada a revisão de processo concluído, em que tenha sido aplicada sanção administrativa, desde que preenchidos os requisitos legais para a sua deflagração. Em regra, o pedido de revisão é impetrado por ex-servidor, demitido por meio de processo administrativo disciplinar, já tendo sido esgotados os recursos cabíveis (pedido de reconsideração e recurso hierárquico).

José Cretella Júnior explica com clareza que a revisão é o caminho para suprimir ato punitivo ilegal quando a autoridade julgadora errou ao aplicar o direito, ou quando a instrução processual revelou vício ou não completou seu ciclo, nos casos de manifesto erro de direito ou de fato, de vício insanável de ilegalidade, ante o acrescentamento ou aparecimento de fatos ou circunstâncias que justifiquem a inocência do funcionário punido.[166]

Com essa premissa, a Lei Estadual – RJ n° 5.427/09, no artigo 64, dispõe que a Administração poderá rever suas decisões, desde que apoiada em fatos novos ou desconhecidos à época do julgamento que guardem pertinência com o objeto da decisão, em duas hipóteses: I - de ofício, observado o disposto no art. 53 desta Lei e II - por provocação do interessado, independentemente de prazo.

Resume-se, no quadro abaixo, a legislação que regulamenta a revisão administrativa para os policiais civis, como integrantes da categoria de servidores públicos civis do Poder Executivo do Estado do Rio de Janeiro:

---

[166] CRETELLA JÚNIOR, José. *Dicionário de direito administrativo*. 3. ed. rev. e aum. Rio de Janeiro: Forense, 1978. p. 477.

Decreto-Lei 220/75	Lei estadual 5.427/09	Decreto estadual 31.896/02[167]
Art. 77 - Poderá ser requerida a revisão do inquérito administrativo de que haja resultado pena disciplinar, quando forem **aduzidos fatos ainda não conhecidos, comprobatórios da inocência do funcionário punido.**	Art. 64 - A Administração poderá rever suas decisões, desde que apoiada em fatos novos ou desconhecidos à época do julgamento **que guardem pertinência com o objeto da decisão.**	Art. 66. As decisões administrativas de que resultem sanções ou de que já não caiba recurso, nem pedido de reconsideração, poderão ser revistas, a **qualquer tempo,** a pedido ou de ofício, quando surgirem **fatos novos ou circunstâncias relevantes suscetíveis de justificar o reexame da questão,** observada a prescrição quinquenal.

Do esquema acima exposto extraem-se os requisitos legais para o conhecimento do pedido. Como visto, o artigo 77 do Decreto-Lei nº 220/75 dispõe que deverão ser aduzidos fatos ainda não conhecidos, comprobatórios da inocência do funcionário punido. Noutro giro, o artigo 64 da Lei Estadual/RJ nº 5.427/2009 prevê que a decisão punitiva poderá ser revista, desde que apoiada em fatos novos ou desconhecidos à época do julgamento e que guardem pertinência com o objeto da decisão. Por fim, o artigo 66 do Decreto Estadual nº 31.896/2002 acrescenta que a decisão administrativa, que tenha culminado em sanção e não caiba mais recurso, poderá ser revista a qualquer tempo, levando-se em conta fatos novos ou circunstâncias relevantes suscetíveis de justificar o reexame da questão.

---

[167]   RIO DE JANEIRO. Decreto n° 31.896/2022 - Dispõe sobre a uniformização dos atos oficiais, estabelece normas sobre a categoria dos documentos oficiais, regula o processo administrativo no âmbito da administração pública do Estado do Rio de Janeiro, e dá outras providências.

O artigo 68 do Decreto Estadual n° 31.896/2002 ordena que o pedido de revisão seja dirigido à autoridade competente para apreciar a matéria, ou seja provocado pelo servidor ou ex-servidor interessado na reforma de sanção administrativa anterior.

O mesmo decreto preconiza no seu artigo 69 que a revisão poderá ser promovida de ofício em duas hipóteses: I - pelo Governador do Estado, quanto às suas decisões; II - pelos Secretários de Estado ou dirigentes de órgãos diretamente subordinados ao Governador do Estado, nos demais casos.

Repisa-se que, a partir da criação da Secretaria de Estado de Polícia Civil, o Corregedor-Geral de Polícia passou a exercer a competência delegada relativamente ao juízo de admissibilidade dos pedidos de revisão impetrados por policiais civis ou por ex-policiais civis.

Ao promover o juízo de admissibilidade do pedido de revisão administrativa, o Corregedor poderá, inicialmente, conhecer do pedido e autorizar a instauração do processo de revisão ou não conhecer e negar a instauração da revisão administrativa. Na hipótese de não conhecimento, o requerente poderá ingressar com pedido de reconsideração ou recurso hierárquico, a fim de atacar essa decisão do Corregedor-Geral.

Caso seja conhecido o pedido, será deflagrado o processo de revisão administrativa e os autos serão encaminhados para uma das Comissões Permanentes de Inquéritos Administrativos da CGPOL, para instrução e elaboração de relatório circunstanciado. A missão da Comissão Processante em sede de processo administrativo de revisão é analisar os novos fatos alegados pelo interessado ou o motivo relevante que justifique o reexame da matéria, a fim de subsidiar a autoridade competente na decisão de modificar ou não a decisão sancionadora atacada.

Frisa-se que da revisão do processo não poderá resultar agravamento de sanção eventualmente aplicada, conforme dispõe o artigo 65 da Lei Estadual/RJ n° 5.427/09. Esse é o entendimento do Superior Tribunal de Justiça: *"Da revisão do PAD não poderá resultar agravamento da sanção aplicada, em virtude da proibição do bis in idem e da reformatio in pejus"* (Superior Tribunal de Justiça. Jurisprudência em Teses. Edição 5. Processo Administrativo Disciplinar II, Tese 6).

É importante que o colegiado atente para o objeto do processo administrativo disciplinar que ensejou a punição, bem como os fundamentos legais que a embasaram, a fim de cotejá-los com o objeto do processo judicial correlato, caso exista, e de analisar o reflexo de eventual absolvição na outra instância. Isso porque alguns ilícitos, quando o sujeito ativo é agente público e o sujeito passivo é o Estado, poderão culminar na atuação de três esferas distintas, cível, penal e administrativa.

É pacífico o entendimento de que a Administração não precisa, necessariamente, aguardar o deslinde da ação penal correlata para concluir o processo administrativo, que tem por escopo a apuração de transgressões administrativas disciplinares previstas em regulamento próprio, com respaldo na independência relativa entre as instâncias penal e administrativa. Esse é o entendimento do Superior Tribunal de Justiça: *"as instâncias administrativa e penal são independentes entre si, salvo quando reconhecida a inexistência do fato ou a negativa de autoria na esfera criminal[168]"*.

De igual modo, a Administração não precisa aguardar o deslinde de ação de improbidade correlata à transgressão disciplinar, conforme entendimento sumulado pelo STJ (Súmula 651): *"Compete à autoridade administrativa aplicar a servidor público a pena de demissão em razão da prática de improbidade administrativa, independente de prévia condenação, por autoridade judiciárias, à perda da função pública"*. Entretanto, a superveniente absolvição na esfera da improbidade poderá, a depender da análise com caso concreto, refletir na decisão administrativa, embasando eventual pedido de revisão.

Não raro, servidores que foram demitidos por decisão administrativa ingressam com pedido de revisão, após terem sido absolvidos em ações penais que tratam de fatos correlatos, baseados em provas

---

[168] Superior Tribunal de Justiça. Jurisprudência em Teses. Edição 1. Processo Administrativo Disciplinar I, Tese 2. Disponível em: https://processo.stj.jus.br/SCON/jt/toc.jsp. Acesso em: 22/08/2023.

novas ou até mesmo pelo não oferecimento de denúncia. Entretanto, muito se discute acerca dos reflexos do arquivamento do inquérito que trata do crime correlato e da absolvição ocorrida na esfera criminal, quando a mesma se funda na insuficiência de provas.

Não há dúvidas, se pelo mesmo fato o servidor processado foi absolvido na esfera criminal, por inexistência do fato ou pela negativa de autoria, a apuração administrativa será fulminada, restando à Administração apurar apenas eventual falta disciplinar residual que não se relacione com a infração penal.

Em outra vertente, a absolvição por insuficiência de provas não vincula a Administração e não obsta a aplicação da sanção administrativa, mediante o devido processo legal, a observância do contraditório e da ampla defesa, com base na independência entre as instâncias. Contudo, essa independência não pode ser considerada absoluta, até porque em alguns casos é conferido pelo próprio ordenamento jurídico uma prevalência relativa ao Direito Penal, quando excepciona a separação de julgados em duas hipóteses: inexistência do fato e negativa de autoria. Essa vinculação tem como base a confirmação da presunção de inocência definida pela jurisdição penal.

Não se olvida, contudo, que a absolvição por ausência ou insuficiência de provas não vincula à Administração. Entretanto, a primazia da esfera penal não pode ser ignorada quando se trata do julgamento do mesmo conjunto fático. Em tais casos, deve existir uma sistematização que garanta o respeito à coisa julgada penal absolutória, seja qual for a espécie de absolvição, ainda mais se o processo administrativo se valeu, precipuamente, de provas produzidas na persecução penal.

Nessa linha, o Professor Antônio Rodrigo Machado, ao dissertar sobre a independência entre as instâncias, aponta duas razões para a prevalência da esfera penal sobre os demais caminhos do direito punitivo: *a) instância com maior garantia dos direitos individuais aos acusados; b) especialidade para apuração de delitos mais graves.* Nesse sentido, o autor leciona que *"indubitavelmente a esfera penal, comparada à esfera administrativa disciplinar, está mais preparada para o exercício do devido processo legal e, consequentemente, mais protegida da ingerência de arbitrariedades*".[169]

Portanto, se há identidade de objeto entre o processo administrativo e a ação penal correlata, a Administração tem o dever de considerar a superveniente absolvição mesmo por insuficiência de provas, no mínimo para autorizar a instauração do processo de revisão e analisar a existência ou não de falta residual ou de transgressão disciplinar de natureza própria (independente do crime).

Diante da total identidade de objeto, não há como ser mantida a incongruência de ter sido o mesmo fato considerado não provado na esfera penal, onde foram produzidas as principais provas, mas "provada" na esfera administrativa, que se valeu precipuamente das provas emprestadas da primeira. Nas hipóteses em que o fato que motivou a penalidade administrativa resultar em absolvição no âmbito criminal, ainda que por ausência de provas, parece-nos que a autonomia das esferas há que ceder espaço à coerência que deve existir entre as decisões sancionatórias.

Ademais, não pode se manter hígida uma punição calcada em provas consideradas insuficientes. Antônio Carlos Alencar Carvalho[170] leciona que a aplicação de punições administrativas requer a presença de elementos fáticos e probatórios suficientes para demonstrar o efetivo cometimento da falta. Segundo o autor, *"não se pode tolerar que, em caso de dúvidas, seja imposta, de todo modo, sanção administrativa, a qual representa gravíssima medida sobre a pessoa do servidor apenado"*. Dessa maneira, somente nos casos em que indiscutível a prova da infração e da culpabilidade do acusado é que se admite a inflição de punições, as quais deverão ser devidamente motivadas nos fatos e provas reunidos nos autos.

---

[169]   Coleção de Direito Administrativo Sancionador, volume 2 - *Direito Administrativo Disciplinar*. Ed. CEEJ: Rio de Janeiro, 2021. p. 129

[170]   CARVALHO, Antônio Carlos Alencar: *Manual de processo administrativo disciplinar e sindicância à luz da jurisprudência dos Tribunais e da casuística da Administração Pública*, 4. ed. rev. atual. Belo Horizonte:Fórum, 2014.

Por último, ressalta-se que sendo julgada procedente a revisão, será tornada sem efeito a pena imposta, restabelecendo-se todos os direitos por ela atingidos (artigo 82 do DL 220/75), ficando a reintegração a cargo do Chefe do Poder Executivo.

17.6. Núcleo de Defesa Jurídica Policial

Tendo em vista abordamos a Estrutura Organizacional da Corregedoria-Geral de Polícia, mister acrescentar acerca do Núcleo de Defesa Jurídica Policial, destinado à assistência jurídica gratuita dos policiais civis em atividade processados em PAD ou sindicado em SAD.

Trata-se de um modelo de defesa dativa que já funcionava na extinta Corregedoria-Geral Unificada (CGU/SESEG), tendo continuidade no âmbito da Corregedoria-Geral de Polícia Civil, inserida na Estrutura pelo Decreto Estadual n° 48.035/2022 (alterado pelo Decreto 48.273/2022).

Segundo o mandamento constitucional (artigo 5°, inciso LV, da CF/88), aos litigantes em processo judicial ou administrativo e aos acusados em geral são assegurados o contraditório e ampla defesa, com os meios e recursos a ela inerentes. Portanto, nenhuma sanção administrativa, por intermédio de sindicância ou de processo administrativo disciplinar, poderá ser imposta sem que o servidor tenha exercido a sua ampla defesa, seja por meio de advogado constituído, por defensor dativo ou até mesmo a autodefesa.

Não se olvida o teor da Súmula Vinculante n° 5 do Supremo Tribunal Federal, segundo a qual "*a falta de **defesa técnica por advogado** no processo administrativo disciplinar não ofende a Constituição*". Todavia, ainda que o servidor processado não seja assistido por advogado, é dever da Administração oportunizar ao servidor processado todos os meios legais de defesa.

O próprio Decreto Estadual n° 2.479/79, norma anterior à Constituição Cidadã, já estava previsto que "*sempre que o acusado requeira, será designado pelo Presidente da Comissão um funcionário estável, bacharel em Direito, para promover-lhe a defesa, ressalvado o seu direito de, a todo tempo, nomear outro de sua confiança ou a si mesmo, na hipótese da parte final do* caput *do artigo anterior" (art. 331).*

O artigo 332 do mesmo diploma legal dispõe sobre a hipótese de designação de defensor dativo de ofício pelo Presidente da Comissão quando for o processado for considerado revel. Nesse caso, reza o § 1° do artigo 332 que o defensor não poderá abandonar o processo senão por motivo imperioso, sob pena de responsabilidade.

Em outra vertente, quando o defensor constituído pelo servidor processado deixar de comparecer à audiência, ainda que justifique, o Presidente da Comissão designará um substituto (defensor dativo), provisoriamente, para a realização do ato/audiência previamente marcada, não obstante, a presença do processado.

O artigo 333, do Decreto Estadual n° 2.479/79 dispõe sobre a participação do servidor processado em prol de sua defesa, prescrevendo que *"para assistir pessoalmente aos atos processuais, fazendo-se acompanhar de defensor, se assim o quiser, o acusado será sempre intimado, e poderá, nas inquirições, levantar contradita, formular perguntas e reinquirir testemunhas; nas perícias apresentar assistente e formular quesitos cujas respostas integrarão o laudo; e fazer juntada de documentos em qualquer fase do processo".*

Importante deixar claro que o Núcleo de Defesa Jurídica Policial atua exclusivamente nas sindicâncias e nos processos administrativos disciplinares no âmbito da Corregedoria-Geral de Polícia, não prestando assistência jurídica na esfera judicial ou extrajudicial.

17.7. Competência para aplicação de sanções disciplinares

A matéria tratada no artigo 25 era disciplinada, anteriormente, pelo artigo 23 do Decreto-Lei 218/75 (alterado pela Lei 4.236/2003), o qual foi revogado expressamente por esta Lei Orgânica, como se extrai do seu artigo 73, razão pela qual o texto atual será cotejado com aquele que foi expressamente revogado.

COMPETÊNCIAS PARA APLICAÇÃO DE PUNIÇÕES	
Artigo 23 do Decreto-Lei n° 218/75 (revogado)	Artigo 25 da LC 204/2022
I - O Governador do Estado, em qualquer caso e privativamente nos casos dos incisos VI e VII, do artigo 16, em relação aos delegados de polícia.	I - o Governador do Estado, em qualquer caso e privativamente nos casos de demissão e cassação de aposentadoria de Delegados de Polícia.
II - O Secretário de Estado de Segurança Pública, em qualquer caso e, privativamente nos casos dos incisos VI e VII do artigo 16, em relação aos demais servidores policiais e suspensão acima de 60 (sessenta) dias.	II - O Secretário de Estado de Polícia Civil, em qualquer caso, e privativamente nos casos de demissão e cassação de aposentadoria em relação aos demais servidores policiais civis.
III - O Chefe da Polícia Civil, nos casos dos incisos I e II, do artigo 16, e suspensão até 60 (sessenta) dias.	III - O Corregedor-Geral, nos casos de advertência, repreensão e suspensão até 90 (noventa) dias.
IV - O Corregedor da Polícia Civil, nos casos dos incisos I e II, do artigo 16, e suspensão até 50 (cinquenta) dias.	IV - Os Corregedores Regionais, nos casos de advertência, repreensão e suspensão até 60 (sessenta) dias.
V - Os dirigentes de unidade de polícia administrativa e judiciária da Polícia Civil, nos casos dos incisos I a III, do artigo 16, aos servidores policiais que lhes forem subordinados, limitada a pena de suspensão ao prazo de 30 (trinta) dias.	V - Os dirigentes de Delegacias de Polícia e seus respectivos Diretores de Departamento, nos casos de advertência, repreensão e suspensão até 30 (trinta) dias.

Como visto no quadro comparativo acima, a nova Lei Complementar manteve a previsão de que o Governador do Estado tem competência para aplicar qualquer tipo de punição administrativa disciplinar aos Policiais Civis, sendo privativa ao Chefe do Poder Executivo a aplicação da pena de demissão e cassação de aposentadoria de Delegado de Polícia. A nova redação não fez referência à cassação de disponibilidade. A Disponibilidade no Serviço Público é um instrumento que protege o vínculo do servidor estável com a Administração quando seu cargo é extinto ou declarado desnecessário.

A demissão é a pena administrativa mais grave prevista no ordenamento jurídico a que se subordinam os policiais civis, cujas hipóteses estão previstas no artigo 52 do Decreto-Lei nº 220/75.

Celso Antônio Bandeira de Mello leciona que "a demissão é a exclusão do servidor como medida punitiva, se refere à mais grave sanção aplicável e impõe-se a quem transgrediu deveres funcionais, revelando-se inconveniente com o serviço público."[171]

O Superior Tribunal de Justiça assentou em Tese, na edição 141 - Processo Administrativo Disciplinar IV - que *"A Administração Pública, quando se depara com situação em que a conduta do investigado se amolda às hipóteses de demissão ou de cassação de aposentadoria, não dispõe de discricionariedade para aplicar pena menos gravosa por se tratar de ato vinculado"*.

Sobre a cassação de aposentadoria, o Superior Tribunal de Justiça esposou o seguinte entendimento: *"A pena de cassação de aposentadoria prevista nos artigos 127, IV e art. 134 da Lei nº 8.112/1990 é constitucional e legal, inobstante o caráter contributivo do regime previdenciário*[172]*"*.

---

[171]   BANDEIRA DE MELLO, Celso Antônio. Regime constitucional dos servidores da administração direta e indireta. 2. ed. rev. atual. e ampl. São Paulo: Revista dos Tribunais, 1991. p. 47.

[172]   STJ - RMS 61108/DF, Rel. Ministro HERMAN BENJAMIN, SEGUNDA TURMA, julgado em 27/08/2019, DJe 25/10/2019. AgInt no RMS 51928/RJ, Rel. Ministro GURGEL DE FARIA, PRIMEIRA TURMA, julgado em 24/06/2019, DJe 27/06/2019.

Tanto a cassação de aposentadoria como a cassação de disponibilidade somente serão cabíveis se comprovado que o aposentado cometeu a transgressão disciplinar passível de demissão quando ainda estava em atividade.

Nessa toada, verifica-se que ao Secretário de Estado da Polícia Civil compete aplicar qualquer tipo de sanção administrativa disciplinar aos Policiais Civis, possuindo a competência privativa na aplicação da pena de demissão e cassação de aposentadoria, exceto em desfavor de Delegado de Polícia.

Quando a Lei se refere a "*qualquer caso*", significa que o Secretário de Estado de Polícia Civil tem a competência para aplicar aos policiais civis todas as sanções previstas no Decreto-Lei nº 218/75 (advertência, repreensão, suspensão) e no Decreto-Lei nº 220/75 (demissão e cassação de aposentadoria e disponibilidade), com exceção da competência privativa do Governador do Estado, prevista no inciso I, em relação aos Delegados de Polícia.

Como já mencionado anteriormente, a competência do Corregedor-Geral foi ampliada para a aplicação da pena de suspensão, que agora pode chegar ao patamar máximo de 90 (noventa) dias. Ressalte-se que o prazo máximo de 90 (noventa) dias de suspensão prevalece em relação aos Policiais Civis, em detrimento do prazo de 180 (cento e oitenta) dias previsto no artigo 50, § 1º do Decreto-Lei nº 220/75.

Acrescenta-se que a redação da atual normativa atribuiu aos Corregedores Regionais a competência para a aplicação das sanções de advertência, repreensão e suspensão até 60 (sessenta) dias, no âmbito de suas atribuições. Não é demais reforçar que na esfera de competência das Corregedorias Regionais não se encontra processo administrativo disciplinar (PAD), apenas sindicâncias administrativas disciplinares (SAD).

Por fim, analisamos a redação do artigo 25, inciso V, em relação às competências dos dirigentes de Delegacias de Polícia e seus respectivos Diretores de Departamento, os quais possuem a competência para a aplicação das sanções de advertência, repreensão e suspensão até 30 (trinta) dias.

Comparando a redação do aludido dispositivo com a revogada redação do artigo 23, inciso V do Decreto-Lei n° 218/75, verificamos que desapareceu a previsão dos *"dirigentes de unidade de polícia administrativa"* no que concerne a aplicação de sanções disciplinares. A redação anterior legitimava, por exemplo, que um dirigente de órgão pericial ou qualquer outro de natureza administrativa pudesse aplicar as sanções disciplinares de advertência, repreensão e suspensão até 30 (trinta) dias. Com a nova redação, nos parece que essa hipótese restou afastada.

18. CONTROLADORIA-GERAL DE POLÍCIA CIVIL

Art. 26 - A Controladoria-Geral de Polícia Civil será dirigida por um Controlador Geral, ocupante de cargo efetivo de Delegado de Polícia do Estado do Rio de Janeiro, em atividade, e da classe mais elevada, com mais de 12 (doze) anos no cargo.

§ 1º - À Controladoria-Geral de Polícia Civil compete:

I - assessorar o Secretário de Estado de Polícia Civil no controle interno orçamentário, financeiro, contábil, patrimonial e operacional, sob os aspectos da legalidade, legitimidade, economicidade, eficiência e eficácia;

II - instaurar e processar com exclusividade sindicâncias patrimoniais;

III - auditar e avaliar controles internos, rotinas e processos administrativos e policiais;

IV - prestar apoio técnico ao controle externo em consonância com as normativas e do Tribunal de Contas do Estado;

V - fomentar boas práticas organizacionais, para o controle social, transparência da gestão, prevenção e combate à fraude e à corrupção.

§ 2º Compete privativamente ao Controlador-Geral instaurar sindicância patrimonial no âmbito da Polícia Civil.

Art. 27 - A sindicância patrimonial constitui-se em procedimento investigativo, sigiloso e de caráter não punitivo para apurar evolução patrimonial incompatível com os recursos e disponibilidades do servidor policial civil.

§ 1º - O procedimento de sindicância patrimonial será conduzido por comissão previamente constituída e composta por servidores estáveis ocupantes de cargos públicos efetivos, designada pelo Controlador-Geral da Polícia Civil.

§ 2° - O prazo para conclusão do procedimento de sindicância patrimonial será de 90 (noventa) dias, contado da data da publicação da Portaria, podendo ser prorrogado, por iguais períodos, pela autoridade competente pela instauração, desde que justificada a necessidade, não podendo, porém, as prorrogações ultrapassar 1 (um) ano.

§ 3° - A comissão de que trata o § 1° deste artigo será presidida obrigatoriamente por Delegado de Polícia da classe mais elevada da carreira.

Art. 28 - Após a instauração do procedimento, a comissão dará ciência imediata ao sindicado e efetuará as diligências necessárias à elucidação do fato.

Parágrafo Único - As consultas, solicitações de informações e documentos necessários à instrução da sindicância, quando dirigidas à Secretaria da Receita Federal do Ministério da Fazenda, deverão ser feitas por intermédio do Controlador-Geral, observado o dever da comissão de, após a transferência, assegurar a preservação do sigilo fiscal.

Art. 29 - Concluídos os trabalhos da sindicância patrimonial, a comissão encaminhará ao Controlador-Geral relatório sobre os fatos apurados, que decidirá pelo seu arquivamento ou, se for o caso, pela sua remessa ao Corregedor-Geral para que este decida acerca da instauração de processo administrativo disciplinar.

A Controladoria-Geral de Polícia Civil é um dos órgãos de Direção Superior da Secretaria de Estado de Polícia Civil que teve destaque na Lei Complementar n° 204/2022, tendo a sua regulamentação suplementar contida no Decreto Estadual n° 48.273/2022, que dispõe sobre a estrutura organizacional e atribuições, inclusive da Auditoria-Geral e da Ouvidoria-Geral da Polícia Civil.

Segundo o teor do anexo I, inciso VI, item 6.13, do Decreto-Estadual n° 48.273/2022, à Auditoria-Geral de Polícia Civil, dirigida por um Auditor-Geral de Polícia, compete, além de outras que lhe forem atribuídas: a) substituir o Controlador-Geral em suas ausências ou impedimentos; b) executar as atividades de auditoria interna operacional, orçamentária, financeira, contábil, patrimonial; c) acompanhar as atividades de controle externo; apurar as sindicâncias patrimoniais.

Do anexo I, inciso VI, item 6.14 extrai-se que à Ouvidoria-Geral de Polícia Civil, dirigida por um Ouvidor-Geral, compete: a) processar as denúncias, reclamações, solicitações, sugestões e elogios relativos às políticas e aos serviços públicos prestados pela SEPOL, realizando a mediação administrativa entre os órgãos para a efetiva instrução das demandas apresentadas pelo cidadão; b) processar os requerimentos de pedidos de acesso à informação e coordenar as atividades de transparência e controle social.

A Controladoria-Geral, dirigida por um Controlador-Geral, possui um papel de extrema relevância a política de integridade institucional implementada na Polícia Civil, que visa assegurar o controle, a fiscalização contábil, financeira, orçamentária, operacional, patrimonial e funcional, quanto à legalidade, legitimidade e economicidade na gestão dos recursos públicos e à avaliação dos resultados obtidos pela administração (artigo 2º da Lei 7.989, de 14 de junho de 2018).

Noutro giro, é importante ressaltar que as atribuições da Controladoria-Geral não se confundem e tampouco conflitam com as atribuições da Corregedoria-Geral, embora esses dois órgãos integrem o que chamamos de Sistema de Controle Interno. Em alguns setores da Administração Pública as corregedorias estão inseridas na estrutura organizacional das controladorias, como ocorre na Controladoria-Geral da União (CGU) e na Controladoria Geral do Estado do Rio de Janeiro (CGE/RJ).

18.1. Competências da Controladoria-Geral de Polícia Civil

O artigo 26, § 1º, incisos I a V, cuida das competências da Controladoria-Geral de Polícia Civil, incluindo as atribuições de controle de interno, da instauração de sindicância patrimonial, do fomento de boas práticas e do assessoramento técnico ao controle externo.

No inciso I, o texto legal se refere à atividade de assessoramento ao Secretário de Estado de Polícia Civil, relativamente ao controle interno[173] orçamentário, financeiro, contábil, patrimonial e operacional. Em linhas gerais, consiste na promoção de medidas preventivas, antes que ações ilícitas, incorretas ou impróprias possam atentar contra os princípios da Instituição.

No inciso II, encontra-se a previsão da competência exclusiva da Controladoria-Geral em relação à instauração de sindicância patrimonial, que se encontra disciplinada nos artigos 27 ao 29 desta Lei Complementar, cuja instauração e instrução é de competência exclusiva da Controladoria-Geral.

Adianta-se que somente no caso da constatação de indícios suficientes de enriquecimento ilícito por parte do policial investigado, a sindicância patrimonial deverá ser remetida para a Corregedoria-Geral de Polícia visando à instauração de processo administrativo disciplinar (PAD), cujo ato de instauração deve indicar os dispositivos, em tese, violados.

Não obstante, o texto tratar expressamente do procedimento de sindicância patrimonial, depreende-se que essa competência se refere também aos procedimentos que a antecedem, como verificação patrimonial preliminar, investigação de sinais exteriores de riqueza e outros mais.

Como adiante será demonstrado, a investigação patrimonial tem por escopo a apuração de enriquecimento ilícito, no âmbito administrativo, eventualmente imputada a policiais civis, incluindo os procedimentos preliminares e a sindicância patrimonial.

O inciso III atribuiu à Controladoria-Geral a competência para auditar e avaliar controles internos, rotinas e processos administra-

---

[173]   Etimologicamente, a palavra controle, do francês *contrôle*, significa o ato ou poder de controlar, verificar, averiguar. Segundo o *Michaelis*, é o "ato de dirigir qualquer atividade, fiscalizando-a e orientando-a do modo mais conveniente.

tivos e policiais. Essas disposições são dotadas de uma considerável abrangência, uma vez que atribuem à CGPC o exame e a avaliação de rotinas e processos de naturezas diversas, administrativos ou policiais, no que se refere à legalidade, legitimidade, economicidade, eficiência e eficácia.

Consigna-se que essas atividades não possuem o viés correcional. Assim sendo, caso se depare com a prática de transgressões disciplinares atribuída a policial civil, o fato deverá ser comunicado à Corregedoria-Geral de Polícia para a adoção das medidas cabíveis.

Na sequência, o inciso IV dispõe que a Controladoria-Geral da Polícia Civil é encarregada de prestar não só apoio técnico, mas também informações solicitadas por órgãos de controle externo[174], zelando pela transparência da administração.

Por último, o inciso V dispõe que compete à Controladoria-Geral de Polícia o fomento de boas práticas nas organizações, na forma deste inciso, voltadas para a transparência da gestão e, consequentemente, o controle social e prevenção à fraude e aos atos de corrupção. Em linhas gerais, entende-se por boas práticas as atividades governamentais que devem, necessariamente, gerar alto impacto nos resultados almejados pela organização.

O artigo 26, § 2°, Lei Complementar n° 204/2022, reforça a competência exclusiva da Controladoria-Geral de Polícia Civil para a instauração de sindicância patrimonial, acrescentando que tal atribuição é privativa do Controlador-Geral, como gestor do referido órgão. Mais adiante, nos artigos 27, 28 e 29 da discorreremos sobre o conceito de sindicância patrimonial, da instrução e da sua conclusão, respectivamente.

---

[174] Controle externo é o que se realiza por órgão estranho à Administração responsável pelo ato controlado, como, por exemplo, a apreciação das contas no âmbito do Poder Executivo pelo Legislativo; a auditoria do Tribunal de Contas sobre a efetivação de determinada despesa do Executivo; a anulação de um ato do Executivo por decisão do Judiciário; a sustação de ato normativo do Executivo pelo Legislativo.

A fim de regulamentar os aludidos dispositivos da LOPCERJ, a Secretaria de Estado de Polícia Civil editou a Resolução SEPOL n° 420, de 28 de novembro de 2022, dispondo sobre a sindicância patrimonial e os seus procedimentos preliminares.

Como exposto anteriormente, a instauração de sindicância patrimonial é precedida por uma apuração preliminar que compreende uma série de procedimentos, visando à verificação da evolução patrimonial do servidor, com o objetivo de comprovar a autoria e materialidade de enriquecimento ilícito de servidor policial civil.

Assim sendo, é relevante consignar que a investigação preliminar que antecede a sindicância patrimonial também é de competência exclusiva da Controladoria-Geral de Polícia Civil, entretanto, essa atribuição não é privativa do Controlador Geral.

Em linhas gerais, o artigo 3° do Resolução SEPOL n° 420/2022 dispõe que ao tomar conhecimento de indícios de enriquecimento ilícito ou sinais de incompatibilidade patrimonial de servidor policial civil, o Auditor-Geral, verificada a existência de justa causa, determinará a instauração de procedimento preliminar de investigação patrimonial.

Extrai-se da referida resolução que no curso do procedimento preliminar de investigação, deverão ser apurados os bens e direitos que integram o patrimônio do servidor policial civil e o valor de cada um deles, sendo certo que o resultado obtido deverá ser cotejado com a renda auferida pelo servidor policial civil e com a evolução do seu patrimônio, com vistas a verificar se eventual acréscimo decorreu da evolução lícita ou ilícita desse patrimônio.

O Delegado de Polícia responsável pelo procedimento preliminar de investigação patrimonial deverá apresentar relatório conclusivo a respeito dos fatos apurados, opinando pelo arquivamento do feito, em caso de ausência de justa causa, ou pela imediata instauração de sindicância patrimonial, havendo indícios de enriquecimento ilícito ou sinais de incompatibilidade patrimonial.

O aludido relatório deverá ser encaminhado ao Auditor-Geral de Polícia, que opinará pelo arquivamento do feito ou pela instauração de sindicância patrimonial, sempre de forma fundamentada.

18.2. Sindicância Patrimonial

Preambularmente, no *caput* do artigo 27, da LC n° 204/2022, temos que a sindicância patrimonial consiste em procedimento investigativo, sigiloso e de caráter não punitivo, voltado a apurar evolução patrimonial incompatível com os recursos e disponibilidades do servidor policial civil. Portanto, trata-se de mecanismo diverso dos procedimentos mencionados até aqui (sindicância disciplinar e processo administrativo disciplinar).

Ressalta-se que a sindicância patrimonial será destinada a servidor policial civil ou a qualquer servidor em exercício na Secretaria de Estado de Polícia Civil, desde que existam indícios de enriquecimento ilícito que indiquem evolução patrimonial incompatível.

Merece relevo o fato de a Lei Complementar n° 204/2022 tratar deste tipo de procedimento, que até então era regulado apenas por meio de decretos estaduais. Aliás, constata-se que a PCERJ é a primeira e talvez a única Polícia Judiciária do Brasil a regulamentar a sindicância patrimonial por meio de lei.

Desde o ano de 2010, os procedimentos alusivos à sindicância patrimonial estão regulados no âmbito do Poder Executivo do Estado do Rio de Janeiro, por meio do Decreto Estadual n° 42.553/2010[175] e, posteriormente, foi disciplinada pelo Decreto Estadual n° 46.364/2018 (alterado pelo Decreto Estadual n° 46.663/2019), que instituiu o Sistema de Controle de Bens Patrimoniais dos Agentes Públicos – SISPATRI – e também regulamentou a sindicância patrimonial, como norma geral para o Poder Executivo do RJ.

Além dessas normas, devemos mencionar o Decreto Estadual n° 43.483, de 27 de fevereiro de 2012, que dispõe sobre sindicância patrimonial de servidores da Polícia Civil, da Polícia Militar e do Corpo de Bombeiros Militar, no âmbito do Poder Executivo Estadual, nos casos de evolução patrimonial incompatível com os recursos que

---

[175] RIO DE JANEIRO. Decreto Estadual n° 42.553/10 – Regulamenta, no âmbito do Poder Executivo Estadual, o artigo 13 da Lei n° 8.429, de 02 de junho de 1992, institui a sindicância patrimonial e dá outras providências.

auferem em razão do cargo e disponibilidades que compõem seu patrimônio, e dá outras providências.

Portanto, até a promulgação da Lei Complementar em estudo, eram essas normas que regiam a sindicância patrimonial no âmbito da Polícia Civil do Estado do Rio de Janeiro.

No que diz respeito ao conceito de sindicância patrimonial, sob a ótica doutrinária, merece ser trazido à colação as lições de Paulo Enrique Mainier, na obra *Controle de Legalidade da Administração Pública, Diálogos Institucionais*:

> *Sindicância Patrimonial é o procedimento investigativo, sigiloso e sem caráter punitivo, destinado a coletar e analisar informações com o objetivo de reconstruir o perfil financeiro do agente público investigado para verificar a compatibilidade do patrimônio adquirido ou usufruído por ele com as disponibilidades e os ganhos licitamente auferidos e declarados. [...] Trata-se de um procedimento preparatório e não punitivo porque sempre precede a um possível processo administrativo disciplinar ou arquivamento. Não é possível punir um agente público diretamente na sindicância patrimonial. Ademais, é sigiloso, inquisitorial, investigativo em razão da inexigência de observância do direito ao contraditório e da ampla defesa. Trata-se, portanto, de procedimento que não interrompe prescrição nem tem o condão de gerar prejuízo ao agente público investigado.[176]*

Sobre a sindicância patrimonial, pontua-se que no Manual de Sindicância Patrimonial, Teoria e Prática[177], o tema em comento poderá ser aprofundado, vez que os autores apresentaram, com rigor conceitual, os contornos e nuanças desse procedimento de perscru-

---

[176]   MAINIER, Paulo Enrique, Anderson Schreiber (*et al.*). *Controle de legalidade da administração pública: diálogos institucionais*. Indaiatuba: Editora Foco, 2022. página 123.

[177]   LIMA, Claudio Roberto Paz, RICCIARDI, Marco Antonio Jr, FREITAS, José Ricardo Bento Garcia de. Manual de Sindicância Patrimonial: teoria e prática. Rio de Janeiro: Freitas Bastos, 2021.

tação patrimonial, com o escopo de capacitar operadores do direito, nomeadamente os agentes e servidores públicos, a manejarem-no em seu cotidiano de trabalho, em firme prestígio e acatamento aos ditames éticos e morais regentes da Administração Pública.

No mencionado manual aponta-se que a sindicância patrimonial não se confunde com os demais procedimentos administrativos disciplinares (sindicância punitiva ou investigativa), *litteris*:

> *A sindicância patrimonial não se destina à apuração de transgressão disciplinar, na espécie, tampouco de crime. Ela é um instrumento que antecede o processo administrativo disciplinar e indica em que proporção a evolução patrimonial do servidor se mostrou incompatível, devendo ser demonstrado com clareza o (s) período (s) em que o enriquecimento ilícito se comprovou. [...] Não se deve confundir a sindicância patrimonial com a sindicância administrativa disciplinar (SAD). Esta tem por escopo apurar determinada transgressão disciplinar, obedecendo ao princípio da legalidade; aquela se destina precipuamente à apuração da compatibilidade entre a evolução patrimonial do servidor público e os seus ganhos formalmente declarados, além de se definir como sendo uma arma poderosíssima no combate à corrupção. [...]*

Como já ressaltamos anteriormente, essa importante investigação está a cargo da Controladoria-Geral da Polícia Civil. No caso de verificação e/ou indícios de enriquecimento ilícito por parte de servidor vinculado à Polícia Civil, os autos devem ser remetidos à Corregedoria-Geral da Polícia Civil com a sugestão fundamentada visando à instauração de processo administrativo disciplinar, o qual poderá culminar na demissão do servidor.

O § 1°, do artigo 27, da LC n° 204/2022, dispõe que a sindicância patrimonial será conduzida por comissão processante, composta por servidores estáveis ocupantes de cargos públicos efetivos, designada pelo Controlador-Geral de Polícia Civil.

Adianta-se que o § 3°, do artigo 27, dispõe que a Comissão de Sindicância Patrimonial deverá ser presidida, obrigatoriamente, por

Delegado de Polícia, devendo este pertencer à classe mais elevada da carreira, independente do cargo que ocupa o servidor investigado.

Com esse espeque, o artigo 1,0 da Resolução SEPOL n° 420/2022, dispõe que a comissão processante patrimonial será composta por 03 (três) servidores policiais civis, sendo, obrigatoriamente, presidida por um Delegado de Polícia da classe mais elevada da carreira e mais dois servidores lotados na Controladoria-Geral de Polícia Civil.

O artigo 27, § 2°, trata do prazo para a conclusão da sindicância patrimonial. Até o advento da LC 204/2022, adotavam-se os prazos previstos no artigo 11, § 2°, do Decreto Estadual RJ n° 43.483/2012[178]: Art. 11 (...) § 2° - O prazo para conclusão do procedimento de sindicância patrimonial será de 30 (trinta) dias, contados da data da publicação da portaria, podendo ser prorrogado, por igual período ou por período inferior, pela autoridade competente pela instauração, desde que justificada a necessidade.

Nota-se que foi mantido o *dies a quo*: "*a contar da publicação da portaria*". No entanto, estendeu-se para 90 (noventa) dias o prazo para conclusão do procedimento, prorrogável por iguais períodos, não podendo ultrapassar 1 (um) ano.

Desse modo, a novel lei complementar limitou a duração da sindicância patrimonial a 1 (um) ano. Não obstante, entende-se que nada obsta que o mesmo servidor venha a ser submetido a uma nova sindicância patrimonial, desde que motivada por fato ou período diverso, uma vez que, enquanto estiver em exercício estará sujeito ao controle da Administração Pública, com supedâneo no dever de probidade.

Nessa mesma linha prescreve o artigo 13 da Resolução n° 420/2022: *Art. 13 - O prazo para a conclusão da sindicância patri-*

---

[178]   RIO DE JANEIRO. Decreto Estadual 43.483/12 – Dispõe sobre sindicância patrimonial de servidores da Polícia Civil, da Polícia Militar e do Corpo de Bombeiros Militar, no âmbito do Poder Executivo, nos casos de evolução Patrimonial Incompatível com os recursos que auferem em razão do cargo e disponibilidades que compõem seu patrimônio, e dá outras providências.

monial será de 90 (noventa) dias, contados da data da publicação da Portaria, podendo ser prorrogado, por iguais períodos, pela autoridade competente pela instauração, desde que justificada a necessidade de sua prorrogação, sendo certo que sua tramitação não poderá exceder o limite máximo de 1 (um) ano.

No artigo 14 da referida Resolução foi disciplinada a possibilidade de *sobrestamento* da sindicância patrimonial, caso seja imprescindível a coleta ou a juntada de informações disponíveis em outros órgãos internos ou externos à Polícia Civil do Rio de Janeiro.

O prazo do sobrestamento poderá ser de 90 (noventa) dias, prorrogável por igual período, uma única vez, por ato fundamentado do Auditor-Geral de Polícia, respeitado o limite temporal máximo previsto no artigo 13 da aludida resolução.

Esse prazo parece exíguo, uma vez que a investigação patrimonial demanda uma série de pesquisas a órgãos externos, bem como depende da análise contábil das informações carreadas à apuração. Entretanto, devemos lembrar que enquanto pertencer ao Quadro da Instituição e se mantiver em atividade, o servidor estará sujeito a esse tipo de apuração, ou seja, mesmo que a Administração já tenha arquivado uma investigação preliminar ou até mesmo uma sindicância patrimonial instaurada em face de determinado servidor, na qual tenha sido delimitado o período analisado (ano a ano), nada obsta que nova apuração seja deflagrada, desde que, posteriormente, venham a ser apontados novos indícios de enriquecimento ilícito.

Nos artigos 11 e 12 da Resolução nº 420/2022 estão elencadas as providências que devem ser adotadas pela Comissão Processante Patrimonial: I - juntar provas documentais obtidas; II - produzir prova oral com depoimento do servidor sindicado e de testemunhas; III - requisitar perícias em geral; IV - efetuar diligências para o esclarecimento dos fatos; V - juntar documentos referentes ao sigilo bancário e fiscal, nos termos da lei; VI - produzir todos os meios de prova aptos à comprovação do enriquecimento ilícito.

É relevante destacar que no curso da instrução da sindicância patrimonial a Comissão poderá promover prova oral, inclusive com a oitiva do servidor sindicado, não obstante, o caráter inquisitorial do procedimento.

No parágrafo 1°, do artigo 11, encontra-se disposto que a Comissão Processante Patrimonial poderá se valer de diversas fontes de consulta, como o Sistema de Controle de Bens Patrimoniais dos Agentes Públicos – SISPATRI, Secretaria de Estado de Fazenda, SEFAZ –, Departamento Estadual de Trânsito – DETRAN/RJ –, Cartórios de Registros Imobiliários e de Títulos e Documentos, Juntas Comerciais, Departamento-Geral de Combate à Corrupção, ao Crime Organizado e à Lavagem de Dinheiro – DGCOR – LD –, dentre outros.

18.2.1. Cientificação do servidor investigado

Extrai-se do artigo 28 que, embora a sindicância patrimonial seja um procedimento inquisitorial e não punitivo, o servidor investigado deve ter ciência da sua deflagração. Entretanto, essa medida não impõe à sindicância patrimonial os princípios do contraditório e da ampla defesa, pois não se trata de procedimento acusatório.

Nessa linha, o artigo 12, da Resolução n° 420/2022, regulamenta que a Comissão Processante Patrimonial deverá solicitar ao servidor policial civil, se necessário, a renúncia expressa aos seus sigilos fiscal e bancário, com a apresentação das informações e dos documentos necessários à instrução da sindicância patrimonial.

Já o parágrafo único, do artigo 28, da Resolução n° 420/2022, trata da solicitação de Dossiê Integrado[179] à Receita Federal. Essas consultas, em regra, cuidam de informações sigilosas em poder do Órgão Federal, cujo sigilo será compartilhado com a Controladoria-Geral, com supedâneo no artigo 198, § 1°, inciso II, e § 2° do Código Tributário Nacional, Lei 5.172/66.

---

[179] Dossiê Integrado é um consolidado de informações de Pessoas Físicas ou Jurídicas extraídas do banco de dados da Receita Federal, o qual é alimentado por dados armazenados em diversos sistemas.

Relevante destacar o teor do § 2°, do artigo 11, acerca das solicitações de informações e documentos junto à Secretaria da Receita Federal do Ministério da Fazenda, as quais deverão ser feitas por intermédio do Controlador-Geral, observado o dever da comissão de, após a transferência, assegurar a preservação do sigilo fiscal.

18.2.2. Conclusão da sindicância patrimonial

Por fim, o artigo 29 trata da conclusão dos trabalhos realizados pela Controladoria-Geral no âmbito da sindicância patrimonial, cujos resultados possíveis serão os seguintes:

a) arquivamento da apuração, caso seja verificada a regularidade da evolução patrimonial do servidor investigado, afastando-se a hipótese de enriquecimento ilícito;

b) remessa ao Corregedor-Geral para que decida acerca da instauração de processo administrativo disciplinar, caso seja apurada evolução patrimonial incompatível que evidencie a prática de enriquecimento ilícito.

Desse modo, embora os fatos tenham sido constatados pela Controladoria-Geral por meio de sindicância patrimonial, somente a Corregedoria-Geral de Polícia tem a competência para instaurar o processo administrativo disciplinar.

A Resolução n° 420/2022 regulamentou esse dispositivo, no seu artigo 15, estabelecendo que: *"concluídos os trabalhos da sindicância patrimonial, a comissão encaminhará ao Controlador-Geral relatório sobre os fatos apurados, que decidirá pelo seu arquivamento ou, se for o caso, pela sua remessa ao Corregedor-Geral para que decida acerca da instauração de processo administrativo disciplinar".*

Como já dito anteriormente, ao receber os autos da sindicância patrimonial, o Corregedor-Geral de Polícia, se for o caso, determinará a instauração do processo administrativo disciplinar, indicando na portaria inicial o servidor processado, individualmente, bem como as transgressões disciplinares, em tese, praticadas. A partir dessa deflagração, será imperiosa a observância do contraditório, da ampla defesa e dos demais princípios afetos ao Direito Sancionador.

19. CONSELHO SUPERIOR DE POLÍCIA

Art. 30 - O Conselho Superior da Polícia Civil, presidido pelo Secretário de Estado de Polícia Civil, tem por finalidade propor, opinar e deliberar sobre matérias relacionadas à administração superior da Polícia Civil, conforme as políticas institucionais, nos termos desta Lei Complementar.

Art. 31 - O Conselho Superior de Polícia é composto por 09 (nove) membros, sendo 06 (seis) membros natos Delegados de Polícia e 03 (membros) membros efetivos, nomeados pelo Secretário de Estado de Polícia Civil entre integrantes do cargo efetivo da estrutura da Polícia Civil do Estado do Rio de Janeiro, da classe mais elevada, em atividade na estrutura interna da Polícia Civil.

§ 1º - São membros natos o Secretário de Estado de Polícia Civil, o Subsecretário de Estado de Gestão Administrativa, o Subsecretário de Estado de Planejamento e Integração Operacional, o Subsecretário de Estado de Inteligência, o Corregedor-Geral de Polícia Civil e o Controlador-Geral de Polícia Civil.

§ 2º - São requisitos cumulativos para os membros efetivos do Conselho Superior de Polícia:

I - ser ocupante do cargo efetivo integrante da estrutura da Polícia Civil do Estado do Rio de Janeiro, com mais de 12 (doze) anos de atividade e no exercício das funções; (Alterado pela Lei Complementar nº 211, de 18 de outubro de 2023);

II - não tenha sofrido condenação em segunda instância, na esfera penal, por crime doloso, nos 60 (sessenta) meses anteriores, ou venha a sofrê-la;

III -   não tenha sofrido, em caráter definitivo, condenação
          por ato de improbidade, nos 60 (sessenta) meses ante-
          riores, ou venha a sofrê-la.

§ 3° - A insubsistência de qualquer dos requisitos previstos no §
2° implica no imediato desligamento do membro do Conselho
Superior a contar da data da ocorrência do fato, independente de
qualquer medida administrativa que formalmente o reconheça.
(Acrescentado pela Lei Complementar n° 211, de 18 de outubro
de 2023).

§ 4° Participarão do Conselho Superior de Polícia como
membros efetivos extraordinários policiais civis, em atividade e
no exercício das funções, nomeados pelo Secretário de Estado
de Polícia Civil, com a finalidade específica de deliberar acerca
das promoções do Quadro Permanente da Polícia Civil, com
exceção do cargo de Delegado de Polícia, da seguinte forma:

I -   nos cargos de investigador policial, inspetor de polícia e
          oficial de cartório o membro efetivo extraordinário será
          escolhido entre os Comissários de Polícia; e

II -   nos cargos técnico-científicos o membro efetivo ex-
          traordinário será escolhido entre os membros da classe
          mais elevada da carreira.

Art. 32 - Compete ao Conselho Superior da Polícia Civil:

I -   decidir acerca da promoção dos cargos do Quadro Per-
          manente da Polícia Civil;

II -   propor a regulamentação para o cumprimento de leis,
          assim como a padronização dos procedimentos formais
          de natureza policial civil;

III -   decidir sobre proposta de criação e extinção de órgãos e
          cargos no âmbito da Polícia Civil do Estado do Rio de
          Janeiro, a ser encaminhada ao Governador pelo Secre-
          tário de Estado de Polícia Civil;

IV -   opinar sobre alteração dos limites territoriais das Dele-
          gacias, bem como das atribuições das Delegacias Espe-
          cializadas;

V -   propor ao Secretário de Estado de Polícia Civil a abertura de concurso público;

VI -   decidir sobre o afastamento de policiais civis para frequentar curso ou seminário de aperfeiçoamento e estudo, no país ou no exterior;

VII -   zelar pela observância dos princípios e funções da Polícia Civil;

VIII - aprovar a proposta de modificações na Lei Orgânica e providências relacionadas ao desempenho das funções institucionais;

IX -   aprovar a proposta de alienação de bens imóveis da Polícia Civil do Estado do Rio de Janeiro;

X -   aprovar alterações nos símbolos da Polícia Civil do Estado do Rio de Janeiro;

XI -   aprovar e publicar enunciados e diretrizes;

XII -   outras funções que lhe forem designadas por lei ou regulamento, ou sempre que convocados pelo Secretário de Estado de Polícia Civil.

Art. 33 - No caso dos incisos III, IX e X do artigo 32, serão convocados os 06 (seis) Delegados da classe mais elevada e mais antigos na carreira para deliberar junto com o Conselho, sendo certo que serão necessários 12 (doze) votos para que a proposta seja aprovada.

Parágrafo Único - Os votos mencionados no *caput* deverão ser fundamentados de forma individualizada e publicados em Boletim Informativo.

Não obstante, o artigo 32 apresentar-nos um texto autoexplicativo, é relevante destacar neste ponto a importância do Conselho Superior de Polícia para a tomada de decisões afetas à gestão superior, tais como as que estão elencadas no artigo 32 desta Lei Orgânica, preservando a segurança institucional, dentro dos ditames legais.

O Conselho Superior de Polícia já encontrava arrimo em outras normas, a exemplo do revogado Decreto Estadual nº 45.222, de 16, de abril de 2015, que tratava da Estrutura Básica da Polícia Civil (PCERJ) e dispunha no seu anexo I, inciso 5.1, que ao Conselho de Polícia competia zelar pela observância dos princípios institucionais da Polícia Civil e opinar nas matérias que lhe forem submetidas.

A também revogada Lei nº 1.500, de 21 de agosto de 1989, que cuidava do provimento, por promoção, na carreira de Delegado da Polícia Civil, disciplinava a competência do Conselho Superior de Polícia para o julgamento das promoções por antiguidade e merecimento.

Como já exposto, as atribuições do Conselho Superior de Polícias estão disciplinadas no artigo 32 e seus doze incisos, mostrando-se imperioso destacar a atribuição de deliberar/julgar acerca dos atos de promoção dos Policiai Civis, mediante a lista de concorrentes e respectivos processos enviados pelo Departamento-Geral de Gestão de Pessoas e Serviço de Promoção (artigo 32, inciso I da LC 204/2022).

19.1. Composição do Conselho Superior de Polícia Civil

Antecipamos aqui as disposições do artigo 65 desta Lei Orgânica, as quais prescrevem que, a partir da publicação e vigência da presente Lei Complementar, o Secretário de Estado de Polícia Civil deverá adotar as medidas necessárias à imediata composição originária do novo Conselho Superior de Polícia.

Nessa linha, extrai-se do *caput* do artigo 31 que o Conselho Superior de Polícia Civil será composto por 06 (seis) membros natos, os quais devem ser Delegados de Polícia e 03 (três) membros efetivos, estes últimos nomeados pelo Secretário de Estado de Polícia Civil do Estado do Rio de Janeiro, da classe mais elevada, em atividade na estrutura interna da Polícia Civil. A nomeação dos membros efetivos deve se dar, em regra, por meio de resolução, devendo o ato ser publicado em Diário Oficial.

No artigo 31, § 1º, está previsto que serão membros natos do Conselho Superior de Polícia o Subsecretário de Estado de Gestão Administrativa, o Subsecretário de Planejamento e Integração Operacional, o Subsecretário de Estado de Inteligência, o Corregedor-Geral de Polícia e o Controlador-Geral de Polícia.

Essas autoridades acima elencadas, via de regra, são escolhidas pelo Secretário de Estado de Polícia Civil para ocupar os respectivos cargos. Portanto, ao fim e ao cabo, todos os membros do Conselho Superior de Polícia acabam sendo fruto de escolha do Secretário de Estado de Polícia Civil, mediante os requisitos exigidos pelo parágrafo seguinte.

No artigo 31, § 2º (incisos I, II e III), estão presentes os requisitos cumulativos exigidos aos membros efetivos do Conselho Superior de Polícia, dos quais se depreende a preocupação com a experiência profissional (requisito temporal), com a honestidade e probidade (ausência de condenação penal ou improbidade administrativa). Ressalte-se que tais requisitos não foram expressamente exigidos para os membros natos, uma vez que os mesmos serão, por exigência legal, ocupantes de outros cargos de confiança, como já mencionado no parágrafo anterior. É imperioso ressaltar que o parágrafo 2º, inciso I, foi alterado pela Lei Complementar nº 211, de 18 de outubro de 2023, adotando a seguinte redação: "ser ocupante do cargo efetivo integrante da estrutura da Polícia Civil do Estado do Rio de Janeiro, com mais de 12 (doze) anos de atividade e no exercício das funções".

Pontue-se que a norma em comento não impõe a inexistência de sanção disciplinar como requisito para os que os Policiais Civis possam compor o Conselho Superior de Polícia como membros efetivos.

Acrescenta-se no § 3º que a superveniência de condenação em segunda instância na esfera penal, por crime doloso, bem como a condenação por ato de improbidade, ensejará o imediato desligamento do membro do Conselho Superior.

19.2. Atribuições do Conselho Superior de Polícia Civil

No artigo 32 da Lei Complementar n° 204/2002 e incisos estão elencadas as competências do Conselho Superior de Polícia Civil, relativamente à tomada de decisões relevantes para a Instituição, tais como promoção dos integrantes do Quadro Permanente de Servidores, elaboração e propositura de atos normativos, propositura de abertura de concurso público, dentre outras que lhe forem designadas por lei ou regulamento, como será demonstrado adiante.

Em relação à competência prevista no artigo 32, inciso I (decidir acerca de promoção), ressalta-se que, ordinariamente, o Conselho Superior de Polícia se reúne para decidir acerca da promoção dos cargos do Quadro Permanente da Polícia Civil, em todas as suas modalidades: por antiguidade, por merecimento, por bravura e *post mortem*.

A promoção é uma espécie de provimento derivado de cargo público, pela qual o servidor sai de seu cargo e ingressa em outro situado em classe mais elevada. É a forma mais comum de progressão funcional. No caso dos Policiais Civis do Estado do Rio de Janeiro deve ser observado o escalonamento previsto em lei para cada carreira, atualmente disciplinado pela Lei n° 3.586/2001[180].

Quanto ao artigo 32, inciso II (proposta de regulamentação), anota-se que não raro a Instituição se depara com a necessidade de propor a elaboração de normas como decretos, resoluções ou portarias, a fim de dar cumprimento a mandamento legal, bem como à padronização de procedimentos de natureza policial. Nesse sentido, o Conselho Superior de Polícia, em auxílio ao Gabinete do Secretário de Estado de Polícia Civil, poderá propor ou elaborar minuta da

---

[180]   O artigo 45 da Lei Orgânica em comento dispõe que as promoções serão feitas, de classe para classe, à razão de 2/3 (dois terços) por antiguidade e 1/3 (um terço) por merecimento, tanto no dia 21 de abril quanto no dia 29 de setembro de cada ano. Nada obsta que o Conselho Superior de Polícia se reúna em datas diversas para deliberar acerca de promoções dos Policiais Civis, notadamente, em relação aquelas que se encontram com a apuração em atraso.

regulamentação proposta, que será submetida ao crivo da Assessoria Jurídica do Órgão para a análise dos requisitos formais e materiais.

Sobre o inciso III do aludido artigo (decidir sobre proposta de criação e extinção de órgãos e cargos), repisa-se que somente é possível criar e extinguir cargos públicos por meio de lei, *ex vi* do teor do artigo 98, V, da Constituição fluminense, a qual estabelece que cabe à Assembleia Legislativa, com a sanção do Governador do Estado, não exigida esta para o especificado nos artigos 99 e 100, legislar sobre todas as matérias de competência do Estado, entre as quais a criação, transformação e extinção de cargos, empregos e funções públicas, observado o que estabelece o art. 145, *caput*, VI, da Carta Estadual. Portanto, a manifestação do Conselho Superior de Polícia é opinativa.

Como já mencionado em abordagem anterior, ao Secretário de Estado de Polícia Civil compete propor ao Governador do Estado a criação ou extinção de órgãos e cargos no âmbito da Polícia Civil. Nesse aspecto, o Conselho Superior de Polícia delibera acerca da necessidade e oportunidade da criação ou extinção, com caráter meramente opinativo.

Adianta-se aqui o disposto no artigo subsequente (art. 33), o qual preceitua que nos casos de proposta de criação e extinção de órgãos e cargos serão convocados os 06 (seis) Delegados da classe mais elevada e mais antigos na carreira para deliberar junto com o Conselho, ressaltando que serão necessários 12 (doze) votos para que a proposta seja aprovada.

O artigo 32, inciso IV, reserva ao Conselho Superior de Polícia a atribuição de opinar sobre alteração dos limites territoriais das Delegacias de Polícia, bem como das atribuições das Delegacias Especializadas, tendo em vista que no ato de criação de cada Delegacia de Polícia Civil são definidos os seus limites territoriais de atuação, bem como as suas atribuições. Portanto, quaisquer alterações dessa natureza devem ser feitas por meio de norma própria, podendo ser submetida à deliberação do Conselho Superior de Polícia Civil.

Quanto à competência prevista no inciso V, ressalta-se que a propositura de concurso público no âmbito da Polícia Civil por parte do Conselho Superior de Polícia tem o caráter meramente opinativo, respeitando-se as competências do Secretário de Estado de Polícia Civil.

Quanto ao artigo 32, inciso VI (decidir sobre o afastamento de Policiais Civis), ressalta-se que aos Policiais Civis é garantido o direito de afastar-se para frequentar curso ou seminários de aperfeiçoamento e estudo, no país ou no exterior, sendo da atribuição do Conselho Superior de Polícia decidir acerca da liberação, instruída por meio de processo próprio.

Para a concessão do afastamento o Conselho Superior deverá analisar a natureza do curso, seminário ou estudo pretendido pelo servidor, observando sobremaneira a supremacia do interesse público, podendo adotar critérios próprios para deferimento ou indeferimento do pleito.

O artigo 32, inciso VII, reserva ao Conselho Superior de Polícia zelar pela observância dos princípios e funções da Polícia Civil, decorrentes dos princípios constitucionais da Administração Pública, que constituem os fundamentos da ação administrativa e os sustentáculos da atividade pública, em auxílio ao Chefe da Pasta, no controle dos atos administrativos sob o aspecto da legalidade, da finalidade, da motivação e dos demais princípios constitucionais e preceitos legais que regem a Administração Pública.

No inciso VIII foi inserida a competência para o Conselho Superior de Polícia aprovar a proposta de modificação na Lei Orgânica e providências relacionadas ao desempenho das funções institucionais. Como já mencionado diversas vezes nesta obra, a aprovação ou alteração da Lei Orgânica se dá por meio de Lei Complementar. Entretanto, o Secretário de Estado de Polícia Civil poderá propor ao Governador do Estado modificações, devendo ser consultado o Conselho Superior de Polícia.

Tais modificações devem ser propostas em razão da matéria específica reservada à lei complementar, justificada pela imperiosa observância do interesse público e da eficiência da Administração, sem embargo da propositura de lei ordinária para regulamentar as matérias previstas na LOPCERJ.

Assim como a proposta de criação e extinção de órgãos e cargos, a deliberação acerca da alienação de bens imóveis da Polícia Civil requer a convocação de 06 (seis) Delegados da classe mais elevada e mais antigos na carreira para deliberar junto com o Conselho, ressaltando que serão necessários 12 (doze) votos para que a proposta seja aprovada.

Quanto ao inciso IX (aprovar a proposta de alienação de bens imóveis da Polícia Civil do Estado do Rio de Janeiro), ressalta-se que, primordialmente, deve ser observado a existência de interesse público, como preceitua a nova de lei de licitações e contrato (Lei nº 14.133/2021).

O inciso X cuida da aprovação de eventuais alterações nos símbolos da Polícia Civil do Estado do Rio de Janeiro. Assim como nos casos previstos nos incisos III e IX do artigo 32 em comento, para que o Conselho Superior de Polícia delibe e aprove alterações nos símbolos da Polícia Civil do Estado do Rio Janeiro, deverão ser convocados 06 (seis) Delegados da classe mais elevada e mais antigos na carreira, sendo certo que serão necessários 12 (doze) votos para que a proposta seja aprovada.

O inciso XI cuida da aprovação e publicação de enunciados e diretrizes da instituição. Nesse sentido, pontua-se que os atos de caráter enunciativo e que imponham diretrizes à Instituição também podem ser submetidos ao crivo do Conselho Superior de Polícia para deliberação e aprovação, se for o caso, sem embargo da competência do Secretário de Estado de elaborar e publicar normas internas, portarias e resoluções, no âmbito de sua competência.

O disposto no inciso X revela que o rol de competências elencadas nos incisos comentados (I ao XI) são exemplificativos, cabendo ao Conselho Superior de Polícia outras funções previstas em lei ou regulamento, devendo se reunir sempre que convocado pelo Secretário de Estado de Polícia Civil.

20. INGRESSO NO QUADRO PERMANENTE DA POLÍCIA CIVIL

Art. 34 - O ingresso no quadro permanente da Polícia Civil far-se-á mediante concurso público de provas ou de provas e títulos, sempre na classe inicial, coordenado pela Academia Estadual de Polícia Sylvio Terra.

Parágrafo Único - Sempre que o número de cargos vagos for igual ou excedente a 35% (trinta e cinco por cento) dos existentes na classe inicial da carreira, o Secretário de Estado de Polícia Civil deverá propor ao Governador a abertura de concurso público.

O teor do *caput* do artigo 34 está em consonância com o artigo 37, inciso II, da Constituição Federal, o qual prevê que a investidura em cargo ou emprego público depende de aprovação prévia em concurso público de provas ou de provas e títulos, de acordo com a natureza e a complexidade do cargo ou emprego, na forma prevista em lei, ressalvadas as nomeações para cargo em comissão declarado em lei de livre nomeação e exoneração.

Não é demais repisar que ainda permanece em vigor a Lei Estadual/RJ n° 3.586, de 21 de junho de 2001, que cuida do Quadro Permanente da Polícia Civil. Não obstante, o art. 66, parágrafo único da LC 204/2022, ter previsto a sua revisão legislativa em 365 (trezentos e sessenta e cinco dias), até a publicação desta obra a citada lei não foi alterada.

Em harmonia com a novel Lei Orgânica, a referida Lei Estadual n° 3.586/01 disciplina, no artigo 14, que o ingresso no Quadro Permanente da Polícia Civil far-se-á através de concurso público de provas ou de provas e títulos, dividido em duas fases, sendo a primeira composta de provas de conhecimentos, exame psicotécnico, exame médico e prova de capacidade física e a segunda, de curso de formação profissional, com apuração de frequência, aproveitamento e conceito.

Insta salientar os conceitos de quadro funcional, cargo, provimento e concurso público. Para José dos Santos Carvalho Filho, *"quadro funcional é o conjunto de carreiras, cargos isolados e funções públicas remuneradas de uma mesma pessoa federativa ou de seus órgãos internos. O quadro funcional é o verdadeiro espelho do quantitativo de servidores públicos da Administração"*.[181]

Quanto ao conceito de cargo, enfatiza-se que se trata do lugar dentro da organização funcional da Administração Direta e de suas autarquias e fundações públicas que, ocupado por servidor público, tem funções específicas e remuneração fixadas em lei ou diploma a ela equivalente.

Conceitualmente, provimento é o fato administrativo que traduz o preenchimento de um cargo público. Existem dois tipos de provimento, de acordo com a situação do indivíduo que vai ocupar o cargo. De um lado, temos o provimento originário, aquele em que o preenchimento do cargo dá início a uma relação estatutária nova, seja porque o titular não pertencia ao serviço público anteriormente, seja porque pertencia a quadro funcional regido por estatuto diverso do que rege o cargo agora provido. De outro lado, há também o provimento derivado, aquele em que o cargo é preenchido por alguém que já tenha vínculo anterior com outro cargo, sujeito ao mesmo estatuto.[182] Ressalta-se que para o efetivo provimento do cargo, exige-se a realização dos atos de investidura, os quais são praticados tanto pela Administração Pública, quanto pelo interessado.

O concurso público, a seu turno, consiste em procedimento administrativo que tem por escopo aferir as aptidões pessoais, com o fim de selecionar os melhores candidatos ao provimento de cargos

---

[181]   CARVALHO Filho, José dos Santos. *Manual de Direito Administrativo*. 36. ed. Barueri (SP): Atlas, 2022. p. 513.

[182]   *Ibid.*, p. 520.

ou funções públicas. A prova de títulos em concursos, por sua vez, é uma etapa classificatória que pode conceder ao candidato do certame uma pontuação adicional, equivalente ao título apresentado e especificações presentes no edital.

Hely Lopes Meirelles leciona que *"o concurso é o meio técnico posto à disposição da Administração Pública para obter-se moralidade, eficiência e aperfeiçoamento do serviço público e, ao mesmo tempo, propiciar igual oportunidade a todos os interessados que atendam aos requisitos da lei, consoante determina o artigo 37, II, da CF".*[183]

Portanto, por meio do concurso público a Polícia Civil avalia a capacidade intelectual (prova de conhecimentos), psíquica (exame psicotécnico) e física (teste de aptidão física – TAF) dos candidatos aos cargos públicos integrantes das carreiras policiais.

Os concursos no âmbito da Polícia Civil devem observar as especificidades dos cargos a que se destinam, seja para agentes, peritos ou delegados de polícia, cada um deles com seu grau de complexidade e particularidades que os diferenciam. Nesse sentido, a Lei nº 3.586/2001 dispõe no artigo 21 sobre o grau de escolaridade exigido do candidato para cada cargo.

> *Art. 21 (...) I - Delegado de Polícia – diploma de Bacharel em Direito, devidamente registrado; II - Perito Legista – diploma de médico, odontólogo, farmacêutico ou bioquímico, devidamente registrado; III - Perito Criminal – diploma de curso superior em engenharia, informática, farmácia, veterinária, biologia, física, química, economia, ciências contábeis ou agronomia, devidamente registrado; IV - Engenheiro Policial de Telecomunicações – diploma de curso superior de engenharia, devidamente registrado, na especialidade inerente ao cargo; V - Inspetor de Polícia – diploma de curso superior devidamente registrado (nova redação dada pelo artigo 3º da Lei 4.020/2002); VI - Oficial de Cartório Policial e Papiloscopista Policial – diploma de curso*

---

[183] MEIRELLES, Hely Lopes. *Direito administrativo brasileiro.* 22. ed. São Paulo. Malheiros. p. 381.

superior devidamente registrado (nova redação dada pelo artigo 3° da Lei 4.020/2002); VII - Piloto Policial – diploma de curso superior devidamente registrado e carta de piloto comercial expedida pela Agência Nacional Aviação Civil – ANAC (nova redação dada pela Lei 7.466/2016); IX - Técnico Policial de Necropsia – diploma de ensino médio ou equivalente, devidamente registrado; X - Auxiliar Policial de Necropsia – certificado de conclusão do ensino fundamental, ou equivalente, devidamente registrado.

Dada a pertinência, antecipamos as disposições do 70 da LC n° 204/2022 de onde se extrai que o concurso público, quando autorizado pelo Governador, poderá ser deflagrado para os cargos de Perito Legista ou Perito Criminal apenas para uma ou algumas formações previstas em lei e será permitida a abertura de vagas especificamente para especialidades internas à medicina e à engenharia. Além disso, quando da eventual abertura de novas vagas em número superior à prevista no edital, para Perito Legista ou Perito Criminal, a Administração não estará obrigada a seguir, para a convocação e observada a sua necessidade, a mesma proporção entre as especialidades internas definida para o preenchimento das vagas originárias do concurso.

O parágrafo único do artigo 34 aqui comentado dispõe sobre a hipótese em que o Secretário de Estado da Polícia Civil deverá propor a abertura de concurso público, ou seja, quando o número de cargos vagos for igual ou excedente a 35% (trinta e cinco por cento) dos existentes na classe inicial da carreira.

Nessa toada, deslocamos para este ponto, por opção didática, os comentários relativos ao artigo 4°, inciso XXXI, da Lei Complementar n° 204/2022, relativamente à competência de propor ao Chefe do Poder Executivo a criação e a extinção de seus cargos, a fixação, reajuste e recomposição da remuneração dos seus membros.

Convém destacar, inicialmente, que apenas a lei pode ser o instrumento de criação dos cargos, sendo inconstitucional qualquer lei que autorize o Chefe do Poder Executivo ou Secretário de Estado a

expedir decretos ou resoluções para tal finalidade. Mormente, porque ofende o artigo 61, § 1º, II, "a", da Constituição Federal, que
exige a própria lei (de iniciativa do Chefe do Executivo) para que se
efetive a criação de cargo. De igual modo, ofende também o artigo
84, VI, "a", da Constituição Federal, que, embora admita o decreto para a organização e funcionamento da Administração, veda aumento de despesas, e estas fatalmente teriam que ocorrer no caso de
criação de cargos.

Considerando que, não raro, o Chefe do Poder Executivo promove alterações na Estrutura do Governo, como no caso da extinção
da extinção da Secretaria de Estado de Segurança e, consequentemente, a criação das Secretarias de Estado de Polícia Civil e da Polícia Militar, é importante buscarmos na doutrina a orientação sobre
esses atos.

Segundo José dos Santos Carvalho Filho, o que ocorre nos casos
dados como exemplo acima é a transformação de cargos, sem aumento de despesas, *litteris*[184]:

> *Tem sido usualmente admitida na Administração a denomina-*
> *da transformação de cargos 'sem aumento de despesas', imple-*
> *mentada por atos administrativos oriundos de autoridades diri-*
> *gentes de pessoas e órgãos públicos, através dos quais se extinguem*
> *alguns cargos e se criam outros com despesa correspondente à*
> *daqueles. Na verdade, não se trata propriamente, no caso, de*
> *transformação de cargo, a ser prevista em lei, mas sim de mera*
> *reorganização interna muito mais de caráter administrativo. Tal*
> *procedimento, aliás, restou sufragado pela EC nº 32/2001, que,*
> *alterando o art. 84, da CF, conferiu ao Presidente da Repúbli-*
> *ca (e aos demais Chefes de Executivo) competência para dispor,*
> *mediante decreto, sobre organização e funcionamento da admi-*
> *nistração desde que não haja aumento de despesa nem criação ou*
> *extinção de órgãos públicos.*

---

[184]   CARVALHO Filho, José dos Santos. Manual de Direito Administrativo.
36. ed. Barueri (SP): Atlas. 2022. p. 518.

Ainda acerca da criação e extinção de órgão público, José dos Santos Carvalho Filho leciona[185]:

> *Representando compartilhamentos internos da pessoa pública, os órgãos públicos não são livremente criados e extintos pela só vontade da Administração Pública. Tanto a criação como a extinção de órgãos dependem de lei, e nesse sentido dispõe a vigente Constituição quando inclui a exigência na relação das denominadas reservas legais, matéria cuja disciplina é reservada à lei (art. 48, XI). Anteriormente era exigida lei para a criação, estruturação e atribuições dos órgãos, mas com a nova redação dada ao dispositivo pela EC n° 32, de 11/9/2001, a exigência passou a alcançar apenas a criação e a extinção de órgãos. Executivo, como consta, aliás, no art. 84, VI, "a", da CF, também alterado pela referida Emenda.*

Assim sendo, a competência do Secretário de Estado de Polícia é tão somente de propor essas medidas ao Chefe do Poder Executivo, observando as alterações no Quadro Efetivo de servidores da instituição.

---

[185]   CARVALHO Filho, José dos Santos. *Op. Cit.*, p. 11.

21. ESTÁGIO PROBATÓRIO

Art. 35 - Os 3 (três) primeiros anos de exercício nos cargos do quadro permanente da Polícia Civil serão considerados como estágio probatório, durante o qual são apurados os requisitos necessários à confirmação do policial civil no cargo efetivo para o qual foi nomeado.

Parágrafo Único - Os requisitos de que trata este artigo são os seguintes:

I -   idoneidade moral;
II -   assiduidade e pontualidade;
III -   disciplina;
IV -   eficiência;
V -   eficácia;
VI -   perfil compatível com as atribuições inerentes ao cargo.

Art. 36 - Durante o estágio probatório fica vedada a cessão de servidores policiais civis a qualquer outro órgão ou entidade, devendo obrigatoriamente permanecer em atuação em um dos órgãos previstos no artigo 14 desta Lei.

Art. 37 - Os policiais civis serão remunerados por vencimento, adicionais e gratificações, cujos valores e regras de aplicação serão estabelecidos em lei específica que levará em consideração a importância e os riscos inerentes à atividade, a natureza, as complexidades das atribuições e o grau de responsabilidade das funções exercidas.

Segundo José dos Santos Carvalho, *"estágio probatório é o período dentro do qual o servidor é aferido quanto aos requisitos necessários para o desempenho do cargo, relativos ao interesse no serviço, adequação, disciplina, assiduidade e outros do mesmo gênero"*.

Conforme explicitado no *caput* do artigo 35 da LC 204/2022, nos três primeiros anos de exercício nos cargos do quadro permanente da Polícia Civil (estágio probatório) devem apurados os requisitos necessários para a confirmação do servidor no cargo para o qual foi nomeado, por meio de avaliações periódicas de desempenho. Essa tarefa fica a cargo da Comissão de Avaliação de Desempenho, com respaldo na SESEG n° 1.254, de 16 de novembro de 2018, e no Decreto Estadual n° 44.912, de 13 de agosto de 2014 (alterado pelo Decreto n° 45.152/2015). As aludidas normas disciplinam as avaliações periódicas e especiais de desempenho, bem como o estágio probatório na Administração Pública Direta, Autárquica e Fundacional do Poder Executivo Estadual, de onde se extraem os seguintes conceitos (artigo 1° do Decreto n° 44.912/2014):

a) **Avaliação de desempenho:** método objetivo de apreciação do desempenho profissional do servidor nas atribuições de seu cargo, orientada para a melhoria contínua da qualidade do serviço público;

b) **Avaliação periódica de desempenho:** modalidade de Avaliação de Desempenho aplicável aos servidores ocupantes de cargos de provimento efetivo que já alcançaram a estabilidade funcional, bem como aos servidores ocupantes de cargos de provimento em comissão e servidores da Administração Pública estadual, regidos pela Consolidação das Leis do Trabalho (CLT – Decreto-Lei n° 5.452, de 1° de maio de 1943);

c) **Avaliação especial de desempenho:** modalidade de Avaliação de Desempenho aplicável aos servidores ocupantes de cargos de provimento efetivo em período de estágio probatório, particularmente orientada para fins de apuração da aptidão ao desempenho do cargo efetivo e aquisição de estabilidade funcional;

d) **Estágio probatório:** período de 3 (três) anos de efetivo exercício de cargo público, previsto no *caput* do artigo 41 da Constituição Federal, após o qual poderá ser conferida estabilidade ao servidor, mediante Avaliação Especial de

Desempenho conduzida por comissão instituída para essa finalidade;

e) **Comissão de avaliação de desempenho:** comissão designada pelo dirigente máximo do órgão ou entidade da Administração Pública Direta, Autárquica e Fundacional do Poder Executivo Estadual, responsável pela supervisão e controle de ambas as modalidades de Avaliação de Desempenho, bem como análise de recursos interpostos por servidores avaliados segundo as mesmas;

f) **Área setorial de recursos humanos:** área ou setor de cada órgão ou entidade da Administração Pública Direta, Autárquica e Fundacional do Poder Executivo Estadual responsável pela orientação, coordenação e aplicação da Avaliação de Desempenho;

g) **Chefe imediato:** o ocupante de cargo em comissão diretamente responsável pela supervisão das atividades executadas pelo servidor;

h) **Servidor avaliado:** servidor ocupante de cargo público sujeito à Avaliação de Desempenho, em qualquer de suas modalidades.

Ressalta-se que a *avaliação periódica de desempenho* é aplicável aos servidores ocupantes de cargos de provimento efetivo que já alcançaram a estabilidade funcional, enquanto a *avaliação especial* é aplicável aos servidores que ainda se encontram em período de estágio probatório.

Segundo o teor do artigo 11 da Resolução SESEG nº 1.254, de 16 de novembro de 2018, a Avaliação Especial de Desempenho deverá ser efetuada em etapas anuais, pela chefia imediata do servidor, e será particularmente orientada para fins de apuração da aptidão ou desempenho do cargo efetivo e aquisição de estabilidade funcional.

Ao completar 36 (trinta e seis) meses de efetivo exercício, independente da data da última avaliação, o servidor em período de estágio probatório deverá ser submetido a uma Avaliação Especial de Desempenho Final pelo Departamento-Geral de Gestão de Pessoas, que deverá emitir parecer final, com recomendação e justificativa, sendo encaminhado à Comissão de Avaliação de Desempenho para avaliação e decisão.

A Comissão de Avaliação de Desempenho integra a estrutura organizacional do Departamento-Geral de Recursos Humanos, a qual competirá avaliar e decidir sobre o parecer emitido pelo DGGP ao final do estágio probatório na Avaliação Especial de Desempenho, avaliar e julgar recurso interposto pelos servidores avaliados e requerer diligências sempre que necessárias.

O resultado final da Avaliação Especial de Desempenho deverá ser submetido ao Secretário de Estado de Polícia Civil, na forma de ato de reconhecimento de estabilidade ou de exoneração, que deverá ser objeto de publicação no Diário Oficial. Desse modo, se ao término do período de avaliação, for concluído pela inaptidão do servidor em estágio probatório o mesmo terá o seu vínculo rompido com a Administração por meio de **exoneração**, que não se confunde com ato de demissão.

É consabido que o estágio probatório se refere ao cargo específico exercido pelo servidor. Assim sendo, caso um servidor estável seja aprovado em outro concurso e ingresse em uma nova carreira, ainda que na mesma instituição, deverá cumprir um novo período de estágio probatório. Esse entendimento foi ratificado diversas vezes pelo Superior Tribunal de Justiça, como, por exemplo, no RECURSO EM MANDADO DE SEGURANÇA N° 20.934 – SP (2005/0186607-2), de onde se extrai o seguinte entendimento:

> *ADMINISTRATIVO. POLICIAL CIVIL DO ESTADO DE SÃO PAULO. ESTÁGIO PROBATÓRIO. NÃO APROVAÇÃO. EXONERAÇÃO. POSSIBILIDADE. OFENSA À AMPLA DEFESA E AO CONTRADITÓRIO. INOCORRÊNCIA. ESTRITA OBSERVÂNCIA DO PROCEDIMENTO ADMINISTRATIVO LEGALMENTE PREVISTO. PROCESSO ADMINISTRATIVO COM TODAS AS FORMALIDADES. DESNECESSIDADE. ESTABILIDADE. CONDI-*

ÇÃO QUE NÃO AFASTA A SUBMISSÃO AO ESTÁGIO PROBATÓRIO DO NOVO CARGO.

1. A estabilidade é adquirida no serviço público, em razão do provimento em um determinado cargo público, após a aprovação no estágio probatório. Não obstante, sempre que o servidor entrar em exercício em um novo cargo público, mediante aprovação em concurso público, deverá ser submetido ao respectivo estágio probatório, não havendo impedimento de que o servidor estável seja "reprovado" em estágio probatório relativo a outro cargo público para o qual foi posteriormente aprovado em concurso.

2. A estabilidade do servidor público, ora Recorrente, não tem o condão de afastar sua submissão ao estágio probatório para o novo cargo de Investigador de Polícia, para o qual foi aprovado em novo concurso público. Por conseguinte, está sujeito à avaliação inerente ao estágio probatório, podendo ser "reprovado", como de fato o foi, em procedimento administrativo, legalmente previsto e estritamente observado, com o contraditório e a ampla defesa assegurados.

3. A exoneração do servidor público aprovado em concurso público, que se encontra em estágio probatório, não prescinde da observância do procedimento administrativo específico legalmente previsto, sendo desnecessária a instauração de processo administrativo disciplinar, com todas suas formalidades, para a apuração de inaptidão ou insuficiência no exercício das funções, desde que tal exoneração se funde em motivos e fatos reais e sejam asseguradas as garantias constitucionais da ampla defesa e do contraditório. [...]

No mencionado julgado, os Ministros da Quinta Turma do Superior Tribunal de Justiça, por unanimidade, negaram provimento ao recurso do recorrente, ex-policial civil do Estado de São Paulo.

Entretanto, em julho de 2022 foi sancionada no Estado do Rio de Janeiro a Lei Estadual n° 9.754, de 01 de julho de 2022, que autoriza o Poder Executivo a dispensar do cumprimento de novo estágio probatório os servidores estaduais investidos, por meio de concurso público, em outro cargo no mesmo órgão da administração direta, autárquica ou fundacional em que já tiver cumprido estágio probatório em função de concurso público anterior e em cujo cargo estavam em exercício até a nova investidura. A referida lei tem o caráter autorizativo, carecendo de regulamentação por parte do Poder Executivo, portanto ainda não produz qualquer efeito.

21.1. Requisitos necessários à confirmação do policial civil no cargo efetivo

Os requisitos exigidos para a confirmação do policial civil no cargo efetivo estão dispostos no parágrafo único do artigo 35, incisos I ao VI, que serão comentados subsequentemente.

O inciso I (*idoneidade moral*) diz respeito ao conjunto de qualidades que se esperam do indivíduo em relação à consideração pública, com atributos como honra, respeitabilidade, seriedade, dignidade, probidade e bons costumes. A idoneidade significa, portanto, a qualidade de boa reputação, do bom conceito que se tem de uma pessoa.

A comprovação da ausência de idoneidade moral pode ser demonstrada, por exemplo, quando o servidor comete algum fato que desabone a sua conduta ética, moral, passível de reprimenda disciplinar. Nesse contexto, o cometimento de uma transgressão disciplinar durante o estágio probatório pode comprometer o conceito de idoneidade moral do servidor e impossibilitar a sua confirmação no cargo.

O inciso II especifica dois deveres autônomos, *assiduidade* e *pontualidade*, impondo ao servidor o cumprimento de ambos a qualquer tempo, ou seja, antes ou depois de adquirir a estabilidade. Assiduidade é o dever de comparecimento ao local de trabalho nos dias e horários preestabelecidos pelas normas em vigor. Já a pontualidade está relacionada à precisão no cumprimento do horário de trabalho.

O artigo 14, inciso I, do Decreto-Lei n° 217/75, considera transgressão disciplinar de natureza leve a falta de assiduidade e pontualidade. Já o artigo 39 do Decreto-Lei n° 220/75 prevê, nos incisos I e II, respectivamente, a assiduidade e a pontualidade como deveres. Assim sendo, a ocorrência de desídia no cumprimento desses deveres poderá ensejar a demissão do servidor, mesmo que estável, à luz do artigo 52, inciso IX, do mesmo diploma legal. Caso essa desídia seja imputada a servidor em estágio probatório, a apuração poderá ser feita tanto por meio de Processo Administrativo Disciplinar (PAD), como pela Avaliação Especial de Desempenho.

O inciso III dispõe sobre o requisito *disciplina*, que pressupõe a obediência ao conjunto de regras e normas previamente estabelecidas. A disciplina no serviço público também implica na observância dos códigos de ética e dos princípios da Administração Pública.

Hodiernamente, os Policiais Civis do Estado do Rio de Janeiro estão submetidos ao regime disciplinar insculpido no Decreto-Lei n° 218/75, regulamento pelo Decreto n° 3.044/80, bem como ao Decreto-Lei n° 220/75, regulamentado pelo Decreto n° 2.479/79.

Com efeito, a avaliação do requisito *disciplina*, para fins de Avaliação Especial de Desempenho, será realizada pelo Chefe Imediato do Servidor, por meio do preenchimento da Ficha de Avaliação de Desempenho inserida no Anexo I da Resolução SESEG n° 1.254, de 16 de novembro de 2018.

O inciso IV cuida da *eficiência*, entendida como a qualidade de quem é competente e que realiza as tarefas de maneira correta. Trata-se de uma característica positiva, principalmente no exercício de cargo público. Tal exigência se coaduna com o princípio da eficiência insculpido no artigo 37, *caput,* da Constituição Federal de 1988, acrescentado pela Emenda Constitucional 19, de 1988, que pressupõe capacidade de ser efetivo, efetividade, eficácia, agir com produtividade e competência.

José dos Santos Carvalho Filho distingue, no aspecto doutrinário, eficiência de eficácia, esclarecendo que a eficiência não se confunde com a eficácia nem com a efetividade. A eficiência transmite sentido relacionado ao modo pelo qual se processa o desempenho da atividade administrativa; a ideia diz respeito, portanto, à conduta dos agentes. Por outro lado, eficácia tem relação com os meios e instrumentos empregados pelos agentes no exercício de seus misteres na administração, o sentido aqui é tipicamente instrumental.[186]

A eficiência é uma das qualidades esperadas pela sociedade em relação a todo servidor público, notadamente, os policiais civis, dada a importância de suas atividades para a segurança pública e a manutenção da paz social.

Considerando a distinção apresentada por Carvalho Filho, acrescenta-se que neste inciso V encontra-se o requisito da *eficácia*, que pode ser conceituado como sendo a qualidade daquele que cumpre as suas metas de trabalho planejadas, alcançando os resultados pretendidos. Para ser eficaz, o servidor precisa reunir uma série de outras qualidades importantes, como a organização, o planejamento, a proatividade e a liderança.

Por último, no inciso VI, encontra-se a exigência do *perfil compatível com as atribuições inerentes ao cargo*, cuja aferição não é tarefa fácil, principalmente se fundamentada apenas em aspectos subjetivos. No entanto, se restar comprovado o cometimento de crime, contravenção penal ou transgressão disciplinar de natureza grave – ou seja, dados objetivos –, a incompatibilidade poderá ser mais facilmente detectada. A Administração Pública, ao analisar o perfil do policial para efeitos de confirmação no cargo, durante ou após o estágio probatório, deve observar os critérios objetivos e subjetivos alicerçados nos princípios da impessoalidade, moralidade, probidade e eficiência, para haja uma correta e justa avaliação do servidor.

21.2. Da proibição da cessão de servidores em estágio probatório

O artigo 36 da LC nº 204/2022 proíbe a cessão de servidores em estágio probatório, a qualquer outro órgão ou entidade, devendo

---

[186]   CARVALHO Filho, José dos Santos. *Op. Cit.* p. 27.

o servidor permanecer lotado nos Órgãos de Execução Operativa previstos no artigo 14 do mesmo diploma legal, até o término do período de estágio probatório.

Insta salientar inicialmente que a cessão pode ser definida como ato administrativo que permite o afastamento temporário de servidor público, compreendido este como o titular de cargo ou emprego público, e possibilita o exercício de atividades por este em órgão ou entidade distinto ao da origem. Ainda que muito frequente a cessão de Policiais Civis a outros Órgãos da Administração Pública, inclusive a outros entes da Federação, ela é específica e objetivamente vedada a servidor não estável.

Com esse espeque, o Decreto n° 48 de 27 de dezembro de 2018, editado pelo então Interventor Federal da Segurança do Rio de Janeiro, estabeleceu as condições para a cessão de servidores públicos civis da Secretaria de Estado de Segurança, da Secretaria de Estado de Administração Penitenciária e da Secretaria de Estado de Defesa Civil aos Órgãos da Administração Pública Direta e Entidades da Administração Pública Indireta de qualquer dos Poderes da União, dos Estados e Municípios.

Ademais, durante todo o período de estágio probatório o Policial Civil deverá permanecer lotado em um dos órgãos de Execução Operativa, ou seja, nas Coordenadorias, nas Divisões de Polícia, nas Delegacias de Polícia, nos Institutos ou Unidades de Polícia Técnico-Científica. Nos parece que tal imposição tem por escopo garantir que o servidor adquira a experiência profissional necessária em relação à atividade-fim da Instituição Policial, assim como seja possibilitada a aferição de sua aptidão na função para a qual prestara o concurso.

22. DIREITOS, PRERROGATIVAS E GARANTIAS DO POLICIAL CIVIL

Art. 38 - O policial civil gozará dos seguintes direitos, prerrogativas e garantias, entre outras estabelecidas em lei:

I - garantia do uso do título em toda a sua plenitude, com as vantagens e prerrogativas a ele inerentes;

II - estabilidade, após a confirmação no cargo, nos termos da legislação em vigor;

III - uso das designações hierárquicas;

IV - desempenho de cargos e funções correspondentes à condição hierárquica;

V - percepção de vencimento correspondente ao padrão fixado em lei e de vantagens pecuniárias;

VI - irredutibilidade de remuneração;

VII - uso privativo das insígnias e documento de identidade funcional, com validade em território nacional;

VIII - promoções regulares, inclusive por bravura e *post mortem*;

IX - porte de arma de fogo, inclusive para aposentados, nos termos da legislação em vigor;

X - livre acesso, em razão do serviço, aos locais sujeitos à fiscalização policial;

XI - não ser preso, somente por ordem escrita e fundamentada da autoridade judiciária competente ou em razão de flagrante delito, caso em que a autoridade fará imediata comunicação ao Secretário de Estado de Polícia Civil;

XII - ser recolhido a estabelecimento prisional especial exclusivo para policiais civis, com direito à privacidade, inclusive após a sentença transitada em julgado;

XIII - garantias devidas ao resguardo da integridade física do policial civil, em caso de cumprimento de pena em estabelecimento penal exclusivo à custódia de policiais civis, sujeito ao sistema disciplinar prisional;

XIV - aposentadoria especial, com critérios e requisitos diferenciados, na forma da lei;

XV - auxílio funeral e auxílio-doença, na forma da lei;

XVI - férias e licenças previstas em lei;

XVII - prioridade nos serviços de transporte e comunicação, públicos e privados, quando em cumprimento de missão de caráter de urgência;

XVIII - assistência médica, psicológica, odontológica e social, extensiva aos dependentes, aposentados e pensionista, conforme regulamentação específica;

XIX - garantia pelo Estado dos equipamentos necessários ao desempenho da função, especialmente quanto à segurança, na forma da regulamentação;

XX - gratificação, na forma da lei;

XXI - salário-família, na forma da lei;

XXII - pagamento de diárias, na forma da lei;

XXIII - adicional por tempo de serviço;

XXIV - trânsito quando desligado de uma sede para assumir exercício em outra, situada em município diferente;

XXV - recompensas, na forma da lei;

XXVI - direito à compra de armamento, na forma da Lei Estadual acumulação com uma função pública de magistério, desde que haja compatibilidade de horários;

XXVII - adicional noturno, na forma de legislação específica;

XXVIII - auxílio natalidade por 24 (vinte e quatro) meses, na forma de legislação específica;

XXIX - auxílio educação para filhos e dependentes, na forma de legislação específica;

Parágrafo único - São recompensas os elogios individuais e coletivos e o agraciamento com medalhas e outras condecorações.

É importante ressaltar, *ab initio*, o teor do artigo 67 da Lei Complementar n° 204/2022, o qual dispõe que "*toda medida estabelecida por esta Lei Complementar que resulte em aumento de despesa deverá ser implementada mediante legislação ou regulamentação específica, com o seu devido estudo de impacto e viabilidade orçamentária e financeira*". Assim sendo, alguns dos dispositivos em estudo necessitam de regulamentação para a sua efetiva implementação.

O artigo 38 assegura ao Policial Civil um rol de direitos, prerrogativas e garantias. Entretanto, verifica-se que alguns dispositivos se referem a vantagens pecuniárias com previsão no artigo 43 desta mesma Lei Orgânica, razão pela qual serão comentados posteriormente, a saber: a) auxílio funeral e auxílio-doença (art. 38, XV); b) gratificações na forma lei (art. 38, XX); c) pagamento de diárias na forma da lei (art. 38, XXII); d) adicional por tempo de serviço (art. 38, XXIII).

De igual modo, considerando que o gozo de férias e licenças previstos no artigo 38, inciso XVI, encontram-se disciplinados nos artigos 40 e 41, respectivamente, essas disposições serão, portanto, comentadas em capítulo posterior.

Nessa toada, passamos aos comentários dos demais direitos, prerrogativas e garantias a que fazem *jus* os Policiais Civis do Estado do Rio de Janeiro, ressaltando-se, por necessário, que algumas das subsequentes disposições comentadas carecem de regulamentação.

22.1. Uso de título e designações hierárquicas

O uso de título previsto no artigo 38, inciso I, se refere a um direito pessoal do policial civil, que não se reveste do caráter pecuniário-contraprestacional, mas assegura o exercício de todas as prerrogativas afetas à função policial.

Como exemplo de prerrogativas, podemos mencionar o disposto no artigo 3° da Lei n° 12.830/2013: "*O cargo de delegado de polícia é privativo de bacharel em Direito, devendo-lhe ser dispensado o mesmo tratamento protocolar que recebem os magistrados, os membros da Defensoria Pública e do Ministério Público e os advogados".*

No artigo 38, inciso III, está previsto o uso das designações hierárquicas, podendo ser entendido como uma prerrogativa afeta ao escalonamento hierárquico de acordo com as atribuições do cargo, tanto interna como externamente à instituição, não se olvidando que a hierarquia administrativa consiste num modelo de organização vertical, por meio do qual resta estabelecido um vínculo jurídico entre a pluralidade de órgãos e agentes da mesma organização.

Com efeito, Hely Lopes Meirelles informa que o poder hierárquico atua como instrumento de organização e aperfeiçoamento do serviço e como forma de responsabilidade dos agentes administrativos, impondo a estes o dever de obediência, com vistas a ordenar as atividades da Administração, repartindo e escalonando as funções entre os agentes públicos para que cada um possa desenvolver seus encargos com eficiência, além de servir de meio para coordenar as funções administrativas, a fim de que tomem curso harmoniosamente e também para controlar e velar pelo cumprimento da lei e das instruções, com o acompanhamento da conduta e do desempenho de cada servidor, e para corrigir os erros administrativos por meio da revisão dos atos dos subordinados pelos seus superiores.[187]

22.2. Garantia de estabilidade

Prevista no artigo 38, inciso II, a estabilidade se refere à garantia do servidor público ínsita no artigo 41 da Constituição Federal de 1988, que lhe atribui o direito de permanecer no serviço público após o período de três anos de efetivo exercício.

O Decreto Estadual nº 2.479, de 08 de março de 1979, dispõe que a estabilidade é o direito que adquire o funcionário de não ser demitido, senão em virtude de sentença judicial ou processo admi-

---

[187] MEIRELLES, Hely Lopes. Direito administrativo brasileiro. 29. ed. atual. São Paulo: Malheiros, 2004. p. 119.

nistrativo disciplinar em que se lhe tenha assegurado o direito à ampla defesa e ao contraditório[188].

Nas lições de Hely Lopes Meirelles se especifica o conceito de nomeação em caráter efetivo como condição *sine qua non* para a aquisição da estabilidade:

> *A nomeação em caráter efetivo é a condição primeira para a aquisição da estabilidade. A efetividade, embora se refira ao servidor, é apenas um atributo do cargo, concernente à sua forma de provimento, e, como tal, deve ser declarada no decreto de nomeação e no título respectivo, porque um servidor pode ocupar transitoriamente um cargo de provimento efetivo (casos de substituição, p. ex.), sem que essa qualidade se transmita ao seu ocupante eventual[189].*

Como já mencionado, de acordo com o artigo 41 da CF/88, "*são estáveis após três anos de efetivo exercício os servidores nomeados para cargo de provimento efetivo em virtude de concurso público*".

O direito à estabilidade aqui estudada pressupõe a nomeação em concurso público e o cumprimento do estágio probatório de três anos, cujos requisitos estão disciplinados no artigo 35 desta Lei Orgânica, que trata do Estágio Probatório e de onde se extrai que *os 3 (três) primeiros anos de exercício nos cargos do quadro permanente da Polícia Civil serão considerados como estágio probatório, durante o qual são apurados os requisitos necessários à confirmação do policial civil no cargo efetivo para o qual foi nomeado.*

Acrescenta-se que, depois de adquirida a estabilidade, o servidor somente poderá perder o seu cargo mediante sentença judicial transitada em julgado, por decisão administrativa no âmbito de processo administrativo disciplinar, sob o crivo do contraditório e da ampla defesa, ou mediante avaliação periódica.

---

[188]   Rio de Janeiro. Decreto 2.479/79 – aprova o Regulamento do Estatuto dos Funcionários Públicos Civis do Poder Executivo do Estado do Rio de Janeiro.

[189]   MEIRELLES, Hely Lopes. *Op. Cit.* p. 387.

22.3. Desempenho de cargos e funções correspondentes – uso privativo de insígnias e de documento de identidade

O artigo 38, inciso IV, cuida do desempenho de cargos e funções correspondentes à condição hierárquica, consistente na distribuição de tarefas e missões, que devem observar as atribuições legalmente conferidas ao servidor, respeitando-se os princípios da impessoalidade, da finalidade e da motivação. Os cargos e funções aludidos no inciso em comento são aqueles estabelecidos na Lei Estadual nº 3.586/2001, sem prejuízo das atribuições previstas em outras normas, como decretos e resoluções.

No artigo 38, inciso VII, está garantido o uso privativo de insígnias e documento de identidade funcional. Insígnia, do latim *insígnia*, é um sinal ou marca que identifica uma instituição, um cargo ou o estatuto social de uma determinada pessoa. O disposto neste inciso se refere, primordialmente, ao distintivo e outros símbolos exclusivos da Polícia Civil, bem como a carteira funcional, que são de uso pessoal e intransferível.

Ressalta-se que o Estatuto dos Policiais Civis do Estado do Rio de Janeiro (DL 218/75) prevê no artigo 14, inciso VI, como transgressão disciplinar a conduta de dar, ceder ou emprestar arma, insígnias ou carteira de identidade funcional.

Antecipa-se o disposto no inciso X, relativamente ao *livre acesso, em razão do serviço, aos locais sujeitos à fiscalização policial*, tendo em vista que o exercício de tal direito deverá ser respaldado pela apresentação de documento de identidade funcional e a insígnia da PCERJ. Pontua-se, todavia, que exercendo essa prerrogativa o policial deve se ater, estritamente, ao interesse público inerente à sua função, sendo defeso a sua utilização para fins pessoais.

É indispensável a observância dos preceitos éticos contidos no artigo 10 do Estatuto dos Policiais Civis do Estado do Rio de Janeiro, principalmente os incisos VII - exercer a função policial com probidade, discrição e moderação, fazendo observar as leis com lhaneza; e XII - preservar a confiança e o apreço de seus concidadãos pelo exemplo de uma conduta irrepreensível na vida pública e no particular.

Ademais, ainda que respaldado por esta prerrogativa em comento, o Policial Civil tem o dever de boa conduta, urbanidade e observância das normas legais e regulamentares, como preceitua o artigo 39 do Decreto-Estadual n° 220/75, sob pena de incorrer na causa de demissão prevista no artigo 52, inciso IX do mesmo diploma legal.

Em complemento ao aspecto normativo ético, ressaltamos a imperiosa observância ao Decreto Estadual n° 43.583, de 11 de maio de 2012, que instituiu o Código de Ética Profissional dos Servidores Públicos Civis do Poder Executivo do Estado do Rio de Janeiro, de onde se extraem os deveres fundamentais dos servidores, dentre eles: *(i) desempenhar rigorosamente as atribuições do cargo, função ou emprego que esteja exercendo; (ii) ter consciência de que seu trabalho é regido por valores morais e princípios éticos que se devem concretizar em sua adequada execução.*

Esse mesmo regramento ético reforça que é vedado ao servidor público usar do cargo ou função para obter ou permitir que alguém obtenha qualquer tipo de favorecimento.

22.4. Percepção de vencimento e irredutibilidade de remuneração

No artigo 38, inciso V, está previsto o direito à percepção de vencimentos, cujos valores devem obedecer aos padrões fixados em lei. O vencimento é o valor que os funcionários públicos recebem, relativo ao exercício de seu cargo. Esse valor é fixado em lei, e não compreende vantagens adicionais. O vencimento, acrescido das vantagens pecuniárias, é chamado de remuneração.

Para Hely Lopes Meirelles, *"vencimento, em sentido estrito, é a atribuição pecuniária devida ao servidor pelo efetivo exercício do cargo, correspondente ao padrão fixado em lei; vencimento em sentido amplo é o padrão com as vantagens pecuniárias auferidas pelo servidor a título adicional ou gratificações*". Hely utiliza a classificação de vencimento em sentido estrito e vencimento em sentido amplo.

Noutro giro, Maria Sylvia Zanella Di Pietro sustenta a regra que tem prevalecido, em todos os níveis de governo, é a de que os estipêndios dos servidores públicos compõem-se de uma parte fixa, representada pelo padrão fixado em lei, e uma parte que varia de um servidor para outro, em função de condições especiais de prestação do serviço, em razão do tempo de serviço e outras circunstâncias previstas nos estatutos funcionais e que são denominados, genericamente, de vantagens pecuniárias; elas compreendem, basicamente, adicionais, gratificações e verbas indenizatórias.[190]

O insigne professor Matheus Carvalho também leciona que o vencimento e a remuneração do servidor público configuram verbas de caráter alimentar, que se apresentam com a natureza de contraprestação pela prestação do serviço público. Sendo assim, o servidor disponibiliza a sua força de trabalho e, em troca, faz jus à percepção da verba remuneratória[191].

Em outro ponto, CARVALHO (2022) explica que a remuneração do servidor público deve ser definida mediante a edição de lei específica, sendo também exigida a via legislativa para qualquer revisão ou alteração do valor remuneratório das carreiras em geral. A iniciativa para a edição da lei é distribuída a cada um dos Poderes do Estado, para os seus agentes.

Diante da exigência de lei específica que determine o padrão remuneratório fixo e considerando a inexistência de nova lei regulamentando as disposições da LC n° 204/2002, devemos considerar também a Lei Estadual n° 3.586/2001, que cuida dessa matéria e permanece em vigor, além do teor do artigo 37 da LC n° 204/2022, o qual trata do sistema remuneratório dos policiais civis, que consiste no vencimento mais os adicionais e gratificações e outras vantagens estabelecidas em leis ainda vigentes.

[190] DI PIETRO, Maria Sylvia Zanella. Direito administrativo. 35. ed. Rio de Janeiro: Forense, 2022. p. 706.
[191] CARVALHO, Matheus. Manual de direito administrativo. 10. ed. rev. ampl. – São Paulo: JusPODIVM, 2022. p. 1.097.

Quanto à irredutibilidade de remuneração prevista no inciso VI do artigo 38 em comento, reputa-se como sendo um dos direitos mais relevantes dos trabalhadores da Administração Pública. Tal direito está assegurado de forma explícita na Constituição Federal de 1988 (artigo 37, inciso XV), a qual preconiza que *"o subsídio e os vencimentos dos ocupantes de cargos e empregos públicos são irredutíveis"*. O estudo dessa temática será complementado nos comentários aos artigos 42 e 43 desta Lei Orgânica, que tratam da política remuneratória e das vantagens, respectivamente.

22.5. Promoções regulares

O artigo 38, inciso VIII, assegura ao Policial Civil o direito a promoções regulares, inclusive por bravura e *post mortem*. Essas promoções serão comentadas minuciosamente no capítulo próprio, relativamente aos artigos 45 a 59, inclusive seus parágrafos e incisos.

Adianta-se que promoção é considerada pela doutrina como sendo um tipo derivado de provimento de cargo público. Na lição de José dos Santos Carvalho Filho, *"provimento derivado é aquele em que o cargo é preenchido por alguém que já tenha vínculo anterior com outro cargo, sujeito ao mesmo estatuto. Se, por exemplo, o servidor é titular de cargo de Assistente nível A e, por promoção, passa a ocupar o cargo de Assistente de nível B, o provimento é derivado"*.[192]

O Decreto Estadual n° 3.044/80 dispõe no seu artigo 168 que: *"A promoção é a passagem de uma classe para classe imediatamente superior, da mesma categoria funcional no serviço policial civil, e será efetuada pelos critérios de antiguidade e merecimento e, ainda, por bravura e "post-mortem".*

Portanto, o artigo 168 do aludido decreto expõe três tipos de promoção: por merecimento, por antiguidade e *post mortem*, as quais serão estudadas neste compêndio, no capítulo próprio. Já a promoção por bravura, encontra previsão no artigo 217 do Decreto Estadual n° 3.044/80.

---

[192]   CARVALHO Filho, José dos Santos. *Op. Cit.* p. 521.

No tocante às promoções, o supramencionado decreto estadual sofreu relevantes alterações, por meio do Decreto n° 43.428, de 17 de janeiro de 2012. Contudo, tais normas devem ser cotejadas com a presente Lei Orgânica, a fim de se analisar as disposições do antigo decreto que, eventualmente, permaneçam vigendo.

É relevante também atentarmos para o teor da Lei Estadual n° 423, de 5 de junho de 1981, que trata da promoção por bravura em favor de Policiais Civis, alterando os incisos VIII e IX do art. 27 do Decreto-Lei n° 218, de 18 de julho de 1975.

É cabível relembrar que a Lei Complementar n° 204/2022, em relação às promoções, só revogou expressamente a Lei 1.500, de 21 de agosto de 1989, a qual disciplinava o provimento por promoção na carreira de Delegado de Polícia.

Como visto, para o estudo das promoções no âmbito da Polícia Civil, devemos nos valer de diversas normas vigentes. Entretanto, deverão prevalecer as disposições desta Lei Orgânica, principalmente em relação aos conceitos, procedimentos e critérios de promoção.

Por fim, acerca do direito de promoções regulares, antecipa-se o disposto no artigo 45 desta LC, e seu parágrafo único, de onde se extrai que as promoções por antiguidade e merecimento devem ocorrer duas vezes por ano, nos dias 21 de abril e 29 de setembro de cada ano. Além disso, caso as promoções não se verifiquem nas datas referidas, as mesmas terão efeitos retroativos.

22.6. Direito de porte de arma de fogo e à compra de armamento

O artigo 38, inciso IX, dispõe sobre o direito de porte de arma de fogo, inclusive para os policiais civis aposentados. É cediço que a autorização para o porte de arma por parte do policial civil encontra suporte na regra estabelecida pela Lei n° 10.826/2003 (Estatuto do Desarmamento), ao dispor no artigo 6°, inciso II, sobre o direito subjetivo ao porte de arma de fogo aos integrantes de órgãos referidos nos incisos do *caput* do artigo 144 da Constituição Federal.

De igual modo, o Decreto n° 9.847, de 25 de junho de 2019, no seu artigo 24, *caput*, assegura que: O porte de arma de fogo é deferido aos militares das Forças Armadas, aos policiais federais, estaduais e distritais, civis e militares, aos corpos de bombeiros militares e aos policiais da Câmara dos Deputados e do Senado Federal em razão do desempenho de suas funções institucionais.

Em relação ao porte de arma para os policiais aposentados, também merece ser destacado o teor do artigo 30, *caput,* do Decreto n° 9.847, de 25 de junho de 2019, nos seguintes termos: Art. 30. Os integrantes das Forças Armadas e os servidores dos órgãos, instituições e corporações mencionados nos incisos II, V, VI e VII do *caput* do art. 6° da Lei n° 10.826, de 2003, transferidos para a reserva remunerada ou aposentados, para conservarem a autorização de porte de arma de fogo de sua propriedade deverão submeter-se, a cada dez anos, aos testes de avaliação psicológica a que faz menção o inciso III do *caput* do art. 4° da Lei n° 10.826, de 2003.

Pontua-se que a referida autorização abrange tanto a arma patrimonial pertencente à instituição como aquela de uso particular, legalmente adquirida pelo policial. Por outro lado, é preciso destacar que o policial inativo permanecerá com o direito ao porte de arma apenas de sua propriedade e não mais da arma pertencente à instituição.

Adianta-se, por opção didática, que o artigo 38, inciso XXVI, dispõe sobre a compra de armamento por parte do policial civil. Como já mencionado, o policial civil possui o direito ao porte de arma de fogo, tanto de arma patrimonial da instituição como a de uso particular, entretanto, o custo de uma arma de fogo é considerado elevado no mercado comercial.

A Lei Estadual n° 9.065/2020 versa sobre a alienação onerosa de armamento em acautelamento aos servidores da Segurança Pública e do DEGASE, permitindo que o servidor compre do Estado armas de fogo de uso em serviço, inclusive com desconto em folha de pagamento.

O artigo 1° da mencionada lei, em seu parágrafo único, dispõe sobre o valor a ser pago ao Estado pelo servidor quando da alienação onerosa da arma, sendo esse montante o mesmo da compra por parte do Estado, estando assim vedado o lucro institucional. Essa alienação deverá atender aos ditames do artigo 481, da Lei Federal n° 10.406/2022 (Código Civil), sendo igualmente vedada a revenda da arma pelo adquirente por um prazo mínimo de 05 (cinco) anos após a data do registro em seu nome.

Ressalta-se, por necessário, o teor do artigo 6° da Lei n° 9.605/2020: Art. 6° Os agentes públicos de que trata esta Lei terão o direito ao porte da arma de fogo alienada, mesmo nas folgas e férias e mesmo em caso de aposentadoria e ou inatividade.

Por fim, a lei veda essa alienação caso o servidor tenha sido condenado com sentença transitada em julgado, conforme prevê o seu artigo 7°: É vedada a alienação aos servidores elencados no artigo 2° desta lei, desde que, depois de processados, *tenham sido condenados com sentença transitado em julgado, caso em que, serão expulsos da corporação.*

22.7. Prisão, estabelecimento prisional especial e proteção da integridade física do Policial Civil

No artigo 38, inciso XI, está prevista a hipótese de prisão de policial civil, assegurando-lhe o direito de não ser preso, exceto por ordem escrita e fundamentada da autoridade judiciária competente ou em razão de flagrante delito, caso em que a autoridade fará imediata comunicação ao Secretário de Polícia civil.

Inicialmente, ressalta-se que este inciso se coaduna com o disposto no artigo 5°, inciso LXI da Constituição Federal, o qual prescreve que *"ninguém será preso senão em flagrante delito ou por ordem escrita e fundamentada de autoridade judiciária competente, salvo nos casos de transgressão militar ou crime propriamente militar, definidos em lei*". De igual modo, o dispositivo ratifica o disposto no artigo 283, do Código de Processo Penal Brasileiro.[193]

O que se deve atentar é que a prisão do policial civil, seja em razão do cumprimento de mandado de prisão ou motivada por flagrante delito, deve ser imediatamente comunicada ao Secretário de Estado de Polícia Civil, para a adoção das medidas administrativas que entender cabíveis.

Nessa toada, o artigo 38, inciso XII, garante o direito de ser recolhido a estabelecimento prisional especial exclusivo para policiais civis, com direito à privacidade, inclusive após a sentença transitada em julgado. As disposições inseridas no artigo 38, inciso XII, relativamente ao estabelecimento prisional, têm por escopo garantir a integridade física e a própria vida do policial civil que venha a ser preso, tendo em vista os riscos inerentes à sua atividade profissional. Portanto, o policial civil não pode ser acautelado em ambiente comum, em que ficam presas pessoas ligadas a facções criminosas ou mesmo em meio a criminosos comuns.

A Lei n° 7.210, de 11 de julho de 1984 (Lei de Execuções Penais), dispõe sobre estabelecimento prisional no artigo 84, sendo relevante destacar o teor do seu parágrafo segundo aplicável ao policial civil: § 2° O preso que, ao tempo do fato, era funcionário da Administração da Justiça Criminal ficará em dependência separada.

Não há dúvida de que essa norma alcança os policiais civis, uma vez que os mesmos atuam, precipuamente, na fase preliminar da persecução penal, investigando e reprimindo a prática de crimes e contravenções penais, em típica atividade de polícia judiciária.

Em complemento, o artigo 38, inciso XIII, dispõe sobre as garantias devidas ao resguardo da integridade física do policial civil, em caso de cumprimento de pena em estabelecimento penal exclusivo à

---

[193] BRASIL. Código de Processo Penal. Decreto-Lei n° 3.689/1941. Art. 283. Ninguém poderá ser preso senão em flagrante delito ou por ordem escrita e fundamentada da autoridade judiciária competente, em decorrência de prisão cautelar ou em virtude de condenação criminal transitada em julgado. (Redação dada pela Lei n° 13.964, de 2019).

custódia de policiais civis, sujeito ao sistema disciplinar prisional. Tal previsão legal denota uma preocupação do legislador com a incolumidade física do policial civil, em caso de cumprimento de pena em estabelecimento penal. Não se trata, pois, de mero privilégio, mas, antes, de legítima proteção àqueles que exercem atividades policiais, que, por si sós, impõem muitos riscos a esses servidores e os colocam em situação adversa aos demais presos.

22.8. Aposentadoria especial, com critérios e requisitos diferenciados, na forma da lei

Preambularmente, enfatiza-se que os policiais civis estão enquadrados em uma categoria especial de aposentadoria, cuja *ratio legis* encontra abrigo na natureza investigativa, administrativa e processual da atividade policial no país, além dos riscos diários inerentes ao enfrentamento da criminalidade.

De uma forma geral, sua aposentadoria é regida pelas normas constitucionais e outras complementares, merecendo-se relevar, *a priori*, a Lei Complementar nº 51, de 20 de dezembro de 1985, que trata da aposentadoria do servidor público policial, nos termos do § 4º do artigo 40 da Constituição Federal, conforme nova redação dada pela Emenda Constitucional nº 103, de 12 de novembro de 2019, a qual autoriza o ente federativo a estabelecer critérios de idade e tempo de contribuição diferenciados para a aposentadoria de policiais e de outros servidores.

Sobre esse embasamento constitucional e muito apropriadamente importantes alterações foram promovidas nas regras previdenciárias – por meio da Emenda Constitucional/RJ nº 90/2021 –, que alcançaram os servidores públicos civis do Estado do Rio de Janeiro, com destaque para as implicações atinentes aos Policiais Civis, aos quais foram reservadas condições especiais. Tais inovações constitucionais, frise-se, fundamentam e legitimam o teor do artigo 38, inciso XIV da Lei Orgânica da Polícia Civil, que versa sobre o direito à aposentadoria especial para os policiais civis, com critérios e requisitos diferenciados na forma da lei.

22.8.1 Aposentadoria voluntária na forma da Emenda Constitucional n° 90/2021

A Emenda Constituição/RJ n° 90/2021 modificou a regra geral insculpida no artigo 89 da Constituição Estadual do Rio de Janeiro, estabelecendo o seguinte para aposentadoria voluntária: Art. 1°, inciso III - voluntariamente, aos 62 (sessenta e dois) anos de idade, se mulher, e aos 65 (sessenta e cinco) anos de idade, se homem, observados o tempo de contribuição e os demais requisitos estabelecidos em lei complementar.

Todavia, o art. 1°, § 6° da EC 90/2021 estabeleceu a possibilidade de se estabelecer, por lei complementar, idade e tempo de contribuição diferenciados para aposentadoria de ocupantes dos cargos de agente de segurança socioeducativa, de policial civil ou de policial penal, o que efetivamente ocorreu com a promulgação da Lei Complementar n° 195/2021, que entrou em vigor em 01 de janeiro de 2022.

Não obstante, a nova regra geral de aposentadoria voluntária estabelecida para os servidores públicos civis estaduais, no artigo 5°, *caput*, da EC/90 foram dispostas regras gerais diferenciadas para os ocupantes dos cargos de agente de segurança socioeducativa, de policial civil e de policial penal, que tenham ingressado nessas carreiras até a data de sua entrada em vigor (01/01/2022), possibilitando a aposentadoria voluntária com as regras mais benéficas estabelecidas na Lei Complementar n° 51, de 20 de dezembro de 1985, ou seja, com a garantia de integralidade e paridade, desde que observada a idade mínima de 55 (cinquenta e cinco) anos para ambos os sexos ou com fundamento nos §§ 3° e 11° do mesmo artigo.

No § 1° do aludido artigo 5° ficou estabelecido que os ocupantes das carreiras supramencionadas, que ingressaram até a data da entrada em vigor da EC 90/2021 (01/01/2022), poderão aposentar-se voluntariamente mediante as seguintes condições, cumulativamente:

I.   55 (cinquenta e cinco) anos de idade, para ambos os sexos;

II. 25 (vinte e cinco) anos de contribuição, se mulher, e 30 (trinta) anos de contribuição, se homem; e

III. 15 (quinze) anos de exercício em cargo de natureza estritamente policial, se mulher, e 20 (vinte) anos de exercício em
cargo de natureza estritamente policial, se homem.

Já o § 3° dispõe de uma *regra de transição*, possibilitando que os
servidores de que trata o *caput* do artigo 5° possam aposentar-se aos
52 (cinquenta e dois) anos de idade, se mulher, e aos 53 (cinquenta
e três) anos de idade, se homem, desde que cumprido período adicional de contribuição correspondente a 20% (vinte por cento) do
tempo que, na data de entrada em vigor desta Emenda Constitucional, faltaria para atingir o tempo de contribuição previsto da Lei
Complementar n° 51, de 20 de dezembro de 1985.

Nessa toada, o § 4° dispõe que os servidores de que trata o § 1.
° poderão se aposentar aos 52 (cinquenta e dois) anos de idade, se
mulher, e aos 53 (cinquenta e três) anos de idade, se homem, desde
que cumprido período adicional de contribuição correspondente a
20% (vinte por cento) do tempo que, na data de entrada em vigor
desta Emenda Constitucional, faltaria para atingir o tempo de contribuição previsto no inciso II do § 1°.

O § 11° do artigo 5° da EC/90, por sua vez, estabelece os requisitos mais benéficos para os mencionados servidores que estavam
prestes a completar o tempo necessário para a aposentadoria, ou seja,
os ocupantes dos cargos de agente de segurança socioeducativa, de
policial civil ou de policial penal, que tenham ingressado nessas carreiras até a data da entrada em vigor desta Emenda Constitucional,
poderão aposentar-se voluntariamente com a redução de cinco anos
da idade mínima disposta no *caput* deste artigo, em razão das funções e atividades que desempenham, desde que cumprido período
adicional de contribuição correspondente a 20% (vinte por cento)
do tempo que, na data de entrada em vigor desta Emenda Constitucional, faltaria para atingir o tempo de contribuição previsto na Lei
Complementar n° 51, de 20 de dezembro de 1985.

Posteriormente, a Emenda Constitucional n° 94/2022 alterou o
artigo 5° da EC 90/2021 e inseriu o § 12, o qual estabeleceu que *"os
servidores ocupantes previstos no* caput *que em 1° de janeiro de 2022*

tenham cumprido 90% (noventa por cento) do tempo necessário para adquirir o direito à *aposentadoria previsto na Lei Complementar nº 51, de 20 de dezembro de 1985*, poderão aposentar-se sem requisito de idade mínima desde que cumprido período adicional de contribuição correspondente a 100% (cem por cento) do tempo de serviço que faltaria para atingir o tempo de contribuição previsto na referida lei".

Do exposto, depreende-se que os servidores que ingressaram até a data da entrada em vigor da EC nº 90/2021 têm direito a regras diferenciadas, acumulando requisitos de tempo de contribuição e idade mínima, como já mencionado.

22.8.2. Aposentadoria voluntária na forma da Lei Complementar nº 195/2021

Com espeque na Emenda Constitucional nº 90/2021, a Lei Complementar nº 195, de 05 de outubro de 2021, dispõe sobre as aposentadorias do Regime Próprio de Previdência Social do Estado do Rio de Janeiro, de que trata o artigo 90 da Constituição Estadual. Entretanto, serão enfatizadas aqui as regras atinentes à aposentadoria voluntária, alusivas aos ocupantes dos cargos de agente de segurança socioeducativa, de policial civil ou de policial penal, estabelecendo-se também regras diferenciadas e mais benéficas para os servidores que ingressaram até a data da entrada em vigor da aludida emenda.

Ressalvadas as regras específicas para os servidores que ingressaram nas respectivas carreiras até a entrada em vigor da Emenda Constitucional nº 90/2021, já descritas no tópico anterior, a Lei Complementar 195/2021 estabeleceu no artigo 4º que os ocupantes dos cargos de agente de segurança socioeducativa, de policial civil ou de policial penal poderão aposentar-se voluntariamente, desde que observados, cumulativamente, os seguintes requisitos: I - 55 (cinquenta e cinco) anos de idade para ambos os sexos; II - 30 (trinta) anos de contribuição; III - 25 (vinte e cinco) anos de efetivo exercício em cargo de natureza estritamente policial.

De todo o exposto exemplificamos as hipóteses de aposentadoria voluntária, com respaldo na Emenda Constitucional n° 90/2021 e na Lei Complementar n° 195/2021:

NOVA REGRA PARA APOSENTADORIA VOLUNTÁRIA: SERVIDORES QUE INGRESSARAM NA CARREIRA **APÓS A ENTRADA EM VIGOR DA EC 90/2021**	REGRA MAIS BENÉFICAS PARA OS SERVIDORES QUE INGRESSARAM NA CARREIRA **ANTES DA ENTRADA EM VIGOR DA EC 90/2021**
Artigo 4° da Lei Complementar n° 195, de 05/10/2021. Para os ocupantes dos cargos de agente de segurança socioeducativa, de policial civil ou de policial penal poderão aposentar-se voluntariamente, desde que observados, cumulativamente, os seguintes requisitos: I - 55 (cinquenta e cinco) anos de idade para ambos os sexos; II - 30 (trinta) anos de contribuição; III - 25 (vinte e cinco) anos de efetivo exercício em cargo de natureza estritamente policial.	Lei Complementar Estadual n° 195, de 05/10/2021, n/f do artigo 5°, *caput*, § 1°, da Emenda Constitucional Estadual n° 90/2021: servidor com idade mínima de 55 anos, 25 anos de contribuição se mulher, 30 anos de contribuição se homem, 15 anos de exercício em cargo de natureza estritamente policial se mulher e 20 anos em cargo de natureza estritamente policial se homem; Lei Complementar Estadual n° 195, de 05/10/2021, n/f do artigo 5°, *caput*, §§ 1°, 2° e 11, da Emenda Constitucional n° 90/2021: servidor que faz *jus* a redução de cinco anos da idade mínima;

NOVA REGRA PARA APO-SENTADORIA VOLUNTÁRIA: SERVIDORES QUE INGRESSA-RAM NA CARREIRA **APÓS A ENTRADA EM VIGOR DA EC 90/2021**	REGRA MAIS BENÉFICAS PARA OS SERVIDORES QUE INGRESSARAM NA CARREIRA **ANTES DA ENTRADA EM VIGOR DA EC 90/2021**
	Lei Complementar Estadual n° 195, de 05/10/2021, n/f do artigo 5°, *caput*, § 11 da Emenda Constitucional n° 90/2021: regra mais benéfica, com imposição de pedágio, desde que tenha sido cumprido período adicional de 20% do tempo de serviço que faltaria para a aposentadoria em 31/12/2021, com direito à redução de cinco anos da idade mínima; Lei Complementar Estadual n° 195, de 05/10/2021, n/f do artigo 5°, *caput*, §§ 2° e 11, da Emenda Constitucional n° 90/2021: diz respeito a novas considerações acerca do exercício do cargo de natureza estritamente policial e imposição de pedágio, desde que tenha cumprido período adicional de 20% do tempo que faltaria para a aposentadoria em 31/12/2021, com direito à redução de cinco anos da idade mínima; Lei Complementar Estadual n° 195, de 05/10/2021, n/f do artigo 5°, *caput*, § 12 da Emenda Constitucional n° 90/2021: destina-se ao servidor que cumpriu 90% do tempo necessário em 01/01/2022 (pedágio instituído pela Emenda Constitucional n° 94/2022), com exigência do período adicional de 100% do tempo que faltaria para a aposentadoria em 01/01/2022, afastando a exigência de idade mínima.

É importante acrescentar que, segundo o parágrafo único do aludido artigo 4°, serão considerados tempo de exercício em cargo de natureza estritamente policial, para os fins do inciso II do art. 1° da Lei Complementar n° 51, de 20 de dezembro de 1985, e do inciso III deste artigo, o tempo de atividade militar nas Forças Armadas, nas polícias militares e nos corpos de bombeiros militares e o tempo de atividade como agente de segurança socioeducativa, policial civil e policial penal.

Por fim, destacamos que o requerimento de aposentadoria voluntária deve ser dirigido ao Departamento-Geral de Gestão de Pessoas, por meio de processo eletrônico, devendo ser apontado pelo servidor requerente o embasamento legal do pedido, com supedâneo na legislação em vigor, como fora abordado no tópico anterior. Em qualquer hipótese, o servidor requerente deve anexar ao processo eletrônico toda a documentação exigida, cujo rol se encontra acessível por meio do QR *Code* abaixo:

22.9. Prioridade nos serviços de transporte e comunicação e uso de equipamentos adequados

O artigo 38, inciso XVII, prevê a prioridade nos serviços de transporte e comunicação, públicos e privados. As disposições deste inciso, que necessitam ainda de regulamentação, justificam-se em razão do princípio da supremacia do interesse público sobre o privado, ou seja, quando o policial estiver no cumprimento de missão de urgência.

O princípio supramencionado significa que o interesse público não se curva a interesses privados e deve, na maioria das vezes, ser priorizado, principalmente quando se trata de questão de ordem e segurança pública.

Outra garantia importante está incluída no artigo 38, inciso XIX, relativamente ao uso de equipamentos adequados para o desempenho das funções. É indiscutível a necessidade de que a polícia civil esteja aparelhada adequadamente, não só com equipamentos operacionais, mas também com instrumentos utilizados em laboratórios e setores de perícias criminais, para que seja alcançado o êxito desejado nas investigações policiais.

Considerando o disposto neste inciso, é importante destacar o disposto na Lei Estadual n° 7.883, de 02 de março de 2018, que instituiu o Programa de Segurança e Saúde no Trabalho dos Agentes de Segurança Pública do Estado do Rio de Janeiro, assegurando o fornecimento de equipamentos de proteção individual aos profissionais de segurança pública, em quantidade e qualidade adequadas, garantindo sua reposição permanente, considerados o desgaste e prazos de validade.

Para os efeitos desta Lei, entende-se como agentes de segurança pública todo servidor público que atue na segurança pública, seja policial civil, policial militar, bombeiro militar, inspetor prisional ou agente dos mesmos. Ressalte-se que a referida Lei foi regulamentada pelo Decreto n° 03, de 27 de dezembro de 2018.

22.10. Direito à assistência médica, psicológica, odontológica e social

O artigo 38, inciso XVIII, cuida de uma garantia revestida de extrema importância, a assistência médica, psicológica, odontológica e social para o policial civil. É indene de dúvidas que a rotina de trabalho dos policiais civis acarreta riscos à saúde desses profissionais, o que torna imprescindível a assistência médica e psicológica, seja dos que ainda estão em atividade ou aqueles que já se aposentaram.

Nesse sentido, é importante que esta Lei Orgânica tenha previsto, expressamente, esses direitos, acrescentando a assistência odontológica e social, extensivas aos dependentes, aposentados e pensionistas. Entretanto, a Polícia Civil não conta com profissionais Médicos e Enfermeiros no seu Quadro Funcional, tampouco possui hospital ou programa de plano de saúde para os Policiais Civis. Contudo, a instituição tem uma policlínica, situada na Capital do Estado, que possui estrutura adequada para as demandas urgentes, em termos de assistência médica e psicológica dos policiais ativos e inativos da PCERJ.

A parte final do dispositivo em comento reclama a regulamentação específica da matéria, cuja missão a Administração terá de enfrentar para oportunizar esse direito aos seus servidores e dependentes.

22.11. Salário-família na forma da lei

O artigo 38, inciso XXI, cuida do direito ao salário-família. É cediço que se refere ao valor pago ao servidor, de acordo com o número de filhos ou equiparados que possuam. O conceito legal de salário-família para os policiais civis está inserido no artigo 136 do Decreto 3.044/80, nestes termos: art. 136 – salário-família é o auxílio pecuniário concedido pelo Estado ao policial na ativa ou inativo, como contribuição ao custeio das despesas de manutenção de sua família.

Diante da ausência de nova lei para regulamentar o direito em comento, devem ser observadas as disposições dos artigos 136 a 147 do Decreto n° 3.044/80 (Regulamento do Estatuto dos Policiais Civis do Estado do Rio de Janeiro).

22.12. Adicional noturno

O artigo 38, inciso XXVIII, dispõe sobre o pagamento de adicional noturno aos Policiais Civis. Regra geral, trata-se de um direito assegurado aos trabalhadores urbanos e rurais, além de outros. Consiste na remuneração do trabalho noturno superior ao do diurno, como se depreende do artigo 7°, inciso IX da Constituição Federal de 1988.

A Carta Magna também dispõe no artigo 39, § 3°, que o referido direito se aplica aos servidores públicos, podendo a lei estabelecer requisitos diferenciados de admissão quando a natureza do cargo o exigir.

Portanto, é indiscutível o direito dos Policiais Civis que trabalham em horário noturno (regime de plantão) ao recebimento do adicional noturno, uma vez que essa é uma previsão constitucional. Por essa razão, foi editada a Lei n° 9.414, de 23 de setembro de 2021, autorizando o Poder Executivo a conceder o adicional noturno aos servidores da Polícia Civil.

Pelo disposto no artigo 1°, parágrafo único, da referida Lei Estadual, a remuneração do trabalho noturno a que se refere este artigo poderá ser acrescida de 20% (vinte por cento).

No entanto, a mesma norma prescreve no artigo 2° que para o cumprimento do disposto nesta Lei, deverá ser apresentado estudo de impacto financeiro-econômico, em observância aos artigos 16, inciso I, e 19, inciso II, da Lei Complementar n° 101, de 04 de maio de 2000, e demais exigências legais.

Por ser uma garantia individual, o adicional noturno deve ser estendido a todos os trabalhadores, independentemente do regime jurídico ao qual se encontram submetidos. Com base nesse entendimento, o Órgão Especial do Tribunal de Justiça do Rio de Janeiro concedeu a ordem em mandado de injunção para permitir que um delegado da Polícia Civil do Rio de Janeiro receba adicional noturno pelos plantões de vinte e quatro horas.[194]

---

[194]   Tribunal de Justiça do Estado do Rio de Janeiro. Mandado de Injunção n° 0055309-69.2021.8.19.0000. https://www.jusbrasil.com.br/jurisprudencia/tj-rj/1476122898/inteiro-teor-1476122933. Acesso em 26/12/2022.

A referida ação foi ajuizada em 2021, antes da edição da Lei Estadual n° 9.414/2021. O servidor pleiteou, em Juízo, o reconhecimento do direito de receber o adicional noturno previsto no artigo 7°, inciso IX da Constituição, pelo trabalho exercido entre as 22 horas de um dia e as 5 horas do outro.

Ocorre que a edição da Lei Estadual n° 9.414/2021 reforça que o adicional noturno aqui referido é um direito líquido e certo e, caso não seja observado pela Administração, poderá o servidor pleitear pela via judicial, por meio de mandado de segurança.

22.13. Recompensas

Na sequência, o artigo 38, inciso XXV, trata das recompensas, definidas no parágrafo único do mesmo artigo, como sendo os elogios individuais e coletivos e o agraciamento com medalhas e outras condecorações. Noutro giro, o artigo 267 do Decreto n° 3.044/80, ainda vigente, conceitua que a *recompensa é o reconhecimento dos bons serviços prestados pelo policial.*

No artigo 268 do aludido regulamento estão previstas as seguintes recompensas: I – agraciamento com medalhas de "Mérito Policial", na forma instituída em lei; II – elogios individuais e coletivos; III – dispensa total do serviço até dez dias; IV – cancelamento de pena disciplinar.

A Lei Estadual n° 455/1981[195] instituiu as Medalhas de Mérito Policial, concedida ao policial civil que tiver completado 10 (dez), 20 (vinte) e 30 (trinta) anos de efetivo exercício de função policial, sem qualquer punição disciplinar. Ao primeiro decênio corresponderá a Medalha de Bronze; ao segundo, a Medalha de Prata; e, ao terceiro, a Medalha de Ouro.

---

[195] A Lei Estadual n° 8.593/2010 alterou o dispositivo da Lei n° 455, de 03 de setembro de 1981, que institui as medalhas de mérito policial e de mérito especial, referidas no Decreto-Lei n° 218, de 18/07/75, de reconhecimento do estado, e deu outras providências.

Além dessas medalhas, o policial civil pode ser agraciado com as medalhas de Fidelidade, Devotamento e Honra previstas no Decreto n° 11.844, de 13 de setembro de 1988.

Noutro ponto, registre-se que, em relação ao elogio, encontra-se em vigor a Portaria PCERJ n° 550/2021, alterada pela Portaria PCERJ n° 603/12, onde estão disciplinadas as formalidades para a concessão de elogios formais, de iniciativa de autoridades policiais, de autoridades públicas, de representantes de entidades da iniciativa privada ou de pessoas físicas, dirigidos aos policiais civis, os quais devem ser publicados em boletim interno.

22.14. Acumulação com a função pública de magistério

No inciso XXVII, do artigo 38, encontra-se a previsão da acumulação lícita do cargo de policial civil com uma função de magistério. É cediço que a Constituição Federal veda, no seu artigo 37, inciso XVI (com redação dada pela EC 19/1998), a acumulação remunerada de cargos públicos, exceto, quando houver compatibilidade de horários, observado em qualquer caso o disposto no inciso XI:

a) a de dois cargos de professor;

b) a de um cargo de professor com outro técnico ou científico, e

c) de dois cargos ou empregos privativos de profissionais de saúde, com profissões regulamentadas.

Em consonância, o inciso XXVII da Lei Complementar em exame ratifica o direito do policial civil da acumulação das suas funções com uma função pública de magistério, desde que haja compatibilidade de horários. O texto não especifica a exigência de a função acumulada ser remunerada.

Sobre esse importante tema de acumulação de função pública, vale trazer à baila os ensinamentos de José dos Santos Carvalho Filho[196]:

---

[196]   CARVALHO Filho, José dos Santos. Manual de Direito Administrativo. 36 ed. Barueri (SP): Atlas, 2022. p. 561.

A constituição admite a acumulação remunerada em algumas situações que expressamente menciona. Observe-se, porém, que seja qual for a hipótese de permissividade, há de sempre estar presente o pressuposto da compatibilidade de horários. Sem esta, a acumulação é vedada, mesmo que os cargos e funções sejam em tese acumuláveis. [...] A EC nº 19/98, alterando o inciso XVI do art. 37 da CF, estabeleceu uma outra condição nos casos de permissividade: a observância de que os ganhos acumulados não excedam o teto remuneratório previsto no art. 37, XI, da Lei Maior. A alteração, convém ressaltar, não impede a situação jurídica em si de acumulação dos cargos ou empregos; o que a referida Emenda vedou foi a percepção de ganhos cujo montante ultrapasse o teto previsto no art. 37, XI, da CF. Desse modo, parece-nos que, à luz do novo texto constitucional, será possível a acumulação se em um dos cargos ou empregos, ou até mesmo em ambos, o servidor tiver redução remuneratória de forma a ser observado o teto estipendial fixado em lei.

Assim sendo, é autorizado ao policial civil a acumulação com uma função pública de magistério, havendo a compatibilidade de horários, devendo-se observar os termos da Resolução SEPLAG/RJ nº 109, de 09 de maio de 2008, que instituiu o manual para análise de acumulação de cargos, empregos e funções públicas no âmbito da Administração Pública do Estado do Rio de Janeiro.

A referida resolução disciplina acerca da compatibilidade de horários, prevendo no seu inciso V que "*a verificação de compatibilidade de horários deve levar em consideração os períodos de deslocamento do trabalhador (inclusive entre os locais de trabalho) e os períodos de repouso e alimentação, observado o período mínimo de intervalo de 1 (uma) hora para alimentação e deslocamento entre os locais de trabalho*".

O manual para análise de acumulação de cargos da SEPLAG (Secretaria de Planejamento) regula que deve ser levada em consideração também a distância entre os locais de trabalho, principalmente caso estes estejam localizados em municípios distintos e que os servidores em regime de escala (ou plantões) somente poderão acumular tal cargo com outro vínculo que não tenha necessidade de cumprimento diário de jornada de trabalho.

Não obstante, a permissão legal, o servidor tem o dever de levar ao conhecimento da Administração a aludida acumulação de cargo para que seja considerada legítima.

Ressalta-se o teor do artigo 37 do Decreto-Lei n° 220/75, o qual dispõe que se a acumulação informada, oportunamente, pelo servidor for considerada ilícita pelo órgão competente, o interessado será obrigado a optar por um dos cargos.

Do artigo 37, parágrafo único, do mesmo diploma legal extrai-se: "o servidor que não houver informado, oportunamente, acumulação considerada ilegítima quando conhecida pela Administração, sujeitar-se-á a inquérito administrativo (PAD), após o qual, se apurada má-fé, perderá os cargos envolvidos na situação cumulativa ou sofrerá a cassação da aposentadoria ou disponibilidade, obrigando-se, ainda, a restituir o que tiver percebido indevidamente".

22.15. Auxílio natalidade e auxílio educação

A Lei Complementar n° 204/2022 dispõe no artigo 38, inciso XXIX, sobre o auxílio natalidade por 24 (vinte e quatro) meses, na forma da legislação específica, e no inciso XXX do mesmo artigo dispõe sobre o auxílio educação para filhos e dependentes dos Policiais Civis, na forma da lei. Insta salientar que esses auxílios, embora representem uma conquista para a categoria, necessitam regulamentação por meio de lei específica.

A título de exemplo, no âmbito do Poder Executivo Federal, o auxílio natalidade está previsto no artigo 184, alínea "b", e artigo 196, §§ 1° e 2°, sendo devido à servidora por motivo de nascimento de filho, em quantia equivalente ao menor vencimento do serviço público, inclusive no caso de natimorto.

A norma alusiva aos servidores do Poder Executivo Federal dispõe ainda que, na hipótese de parto múltiplo, o valor será acrescido de 50% (cinquenta por cento), por nascituro e também que o auxílio natalidade será pago ao cônjuge ou companheiro servidor público, quando a parturiente não for servidora.

Resta a expectativa para que essa vantagem seja regulamentada e efetivamente implementada em relação aos Policiais Civis do Estado do Rio de Janeiro, para que esse direito não tenha que ser pleiteado somente pela via judicial, por meio de mandado de segurança.

Quanto ao auxílio educação, espera-se que o mesmo seja regulamentado e efetivo, a fim de proporcionar o benefício aos filhos e dependentes dos Policiais Civis, representando assim mais uma conquista para a categoria.

23. PENSÃO POR MORTE

Art. 39 - Aos beneficiários da pensão por morte do policial que falecer em consequência de acidente ocorrido no desempenho de suas funções ou de moléstia nele adquirida é assegurada uma pensão mensal equivalente ao vencimento mais as vantagens percebidas em caráter permanente, por ocasião do óbito.

Parágrafo Único - A pensão de que trata o *caput* deste artigo será paga aos beneficiários com adicional de 100% (cem por cento), incidente sobre o valor referente aos benefícios de pensão por morte, quando o óbito decorrer do exercício das funções, nos termos do inciso I do art. 26-A da Lei n° 5.260, de 11 de junho de 2008, mediante regulamentação do Poder Executivo.

Preambularmente, é forçoso discorrer sobre os aspectos doutrinários acerca do benefício de pensão. Para tanto recorremos à lição de José dos Santos Carvalho Filho que ressalta o caráter previdenciário das pensões, conceituando o instituto como sendo o pagamento efetuado pelo Estado à família do servidor em atividade ou aposentado em virtude de seu falecimento. Assim como a aposentadoria, a pensão tem a natureza de benefício previdenciário e, da mesma forma que aquela, sujeita-se aos princípios da contributividade e da solidariedade mencionados no art. 40, *caput* da CF.

As regras da pensão por morte estão dispostas nas Constituição Federal, Constituição Estadual e em Lei Ordinária que trata de Regime de Previdência Social. Nessa linha, o artigo 40, § 7° da CF/88, dispõe que a pensão por morte será calculada nos moldes estabelecidos pela lei de cada ente federativo.

No Estado do Rio de Janeiro vigora a Lei Ordinária n° 5.260, de 11 de junho de 2008, que estabelece o Regime Jurídico Próprio e Único da Previdência Social dos Membros do Poder Judiciário, do

Ministério Público, da Defensoria Pública, do Tribunal de Contas e dos Servidores Públicos Estatutários. Portanto, devemos observar o disposto na referida lei, no tocante à pensão em estudo. Da referida norma se extraem as regras gerais para a concessão da pensão por morte. Como regra geral, temos o artigo 14 da Lei Ordinária 5.260/2008, que indica quem serão os beneficiários da pensão por morte.

Essa importante lei expõe outras questões relevantes como companheiro, companheira e parceiro homoafetivo (artigo 17), bem como sobre as hipóteses em que o dependente poderá perder a qualidade de beneficiário da pensão por morte (artigo 18).

Reitera-se que a pensão por morte dos policiais civis é um benefício pago aos beneficiários do servidor, em razão de sua morte, correspondendo a uma pensão mensal, a partir da data do óbito, devendo-se levar em conta a sua natureza. A natureza da pensão por morte que cuida o artigo 39 em estudo é aquela em que a morte ocorreu em consequência de acidente ocorrido no desempenho de suas funções ou de moléstia nele adquirida.

No *caput* deste artigo 39, a Lei Orgânica se refere ao falecimento do policial em consequência de acidente ocorrido no desempenho de suas funções ou de moléstia nele adquirida, situação em que a pensão será equivalente ao vencimento mais as vantagens percebidas em caráter permanente, por ocasião do óbito, incidindo o adicional previsto no *caput* do artigo a seguir. Com esse espeque, devemos nos valer do Decreto n° 3.044/80, que dispõe no seu artigo 37 sobre a pensão por morte.

Considerando que o Decreto n° 3.044/80 permanece em vigor, as suas disposições poderão ser aplicadas, naquilo que não for conflitante com a Lei Complementar n° 204/2022.

Os requisitos objetivos exigidos para a concessão do benefício, estão insculpidos no 39 em comento: (a) que o falecimento tenha ocorrido em razão de acidente ocorrido no desempenho de suas funções e (b) por moléstia adquirida em razão do trabalho.

Em relação ao requisito mencionado no item (a), é importante destacar o teor do artigo 62 do Decreto n° 3.044/80, segundo o qual considera-se acidente em serviço, para os efeitos deste Regulamento, aquele que ocorra com policial civil da ativa, quando: I

– No exercício de suas atribuições policiais, durante o expediente normal, ou quando determinado por autoridade competente, em sua prorrogação ou antecipação; II – No decurso de viagens em objetivo de serviço, previsto em regulamentos, programas de cursos ou autorizadas por autoridade competente; III – No cumprimento de ordem emanada de autoridade competente; IV – No decurso de viagens impostas por remoções; V – No deslocamento entre a sua residência e o órgão em que estiver lotado ou local de trabalho, ou naquele em que sua missão deva ter início ou prosseguimento e vice-versa; bem como o dano resultante da agressão não provocada, sofrida pelo policial no desempenho do cargo ou em razão dele; VI – Em ocorrência policial, na defesa e manutenção da ordem pública mesmo sem determinação explícita; VII – No exercício dos deveres previstos em leis, regulamentos ou instruções baixadas por autoridade competente.

Mais uma vez se demonstra a importância da interpretação sistemática da presente Lei Orgânica com o Decreto nº 3.044/80, uma vez que este não foi revogado, bem como é imprescindível a interpretação das Leis Ordinárias, que serão utilizadas naquilo que não conflitar com a presente Lei Complementar.

As regras do cálculo dos proventos de pensão por morte estão inseridas na Lei Ordinária nº 5.260/2008, *ex vi* do seu artigo 26.

Por outro lado, quando o óbito decorrer do exercício das funções, a regra utilizada será aquela ínsita no artigo 26-A da Lei 5.260/2008, como dispõe o parágrafo único seguinte.

Este parágrafo único do artigo 39 se refere, portanto, ao adicional de 100% sobre a pensão por morte do policial civil, quando o óbito decorrer do exercício das funções, nos termos do artigo 26-A, da Lei 5.260/2008, acrescentado pela Lei Estadual nº 7.628/2017:[197]

Este dispositivo se refere a óbito decorrente do exercício das funções, o que é muito comum no Estado do Rio de Janeiro, tanto em

---

[197] RIO DE JANEIRO. Lei 5.260/2008 – Estabelece o regime jurídico próprio e único da previdência social dos membros do Poder Judiciário, do Ministério Público, da Defensoria Pública, do Tribunal de Contas e dos Servidores Públicos Estatutários do Estado do Rio de Janeiro, e dá outras providências.

ações e missões policiais, inclusive nas horas de folga, haja vista a natureza contínua da atividade policial. É cediço que muitas vezes o policial é assassinado nas horas de folga, simplesmente pelo fato de ser policial.

Todas essas circunstâncias devem ser analisadas no bojo do processo administrativo por meio do qual for requerida a pensão por morte do policial civil.

24. GOZO DE FÉRIAS

Art. 40 - O policial civil gozará, obrigatoriamente, 30 (trinta) dias de férias por ano, concedidas de acordo com escala organizada pelo chefe imediato, remunerado com os vencimentos e vantagens do cargo, acrescidos de 1/3 (um terço) do total respectivo.

§ 1º - É proibida a acumulação de férias, salvo por imperiosa e motivada necessidade de serviço e pelo máximo de 4 (quatro) períodos.

§ 2º - No interesse do serviço, o policial civil poderá, mediante autorização do chefe imediato, ter suspenso até 1/3 (um terço) de suas férias, por meio de decisão fundamentada, caso em que terá o direito de optar pela fruição em outra oportunidade, observadas as regras dos parágrafos anteriores.

§ 3º - O policial, ao entrar em férias, comunicará por escrito ao chefe imediato seu endereço eventual.

§ 4º - Mediante convocação do Secretário de Estado de Polícia Civil, o servidor policial civil será obrigado a interromper suas férias em situação de emergente necessidade da segurança nacional ou para manutenção da ordem pública, caso em que terá direito de optar pela fruição em outra oportunidade.

§ 5º - O Poder Executivo regulamentará especificamente o presente artigo disciplinando os procedimentos para requerimento, formação de escala, adiamento e interrupção de férias, assim como as formas de reposição do período adiado ou interrompido e as providências necessárias à fruição de férias acumuladas.

O direito ao gozo de férias tem previsão no artigo 7º, inciso XVII, da Constituição Federal, estendido aos servidores estatutários, por força do artigo 39, § 3º da mesma Carta Magna. Na Constituição do Estado do Rio de Janeiro o direito de férias do servidor público civil está previsto no artigo 83, inciso XI.

Nesse diapasão, o Decreto n° 3.044/80 também dispõe sobre o gozo de férias por parte dos Policiais Civis, dispondo que "*o policial gozará, obrigatoriamente, 30 (trinta) dias consecutivos de férias remuneradas por ano civil, de acordo com a escala respectiva (artigo 38)*". O aludido decreto disciplina o gozo de férias nos artigos 39 *usque* 46, que devem ser considerados na medida em que não for conflitante com a presente lei orgânica, *ex vi* do artigo 40, adiante comentado.

Ainda em relação ao exercício do direito constitucional de gozo de férias regulamentares dos servidores Policiais Civis, merece relevo o teor da Portaria PCERJ n° 569, de 21 de outubro de 2011, republicada no Boletim Interno da Instituição no dia 19/12/2022, de onde se extraem, especialmente, as seguintes diretrizes: (i) as férias deverão ser gozadas, no período próprio, no máximo, até o término do 12° mês subsequente ao período aquisitivo ou exercício vencido, salvo imperiosa necessidade de serviço; (ii) as escalas de férias regulamentares serão organizadas pelas chefias imediatas dos servidores, respeitando, mensalmente, o quantitativo máximo de 10% (dez por cento) do efetivo do órgão em gozo do benefício; (iii) o impedimento do gozo de férias, por imperiosa necessidade de serviço, deverá ser expresso e cabalmente motivado pela chefia imediata do servidor solicitante.

Como visto, no caso dos policiais civis, o benefício será concedido de acordo com escala organizada pelo chefe imediato do servidor, inclusive fracionando-se em dois períodos, a fim de preservar a continuidade da prestação do serviço policial.

Por outro lado, é proibida a acumulação de férias, salvo por imperiosa e motivada necessidade e pelo máximo de 4 (quatro) períodos, é o que impõe o § 1° do artigo 40, adiante comentado.

Considerando que o gozo de férias é uma garantia constitucional e legal, não pode a Administração impedir que o servidor que o servidor usufrua anualmente desse direito, sendo inclusive vedada a sua acumulação, salvo se por imperiosa e motivada necessidade de serviço e pelo máximo de 4 (quatro) períodos.

É comum a Administração alegar escassez de servidores para sustentar a impossibilidade do gozo de férias por parte de determinado servidor. No entanto, mesmo motivado pela necessidade de serviço, esse acúmulo não pode ultrapassar o limite máximo estipulado nesta lei.

É de amplo conhecimento na instituição que muitos Policiais Civis, ao longo de suas carreiras, deixaram de gozar efetivamente seus períodos de férias e, por conta disso, recorreram ao Poder Judiciário a fim de obter essa reparação por meio pecuniário, gerando assim uma enorme demanda judicial em face do Estado.

Os Policiais Civis que passaram para a inatividade ou que por algum outro motivo romperam o vínculo com a Administração, deixando para trás períodos de férias não gozadas, em grande parte, optaram por também buscar pela via judicial a compensação pecuniária.

Recentemente, o Governo do Estado do Rio de Janeiro editou e publicou o Decreto nº 48.243, de 04 de novembro de 2022, regulamentando o pagamento, pela via administrativa, de indenização proporcional de férias aos servidores que romperam definitivamente o vínculo laboral com a Administração direta e indireta do Estado do Rio de Janeiro, quando detectada em encerramento de folha a existência de período de férias não gozado.

O aludido Decreto dispõe sobre a base de cálculo para efeito de indenização de férias em encerramento de folha, prescrevendo que deverá ser considerado o último contracheque do servidor quando em atividade, incluídas as verbas de cunho eminentemente remuneratório e excluídas as parcelas indenizatórias e/ou eventual, daí o seu caráter proporcional.

Segundo o Decreto 48.243/2022 (artigo 3º, § 4º), o montante referente ao saldo de férias englobará a remuneração mensal, proporcional ao período aquisitivo apurado, e o terço constitucional correspondente, cabendo ao setor de pessoal de cada órgão ou entidade verificar quais os direitos não exercidos compõem o valor final a ser creditado.

No parágrafo seguinte, verifica-se que na hipótese de fruição parcial de férias com recebimento integral do terço constitucional, a indenização referente ao período não gozado de férias haverá de incluir apenas remuneração relativa a tal período, excluindo-se o terço correspondente.

É importante que tenham sido estabelecidas claramente as regras dos parágrafos 3º e 4º acima mencionados, uma vez que é muito comum que o servidor receba apenas o valor correspondente ao terço constitucional de férias e não goze o período aquisitivo.

O artigo 7º do mencionado decreto prescreve que o pagamento de indenização de férias não gozadas em encerramento de folha deve ser realizado apenas quando, em virtude do rompimento do vínculo do servidor com a Administração Pública Estadual, não seja mais possível o gozo de férias.

Na mesma data, o Governo do Estado do Rio de Janeiro publicou o Decreto nº 48.244, de 04 de novembro de 2022, dispondo sobre a conversão em pecúnia de férias ou licenças-prêmio não usufruídas, na hipótese de rompimento definitivo do vínculo funcional do servidor com o Estado do Rio de Janeiro, impulsionado pela reiteradas decisões judiciais que reconheceram aos servidores o direito a terem suas férias e licenças-prêmio, cujos períodos não possam mais ser usufruídos, nem utilizados para contagem de tempo para aposentadoria, convertidas em pecúnia.

Por meio do Decreto 48.244/2022 o Poder Executivo reconheceu que "a não conversão em pecúnia das férias e licenças-prêmio não gozadas pode configurar locupletamento ilícito por parte da Administração".

O artigo 1º da referida norma estipula que "*fica autorizado o pagamento administrativo de caráter indenizatório e excepcional, a inativos ou ex-servidores da Administração Direta e Indireta do Estado do Rio de Janeiro de valores referente a férias e licenças-prêmio não gozadas enquanto em atividade, que não tenham sido utilizadas para contagem em dobro do tempo para fins de aposentadoria".*

A demonstração de que a edição da referida norma foi motivada pelas demandas judiciais em desfavor do Estado do Rio de Janeiro fica clara no § 1º do artigo 1º, nestes termos: § 1º - O pagamento administrativo dos valores referidos no *caput* a inativo ou ex-servidor que tenha ingressado em juízo para o recebimento de referida indenização condiciona-se a efetiva e comprovada desistência da ação judicial respectiva.

É importante que se destaquem as disposições do artigo 2º do Decreto nº 48.244, de 04 de novembro de 2022, relativamente ao prazo para o requerimento dessa indenização: Art. 2º - O requerimento deverá ser efetuado dentro do prazo de 5 (cinco) anos contados da data da extinção definitiva do vínculo funcional com o Estado do Rio de Janeiro, seja em razão de aposentadoria, demissão ou exoneração.

Posto isso, é imperioso ressaltar o entendimento do Superior Tribunal de Justiça, esposado na Tese 16 (Jurisprudência em Teses, edição 73): *"O termo inicial da prescrição do direito de pleitear a indenização por férias não gozadas é o ato de aposentadoria do servidor."*

As disposições do artigo 40, § 2º, referem-se à suspensão das férias por parte do policial civil, no limite de 1/3 (um terço), desde que fundamentada pelo chefe imediato, assegurando-se ao servidor o direito de optar pela fruição em outra oportunidade. Não se trata aqui da suspensão prescrita no § 4º deste artigo.

É importante que a Lei Orgânica da Polícia Civil tenha trazido expressamente a obrigatoriedade da fundamentação da decisão que obsta ou suspende o gozo de férias do policial, para evitar situações corriqueiras em que o profissional é instado a suspender o seu gozo de férias em razão de uma mudança de chefia ou até mesmo por sua remoção para outro órgão, por exemplo.

O § 3º do artigo 40 dispõe que, ao entrar em férias, o policial comunicará por escrito ao chefe imediato seu endereço eventual. Pode parecer óbvia e até mesmo desnecessária a previsão do parágrafo em comento, no entanto, na prática, trata-se de medida de extrema relevância, tendo em vista as hipóteses de imperiosa necessidade de suspensão do gozo de férias, de acordo com os parágrafos § 2° e § 4° deste artigo, ou por outra circunstância de força maior.

Não obstante, tratar-se de um direito com assento constitucional, o gozo de férias do servidor policial pode ser interrompido por convocação do Secretário de Estado de Polícia Civil, no caso de situação de emergência e necessidade de segurança nacional, bem como para a manutenção da ordem pública. Assim como ocorre com a suspensão das férias, o policial poderá optar pela fruição do período interrompido em outra oportunidade.

Devemos atentar para o teor do § 5° do artigo em comento, o qual prescreve que o Poder Executivo regulamentará especificamente o presente artigo, disciplinando os procedimentos para requerimento, formação de escala, adiamento e interrupção de férias, assim como as formas de reposição do período adiado ou interrompido e as providências necessárias à fruição de férias acumuladas.

25. LICENÇAS

Art. 41 - Conceder-se-á licença:

I - a título de prêmio, com vencimentos e vantagens integrais;

II - para tratamento de saúde, com vencimentos e vantagens integrais;

III - por doença em pessoa da família, com vencimentos e vantagens integrais nos primeiros doze meses e com dois terços nos outros doze meses subsequentes;

IV - à gestante e em virtude de paternidade, com vencimentos e vantagens integrais;

V - para serviço militar;

VI - por motivo de acompanhamento do cônjuge, sem vencimentos;

VII - para desempenho de mandato legislativo ou executivo;

VIII - sem vencimentos, para o trato de interesses particulares, pelo período de 02 (dois) anos, renovável por mais 02 (dois) anos.

IX - para aperfeiçoamento profissional e qualificação acadêmica, com vencimentos e vantagens integrais, observado o disposto no inciso VI do artigo 32 desta Lei;

X - nos demais casos previstos em lei.

§ 1º - Após cada quinquênio de efetivo exercício, ao policial civil que a requerer, conceder-se-á licença-prêmio de 03 (três) meses, com todos os direitos e vantagens de seu cargo efetivo.

§ 2º - Por ato excepcional do Secretário de Estado de Polícia Civil, fundamentado na necessidade de serviço, poderá o servidor policial civil ter suspensa sua licença-prêmio, caso em que terá o direito de optar pela fruição em outra oportunidade.

§ 3º - O Poder Executivo regulamentará especificamente o inciso I e §§ 1º e 2º deste artigo, no mesmo ato normativo previsto no artigo 40, § 5° desta Lei, disciplinando os procedimentos para requerimento, formação de escala, adiamento e interrupção de licença prêmio, assim como as formas de reposição do período adiado ou interrompido e as providências necessárias à fruição de licenças prêmios acumuladas.

§ 4° - A licença para serviço militar será concedida com vencimentos, descontada a importância que o policial perceber na qualidade de incorporado, salvo se optar pelas vantagens do serviço militar.

§ 5° - O policial será licenciado sem vencimentos ou vantagens de seu cargo efetivo, para desempenho de mandato eletivo, federal ou estadual.

§ 6° - O policial investido no mandato eletivo de prefeito ficará licenciado desde a diplomação pela Justiça Eleitoral até o término do mandato, sendo-lhe facultado optar pela percepção do vencimento e vantagens de seu cargo efetivo.

§ 7° - Investido o policial no mandato de vereador e havendo compatibilidade de horários, perceberá o vencimento e as vantagens de seu cargo, sem prejuízo da remuneração a que faz jus; inexistindo compatibilidade, ficará afastado do exercício de seu cargo, sendo-lhe facultado optar por uma das remunerações.

Este capítulo trata dos diversos tipos de licença que poderão ser concedidas aos policiais civis, consistentes no afastamento autorizado, seja ele remunerado ou não. Algumas dessas licenças têm tem assento na Constituição Federal de 1988, como o caso da licença à gestante e da licença-paternidade, previstas no artigo 7°, incisos XVIII e XIX, respectivamente, da Carta Magna.

A Constituição Estadual do Rio de Janeiro, por sua vez, apresenta as licenças no seu artigo 83, incisos XII, XIII, XXIV, XXV, XXVI, XXVII e XXVIII, como será adiante demonstrado nos comentários de cada inciso, individualmente.

Registrem-se, por oportuno, as diferenças conceituais de licença e afastamento do serviço público. A licença se dá a pedido do servidor, seja por motivo de força maior ou pelo seu interesse. Já o afastamento tem como origem uma determinação da própria administração pública.

Como já destacado em outros pontos, é relevante observarmos as disposições do Regulamento do Estatuto dos Policiais Civis (3.044/80), sendo recomendável a leitura dos artigos 47 a 55, no tocante às licenças a que fazem jus os policiais civis, mormente o teor do artigo 47, que prevê as seguintes licenças: I – Para tratamento de saúde; II – Por motivo de doença em pessoa da família; III – Para repouso à gestante; IV – Para serviço militar; V – Para acompanhar o cônjuge; VI – A título de prêmio; VII – Para desempenho de mandato legislativo ou executivo.

De igual modo, devem ser observadas as disposições dos Decretos Estaduais 220/75 e o seu regulamento, Decreto 2.479/79, mormente em relação à licença prevista no inciso VIII (licença para trato de interesses particulares), bem como a Constituição Estadual do Estado do Rio de Janeiro.

Adiante, comentaremos, individualmente, cada uma das licenças previstas nesta Lei Orgânica, mediante um estudo amplo, inclusive de outras normas que ainda permanecem em vigor.

25.1. Licença a título de prêmio

O artigo 41, inciso I, cuida da intitulada licença-prêmio, que consiste no benefício estatutário que o servidor público tem a cada cinco anos de efetivo exercício ininterrupto, de gozar de três meses de licença remunerada, sendo considerada um prêmio por assiduidade do servidor.

A licença a título de prêmio encontra previsão no artigo 83, inciso XXVII, da Constituição do Estado do Rio de Janeiro, com a redação acrescentada pela Emenda Constitucional n° 65, de 15/06/2016, nestes termos: art. 83, inciso XXVII – *licença a título de prêmio.*

Os requisitos para a aquisição deste direito estão prescritos no §
1° deste artigo 41, *in verbis:* § 1° - Após cada quinquênio de efetivo
exercício, ao policial civil que a requerer, conceder-se-á licença-prêmio de 03 (três) meses, com todos os direitos e vantagens de seu
cargo efetivo.

Adiante-se, por oportuno, o teor do § 2° deste artigo, o qual
estabelece que, *por ato excepcional do Secretário de Estado de Polícia
civil, fundamentado na necessidade de serviço, poderá o servidor policial
civil ter suspensa sua licença-prêmio, caso em que terá o direito de optar
pela fruição em outra oportunidade.*

Não obstante, a prevalência da Lei Complementar em exame
em relação às normas infraconstitucionais anteriores, é importante
discorrer sobre as disposições da licença-prêmio no Decreto Estadual
n° 3.044/80 (Regulamento do Estatuto dos Policiais Civis do Estado
do Rio de Janeiro), uma vez que o mesmo não foi revogado e poderá
ser utilizado, subsidiariamente, naquilo que não for conflitante com
esta norma ou que tenha sido revogado tacitamente.

O artigo 76, § 1° do Decreto 3.044/80, disciplina que não será
concedida licença prêmio se houver o policial, no quinquênio correspondente: 1) sofrido pena de suspensão ou de multa; 2) faltado
ao serviço, salvo se abonada a falta; 3) gozados as licenças para tratamento de saúde, por motivo de doença em pessoa da família e por
motivo de afastamento do cônjuge, por prazo superior a noventa
dias em cada caso.

Importante ainda consignar o disposto no artigo 77 do Decreto
3.044/80, segundo o qual o direito à licença-prêmio não tem prazo
para ser exercitado. Não obstante, uma vez adquirido o direito, o
servidor pode pleitear o gozo desse prêmio, devendo ser concedida
pela Administração, salvo se, por imperiosa necessidade do serviço,
seja necessário postergar esse gozo.

Segundo o artigo 82 do referido Regulamento, a licença prêmio
poderá ser gozada integralmente ou em períodos de um a dois meses. No seu parágrafo único encontra-se previsto que se a licença for
gozada em períodos parcelados, deve ser observado intervalo obriga-
tório de um ano entre o término de um período e o início de outro.

Portanto, enquanto não forem editadas novas normas regulamentando e minudenciando os direitos, garantias e vantagens previstas nesta Lei Orgânica, devemos observar as disposições dos decretos anteriores, ainda em vigor (Decreto-Lei n° 218/75 e Decreto 3.044/80).

Como já mencionado nos comentários do artigo 40, § 1° desta Lei Complementar (férias não gozadas), aqui também ressaltamos a importância do recente Decreto Estadual n° 48.244, de 04 de novembro de 2022, que dispõe sobre a conversão em pecúnia de férias ou licenças-prêmio não usufruídas, na hipótese de rompimento definitivo do vínculo funcional com o Estado do Rio de Janeiro e o seu requerimento pela via administrativo, no prazo de 5 (cinco) anos após o rompimento do vínculo.

Com esse espeque, o Superior Tribunal de Justiça vem consolidando o seguinte entendimento: *"O prazo prescricional de cinco anos para converter em pecúnia licença-prêmio não gozada ou utilizada como lapso temporal para jubilamento tem início no dia posterior ao ato de registro da aposentadoria pelo Tribunal de Contas"* – Jurisprudência em Teses, edição 73, Tese 14.

Assim como ocorre com a fruição do gozo de férias, é muito comum que em razão de necessidade da Administração e escassez de efetivo, os policiais deixem de gozar os períodos de licença-prêmio até que passem para a inatividade, ficando, assim, impossibilitado de exercer esse seu direito.

Em inúmeros casos, os servidores inativos passaram a recorrer à via judicial pleiteando a indenização pecuniária relativa a esses períodos de férias e licenças-prêmio não gozadas, o que gerou uma enorme demanda para o Estado.

O entendimento do Superior Tribunal em relação a esse tipo de ação foi consolidado na Tese 13, da Edição 73 (Jurisprudência em Teses), nos seguintes termos: "É devida ao servidor público aposentado a conversão em pecúnia de licença-prêmio não gozada, ou não contada em dobro para aposentadoria, sob pena de enriquecimento ilícito da administração."

É importante que o servidor em atividade, a cada período aquisitivo, ingresse com o pedido de concessão de licença-prêmio, para fins de anotação em pasta funcional e, caso deseje gozar efetivamente dessa licença, indique o período para que a Administração delibere sobre a viabilidade da concessão.

25.2. Licença para tratamento de saúde

A licença disciplinada pelo artigo 41, inciso II, diz respeito ao direito que o servidor possui de ausentar-se de suas atividades para tratamento de sua saúde, nas modalidades e período determinado pelo médico perito, conforme a legislação vigente.

A licença para tratamento de saúde encontra amparo constitucional no artigo 83, inciso XXIII, da Constituição do Rio de Janeiro, acrescentado pela Emenda Constitucional n° 65, de 15/06/2016, *litteris*: art. 83, XXIII – *licença para tratamento de saúde*.

O Decreto 3.044/80 versa sobre a licença para tratamento de saúde nos seus artigos 56 a 63, de onde se extrai que esse tipo de licença será concedido ou prorrogado *"ex-officio"* ou a pedido do policial ou de seu representante, quando não possa ele fazê-lo. Em qualquer caso, é indispensável a inspeção médica que será realizada, sempre que necessária, no local onde se encontrar o policial.

A licença para tratamento de saúde é prevista também pelo Decreto Estadual n° 2.479, de 08 de março de 1979, artigo 97, inciso I (*conceder-se a licença: I - para tratamento de saúde*). É relevante que o referido decreto disponha que o *"funcionário"* não poderá permanecer em licença por prazo superior a 24 (vinte e quatro) meses, exceto nos casos de afastamento para serviço militar; para acompanhar o cônjuge ou para desempenho de mandato legislativo ou executivo.[198]

Após o término da licença médica, o servidor deverá reassumir o exercício do cargo independentemente de nova inspeção médica,

---

[198]   RIO DE JANEIRO. Decreto Estadual n° 2.479/79. Art. 98 – Salvo os casos previstos nos incisos IV, V e VII, do artigo anterior, o funcionário não poderá permanecer em licença por prazo superior a 24 (vinte e quatro) meses.

exceto se a licença concedida assim o tiver exigido. Nessa última hipótese, realizada a nova inspeção, o respectivo atestado ou laudo médico concluirá pela volta do servidor ao serviço, pela prorrogação da licença, pela *readaptação* do servidor ou pela sua aposentadoria.

O artigo 57 do Decreto Estadual nº 2.479/79 dispõe que o funcionário poderá ser readaptado *ex officio* ou a pedido em função mais compatível, por motivo de saúde ou incapacidade física. A readaptação consiste na redução ou cometimento de encargos diversos daqueles que o funcionário estiver exercendo, respeitadas as atribuições da série de classes a que pertencer, ou do cargo de classe singular de que for ocupante, é o que prevê o artigo 58 do mesmo diploma legal.

Em caso de doença grave, contagiosa ou não, que imponha cuidados permanentes, poderá a junta médica, se considerar o doente irrecuperável, determinar, como resultado da inspeção, sua imediata aposentadoria. A inspeção, para os efeitos deste artigo, será realizada obrigatoriamente por uma junta composta por pelo menos três médicos.

Para a concessão da licença para tratamento de saúde, o servidor e a Administração deverão adotar algumas providências, como dispõe a Portaria PCERJ nº 566, de 20 de setembro de 2011, iniciando-se com o preenchimento do formulário de apresentação para inspeção médica (AIM), dentre outras providências.

Ressalta-se que o policial que se recusar à inspeção médica ficará impedido do exercício de seu cargo, até que se verifique a inspeção. Os dias em que o policial, por força do disposto neste artigo, ficar impedido do exercício do cargo, serão tidos como faltas ao serviço.

No curso da licença, poderá o policial requerer inspeção médica, caso se julgue em condições de reassumir o exercício ou de ser aposentado. Ademais, quando a licença para tratamento de saúde for concedida em decorrência de acidente em serviço ou de doença profissional, esta circunstância se fará expressamente consignada.

Sublinha-se que o artigo 4º, inciso XXIV da LC nº 204/2022, dispõe que compete à Polícia Civil promover a avaliação médica dos servidores policiais civis, quando do ingresso, avaliação periódica, concessão de licença médica, readaptação e aposentadoria por invalidez. Todavia, na carência de regulamentação e estruturação do órgão competente, as avaliações médicas dos policiais civis continuam sendo cometidas à Superintendência de Perícia Médica e Saúde Ocupacional (SPMSO), da Secretaria de Estado da Saúde, por expressa disposição do parágrafo único deste art. 4°, sendo o tema regulamentado pelo Decreto n° 2.479, de 1979, alusivo aos exames médicos dos servidores públicos do Poder Executivo do Estado do Rio de Janeiro, categoria em que também se inserem os policiais civis.

Essa temática se reveste de extrema relevância para todos que exercem seus misteres na área da segurança pública, nomeadamente, em relação à concessão de licença médica, que tem se intensificado em face do avançado processo de senescência dos policiais civis, acentuado a cada dia pela falta de concursos públicos periódicos e novas nomeações.

Com efeito, poucas ocupações laborais são mais insalubres e perigosas que o exercício da função policial, especialmente no que concerne à atividade-fim, seja nas operações policiais em territórios dominados pelo crime organizado, que confrontam os policiais a armamentos de guerra; seja nos inóspitos plantões policiais, em escala de plantão ininterrupto de 24 horas.

Repisando, essa sobrecarga de serviço dos policiais civis do Estado do Rio de Janeiro ainda mais se avulta pela falta de efetivo decorrente, sobretudo, dos já comentados hiatos entre os concursos públicos para o provimento de cargos do seu Quadro Permanente.

Há ainda que se destacar as adversidades alusivas à circunstância de que o Rio de Janeiro apresenta índices de vitimização policial[199] estarrecedores, conforme se depreende das sucessivas edições do

---

[199] O conceito de vitimização policial, utilizado pelo *Anuário Brasileiro de Segurança Pública*, abrange os crimes violentos letais intencionais (CVLI), tais como homicídio, roubo e lesão corporal seguidos de morte, todos eles na modalidade dolosa, cometidos em desfavor dos policiais, seja em serviço ou fora dele; além do suicídio.

Anuário Brasileiro de Segurança Pública, o que sobreleva a magnitude do problema da saúde ocupacional do policial fluminense.

25.3. Licença por doença em pessoa da família

A licença prevista no artigo 41, inciso III, se refere ao direito que o servidor possui de se afastar do serviço, justificadamente, por motivo de doença em cônjuge ou companheiro, pais, filhos, padrasto ou madrasta, enteado ou dependente que viva às suas expensas e conste do assentamento funcional, cujo cuidado não lhe permita exercer as atividades do cargo.

Essa licença regulada neste inciso está prevista no artigo 83, inciso XXIV, da Constituição do Estado do Rio de Janeiro, acrescentado pela Emenda Constitucional n° 65, de 15/06/16, nestes termos: *licença por motivo de doença em pessoa da família.*

O artigo 64 do Decreto n° 3.044/80 prevê que o policial poderá requerer licença por motivo de doença na pessoa de ascendente, descendente, colateral, consanguíneo ou afins, até o 2° grau civil, cônjuge do qual não esteja legalmente separado, ou pessoa que viva às suas expensas e conste do respectivo assentamento individual, desde que prove ser indispensável sua assistência pessoal e esta não possa ser prestada simultaneamente com o exercício do cargo.

Ressaltam-se ainda as disposições dos artigos 65 e 66 do Decreto 3.044/80, de onde se extrai o seguinte: i) a licença referida no artigo anterior poderá ser prorrogada, a pedido do policial; ii) não poderá exceder de vinte e quatro meses; iii) será concedida com vencimentos e vantagens integrais nos primeiros doze meses e com dois terços nos outros doze meses subsequentes.

25.4. Licença à gestante e em virtude de paternidade

A licença à gestante, prevista no artigo 41, inciso IV, destina-se à proteção da gravidez, à recuperação pós-parto, à amamentação e ao desenvolvimento da relação do binômio mãe-filho, enquanto a licença paternidade corresponde ao direito de ausentar-se do trabalho, justificadamente, para ficar com o filho recém-nascido.

Essas licenças à gestante e em virtude de paternidade se relacionam com os direitos do servidor previstos no artigo 83, incisos XII e XIII, da Constituição do Estado do Rio de Janeiro, de onde se extrai que: XII - licença à gestante, sem prejuízo do emprego e do salário, com a duração de cento e oitenta dias, contados a partir da alta da Unidade de Tratamento Intensivo, em caso de nascimento prematuro, prorrogável no caso de aleitamento materno, por, no mínimo, mais 30 (trinta) dias, estendendo-se, no máximo, até 90 (noventa) dias, e no caso de perda gestacional; (nova redação dada pela Emenda Constitucional n° 63, de 21/12/2015); XIII - licença-paternidade, sem prejuízo do emprego e do salário, contados a partir da alta da Unidade de Tratamento Intensivo, em caso de nascimento prematuro, com a duração de 30 (trinta) dias, mesmo em caso de perda gestacional da esposa ou perda gestacional da esposa ou companheira. (Nova redação dada pela Emenda Constitucional n° 65, de 15/06/16); XIV - licença maternidade de 180 dias e paternidade com duração de 30 dias, no caso de adoção.

O Decreto-Lei n° 220/75 cuida da licença à gestante no artigo 19, inciso III (§ 8° e 9°), enquanto o Decreto 2.479/79 (Regulamento do Estatuto dos Funcionários Públicos Civis do Poder Executivo do Estado do Rio de janeiro) trata da licença para repouso à gestante nos artigos 120, 121 e 122.

Em complemento, consigna-se o teor da recente Lei Complementar n° 202, de 12 de maio de 2022, a qual prescreve que as licenças à gestante, maternidade e paternidade dos servidores públicos estaduais em estágio probatório não suspendem a contagem do tempo de exercício efetivo dos servidores públicos estaduais nomeados para cargo de provimento efetivo. Essas licenças devem ser formalizadas por meio de processo administrativo próprio, bastando a comprovação da gestação ou do nascimento da criança.

25.5. Licença para serviço militar

Trata-se da licença concedida ao servidor em decorrência de convocação para exercício de serviço militar, com previsão também no artigo 83, inciso XXV da Constituição do Estado do Rio de Janeiro: *licença para serviço militar, na forma que legislação específica.* (Inciso acrescentado pela Emenda Constitucional nº 65, de 15/06/16). O Decreto nº 3.044/80 trata da licença para serviço militar nos artigos 70 e 71.

Ressalte-se ainda o disposto no § 4º do artigo 41 em comento, segundo o qual a licença para serviço militar será concedida com vencimentos, descontada a importância que o policial perceber na qualidade de incorporado, salvo se optar pelas vantagens do serviço militar.

Acrescenta-se, por importante, o teor do artigo 35, da Resolução SAD nº 2.400, de 15 de julho de 1994 (Instituiu o Manual de Agente de Pessoal)[200]: **1.** Ao servidor que for convocado para o Serviço Militar, ou outros encargos de segurança nacional, será concedida licença, a vista de documento oficial que comprove a incorporação; **2.** Quando o documento comprobatório for entregue ao Agente de Pessoal este deverá remetê-lo de imediato, através de Ofício ou Memorando, ao Órgão de Pessoal, onde será constituído processo; **3.** A licença será concedida por despacho exarado pelo Secretário-Chefe do Gabinete Civil; **4.** Agente de Pessoal apresentará de imediato o servidor ao Órgão de Pessoal da Entidade, juntamente com o Cartão de Frequência Semestral; **5.** Órgão de Pessoal da Entidade providenciará a lotação do servidor na Unidade de Situações Diversas; e **6.** A reassunção ocorrerá exclusivamente no órgão de Pessoal da Entidade.

---

[200]   RIO DE JANEIRO. Resolução SAD 2.400/1994 (Manual do Agente de Pessoal). Disponível em: http://silep.fazenda.rj.gov.br/index.html?resolucao_sad_2_400_150794.htm. Acesso em: 16/08/2023.

25.6. Licença para acompanhamento do cônjuge

O artigo 41, inciso VI, cuida de licença, por prazo indetermina-
do, concedido a servidor(a) cujo cônjuge ou companheiro(a) tenha
sido deslocado(a) para outro ponto do território nacional, para o exterior ou para o exercício de mandato eletivo dos Poderes Executivo
e Legislativo. A licença para acompanhamento de cônjuge terminará
na mesma data em que o cônjuge ou companheiro retorne às suas
atividades.

A Constituição do Estado do Rio de Janeiro dispõe sobre essa
licença no artigo 83, inciso XXVI: *licença para acompanhar o cônjuge*, cuja redação foi acrescentada pela Emenda Constitucional n° 65,
de 15/06/16.

A licença para acompanhamento de cônjuge é também disciplinada pela regra do artigo 19, inciso VII do Decreto-Lei 220/75, nestes termos: Art. 19 - Conceder-se-á licença: (...) V - sem vencimento,
para acompanhar o cônjuge eleito para o Congresso Nacional ou
mandado servir em outras localidades se militar, servidor público ou
com vínculo empregatício em empresa estadual ou particular (redação dada pela Lei 800 de 1984). É relevante destacar as disposições
do Decreto n° 3.044/80, acerca da licença para acompanhamento
de cônjuge, a fim de ser aplicada em complemento à presente Lei
Complementar.

O requerimento da licença deve ser formalizado em processo
administrativo, devendo-se aguardar o deferimento da autoridade
competente antes da ausência ao serviço, a fim de evitar que seja
considerado abandono de cargo.

25.7. Licença para desempenho de mandato legislativo ou executivo

Passamos à análise do artigo 41, inciso VII, que dispõe sobre
a licença para desempenho de mandato legislativo ou executivo. O
policial civil será licenciado sem vencimentos ou vantagens de seu
cargo efetivo, para desempenho de mandato eletivo, federal ou es-

tadual. A licença será concedida a partir da diplomação do eleito e perdurará pelo prazo do mandato.

A licença para desempenho de mandato legislativo ou executivo tem assento na Constituição do Estado do Rio de Janeiro, no artigo 83, XXVIII, com redação acrescentada pela Emenda Constitucional n° 65, de 15/06/2016: *licença para desempenho de mandato legislativo ou executivo*.

Impende consignar que, em regra, a licença do policial para exercer mandato legislativo ou executivo ocorre sem vencimentos ou vantagens do cargo efetivo. Entretanto, se o policial for investido no mandato eletivo de prefeito, será facultado optar pela percepção do vencimento e vantagens de seu cargo efetivo, como dispõe o § 6° deste artigo.

Se o policial foi investido no mandato de vereador e havendo compatibilidade de horários, perceberá o vencimento e as vantagens de seu cargo, sem prejuízo da remuneração a que faz jus. Caso inexista compatibilidade, o policial ficará afastado do exercício de seu cargo, sendo-lhe facultado optar por uma das remunerações.

A licença para desempenho de mandato legislativo ou executivo está disciplinada no artigo 47, inciso VII e no artigo 86[201] do Decreto Estadual n° 3.044/80 (Regulamento do Estatuto dos Policiais Civis do Estado do Rio de Janeiro), normas estas que fundamentam o pedido desse tipo de licenças para os Policiais Civis do Estado do Rio de Janeiro.

Insta salientar que a licença de que trata o artigo 41, inciso VII da LC n° 204/2022, não se confunde com o afastamento autorizado do servidor para concorrer em pleito eleitoral, cujo supedâneo legal é a Lei Complementar n° 64/1990 c/c artigo 74, inciso VII, do Decreto 2.479/79. A Lei Complementar 64/1990, por sua vez, estabelece, de acordo com o art. 14, § 9° da Constituição Federal, casos de inelegibilidade, prazos de cessação e determina outras providências.

---

[201]   RIO DE JANEIRO. Decreto 3.044/80 - Art. 86 – O policial investido no mandato eletivo de prefeito ficará licenciado desde a diplomação pela Justiça Eleitoral até o término do mandato, sendo-lhe facultado optar pela percepção do vencimento e vantagens de seu cargo efetivo.

Em conclusão, destaca-se o teor dos §§ 5°, 6° e 7° deste artigo 41, de onde se extrai que nos casos de mandato eletivo, federal ou estadual, o policial será licenciado *sem vencimentos ou vantagens de seu cargo efetivo*. Em se tratando de mandato eletivo de prefeito, o policial ficará licenciado desde a diplomação até o término do mandato, sendo-lhe facultado optar pela percepção do vencimento e vantagens de seu cargo efetivo. Por fim, se investido no mandato de vereador e havendo compatibilidade de horários, o policial perceberá o vencimento e as vantagens de seu cargo, sem prejuízo da remuneração a que faz *jus* e se inexistir compatibilidade, o policial ficará afastado do exercício de seu cargo, sendo-lhe facultado optar por uma das remunerações.

25.8. Licença para trato de interesses particulares

A licença para tratar de interesses particulares, prevista no artigo 41, inciso VIII, é uma licença não remunerada concedida ao servidor estável. No caso dos servidores públicos civis do Poder Executivo do Estado do Rio de Janeiro, essa garantia encontra arrimo no artigo 19, inciso VIII, do Decreto-Lei n° 220/75 (acrescentado pela Lei n° 490/1981): *VIII - sem vencimentos, para trato de interesses particulares*.

É importante consignar a existência de outras normas que norteiam a concessão da licença sem vencimentos para o trato de interesses particulares: Decreto n° 5.146, de 29 de dezembro de 1981 (regulamenta a concessão de licença para trato de interesses particulares) e Resolução SEPC n° 349, de 05 de fevereiro de 1990, de onde se extraem as seguintes regras:

- O servidor só poderá requerer licença sem vencimentos ou remuneração para tratar de assuntos de interesses particulares após alcançar a estabilidade;
- O servidor deverá aguardar em exercício a concessão da licença, não basta ingressar com o pedido, é necessário aguardar a publicação do ato de concessão para poder se afastar do serviço, sob pena de responder por abandono de cargo;

- A regra geral para os servidores públicos civis do Poder Executivo é que a licença não perdurará por tempo superior a 4 (quatro anos contínuos e só poderá ser concedida nova licença depois de decorridos 2 (dois) anos do término da anterior (art. 1°, § 2° do Decreto 5.146/1981);
- A licença para o trato de interesses particulares não será concedida quando se demonstrar inconveniente para o serviço, mediante despacho fundamentado;
- O servidor poderá, a qualquer tempo, desistir da licença para o trato de interesses particulares, como dispõe o artigo 3° do Decreto 5.146/1981);
- Em caso de comprovado interesse público, a licença para trato de interesses particulares poderá ser cassada pela autoridade competente, devendo o servidor ser notificado (art. 4° do Decreto 5.146/1981). Em tal situação o servidor terá 30 (trinta) dias para se apresentar, a contar da data da notificação;
- Não será concedida licença para trato de interesses particulares para ocupantes de cargo em comissão.

Além dessas regras dispostas no Decreto 5.146/1981, devem ser observadas as disposições da Resolução SEPC n° 349, de 05 de fevereiro de 1990 e Resolução SAD n° 2.400, de 15 de julho de 1994.

Ressalta-se o teor do artigo 1° da Resolução SEPC n° 349/1990:

Art. 1° - A concessão de Licença sem Vencimentos somente será deferida ao servidor que justifique, comprovadamente, sua necessidade, mencionando expressamente qual o assunto de interesse particular e urgente que irá tratar.

Como mencionado reiteradas vezes neste compêndio as disposições contidas na Lei Complementar n° 204/2022 não esgotam os procedimentos necessários à concessão de direitos e vantagens, sendo necessário o estudo de outras normas que ainda vigoram.

25.9. Licença para aperfeiçoamento profissional e qualificação acadêmica

Ressalta-se, inicialmente, que essa garantia não está inserida no rol de licenças previstas no Estatuto dos Policiais Civis, tampouco no Estatuto dos Servidores Públicos Civis do Estado do Rio de Janeiro, no entanto, sendo considerada como hipótese de afastamento autorizado e remunerado do servidor, como veremos a seguir.

O artigo 11, inciso IX do Decreto-Lei nº 220 expõe que considerar-se-á em efetivo exercício o funcionário afastado por motivo de: IX - estudo no exterior ou em qualquer parte do território nacional desde que de interesse para a Administração e não ultrapasse o prazo de 12 (doze) meses.

A Resolução SAD nº 2.400/1994 (Manual do Agente de Pessoal), no artigo 48, por sua vez dispõe que: 1. O servidor poderá obter afastamento para estudo no exterior ou em qualquer parte do território nacional, desde que haja interesse para a Administração e não ultrapasse o prazo de 12 (doze) meses, sem prejuízo de seus vencimentos ou remuneração, direitos e vantagens do cargo que ocupa. 2. O servidor aguardará em exercício a autorização do afastamento. 3. O Agente de Pessoal apresentará de imediato o servidor ao Órgão de Pessoal da Entidade, juntamente com o Cartão de Frequência Semestral. 4. O Órgão de Pessoal da Entidade providenciará a lotação do servidor na Unidade de Situações Diversas. 5. A reassunção ocorrerá, exclusivamente, no Órgão de Pessoal da Entidade.

Observa-se nessas duas normas citadas a observância do interesse da Administração no estudo que será realizado pelo servidor afastado.

Já o artigo 41, inciso IX da Lei Orgânica em estudo, não traz a exigência da observância do interesse público, mas remete ao seu artigo 32, que assim dispõe: Compete ao Conselho Superior de Polícia: (...) VI - *decidir sobre o afastamento de policiais civis para frequentar curso ou seminário de aperfeiçoamento e estudo, no país ou no exterior.*

Procedimentalmente, o servidor interessado deverá instruir o processo administrativo, dirigindo o seu pedido ao Chefe da Pasta, que o submeterá ao Conselho Superior de Polícia.

25.10. Demais casos previstos em lei (Licença Sindical e Licença Aleitamento)

Este artigo ratifica que o rol de licenças previstos nesta Lei Complementar não é exaustivo, devendo-se observar as demais normas em vigor cabíveis, como a Constituição Federal, a Constituição Estadual, o Estatuto dos Policiais Civis e o Estatuto dos Servidores Públicos Civis do Estado do Rio de Janeiro, dentre outras normas.

Conquanto não tenha sido inserida no rol de licenças expresso na Lei Orgânica da Polícia Civil, a Licença Sindical merece ser abordada nesta obra, uma vez que encontra previsão constitucional, especificamente no artigo 84, parágrafo único, da Constituição do Estado do Rio de Janeiro e no artigo 99 do ADCT da CERJ.

O referido parágrafo único do artigo 84 da CERJ prevê que a lei disporá sobre a licença sindical para os dirigentes de Federações e Sindicatos de servidores públicos, durante o exercício do mandato, resguardados os direitos e vantagens inerentes à carreira de cada um (acrescentado pela Emenda Constitucional n° 65, de 15/06/16).

Dessa forma, desde a promulgação da Constituição Estadual do Rio de Janeiro, no ano de 1989, a licença sindical foi prevista, autorizando o afastamento remunerado dos dirigentes de Federações e Sindicatos de servidores públicos.

Nesse sentido, foi editada a Lei Estadual n° 1.762/1990, que regulamentou a licença sindical, prevendo no seu artigo 1° o seguinte: *Será licenciado do exercício do cargo de provimento de que for titular, o servidor público da administração direta ou indireta, em regime estatutário ou CLT que, em razão de sua condição profissional, venha a ser eleito para cargo sindical ou de representação profissional em órgão de classe.*

Essa norma foi revogada, posteriormente, pela Lei Estadual n°
6.824, de 30 de junho de 2014, a qual regulamentou o artigo 84 e
seu parágrafo único da Constituição do Estado do Rio de Janeiro.

Entretanto, o Órgão Especial do Tribunal de Justiça do Rio de
Janeiro, no julgamento da representação por inconstitucionalidade
n° 0000653-75.2015.8.19.0000, declarou a inconstitucionalidade
da Lei 6.824/2014, por vício formal de iniciativa, uma vez que a
mesma foi de iniciativa da Casa Legislativa, violando o princípio da
separação de poderes na medida em que, segundo o voto do Relator,
teria usurpado iniciativa privativa do Poder Executivo, concernente
à licença sindical a servidores públicos. Portanto, a mencionada norma perdeu a sua eficácia, com efeito *ex tunc*.

Desde então, o artigo 84 da CERJ ficou sem regulamentação
por meio de lei, fazendo com que os servidores buscassem judicial-
mente a garantia desse direito, por meio de mandado de segurança.

Eis que, a Emenda Constitucional n° 90/2021, com entrada
em vigor em 01/01/2022, acrescentou ao ADCT da Constituição
do Rio de Janeiro os artigos 99 a 101, garantindo a concessão da
licença sindical de maneira transitória, até a entrada em vigor de lei
regulamentar.

Nesse diapasão, trazemos à colação o teor do artigo 12 da Emenda Constituição 90/2021:

> *Art. 12. O Ato das Disposições Constitucionais Transitórias da
> Constituição do Estado do Rio de Janeiro passa a vigorar acrescido
> dos artigos 99, 100 e 101, com a seguinte redação:*
>
> *Art. 99. Até a entrada em vigor de lei que regulamente a licença
> sindical de que trata o parágrafo único do Art. 84 da Constituição
> Estadual, aplicam-se as regras transitórias previstas nos Arts. 100 e
> 101 do Ato das Disposições Constitucionais Transitórias.*
> *Art. 100. O servidor público dirigente de Federação ou Sindica-
> to de 1 servidores, de órgãos da Administração Pública, direta ou
> indireta, em regime estatutário ou CLT, faz jus à licença sindical,
> resguardados os direitos e vantagens inerentes à carreira de cada um,
> inclusive promoção.*

Parágrafo único. Será de, no mínimo, 4 (quatro) e de, no máximo, 12 (doze) o número de dirigentes de Sindicato com direito à licença sindical e, no caso de dirigentes de Federação, o mínimo será de 1 (um) ano e, o máximo, de 3 (três), observado o seguinte:

I – sindicato terá direito, além do mínimo, a mais de 1 (uma) licença Sindical a cada 1.500 (mil e quinhentos) filiados, observado o limite máximo estabelecido no caput deste Parágrafo único;

II – a Federação terá o direito, além do mínimo, a mais de 1 (uma) licença sindical a cada 2 (dois) sindicatos filiados, observado o limite máximo estabelecido no caput deste Parágrafo único;

III – o Presidente do Sindicato ou da Federação encaminhará, à autoridade a que estiver vinculada a categoria, a relação nominal dos dirigentes que deverão gozar da licença sindical, acompanhado de ata da eleição que sufragar os respectivos nomes com o prazo de seus mandatos.

Art. 101. Fica assegurada, aos servidores licenciados, a manutenção de todas as vantagens e benefícios que possuam, enquanto no exercício do cargo de provimento de que for titular, no período em que perdurar a licença, sendo vedada a sua exoneração ou dispensa, salvo a pedido ou por justa causa.

Entretanto, malgrado o esforço da Casa Legislativa em garantir ainda que de forma transitória a concessão da licença sindical, pelo menos no âmbito da Polícia Civil, até o encerramento da edição desta obra, não se teve notícia de qualquer caso em que a mesma tenha sido autorizada.

Recentemente, em sede de mandado de segurança, o Tribunal de Justiça do Rio de Janeiro reconheceu o direito de dois servidores da Polícia Civil do Rio de Janeiro ao afastamento remunerado para o desempenho de mandato classista, autorizando a licença sindical.[202]

Em agravo interno interposto pelo Estado do Rio de Janeiro, a Secretaria de Estado de Polícia Civil sustentou que o indeferimento

---

[202]   Tribunal de Justiça do Estado do Rio de Janeiro. Processo Judicial n° 0010555-08.2022.8.19.0000. 21ª Câmara Cível do TJ/RJ.

ao pleito de licença classista decorre do fato de a Secretaria de Estado de Polícia Civil enfrentar grande escassez de recursos humanos, com número reduzido de servidores no seu quadro permanente. Alegou que a concessão da licença representaria prejuízo à atividade de polícia judiciária, comprometendo a eficiência e efetividade da atividade investigativa, tendo em vista a impossibilidade de reposição dos servidores.

Não obstante, o Egrégio Tribunal de Justiça manteve a decisão liminar, determinando à Secretaria de Polícia Civil a concessão de licença para o desempenho do mandato classista dos requerentes, eleitos para o exercício da presidência e da vice-presidência da entidade classista mencionada nos autos.

Acrescenta-se ainda a Licença Aleitamento, a qual, embora não esteja assim conceituada na presente lei orgânica, encontra amparo legal na parte final do artigo 83, inciso III da Constituição do Estado do Rio de Janeiro, alterada pela Emenda Constitucional n° 63, de 21/12/2015, nestes termos: *XII - licença gestante, sem prejuízo do emprego e do salário, com a duração de cento e oitenta dias, contados a partir da alta da Unidade de Tratamento Intensivo, em caso de nascimento prematuro, prorrogável no caso de aleitamento materno, por no mínimo, mais 30 (trinta) dias, estendendo-se, no máximo até 90 (noventa) dias.*

Portanto, a licença maternidade concedida pelo prazo de seis meses poderá ser prorrogada em razão do aleitamento materno por no mínimo 30 (trinta) dias, podendo chegar até 90 (noventa) dias.

Atente-se que a chamada licença aleitamento deve ser requerida após o término do prazo 180 (cento e oitenta dias) da licença à gestante, requerendo-se inicialmente 30 (trinta) dias a título de prorrogação, podendo chegar até 90 (noventa) dias.

26. POLÍTICA REMUNERATÓRIA E VANTAGENS

Art. 42 - Aos servidores policiais civis do Estado do Rio de Janeiro será estabelecida política remuneratória em lei específica, em valores compatíveis com a natureza, grau de responsabilidade, complexidade das funções e os requisitos para a investidura no cargo.

Art. 43 - Além dos vencimentos são devidos aos servidores policiais civis, nos termos da lei, as seguintes vantagens:

I - décimo terceiro salário;

II - auxílio transporte;

III - auxílio-invalidez;

IV - auxílio-doença;

V - diárias, na forma de regulamentação específica;

VI - adicional de atividade perigosa;

VII - adicional por tempo de serviço, na forma de regulamentação específica, observando o limite temporal do parágrafo único do Art. 1º da Lei Complementar nº 194, de 05 de outubro de 2021;

VIII - abono permanência;

IX - gratificação pelo exercício de cargos ou funções de confiança;

X - gratificação de habilitação profissional;

XI - auxílio funeral;

XII - demais vantagens indenizatórias previstas em lei, inclusive as concedidas aos servidores públicos em geral;

XIII - adicional de remuneração para as atividades insalubres, na forma da Lei;

XIV - gratificação de Atividade Técnico-Científica de Nível Superior, na forma da Lei;

XV - auxílio alimentação;

XVI - gratificação de atividade aérea, na forma de regulamentação;

XVII - verba de representação para Delegado de Polícia, na forma da Lei.

§ 1° - O décimo terceiro salário será pago com base na remuneração integral ou no valor dos proventos da aposentadoria, pelo seu valor no mês de dezembro de cada ano.

§ 2° - O auxílio invalidez, de caráter indenizatório, consiste em auxílio financeiro a ser pago ao policial civil aposentado por incapacidade definitiva e considerado inválido, decorrente de acidente em serviço, impossibilitado total e permanentemente para qualquer trabalho.

§ 3° - O auxílio invalidez deverá ser pago mensalmente, na forma da lei, sem prejuízo da percepção de outras vantagens financeiras decorrentes de sua aposentadoria.

§ 4° - Perceberá diária, o policial civil que, em razão da função, tiver de se deslocar da sede do órgão onde tenha exercício, observadas as condições fixadas em ato normativo.

§ 5° - O adicional de atividade perigosa será devido ao policial civil, exceto aos Delegados de Polícia, no percentual de 230 % (duzentos e trinta por cento) sobre o vencimento-base.

§ 6° - A Gratificação de Habilitação Profissional de que trata o inciso X, será regulamentada por ato do Poder Executivo e incidirá sobre os vencimentos, sendo devida ao policial civil pelos cursos realizados com aproveitamento, bem como aqueles reconhecidos pela Secretaria de Estado de Polícia Civil, nos percentuais estabelecidos em Lei.

§ 7° - O abono de permanência será pago ao servidor policial civil, na forma da lei.

§ 8° - Os valores recebidos pelos policiais civis no âmbito do Regime Adicional de Serviço, PROEIS, PROESP ou outro de caráter similar, passam a ser classificados como verba de caráter indenizatório.

§ 9° - Farão *jus* a gratificação pela prestação de serviços de natureza especial, sendo esses serviços considerados, dentre outros,

a participação efetiva em bancas examinadoras, comissões e fiscalização de concursos públicos da Polícia Civil, assim definidos em ato do Secretário de Estado de Polícia Civil, que fixará
os respectivos valores em regulamentação específica, observado
o limite máximo de 10% (dez por cento) da remuneração do
servidor.

§ 10 - Farão jus a gratificação de magistério, por aula ou palestra
proferida em curso promovido ou patrocinado pela Academia
Estadual de Polícia Silvio Terra – ACADEPOL, bem como por
entidade conveniada com a Instituição, exceto quando receba
remuneração específica para essa atividade, devendo a mesma
ser fixada e reajustada por regulamentação específica.

§ 11 - Os Delegados de Polícia que exercerem a função de
confiança de Delegado Titular, Diretor ou Coordenador
de duas ou mais unidades policiais, perceberão adicional
de compensação orgânica, de caráter indenizatório, pela
acumulação de titularidades em Unidades Policiais, remunerada
na forma de legislação específica.

§ 12 - O policial civil responsável, de acordo com sua função,
por parcela do procedimento de lavratura de Autos de Prisão
em Flagrante oriundos de três ou mais circunscrições policiais,
perceberá o adicional por trabalho em regime de plantão em
Central de Flagrantes, de caráter indenizatório, remunerada na
forma de legislação específica.

§ 13 - No cômputo do limite constitucional remuneratório dos
policiais civis do Estado será excluída eventual remuneração de
cargo em comissão.

§ 14 - O policial civil na ativa que for responsável legal por pessoa
com deficiência física ou intelectual fará *jus* a um Adicional de
Necessidade Especial, calculado sobre 20% (vinte por cento) do
vencimento-base, na forma de regulamentação específica.

Art. 44 Aos policiais civis inativos são asseguradas todas as prerrogativas previstas nesta Lei Complementar.

A política remuneratória consiste em instrumentos institucionais por meio dos quais são estabelecidos a recomposição ou alteração do vencimento e/ou remuneração dos servidores públicos, obedecidos os parâmetros legais.

Preambularmente, vale enfatizar que artigo 37 desta Lei Complementar estabeleceu que os policiais civis serão remunerados por vencimento, adicionais e gratificações, cujos valores e regras de aplicação serão estabelecidos em lei específica que levará em consideração a importância e os riscos inerentes à atividade, a natureza, as complexidades das atribuições e o grau de responsabilidade das funções exercidas.

A respeito da exigida reserva legal de lei para o estabelecimento de política remuneratória, impende ressaltar que a iniciativa para o aumento na remuneração dos servidores do Estado do Rio de Janeiro é de competência exclusiva do Governador do Estado, devendo-se observar, sobremaneira, o teor do artigo 37, inciso X, da CRFB/88[203].

À guisa de exemplo, consigna-se que, a majoração mais recente foi promovida por meio da Lei Estadual n° 9.952, de 04 de janeiro de 2023, que concedeu a recomposição de 5,90% (cinco inteiros e noventa centésimos por cento) sobre a remuneração dos servidores ativos, inativos e pensionistas do Estado do Rio de Janeiro, a contar de 1° de janeiro de 2023.

Ademais, é cediço que, além do vencimento, são devidas aos servidores policiais diversas vantagens pecuniárias. Repisa-se, por oportuno, que o vencimento é o valor que o funcionário público recebe relativo ao exercício de seu cargo. Nesse sentido, José dos Santos Carvalho Filho leciona que *"vencimento é a retribuição pe-*

---

[203] BRASIL. Constituição da República Federativa do Brasil de 1988. Art. 37 da CRFB/88 - X – a remuneração dos servidores públicos e o subsídio de que trata o § 4° do art. 39 somente poderão ser fixados ou alterados por lei específica, observada a iniciativa privativa em cada caso, assegurada revisão geral anual, sempre na mesma data e sem distinção de índices; (Redação dada pela Emenda Constitucional n° 19, de 1998).

cuniária que o servidor percebe pelo exercício de seu cargo, conforme a correta conceituação prevista no estatuto funcional federal (art. 40, Lei n° 8.112/1990). Emprega-se, ainda no mesmo sentido vencimento-base ou vencimento-padrão. Essa retribuição se relaciona diretamente com o cargo ocupado pelo servidor: todo cargo tem seu vencimento previamente estipulado." [204]

O vencimento assim definido não engloba as vantagens pecuniárias a que faz jus o servidor público, estas compõem o montante denominado remuneração.

Carvalho Filho acrescenta que *"vantagens pecuniárias são as parcelas pecuniárias acrescidas ao vencimento-base em decorrência de uma situação fática previamente estabelecida na norma jurídica pertinente"*. Continua o autor: *"As vantagens pecuniárias integram a remuneração global e devem ser instituídas por lei, já que sua criação ultrapassa a competência meramente administrativa"* [205].

Nesse diapasão, estudaremos as vantagens que estão previstas na Lei Complementar n° 204/2022, a quem fazem *jus* os Policiais Civis do Estado do Rio de Janeiro.

26.1. Décimo terceiro salário

Trazendo, inicialmente, um contexto histórico, frisa-se que o 13° salário, denominado juridicamente de gratificação natalina, foi introduzida pela Lei n° 4.090, de 13, de julho de 1962, assegurando ao empregado o pagamento do benefício no mês de dezembro de cada ano, tendo sido regulamentado pela Lei n° 4.749, de 12 de agosto de 1965, no que concerne ao seu pagamento.

Nesse compasso, a Constituição Federal de 1988 consagrou em seu artigo 7°, inciso VIII, o 13° salário como sendo um direito social e também uma garantia fundamental aos trabalhadores, extensivo aos servidores públicos, nestes termos: Art. 7° São direitos dos tra-

---

[204]   CARVALHO Filho, José dos Santos. Manual de Direito Administrativo. 36 ed. Barueri (SP): Atlas, 2022. p. 622.

[205]   *Ibid.* p. 625.

balhadores urbanos e rurais, além de outros que visem à melhoria de sua condição social: (...) VIII - *décimo terceiro salário com base na remuneração integral ou no valor da aposentadoria.*

A Constituição do Estado do Rio de Janeiro prevê o 13° salário em seu artigo 83: Art. 83 - *Aos servidores públicos civis ficam assegurados, além de outros que a lei estabelecer, os seguintes direitos: [...] IV - décimo terceiro salário com base na remuneração integral ou no valor da aposentadoria.*

Mais adiante, no § 1° deste artigo encontramos a previsão de que o décimo terceiro salário será pago com base na remuneração integral ou no valor dos proventos da aposentadoria, pelo seu valor no mês de dezembro de cada ano.

Consigna-se o teor do Decreto n° 46.914, de 27 de janeiro de 2020, que regulamenta o pagamento da antecipação de 50% (cinquenta por cento) do 13° salário dos servidores públicos ativos, inativos e militares do Poder Executivo do Estado do Rio de Janeiro, no mês de seu respectivo aniversário e a integralização na competência de dezembro.

Acrescenta-se que, de acordo com o § 1° do artigo 43 da LC 204/2022, o décimo terceiro salário será pago com base na remuneração integral ou no valor dos proventos da aposentadoria, pelo seu valor no mês de dezembro de cada ano.

26.2. Auxílio transporte, diárias e auxílio alimentação

O auxílio transporte dos Policiais Civis do Rio de Janeiro foi regulamentado por meio da Lei Estadual n° 6.162, de 9 de fevereiro de 2012, a qual, dentre outras providências, instituiu o auxílio transporte para os policiais que estiverem lotados e em efetivo exercício nas respectivas corporações, na Polícia Civil do Estado do Rio de Janeiro.

Segundo o artigo 5° da Lei Estadual n° 6.162/2012, o auxílio transporte é uma pecúnia de natureza jurídica indenizatória, destinada ao custeio das despesas realizadas com transporte coletivo municipal, intermunicipal ou interestadual, nos deslocamentos de suas residências para os locais de trabalho e vice-versa.

É importante ressaltar que a Lei Estadual n° 6.162/2012 destina o auxílio transporte para as categorias funcionais mencionadas pela Lei n° 5.767/2010, a qual, em seu artigo 1°, inciso I, se refere aos servidores públicos civis integrantes do Quadro Permanente da Polícia Civil do Estado do Rio de Janeiro, consoante a Lei n° 3.586, de 21 de junho de 2001, à exceção dos Delegados de Polícia.

Como visto, ao instituir o auxílio transporte para os policiais civis, a Lei 6.162/2012 excetua os delegados de polícia, diferentemente do disposto no artigo 43, inciso II da Lei Complementar n° 204/2022, que não faz essa distinção.

O auxílio transporte instituído pela Lei 6.162/2012 foi regulamentado pelo Decreto n° 43.494, de 02 de 2012, prevendo o valor e a forma de pagamento, além de outras providências, sendo relevante trazer à colação o teor dos artigos 2° e 3°: Art. 2° - *O auxílio-transporte será pago mensalmente e em valor fixo, independentemente do cargo, posto ou graduação. § 1° - O pagamento do auxílio-transporte será feito na mesma conta corrente bancária em que é paga a remuneração percebida pelo servidor ou militar. § 2° - O auxílio-transporte não será concedido no mês em que os servidores e militares abrangidos pelo art. 1° deste Decreto receberem o adicional de férias. § 3° - O auxílio-transporte não será devido durante etapas do concurso público para provimento nas carreiras abrangidas por este Decreto. Art. 3° - Fica fixado em R$ 100,00 (cem reais) o valor do auxílio-transporte regulamentado por este Decreto.*

Noutro giro, os artigos 38, inciso XXII e 43, inciso V, dispõem sobre o pagamento de diárias. Esse direito encontra-se disciplinado também pelo Decreto n° 3.044/80, nos artigos 122 a 127, de onde se extrai, resumidamente, que ao policial que se deslocar, temporariamente, em objeto de serviço, da localidade onde estiver sediada sua unidade administrativa, conceder-se-á, além de transporte, diária a título de compensação das despesas de alimentação e hospedaria ou somente de alimentação.

Deocleciano Torrieri Guimarães, no Dicionário Jurídico 27ª ed., expõe o conceito de diária como sendo *"salário de um dia de trabalho; tarefa de operário em um dia; auxílio em pecúnia que o funcionário recebe para custeio de viagem de interesse da empresa"*. O autor explica que para o direito administrativo, essa verba é expressamente declarada como de natureza indenizatória, dependendo, para sua concessão e pagamento, da comprovação das despesas pelo servidor público.[206]

Complementando, o § 4° do dispositivo em estudo dispõe que perceberá diária, o policial civil que, em razão da função, tiver de se deslocar da sede do órgão onde tenha exercido, observadas as condições fixadas em ato normativo.

O Auxílio Alimentação, por sua vez, está previsto no artigo 43, inciso XV. Trata-se de benefício concedido em pecúnia aos servidores, independentemente da jornada de trabalho, desde que efetivamente em exercício nas atividades do cargo, ou nos afastamentos considerados de efetivo exercício, na proporção dos dias trabalhados, salvo na hipótese de afastamento a serviço com percepção de diárias. Atualmente, o valor pago aos Policiais Civis a título de auxílio alimentação é de R$ 100,00 (cem reais).

Cumpre ressaltar que em abril de 2022 a Assembleia Legislativa do Rio de Janeiro aprovou a Lei n° 9.619/2022, instituindo o reajuste dos auxílios alimentação e transporte dos Policiais Civis, majorando o primeiro de R$ 12,00 (doze reais) por dia para R$ 60,00 (sessenta reais) por dia e o segundo de R$ 100,00 (cem reais) para R$ 500 (quinhentos reais). Todavia, o Governo do Estado do Rio de Janeiro ajuizou a ADI n° 0042150-25.2022.8.0000 (TJ/RJ), arguindo a inconstitucionalidade formal da Lei 9.619/2022 e o conflito da novel norma com os artigos 112, § 2°, II, "a" e "b" e 7° da CERJ (matéria reservada à iniciativa privativa do Chefe do Poder Executivo e violação ao princípio da Separação dos Poderes).

---

[206] GUIMARÃES, Deocleciano Torrieri. *Dicionário jurídico*, 27. ed. São Paulo: Rideel, 2023. p. 107.

No julgamento da Ação Direta de Inconstitucionalidade su-pramencionada, os Desembargadores que compõem o Egrégio Ór-gão Especial do Tribunal de Justiça do Estado do Rio de Janeiro, por unanimidade de votos, julgaram procedente a representação do Poder Executivo para declarar a inconstitucionalidade da Lei n° 9.619/2022 (14 de agosto de 2023).

26.3. Auxílio invalidez e auxílio-doença

O auxílio invalidez já encontrava regulamentação no artigo 266 do Decreto Estadual n° 3.044/80, de onde se extrai que o policial que venha a ser aposentado por incapacidade definitiva e considera-do inválido, impossibilitado total ou permanentemente para qual-quer trabalho, não podendo prover os meios de sua subsistência, fará *jus* ao auxílio-invalidez no valor de 25%, calculado sobre o ven-cimento do cargo efetivo e demais vantagens, incorporadas ou não, desde que satisfaça uma das condições previstas na aludida norma.

Acrescenta-se que a Lei Estadual n° 3.527, de 09 de janeiro de 2001, instituiu o auxílio invalidez por lesão à integridade física, ten-do por destinatário Policial Civil, Policial Militar, Bombeiro Militar e Agente do DESIPE (atuais Policiais Penais).

Pontua-se que os auxílios invalidez regulados pelas legislações acima mencionadas podem ser percebidos cumulativamente.

É imperioso destacar ainda o conceito legal trazido pelo artigo 43, § 2° desta lei complementar: § 2° - O auxílio invalidez, de caráter indenizatório, consiste em auxílio financeiro a ser pago ao policial civil aposentado por incapacidade definitiva e considerado inválido, decorrente de acidente em serviço, impossibilitado total e permanentemente para qualquer trabalho.

Ademais, o auxílio invalidez deverá ser pago mensalmente, na forma da lei, sem prejuízo da percepção de outras vantagens finan-ceiras decorrentes de aposentadoria, consoante o disposto no artigo 43, § 3° desta Lei Complementar.

Em sequência, comentamos acerca do auxílio-doença, consignando que esta vantagem também está prevista no Decreto nº 3.044/80, nos artigos 148 a 151, sendo importante destacar o teor do artigo 148: Art. 148 – *Após cada período de doze meses consecutivos de licença para tratamento de saúde, o policial terá direito a um mês de vencimento, a título de auxílio-doença.*

De igual relevância, destacamos que o artigo 149 do Decreto nº 3.044/80 dispõe que o tratamento do policial acidentado em serviço, acometido de doença profissional ou internado compulsoriamente para tratamento psiquiátrico, correrão integralmente por conta dos cofres do Estado, e será realizado, sempre que possível, em estabelecimento estadual de assistência médica. O §§ 1º e 2º do artigo 149 prescreve: § 1º - Ainda que o policial venha a ser aposentado em decorrência de acidente em serviço, de doença profissional ou de internação compulsória para tratamento psiquiátrico, as despesas previstas neste artigo continuarão a correr pelos cofres do estado. § 2º. *Nas hipóteses deste artigo não será devido ao policial o pagamento do auxílio-doença.*

26.4. Adicional de atividade perigosa

Inicialmente, buscando um conceito legal de atividade perigosa, nos valemos da normativa contida no *caput* do artigo 193 da Consolidação das Leis do Trabalho (Decreto-Lei nº 5.452, de 1º de maio de 1973), de onde se extrai que atividades perigosas são aquelas que, por sua natureza ou métodos de trabalho, impliquem risco acentuado em virtude de exposição permanente do trabalhador, nas hipóteses dos seus incisos I e II e parágrafos 1º, 2º e 3º.

A Lei Orgânica da Polícia também tratou de conceituar, no seu artigo 61, a atividade policial civil como sendo atividade exercida em condições especiais de risco que prejudicam a saúde e a integridade física e mental.

O adicional de atividade perigosa tem como base legal a Lei Estadual nº 1.591, de 18 de dezembro de 1989, consoante o teor do seu artigo 4° - É concedido aos integrantes das classes de Agentes de Autoridade e de Auxiliares de Autoridade do Quadro Permanente da Polícia Civil do Estado do Rio de Janeiro adicional de atividade perigosa correspondente a 80% (oitenta por cento) do vencimento base.

Esse percentual foi majorado pela Lei Estadual n° 3.586/2001 prevê no seu artigo 9° que é devido adicional de atividade perigosa aos integrantes dos Grupos II (Agentes de Polícia Estadual de Apoio Técnico-Científico) e III (Agentes de Polícia Estadual de Investigação e Prevenção Criminais), no percentual de 230% (duzentos e trinta por cento) sobre o vencimento base, não se referindo, portanto, aos integrantes do Grupo I (Autoridade Policial).

O § 5° do artigo 43 em estudo manteve o percentual do adicional de atividade perigosa em 230% (duzentos e trinta por cento) sobre o vencimento, ratificando que o mesmo não é cabível aos Delegados de Polícia.

26.5. Adicional por tempo de serviço

O adicional por tempo de serviço está previsto no artigo 38, inciso XXIII, bem como no artigo 43, inciso VII. Entretanto, o texto legal deste último dispositivo expõe que o adicional por tempo de serviço será devido ao policial, observando o limite temporal do parágrafo único do art. 1° da Lei Complementar n° 194/2021.

Pontua-se que a referida Lei Complementar Lei Complementar n° 194/2021 extinguiu o adicional de tempo de serviço para os novos servidores públicos do Estado do Rio de Janeiro e vedou a conversão da licença prêmio e da licença especial em pecúnia, ressalvando os servidores que ingressaram até 31/12/2021, *in verbis*:

> *Art. 1° Ficam extintos, para todos os efeitos, o adicional por tempo de serviço e a gratificação por tempo de serviço para todos os servidores civis e militares que vierem a ingressar no serviço público estadual após a data de entrada em vigor desta Lei Com-*

plementar, revogando para estes os demais dispositivos legais e regulamentares que dispõem sobre este adicional ou gratificação.
Parágrafo único. *A extinção de que trata o* caput *deste artigo não será aplicada no caso de ingresso no serviço público por meio de edital publicado até a data de 31 de dezembro de 2021.*

Art. 2º Fica vedada a conversão em pecúnia ou outro tipo de indenização decorrente de licenças especiais concedidas aos servidores civis e militares, inclusive quanto à Licença-prêmio prevista no Artigo 19, Inciso VI, do Decreto-Lei nº 220, de 18 de julho de 1975, e à Licença Especial prevista no Artigo 62, da Lei Estadual nº 880, de 25 de julho de 1985, e no Artigo 65, da Lei Estadual nº 443, de 01 de julho de 1981.

O triênio encontrava arrimo nas disposições do artigo 90, do Decreto nº 3.044/80, norma que foi revogada pela Lei Complementar 194/2021 apenas para os servidores que ingressarem após a sua vigência, como também ocorreu com o disposto nas Leis Estaduais adiante comentadas.

A Lei Estadual nº 1.057, de 06 de novembro de 1986, que tratou dos vencimentos da Polícia Civil, prevê no seu artigo 3º que *os policiais civis ficam submetidos ao regime de adicional por tempo de serviço, por triênios, sendo o primeiro de 10% (dez por cento) e os demais de 5% (cinco por cento), calculados sobre o vencimento e limitados a 9 (nove) triênios.*

Nessa toada, a Lei Estadual nº 1.522, de 13 de setembro de 1989, dispôs no seu artigo 2º que *o regime de adicional por tempo de serviço para todo o funcionalismo civil do Estado do Rio de Janeiro, ativo ou inativo, será o de triênio, sendo o primeiro deles equivalente a 10% (dez por cento) e os demais a 5% (cinco por cento), limitados a um máximo de 9 (nove) triênios.*

Posteriormente, o referido artigo foi alterado pela Lei nº 1.608, de 15 de janeiro de 1990, passando à seguinte redação:

Art. 6° - O artigo 2° da Lei n° 1.522, de 13 de setembro de 1989, passa a vigorar com a seguinte redação, suprimido o seu parágrafo único: Art. 2° - O regime de adicional por tempo de serviço para todo o funcionalismo civil e militar do Estado do Rio de Janeiro, ativo ou inativo, na forma da legislação vigente, será o de triênio, sendo o primeiro deles equivalente a 10% (dez por cento), limitados a um máximo de 11 (onze) triênios.

Ressalte-se o disposto no artigo 4° da Lei Complementar n° 194/2021, o qual anuncia que o servidor estadual que ingressar em novo cargo efetivo no mesmo Poder ou Órgão do Estado, em virtude de concurso público, conservará o percentual de gratificação por tempo de serviço do cargo anteriormente ocupado. Não raro os agentes e peritos, já inseridos no Quadro Permanente da Polícia, fazem concursos para outros cargos da mesma instituição.

É importante consignar que aos servidores que ingressaram antes da entrada em vigor da LC n° 194/2021 aplica-se o disposto no artigo 90 do Decreto n° 3.044/80, até que seja editada uma norma lei.[207] No § 5° do aludido artigo 90, encontra-se previsto que o percentual correspondente a cada quinquênio ou triênio será de 5% do vencimento-base do policial até o limite máximo de 35% ou 50%, respectivamente, de conformidade com o § § 2° e 3° do mesmo artigo.

---

[207]   RIO DE JANEIRO. Decreto Estadual n° 3.044/80. Art. 90 – O adicional por tempo de serviço é o percentual calculado sobre o vencimento-base de cargo efetivo, a que faz jus o policial, por quinquênio de efetivo exercício, decorrente de antiguidade no serviço público, apurado na forma do título IX. § 1° - A cada quinquênio de efetivo exercício, corresponderá um grau de progressão horizontal até o limite de sete graus. § 2° - O regime de quinquênio prevalecerá somente para o ingresso de novos servidores na carreira policial. § 3° - Ficam assegurados os direitos adquiridos pelos policiais ao recebimento de triênios ou de quinquênios, segundo o Estado de origem, quando ainda percebidos na data da entrada em vigor do novo regime de adicional de tempo de serviço. § 4° - A cada triênio de efetivo exercício corresponderá um grau de progressão horizontal até o limite de nove graus.

26.6. Abono permanência

O abono permanência é uma compensação para o servidor que reúne os requisitos para a aposentadoria voluntária, mas deseja manter-se ativo, exercendo as suas funções.

O artigo 40, § 19 da Constituição Federal preconiza que, observados os critérios a serem estabelecidos em lei do respectivo ente federativo, o servidor titular de cargo efetivo que tenha completado as exigências para a aposentadoria voluntária e que opte por permanecer em atividade poderá fazer *jus* a um abono de permanência equivalente, no máximo, ao valor da sua contribuição previdenciária, até completar a idade para aposentadoria compulsória (Redação dada pela Emenda Constitucional n° 103, de 2019).

Da aludida disposição constitucional, extraímos três importantes regras: a) fará *jus* ao abono permanência o servidor que tenha completado as exigências para a aposentadoria voluntária, de acordo com as regras previdenciárias do respectivo ente federativo, e opte por permanecer em atividade; b) o abono permanência equivale, no máximo, ao valor da contribuição previdência do servidor; c) o servidor perceberá o abono permanência até a sua aposentadoria, voluntária ou compulsória.

Acrescenta-se que o § 7° do dispositivo em comento anuncia que o abono de permanência será pago ao servidor policial, na forma da lei.

26.7. Gratificação pelo exercício de cargos de confiança

Segundo a lição de Hely Lopes, gratificações são vantagens pecuniárias atribuídas precariamente aos servidores que estão prestando serviços comuns da função em condições anormais de segurança, salubridade ou onerosidade (gratificações de serviço) ou concedidas como ajuda aos servidores que reúnam as condições pessoais que a lei especifica (gratificações especiais). As gratificações – de serviço ou pessoais – não são liberalidades puras da Administração;

são vantagens pecuniárias concedidas por recíproco interesse do serviço e do servidor, mas sempre vantagens transitórias, que não se incorporam automaticamente ao vencimento, nem geram direito subjetivo à continuidade de sua percepção.[208]

Assim como os cargos em comissão, as funções de confiança são, em regra, de livre provimento e exoneração, para atribuições de chefia, direção e assessoramento. No caso do disposto no inciso em estudo, referem-se exclusivamente aos policiais civis, na forma do *caput* do artigo 43, sendo legítima a acumulação dos vencimentos do cargo efetivo com a gratificação por função de confiança.

A título de deixar clara a diferença conceitual entre cargo em comissão e função de confiança, no valemos da Resolução SEPLAG/RJ nº 109, de 09 de maio de 2008[209] de onde se extrai que o exercício de função de confiança pressupõe vínculo preexistente com a Administração – cargo ou emprego público, – de forma que a função de confiança será exercida como integrante de tal vínculo. No caso do servidor ou empregado já possuírem dois vínculos públicos, a função de confiança será considerada como integrando um dos dois cargos/empregos exercidos, desde que permaneça possível o exercício do outro (art. 281 do Decreto nº 2.479/79).

A referida norma ainda dispõe que o exercício de um cargo em comissão por servidor ou empregado público determina o afastamento do funcionário do cargo efetivo de que for titular, de acordo com o art. 27 do Decreto nº 2.479/79, ressalvados os casos de acumulação legal. Se o servidor ou empregado já detiverem dois vínculos públicos, o cargo em comissão poderá ser exercido em regime de acumulação, sendo considerado como integrando um dos dois cargos/empregos exercidos, desde que permaneça possível o exercício do outro (art. 281 do Decreto nº 2.479/79).

---

208   MEIRELLES, Hely Lopes. Direito Administrativo Brasileiro, 28 ed. Malheiros Editores, atualizada por Eurico de Andrade Azevedo, Délcio Balestero Aleixo e José Emmanuel Burle Filho, 2003. p. 417.

209   RIO DE JANEIRO. Resolução SEPLAG n° 109/2008. Institui o manual para análise de acumulação de cargos, empregos e funções públicas no âmbito da Administração Pública Estadual.

Além disso, devemos pontuar que os servidores ou empregados públicos inativos podem exercer cargo em comissão em matrícula distinta, sem que isso configure acumulação ilícita. Não podem, contudo, exercer função de confiança.

Na lição de Hely Lopes, *"cargo em comissão é o que admite provimento em caráter provisório. Destina-se às funções de confiança dos superiores hierárquicos. A instituição de tais cargos é permanente, mas seu desempenho é sempre precário, pois quem os exerce não adquire direito à continuidade na função"*.[210]

Acrescenta-se que o Decreto n° 3.044/80 trata da gratificação por função nos artigos 92, 93 e 94, sendo relevante trazer à colação os seguintes textos:

Art. 92 – *A gratificação de função de chefia, assistência intermediária e secretariado é aquela definida no parágrafo único do artigo 9*[211] *deste Regulamento e correspondente ao exercício de função gratificada, instituída e remunerada na forma que se dispuser em lei.*

Art. 94 – *Além do exercício de função gratificada regularmente instituída, poderá ser atribuída, na forma de regulamentação específica, gratificação de função a funcionários que desempenhem atividades especiais ou excedentes às atribuições do seu cargo, vedado o seu recebimento cumulativo com as gratificações específicas das funções de confiança.*

Em outro giro, o artigo 7° do Decreto n° 3.044/80 dispõe de forma mais abrangente sobre os cargos em comissão, estatuindo que *"os cargos em comissão se destinam a atender a encargos de direção e assessoramento superiores e serão providos, através de livre escolha do Governador, por indicação do Secretário de Estado da Polícia Civil, dentre*

---

[210] MEIRELLES, Hely Lopes. *Direito Administrativo Brasileiro*, 28 ed. Malheiros Editores, atualizada por Eurico de Andrade Azevedo, Délcio Balestero Aleixo e José Emmanuel Burle Filho, 2003. p. 367.

[211] RIO DE JANEIRO. Decreto Estadual n° 3.044/80 - Art. 9° - Caracteriza a função policial o exercício de atividades específicas desempenhadas pelas autoridades, seus agentes e auxiliares, para assegurar o cumprimento da lei, manutenção da ordem pública, proteção de bens e pessoas, prevenção da prática dos ilícitos penais e atribuições de polícia judiciária.

os policiais e pessoas que possuam aptidões técnicas e reúnem as condições necessárias à investidura no serviço público".

Em complemento, insta salientar, desde já, o teor do § 13 do artigo 43 da Lei Complementar n° 204/2002, segundo o qual no cômputo do limite constitucional remuneratório dos policiais civis do Estado será excluída eventual remuneração de cargo em comissão.

26.8. Gratificação de habilitação profissional

A Gratificação de Habilitação Profissional, também conhecida como "GHP", está disciplinada no artigo 11 da Lei Estadual n° 3.586/2001, o qual foi alterado pela Lei n° 9.611/2022, nos seguintes moldes: Art. 11 - *A Gratificação de Habilitação Profissional é devida ao policial civil pelos cursos realizados com aproveitamento, nos percentuais a seguir fixados: I - Formação profissional: 90% (noventa por cento); II - Aperfeiçoamento profissional: 95% (noventa e cinco por cento); III - Especialização profissional: 100% (cem por cento); IV - Superior de Polícia: 105% (cento e cinco por cento).*

A Lei n° 9.611/2022 majorou os índices anteriormente previstos na Lei n° 3.586/2001, representando um aumento considerável na remuneração dos servidores a que se destina a gratificação de habilitação profissional.

Anteriormente, o artigo 11 da Lei n° 3.586/2011 definia que a gratificação por formação profissional se aplicava apenas para os agentes de apoio técnico-científico (peritos e papiloscopistas) e de investigação e prevenção (inspetor e oficial de cartório), com a nova redação trazida pela Lei n° 9.611/2022 foi excluída essa restrição.

É relevante destacar o disposto no artigo 12 da Lei Estadual n° 3.586/2001, segundo o qual, "*o policial civil, com mais de um curso previsto no artigo 11 fará jus à gratificação de maior valor percentual, vedada a sua acumulação*".

Sobre a habilitação profissional, é imperioso destacar o teor do artigo 25 da Lei n° 3.586/2001, que assim dispõe: Art. 25 - *O policial civil, além do Curso de Formação Profissional mencionado nesta lei e outros eventualmente necessários ao regular desempenho de suas funções, sujeitar-se-á aos seguintes: I - Aperfeiçoamento profissional; II - Especialização profissional; III - Superior de Polícia.* (nova redação dada pelo art. 4°da Lei n° 4.020/2002).

O Curso Superior de Polícia é privativo para os integrantes da carreira de Delegado de Polícia, é o que dispõe o parágrafo único do artigo 25 da Lei 3.586/2001.

Também é imprescindível mencionar o teor da Resolução n° 474, de 10 de setembro de 2001, que dispõe sobre os cursos profissionais mencionados na Lei 3.586/2001.

Frisa-se que o § 6° do artigo 43 da LC 204/2022 prescreve que a Gratificação de Habilitação Profissional aqui estudada será regulamentada por ato do Poder Executivo e incidirá sobre os vencimentos, sendo devida ao policial civil pelos cursos realizados com proveito, bem como aqueles reconhecidos pela Secretaria de Estado de Polícia Civil, nos percentuais estabelecidos em lei.

26.9. Auxílio funeral

É cediço que o auxílio-funeral é concedido em razão do falecimento de servidor público da ativa ou aposentado. Assim, por razão da ocorrência do falecimento, o familiar que custeou o funeral terá direito ao auxílio-funeral. O auxílio-funeral encontra-se disposto no Decreto n° 3.044/80, nos artigos 152 e 153, destacando-se que, se as despesas do funeral não ocorreram às expensas da família do policial ativo ou inativo, o respectivo auxílio será pago a quem tiver comprovadamente realizado.

No § 2° do artigo 153 supramencionado encontra-se previsto que o pagamento do auxílio-funeral obedecerá a processo sumaríssimo, concluído no prazo de quarenta e oito horas da apresentação da certidão de óbito e documentos que comprovem a satisfação da despesa pelo requerente incorrendo em pena de suspensão o responsável pelo retardamento.

26.10. Adicional de remuneração para as atividades insalubres

Conceitualmente, insalubridade é uma condição prejudicial à saúde do trabalhador, permitida por lei, que gera direito ao reconhecimento de adicional de insalubridade.

Convém mencionar o teor do artigo 189 da Consolidação das Leis do Trabalho (Decreto 5.452/1943 alterado pela Lei n° 6.514/1977), nos seguintes termos: Art. 189 - *Serão consideradas atividades ou operações insalubres aquelas que, por sua natureza, condições ou métodos de trabalho, exponham os empregados a agentes nocivos à saúde, acima dos limites de tolerância fixados em razão da natureza e da intensidade do agente e do tempo de exposição aos seus efeitos.*

O artigo 83, inciso XVIII, da Constituição do Estado do Rio de Janeiro, assegura aos servidores públicos civis o direito à redução da carga horária e adicional de remuneração para as atividades penosas, insalubres ou perigosas, na forma da lei. Entretanto, esse é mais um exemplo de norma que dependerá de regulamentação dada a atual lacuna.

Para se ter uma ideia desse vácuo legislativo, o Decreto 2.479/79, que regulamenta o Estatuto dos Funcionários Públicos Civis do Poder Executivo do Rio de Janeiro, dispõe sobre insalubridade em dois artigos, mas não atribui o direito de adicional.[212]

O artigo 269 desse mesmo decreto estipula que *"nos trabalhos insalubres executados pelos servidores do Estado, este é obrigado a fornecer-lhes, gratuitamente, os equipamentos próprios exigidos pelas disposições específicas relativas à higiene e segurança do trabalho".*

---

[212] Art. 94 - Todos os servidores, que operem diretamente com Raios X ou substâncias radioativas, gozarão obrigatoriamente férias remuneradas de 20 (vinte) dias consecutivos por semestre de atividade, não parceláveis nem acumuláveis. Parágrafo único - O Secretário de Estado de Administração, em ato próprio, poderá estender o disposto no presente artigo aos servidores que lidem diretamente com outras substâncias consideradas altamente tóxicas ou insalubres, ou estejam em contato direto e permanente com portadores de doenças infectocontagiosas.

373. Política Remuneratória e Vantagens

26.11. Gratificação de atividade técnico-científica de nível superior

A vantagem de que trata o presente inciso está prevista no artigo 13 da Lei Estadual n° 3.586/2001, de onde se extrai que a Gratificação de Atividade Técnico-Científica de Nível Superior é devida aos membros das carreiras de nível superior do Grupo II, do Quadro Permanente da Polícia Civil (Agentes de Polícia Estadual de Apoio Técnico-Científico), e corresponde a 100% do vencimento-base.

A despeito do artigo 3° da Lei n° 3.586/2001 prever que o Grupo II é integrado por Engenheiro Policial de Telecomunicações, Perito Legista, Perito Criminal, Papiloscopista Policial, Técnico Policial de Necropsia e Auxiliar Policial de Necropsia, somente os ocupantes de cargos de nível superior fazem jus à gratificação em estudo.

Acrescenta–se, em complementação ao estudo do tema, as disposições da Lei Estadual n° 6.814, de 24 de junho de 2014, que preconiza o pagamento da Gratificação de Atividade Técnico-Científica de Nível Superior aos Papiloscopistas Policiais da Polícia Civil do Rio de Janeiro.

O artigo 1° da referida lei assegura, aos policiais civis da carreira de Papiloscopista Policial da Polícia Civil do Estado do Rio de Janeiro, o pagamento da Gratificação de Atividade Técnico-Científica de Nível Superior, instituída pelo art. 13 da Lei Estadual n° 3.586, de 21 de junho de 2001 em combinação com o art. 3° da Lei Estadual n° 4.020, de 06 de dezembro de 2002[213].

26.12. Gratificação de atividade aérea

A gratificação de atividade aérea encontra-se atualmente regulamentada pelo Decreto n° 14.648, de 10 de abril de 1990, que dispõe sobre o valor a ser pago a pilotos policiais, bem como aos servidores

---

[213] Art. 3° da Lei 4.020/2022 - Os incisos V e VI do artigo 21, da Lei n° 3.586, de 21 de junho de 2001, passam a vigorar com a seguinte redação: "Art. 21 - (....) V - Inspetor de Polícia - diploma de curso superior devidamente registrado; VI - Oficial de Cartório Policial e Papiloscopista Policial - diploma de curso superior devidamente registrado.(....)".

que exerçam atribuições vinculadas a mecânica e manutenção de aeronaves, no âmbito da Secretaria de Estado de Polícia Civil.

O Decreto nº 15.774/1990[214] promoveu relevante alteração nos percentuais da gratificação de encargos especiais atribuída aos pilotos policiais da Secretaria de Estado de Polícia Civil, prevista no artigo 1º do Decreto nº 14.648/1990, sendo relevante apresentar o seguinte quadro comparativo:

Artigo 1º da Lei 14.648/90	Artigo 1º alterado pelo Decreto 15.774/90
I - no equivalente a 200% (duzentos por cento) do seu vencimento-base, aos pilotos policiais que contém mais de mil (1.000) horas de voos operacionais.	I - no equivalente a 300% (trezentos por cento) do seu vencimento-base, aos pilotos policiais que contém mais de mil (1.000) horas de voos operacionais.
II - 100% (cem por cento) para aqueles pilotos policiais com mais de quatrocentas (400) horas de voos operacionais, mantida a mesma base do cálculo.	II - 150% (cento e cinquenta por cento) para aqueles pilotos policiais com mais de quatrocentas (400) horas de voos operacionais, mantida a mesma base do cálculo.
III - 50% (cinquenta por cento) para os pilotos policiais que registrem, em sua folha de serviço, entre duzentas (200) e quatrocentas (400) horas de voos operacionais, incidindo, tal percentual, também sobre o referido vencimento-base do cargo.	III - 75% (setenta e cinco por cento) para os pilotos policiais que registrem, em sua folha de serviço, entre duzentas (200) e quatrocentas (400) horas de voos operacionais, incidindo, tal percentual, também sobre o referido vencimento-base do cargo.

---

[214]   RIO DE JANEIRO. Decreto Estadual nº 15.774/90. Disponível em: https://silep.fazenda.rj.gov.br/index.html?decreto_15_774_24101990.htm. Acesso em 10/09/2023.

De acordo com o artigo 2° do Decreto Estadual n° 14.648/90, para o pessoal envolvido com atividades de mecânica e manutenção de aeronaves, que estejam devidamente habilitados, fica atribuída, a título de gratificação de encargos especiais, a vantagem determinada no inciso III do artigo 1° da mesma norma, constante do quadro comparativo acima.

26.13. Verba de representação para Delegado de Polícia

A vantagem a que alude o inciso XVII consiste na compensação de despesas realizadas em missão oficial representando a Instituição.

Consultando o Decreto n° 3.044/80, encontramos a previsão da Gratificação de Representação de Gabinete, prevista no artigo 96, nos seguintes termos: Art. 96 – *A gratificação de representação de gabinete é a que tem por fundamento a compensação de despesas de apresentação inerentes ao local do exercício ou à remuneração de encargos especiais.*

Entretanto, a referida norma é mais restritiva ao dispor no artigo 97 que essa gratificação será concedida aos policiais em exercício do Gabinete do Secretário de Estado de Polícia que, a critério deste, assim devam ser remunerados.

26.14. Demais vantagens indenizatórias previstas em lei

Deixamos para a parte final deste capítulo os comentários alusivos ao artigo 43, inciso XII, visando acrescentar as seguintes vantagens previstas nos parágrafos oitavo ao décimo quarto do artigo em comento, dentre elas: a) a gratificação pela prestação de serviços de natureza especial, assim considerados, dentre outros, a participação efetiva em bancas examinadoras, comissões e fiscalização de concursos públicos da Polícia Civil; b) gratificação de magistério, incluindo aula ou palestra proferida em curso promovido ou patrocinado pela

Academia de Polícia Silvio Terra; c) adicional destinado ao Delegado de Polícia que exerce função de confiança de Delegado Titular, Diretor ou Coordenador de duas ou mais unidades policiais; d) adicional por trabalho em regime de plantão em Central de Flagrantes, de caráter indenizatório, a que faz *jus* o policial responsável por parcela do procedimento de lavratura de autos de prisão em flagrante, oriundos de três ou mais circunscrições policiais; e) adicional de necessidade especial, calculado sobre 20% (vinte por cento) do vencimento-base, na forma de regulamentação específica, a que fará jus o policial civil na ativa que for responsável por pessoa com deficiência física ou intelectual; f) remuneração por regime adicional de serviço (RAS ou PROEIS).

Sobre a gratificação pela prestação de serviços de natureza especial é relevante consignar, inicialmente, que o Decreto Estadual n° 3.044/80, ainda em vigor, prevê no artigo 91 as seguintes gratificações para os Policiais Civis: I - gratificação de função; II - pelo exercício de cargo em comissão; III - de representação de Gabinete; IV - pela participação em órgão de deliberação coletiva; e V - pelo exercício de: a) encargo auxiliar ou membro de banca ou comissão examinadora de concurso e b) encargo de auxiliar ou professor em curso oficialmente instituído.

O texto em comento se refere à *"gratificação pela prestação de serviços de natureza especial"*, conceituando-a como sendo a participação efetiva em bancas examinadoras, comissões e fiscalização de concursos públicos da Polícia Civil, *dentre outros*, deixando uma margem discricionária para a Administração por conta da expressão grifada, o que remete às demais espécies de gratificações previstas no Decreto n° 3.044/80. É imperioso atentar para o disposto nos artigos 102 *usque* 106 do aludido decreto.

Quanto aos valores da referida remuneração, a Lei Complementar n° 204/2022 deixou a cargo de ulterior regulamentação por parte do Secretário de Estado de Polícia Civil, estabelecendo o limite máximo de 10% (dez por cento) da remuneração do servidor. Essa previsão aumenta o âmbito da competência atribuída ao Secretário de Polícia Civil, tendo em vista que o texto do artigo 107 do Decreto 3.044/80 previa que *"as gratificações de que trata esta subseção serão arbitradas, em cada caso, pelo Governador, proposta pelo Secretário de Estado da Polícia Civil"*.

Em outra vertente, é necessário aludir acerca do adicional de necessidade especial, dando ênfase ao fato de que até a promulgação da Lei Complementar n° 204/2022, o policial civil, na condição de servidor público civil do Poder Executivo do Estado do Rio de Janeiro e responsável legal por portador de necessidades especiais que requeira atenção permanente, fazia *jus* tão somente à redução de cinquenta por cento da carga-horária de trabalho, na forma do artigo 83, inciso XXI da Constituição Estadual, no entanto, não havia a previsão de adicional de necessidade especial.

Nesse compasso, foi sancionada a Lei Estadual n° 3.807, de 04 de abril de 2002, que assegurou ao servidor público civil, da administração direta, autárquica e fundacional do Rio de Janeiro, o direito à redução, em 50% (cinquenta por cento) da carga horária de trabalho, enquanto responsável legal por pessoa portadora de necessidades especiais, que requeira atenção permanente.

Posteriormente, a Lei n° 8.226/2018 alterou o artigo 2° da norma supramencionada estabelecendo que se entende por necessidades especiais, cujo portador requeira atenção permanente, o diabetes mellitus em menores de 12 (doze) anos, as situações de deficiência física, sensorial ou mental, nas quais a presença de responsável seja indispensável à complementação do processo terapêutico ou à promoção de melhor integração do paciente à sociedade.

Entretanto, as normas supramencionadas não contemplam o adicional de necessidade especial, que deverá ser regulamentado por norma específica.

26.15. Limite constitucional remuneratório

O limite remuneratório para os servidores públicos é estabelecido pela Constituição Federal, nos termos do artigo 37, inciso XI, que também se aplica aos servidores públicos estaduais.

O artigo 37, inciso XI da Carta Magna, alterado pela Emenda Constituição n° 41/2003, versa sobre a remuneração e o subsídio dos ocupantes de cargos, funções e empregos públicos da administração direta, autárquica e fundacional, dos membros de qualquer dos Poderes da União, dos Estados, do Distrito Federal e dos Municípios, dos detentores de mandato eletivo e dos demais agentes políticos e os proventos, pensões ou outra espécie remuneratória, percebidos cumulativamente ou não, incluídas as vantagens pessoais ou de qualquer outra natureza, não poderão exceder o subsídio mensal, em espécie, dos Ministros do Supremo Tribunal Federal, aplicando-se como limite, nos Municípios, o subsídio do Prefeito, e nos Estados e no Distrito Federal, o subsídio mensal do Governador no âmbito do Poder Executivo, o subsídio dos Deputados Estaduais e Distritais no âmbito do Poder Legislativo e o subsídio dos Desembargadores do Tribunal de Justiça, limitado a noventa inteiros e vinte e cinco centésimos por cento do subsídio mensal, em espécie, dos Ministros do Supremo Tribunal Federal, no âmbito do Poder Judiciário, aplicável este limite aos membros do Ministério Público, aos Procuradores e aos Defensores Públicos.

Portanto, o limite máximo remuneratório não poderá exceder o subsídio mensal dos Ministros do Supremo Tribunal Federal e, no caso dos Estados Membros, o subsídio mensal do Governador do Estado, no âmbito do Poder Executivo.

A norma constitucional alterada pela Emenda Constitucional n° 41/2022 incluiu no cálculo do limite máximo remuneratório as vantagens pessoais ou de qualquer outra natureza, recebida pelo servidor público. Com base nisso os valores percebidos a título de remuneração de cargo em comissão muitas vezes deixaram de ser recebidos por policiais civis, dentre outros servidores, por extrapolarem o teto constitucional.

Sobre o teto remuneratório, José dos Santos Carvalho Filho explica:

A regra do teto remuneratório é a que consta no art. 37, XI, da CF, com a redação da EC. n° 41/2003. A Constituição depois de reformada por esta última emenda, passou a admitir tetos remuneratórios geral e específicos, estes dependendo da respectiva entidade federativa. Assim, estabeleceu, como teto geral para todos os Poderes da União, Estados, Distrito Federal e Municípios, o subsídio mensal, em espécie, dos Ministros do Supremo Tribunal Federal. No que concerne aos tetos específicos (ou subtetos, foi fixado para os Municípios o subsídio do Prefeito e para Estados e Distrito Federal, foram previstos três subtetos: (1°) no Executivo, o subsídio mensal do Governador; (2°) no Legislativo, o subsídio dos Deputados Estaduais e Distritais; (3°) no Judiciário, o subsídio dos Desembargadores do Tribunal de Justiça, aplicável esse limite aos membros do Ministério Público, aos Procuradores e aos Defensores Públicos.[215]

O Supremo Tribunal Federal se debruçou sobre a EC n° 41/03, em sede de repercussão geral, quando do julgamento do RE n° 609.381, Rel. Min. Teori Zavascki. Na ocasião, a Suprema Corte reformou o acórdão recorrido por violação ao inciso XI do art. 37 da Constituição, que foi reconhecido constitucional. Do julgamento restou o entendimento de que "*o teto de retribuição estabelecido pela Emenda Constitucional 41/03 possui eficácia imediata, submetendo às referências de valor máximo nele discriminadas todas as verbas de natureza remuneratória percebidas pelos servidores públicos da União, Estados, Distrito Federal e Municípios, ainda que adquiridas de acordo com regime legal anterior*". (*sem grifo no original*).

Não obstante, a novel lei complementar assegura no seu artigo 43, § 13, que "*no cômputo do limite constitucional remuneratório dos policiais civis do Estado será excluída eventual remuneração de cargo em comissão*" Assim sendo, de acordo com essa norma, os valores referentes às gratificações por cargo em comissão, de livre nomeação e exoneração, no âmbito da Polícia Civil, não serão incluídos no cômputo do teto constitucional remuneratório.

---

[215] CARVALHO Filho, José dos Santos. *Op. Cit.* p. 634.

Deixemos para os órgãos competentes a discussão sobre a constitucionalidade da referida norma estadual. Afinal, como assentou José dos Santos Carvalho Filho, "*o sistema remuneratório no serviço público, seja em nível constitucional, seja no plano das leis funcionais, é um dos pontos mais confusos do regime estatutário*"[216].

De toda sorte, a norma em comento teve eficácia imediata e plena no âmbito da Secretaria de Estado de Polícia Civil do Rio de Janeiro.

26.16. Isonomia das prerrogativas para servidores inativos

Conforme já mencionado anteriormente, o artigo 38 da Lei Complementar indica as *prerrogativas* a que fazem *jus* os policiais civis, que constituem direitos inerentes à categoria funcional. Entretanto, nem todas elas podem ser usufruídas pelos inativos, como, por exemplo: promoções regulares, férias, licenças, pagamento de diárias, recompensas, dentre outras.

Por outro lado, outras diversas prerrogativas são asseguradas também aos policiais que passaram para a inatividade, como forma de assegurar uma relativa paridade em relação àqueles que permanecem em atividade, tais como: garantia do uso do título; percepção de vencimento correspondente ao padrão fixado em lei e de vantagens pecuniárias; irredutibilidade de remuneração; uso privativo de insígnias e documento de identidade funcional; porte de arma; ser recolhido a estabelecimento prisional especial, exclusivo para policiais civis; direito à compra de armamento, na forma da Lei Estadual nº 9.065/2020; dentre outras.

De máxima relevância é a previsão da paridade (isonomia) inserida no artigo 44, da LC nº 204/2022,[217] que garante ao servidor inativo as prerrogativas previstas nesta lei orgânica, sendo relevante

---

[216]   CARVALHO Filho, José dos Santos. *Op. Cit.*, pp. 621 e 622.
[217]   Art. 44 Aos policiais civis inativos são asseguradas todas as prerrogativas previstas nesta Lei Complementar.

observar que quanto à paridade e integralidade de vencimentos devem ser observadas as regras legais e constitucionais vigentes, notadamente, o teor da Emenda Constitucional n° 90/2021.

27. PROMOÇÕES

Art. 45 - As promoções serão feitas, de classe para classe, à razão de 2/3 (dois terços) por antiguidade e 1/3 (um terço) por merecimento, tanto no dia 21 de abril quanto no dia 29 de setembro de cada ano.

Parágrafo Único - A promoção que não se verificar na data referida neste artigo terá os seus efeitos retroagidos.

Art. 46 - A antiguidade será apurada na classe concorrente e determinada pelo tempo de efetivo exercício na mesma.

Art. 47 - A lista de tempo de serviço em cada classe será publicada no Diário Oficial do Estado, pelo Departamento-Geral de Gestão de Pessoas, para efeito de contestação, no prazo de 30 (trinta) dias da respectiva publicação, republicando-se a lista final, após a apreciação dos recursos.

Parágrafo Único - O eventual empate na classificação por antiguidade resolver-se-á pelo maior tempo de serviço no cargo como autoridade policial ou como Agente de Polícia Civil e, se necessário, pelos critérios de maior tempo de serviço na Polícia Civil, maior tempo de serviço estadual, maior tempo de serviço público em geral e o de maior idade. Na classe inicial, o empate resolver-se-á pela ordem de classificação no concurso.

Art. 48 - O merecimento também apurado em cada classe será procedimentalizado pelo Departamento-Geral de Gestão de Pessoas, para posterior submissão ao Conselho Superior de Polícia, que observará, no mínimo, os seguintes fatores (incisos I, II e III, comentados subsequentemente:

I - a conduta em sua vida pública e particular, bem como o conceito que goza na Instituição Policial, e demais anotações dos assentamentos funcionais;

II - o desempenho nas funções do cargo, no aperfeiçoamento da produtividade policial, bem como pela observância dos princípios legalidade, impessoalidade, moralidade e eficiência, da hierarquia e da disciplina, da indivisibilidade e da imparcialidade da investigação policial, do respeito à dignidade e aos direitos humanos, dentre outros que orientam as atividades de Polícia Judiciária;

III -   a contribuição à Instituição Policial e à melhoria dos serviços policiais.

Art. 49 - Somente integrarão a lista para promoção por merecimento os Policiais concorrentes às classes iniciais que atendam, cumulativamente, aos seguintes requisitos:

I -   figurar, na ordem de antiguidade, nos primeiros dois terços do número de cargos fixado em lei da classe concorrente;

II -   03 (três) anos de tempo de serviço na classe concorrente, em efetiva atividade em órgão operacional da estrutura da Polícia Civil;

III -   02 (dois) anos de tempo de serviço lotado em atividade submetida exclusivamente ao regime de plantão.

Parágrafo Único - O requisito previsto no inciso I será dispensado quando se tratar da classe inicial da carreira.

Art. 50 - Somente integrarão a lista para promoção por merecimento os policiais concorrentes à classe final que atendam, cumulativamente, aos seguintes requisitos:

I -   figurar, na ordem de antiguidade, no primeiro um terço do número de cargos fixado em lei da classe concorrente;

II -   possuir 10 (dez) anos de efetivo exercício. (Alterado pela Lei Complementar nº 211, de 18 de outubro de 2023);

III -   ter exercido por 07 (sete) anos funções em órgão integrante da estrutura da Polícia Civil;

IV -   estar em atividade em órgão da estrutura interna da Polícia Civil do Estado do Rio de Janeiro no período da apuração.

Parágrafo Único - O requisito previsto no inciso I priorizará para a promoção, o policial que conte 20 (vinte) anos ou mais de serviço policial, independentemente de sua posição na lista.

Art. 51 - Concorrerão à promoção por merecimento os Policiais que vierem a ser incluídos em lista tríplice para cada vaga, organizada em reunião pelo Conselho Superior de Polícia, com base nos dados, elementos e informações levantadas em relatório, pelo Departamento-Geral de Gestão de Pessoas.

§ 1° - Serão incluídos na lista tríplice os nomes que obtiverem os votos da maioria absoluta dos votantes, procedendo-se a tantas votações quantas sejam necessárias para a composição da lista.

§ 2° - Ocorrendo mais de uma vaga de merecimento, deverá o Conselho Superior de Polícia organizar uma lista única contendo o triplo do número de vagas, classificados por ordem de votação.

§ 3° - No caso do parágrafo anterior, considerar-se-ão indicados para a primeira vaga os três primeiros da lista, e, sucessivamente para cada uma das vagas restantes, os dois remanescentes e mais o seguinte da lista.

Art. 52 - O julgamento das promoções por antiguidade e merecimento cabe ao Conselho Superior de Polícia.

Art. 53 - Não poderá integrar a lista tríplice de concorrentes à promoção por merecimento o Policial que:

I -   houver sido punido, no período de apuração, com suspensão acima de 15 (quinze) dias, por transgressão disciplinar apurada através de procedimento administrativo regular;

II -   estiver sendo submetido a qualquer procedimento disciplinar decorrente de falta de natureza média ou grave, ou policial ou judicial penal por infração dolosa, exceto se houver indícios veementes de exclusão de ilicitude devidamente comprovados e assim considerados pelo Departamento-Geral de Gestão de Pessoas;

III -   houver sido condenado por crime doloso, inclusive,
em sentença não transitada em julgado, enquanto não
for decretada a extinção da punibilidade, salvo desclassificação para excesso culposo, declarado em sentença
transitada em julgado.

Art. 54 - Não poderá ser promovido por antiguidade:

I -   pelo prazo de 02 (dois) anos, aquele houver sido punido com suspensão acima de 15 (quinze) dias durante o
período anterior;

II -   pelo prazo de 05 (cinco) anos, aquele que houver sido
punido com suspensão acima de 40 (quarenta) dias ou
que houver sido condenado por crime doloso, inclusive
por sentença não transitada em julgado.

Art. 55 - Caso as vagas ocorridas na última classe, durante a
apuração anterior, e destinadas a promoção, não alcancem 5%
(cinco por cento) do quantitativo de cargos que ordinariamente a compõem, proceder-se-á a promoções até alcançar-se tal
percentual, ficando os policiais promovidos como excedentes
na categoria, a serem absorvidas na forma do disposto no parágrafo 2°.

§ 1° - Tornar-se-ão transitoriamente indisponíveis para
provimento, nas categorias inferiores, cargos cujo quantitativo
corresponda ao de Policiais excedentes na forma prevista no
parágrafo anterior.

§ 2° - As vagas que ocorrerem no período de apuração,
posteriormente às promoções referidas na parte final do *caput*,
destinar-se-ão, primeiramente, à absorção dos excedentes.

Art. 56 - Cabe ao Secretário de Estado de Polícia Civil efetivar
a promoção dos indicados em lista, no prazo de 30 (trinta) dias
a contar da data do recebimento do respectivo expediente.

Art. 56-A. As funções de chefia exercidas nos órgãos e delegacias da estrutura da Polícia Civil serão consideradas funções de
confiança e serão exercidas por membros das classes mais elevadas das carreiras da Polícia Civil do Estado do Rio de Janeiro,

lotados na unidade e nomeados pelo Delegado Titular da unidade, que deverá comunicar a escolha dos nomes à Subsecretaria Administrativa para anotações e deliberações. (Acrescentado pela Lei Complementar n° 211, de 18 de outubro de 2023).

Art. 57 - Decreto do Governador poderá regulamentar, de forma mais específica, as promoções dos Delegados de Polícia ou dos agentes policiais, trazendo, entre outros, critérios objetivos de pontuação.

Parágrafo Único - No que não conflitar com a presente Lei, aplica-se o Decreto n° 3044, de 22 de janeiro de 1980, até o advento da regulamentação mencionada no *caput*.

Conceitualmente, a promoção do servidor público consiste na elevação de uma classe para outra imediatamente superior, com exceção dos cargos singulares. Esse tipo de avanço funcional é um direito dos servidores que acumulam determinado tempo de serviço prestado (promoção por antiguidade) ou pelo contínuo desenvolvimento profissional, aferido pela administração por critérios previamente estabelecidos (promoção por merecimento).

Além dessas duas modalidades de promoção os Policiais Civis têm direito à promoção por bravura e também *post mortem*[218].

Ao longo dos anos, as entidades de classe representantes dos Policiais Civis pleitearam novas regras mais objetivas e equânimes para a apuração e concessão das promoções, bem como a sua regularidade. Não raro, apontou-se uma insatisfação com a espécie de promoção por merecimento, em razão da larga margem discricionária da Administração no julgamento dos critérios subjetivos, que muitas

---

[218]   Decreto n° 3.044/80. Art. 219 – A promoção *"post mortem"* é efetivada quando o policial civil, independentemente de sua situação na lista de antiguidade, vier a falecer em uma das seguintes situações: I – em ação de manutenção da ordem pública; II – em consequência de ferimento recebido na manutenção da ordem pública, doença, moléstia, ou enfermidade contraídas nesta situação, ou que nelas tenha sua causa eficiente. III – por acidente de serviço; IV – por ato de bravura.

vezes se afastava do princípio da impessoalidade, em detrimento da lista de promoção por antiguidade.

Durante as discussões para a aprovação da Lei Orgânica da Polícia Civil na Assembleia Legislativa, foram estudadas como parâmetro as regras de promoção utilizadas pela Polícia Federal, insculpidas no Decreto 7.014, de 23 de novembro de 2009, as quais são consideradas mais objetivas e com menor margem de discricionariedade por parte do órgão julgador.

Diferentemente da Polícia Civil do Estado do Rio de Janeiro, que se encontrava à mercê de inúmeras regras para se chegar à apuração da lista ou quadro de servidores concorrentes às promoções, o Decreto Federal nº 7.014/2009, que rege as promoções funcionais no âmbito do Departamento de Polícia Federal, de forma clara e concisa, inseriu no seu artigo 3º as regras básicas e os requisitos necessários à promoção.[219]

Outro reclamo constante por parte dos Policiais Civis diz respeito à regularidade das promoções. As classes que compõem o Quadro Permanente da PCERJ vivenciaram diversos períodos em que não foram obedecidas as datas estipuladas para a realização e concessão das promoções, gerando, inclusive, demandas judiciais.[220]

Nesse cenário, criou-se a expectativa de que a Lei Orgânica da Polícia Civil pudesse reparar essas anomalias. Certo é que a Lei

---

[219] Art. 3º São requisitos para promoção nos cargos da Carreira Policial Federal: I - exercício ininterrupto do cargo: a) na terceira classe, por três anos, para promoção da terceira para a segunda classe; b) na segunda classe, por cinco anos, para promoção da segunda para a primeira classe; c) na primeira classe, por cinco anos, para promoção da primeira para a classe especial; II - avaliação de desempenho satisfatória; e III - conclusão, com aproveitamento, de curso de aperfeiçoamento. Parágrafo único. Interrompido o exercício, a contagem do interstício começará a correr a partir do retorno do servidor à atividade.

[220] Em recente julgamento, a 4ª Vara de Fazenda Pública do Rio de Janeiro Decisão da Justiça do Rio determinou a liberação de todas as promoções que estão travadas ou concedidas de forma tardia — principalmente após 2017, quando as mesmas foram suspensas (https://odia.ig.com.br/colunas/servidor/2021/06/6175464-decisao-judicial--determina-promocoes-de-policiais-civis-em-seis-meses.html)

Complementar n° 204/2022 trata das promoções dos Policiais Civis do Estado do Rio de Janeiro nos artigos 45 a 59, promovendo mudanças consideráveis em relação às normas até então vigentes, mormente em relação à majoração da proporção de vagas destinadas ao critério de antiguidade (2/3) e merecimento (1/3), como disposto no artigo 45 adiante comentado.

Tais mudanças são consideradas um grande avanço para os Policiais Civis, principalmente por dois motivos:

a) as novas regras prestigiaram a promoção por antiguidade, que exige requisitos objetivos, em detrimento da promoção por merecimento, que é julgada, mediante critérios objetivos e subjetivos, e abrem margem para eventuais desvios de finalidade por parte da Administração.

b) a novel Lei Complementar reduziu a subjetividade no julgamento das promoções por merecimento, *ex vi* do teor do artigo 50, de onde se extrai que "*somente integrarão a lista para promoção por merecimento os policiais concorrentes à classe final que atendam, cumulativamente, aos seguintes requisitos: I - figurar, na ordem de antiguidade, no primeiro um terço do número de cargos fixado em lei da classe concorrente; II - possuir 10 (dez) anos de efetivo exercício; III - ter exercido por 07 (sete) anos funções em órgão integrante da estrutura da Polícia Civil; IV - estar em atividade em órgão da estrutura da Polícia Civil do Estado do Rio de Janeiro no período da apuração.*"

Ainda, cabe destacar que, em seu parágrafo único, o art. 50 da LC n° 204/2021 assevera que dentre o primeiro terço mais antigo dos concorrentes à promoção à classe final da respectiva carreira, aqueles que contarem com mais de vinte anos de serviço policial deverão ter prioridade, de maneira que se aplica, na espécie, a regra hermenêutica segundo a qual a lei não contém palavras inúteis (*verba cum effectu sunt accipienda*), isto é, o referido critério objetivo terá de ser observado, sob pena de se inquinar a promoção que não atendê-lo, prestigiando-se ainda mais a objetividade no que concerne às promoções funcionais.

Ademais, repise-se que o artigo 58 da LC n° 204/22 dispõe sobre um conceito mais abrangente de bravura, compreendendo agora as investigações complexas, permitindo-a aos peritos e aos policiais que conquanto não tenham atuado, propriamente, com intrepidez, se exceleram no exercício de suas atribuições funcionais, desvendando crimes complexos, "*e que, ultrapassando os limites normais do cumprimento do dever, representam feitos úteis às atividades policiais na manutenção da segurança e ordem públicas, pelos resultados alcançados ou pelo exemplo altamente positivo deles emanado*".

Reforça-se que as promoções aqui abordadas se referem aos servidores constantes do Quadro Permanente da Polícia Civil do Estado do Rio de Janeiro, disciplinado pela Lei n° 3.586/2001. É relevante destacar as alterações promovidas no anexo I, da Lei 3.586/2001, pela Lei n° 6.166, de 27 de fevereiro de 2012, atinente às categorias, às classes e ao quantitativo dos cargos.

Salienta-se, desde já, a importância do estudo do Decreto 3.044/80, como exposto no parágrafo único do artigo 57 desta Lei, que assim dispõe: "*No que não conflitar com a presente Lei, aplica-se o Decreto n° 3.044, de 22 de janeiro de 1980, até o advento da regulamentação mencionada no* caput".

Na sequência, é cabível registrar que até a promulgação da Lei Complementar n° 204/2022, o Secretário de Estado de Polícia Civil praticava os atos de promoção dos Policiais Civis apenas por delegação do Governador do Estado, como base no Decreto Estadual n° 31.425, de 26 de junho de 2002 e no Decreto n° 46.581, de 22 de fevereiro de 2019.

O primeiro decreto cuida da delegação de competência para prática dos atos de promoção de Policiais Civis, com exceção dos Delegados de Polícia (integrantes do Grupo I do Quadro Permanente previsto na Lei 3.586/2001).[221]

---

[221]   Art. 1° Fica delegada competência ao Secretário de Estado de Segurança Pública para praticar os atos referentes às promoções por antiguidade e merecimento de policiais civis do Quadro Permanente da Polícia Civil do Estado do Rio de Janeiro, em especial daqueles cons-

Já o Decreto n° 46.581/2019 (alterou o Decreto n° 46.559/2019) foi editado em razão da extinção da Secretaria de Estado de Segurança do Estado do Rio de Janeiro, transferindo as competências do antigo Secretário de Estado para os novos Secretários da Polícia Civil e da Polícia Militar, nestes termos.

> *Art. 1° - O art. 3° do Decreto n° 46.559, de 14 de janeiro de 2019, passa a vigorar acrescido de Parágrafo Único com a seguinte redação: "Art. 3° - (...) Parágrafo Único - As competências delegadas ao então Secretário de Estado de Segurança, a exemplo daquelas previstas no Decreto n° 01, de 13 de março de 2018 do Interventor Federal, serão exercidas pelos titulares da Secretaria de Estado de Polícia Militar – SEPM e da Secretaria de Estado de Polícia Civil – SEPOL, no que refere à gestão administrativa e de pessoal de cada Secretaria.*

As promoções, por antiguidade e merecimento dos Delegados de Polícia, até a promulgação desta Lei Complementar, eram reguladas pela revogada Lei n° 1.500, de 21 de agosto de 1989, sendo de competência do Governador do Estado do Rio de Janeiro, segundo o seu artigo 7°, *in verbis*: Lei 1.500/89 - Art. 7° - *Cabe ao Governador do Estado efetivar a promoção dos indicados em lista, no prazo de 30 (trinta) dias a contar da data do recebimento do respectivo expediente.*

O artigo 1° da referida Lei Ordinária previa que *"as promoções na carreira de Delegado de Polícia serão feitas, de classe para classe, por antiguidade e por merecimento, alternadamente, no dia 05 de outubro de cada ano".*

Como mencionado alhures, a Lei 1.500/89 foi revogada expressamente por esta LC, como dispõe o seu Art. 73 - *Revoga-se o artigo 23 do Decreto-Lei n° 218, de 18 de julho de 1975 e a Lei n° 1.500, de 21 de agosto de 1989.*

---

tantes do GRUPO II - AGENTES DE POLÍCIA ESTADUAL DE APOIO TÉCNICO-CIENTÍFICO e do GRUPO III - AGENTES DE POLÍCIA ESTADUAL DE INVESTIGAÇÃO E PREVENÇÃO CRIMINAIS, nos termos da Lei n° 3.586, de 21 de junho de 2001.

Com o advento desta Lei Complementar n° 204/2022, o Secretário de Estado de Polícia Civil passou a ter também competência originária para a realização dos atos de promoções como disposto no artigo 16, inciso V: "*respeitados casos de competência do Governador, prover os cargos, bem como conceder promoção e demais formas de provimento derivado*".

Finalmente, a competência originária do Secretário de Estado de Polícia Civil encontra-se ratificada no artigo 56 desta Lei Orgânica, de onde se extrai que "*cabe Secretário de Estado de Polícia Civil efetivar a promoção dos indicados em lista, no prazo de 30 (trinta) dias a contar da data do recebimento do respectivo expediente*".

No entanto, o artigo 57 da LC n° 204/2022 prevê que, por meio de decreto, o Governador do Estado *poderá* regulamentar, de forma mais específica, as promoções dos *Delegados de Polícia* ou dos agentes policiais, utilizando, entre outros, os critérios de pontuação. Essa previsão remete à hipótese de avocação temporária de competência, prevista no artigo 13 da Lei Estadual n° 5.427/09[222], à semelhança do artigo 15 da Lei Federal n° 9.784/99[223].

27.1. Promoção: antiguidade *versus* merecimento

Como já sinalizado no preâmbulo desta obra, a Lei Complementar reformulou radicalmente as regras das promoções para os Policiais Civis do Estado do Rio de Janeiro. Já no *caput* do artigo 45 em comento, percebe-se esse avanço, em comparação ao Decreto Estadual n° 3.044/80.

---

[222] Rio de Janeiro. Lei n° 5.427/09 - Art. 13 - Será permitida, em caráter excepcional e por motivos relevantes devidamente justificados, a avocação temporária de competência atribuída a órgão hierarquicamente inferior, observados os princípios previstos no art. 20 desta Lei.

[223] Brasil. Lei Federal n° 9.784/09 - Art. 15- Será permitida, em caráter excepcional e por motivos relevantes devidamente justificados, a avocação temporária de competência atribuída a órgão hierarquicamente inferior.

O antigo decreto disciplina em seu artigo 170 a seguinte redação: *Art. 170 - As promoções por antiguidade e por merecimento obedecerão obrigatoriamente à proporção de uma vaga de antiguidade para duas vagas de merecimento e ao interstício mínimo de setecentos e trinta dias.*

Como visto, o critério anterior era de apenas uma vaga pelo critério de antiguidade e duas pelo critério de merecimento, exigindo, ainda, o interstício mínimo de setecentos e trinta dias. Agora, com a novel lei complementar, esses critérios se inverteram. O critério passou a ser de 2/3 (dois terços) por antiguidade, que é um critério mais objetivo, e 1/3 por merecimento, em que se somam os critérios objetivos e subjetivos em relação ao servidor ocupante do quadro de promoções.

É importante ressaltar que para ser promovido, primeiramente o servidor deve constar da respectiva listagem que será submetida ao Conselho Superior de Polícia, órgão responsável por decidir sobre a concessão de promoções.

Nesse sentido, o Decreto Estadual n° 3.044/80 disciplinava no artigo 180 que o "*o policial para ser promovido por antiguidade ou merecimento deverá integrar o Quadro de Promoção (QPA ou QPM), respectivamente*".

Em contrapartida, a Lei Complementar n° 204/2022 estabelece no artigo 47 acerca da lista de tempo de serviço, relativamente àqueles que concorrem à promoção por antiguidade, e no artigo 48 dispõe sobre a lista para a promoção por merecimento.

A Lei Complementar n° 204/2022 manteve os dias 21 de abril e 29 de setembro, de cada ano, para a realização das promoções, ressaltando em seu parágrafo único que a promoção que não se verificar na data referida nesse artigo terá os seus efeitos retroagidos.

A antiguidade é o critério objetivo utilizado para a promoção do servidor, mediante a apuração do tempo de efetivo exercício na classe, que dependerá da publicação em Diário Oficial da lista contendo os nomes dos concorrentes.

Mais uma vez necessitamos invocar algumas regras previstas no Decreto n° 3.044/80, que tratam da apuração de tempo de serviço para efeito de promoção por antiguidade, como, por exemplo, o artigo 175, §§ 3° e 4°, *litteris*:

> *§ 3° - Como tempo de serviço público estadual, será computado o exercício interrompido ou não, em qualquer cargo ou função nos órgãos estaduais da administração direta ou indireta e fundações instituídas pelo Poder Público. (Nova redação dada pelo Decreto n° 43.428 de 17/01/2012)*

> *§ 4° - Será computado como tempo de serviço público o que tenha sido prestado à União, Estados, Distrito Federal, Territórios e Municípios, em cargo ou função civil ou militar, ininterruptamente ou não, em órgão de administração direta ou indireta e fundações instituídas pelo Poder Público, apurado à vista de certidões expedidas pelos registros de frequência, folha de pagamento ou dos elementos regularmente averbados no assentamento individual do então servidor. (Nova redação dada pelo Decreto n° 43.428 de 17/01/2012)*

Ainda em relação à apuração do termo de serviço é importante conhecer o teor do artigo 187, e parágrafo único, do Decreto Estadual n° 3.044/80, que assim ordena: Art. 187 – *A antiguidade será determinada pelo tempo líquido de exercício do policial civil na classe a que pertencer.* Parágrafo único – *Será apenas computado como antiguidade no serviço público o tempo líquido de exercício interino, continuado ou não, em cargo de mesma denominação e para o qual tenha o policial civil sido nomeado em razão de concurso.*

A fim de subsidiar o completo estudo deste tema, em relação à contagem do efetivo tempo de serviço, mormente em relação aos afastamentos autorizados a que fazem *jus* os policiais civis, é imperioso destacar o teor do artigo 190 do Decreto 3.044/80, que relaciona os tipos de afastamentos autorizados que não obstam a contagem do tempo líquido de efetivo exercício para efeitos de antiguidade (redação dada pelo Decreto n° 43.428, de 17/01/2012), a saber: Art. 190 - *A antiguidade na classe será contada: I - nos casos de nomeação, readmissão, reintegração, reversão ou aproveitamento, a partir da data em que o policial entrar em exercício no cargo; II - nos casos de promoção e readaptação, a partir da vigência do ato respectivo ou da sua publicação.* (Nova redação dada pelo Decreto n° 43.428 de 17/01/2012).

A lista de tempo de serviço em cada classe equivale ao Quadro de Promoção por Antiguidade (QPA), previsto no artigo 180 do Decreto n° 3.044/80. É imperiosa a sua publicação no órgão oficial, em observância ao Princípio da Publicidade, viabilizando que o servidor interessado interponha recurso.

Antes da publicação da referida lista em Diário Oficial, o Departamento de Gestão de Pessoas promove uma minuciosa pesquisa nos assentamentos funcionais do servidor, solicitando também à Corregedoria Geral de Polícia informações acerca de eventuais processos administrativos disciplinares em curso ou punições administrativas aplicadas.

Por todo o exposto e como já mencionado inúmeras vezes nesta obra, o Decreto n° 3.044/80 permanece em vigor naquilo que não for conflitante com a Lei Complementar n° 204/2022, até a edição de novo Decreto do Governador dispondo sobre direitos e vantagens, como preceitua o artigo 73 da LOPCERJ.

O parágrafo único do artigo 46, cujo texto é de clareza solar, vem trazendo os critérios de desempate dos postulantes à promoção por antiguidade, da seguinte forma:

Critério principal: Maior tempo de tempo de serviço no cargo como autoridade ou como agente de Polícia Civil e, se necessário, existindo o empate, observa-se a seguinte ordem: 1.1 Maior tempo de serviço na Polícia Civil; 1.2 Maior tempo de serviço estadual; 1.3 Maior tempo de serviço público em geral; 1.4 Maior idade.

Esse dispositivo trata no final do empate para a promoção na classe inicial, o qual se resolverá pela ordem de classificação no concurso.

Com esse espeque, considera-se revogado, tacitamente, o art. 191 do Decreto nº 3.044/75, que apresenta apenas o critério etário para desempate: "*Quando ocorrer empate na classificação por antiguidade, na forma do artigo 175, § 1º, terá preferência o policial civil mais idoso*".

A promoção por merecimento, a seu turno, requer, cumulativamente, o preenchimento dos requisitos subjetivos constante dos incisos I, II e III deste artigo, bem como os requisitos objetivos previstos nos artigos 49, 50 e 51 desta Lei Orgânica, ficando o julgamento a cargo do Conselho Superior de Polícia, como prevê o artigo 51.

Na sessão de julgamento das promoções, mediante as listas dos concorrentes já publicadas em Diário Oficial, o Conselho deliberará pelo preenchimento das vagas disponíveis nos respectivos cargos, sendo certo que, para cada três vagas, uma será preenchida pelo critério de merecimento e as outras duas pelo critério de antiguidade, o que se mostra medida mais objetiva, reduzindo o poder discricionário da Administração.

Essa regra vale para todos os integrantes do Quadro Permanente previsto na Lei Estadual nº 3.586/2001, inclusive para os Delegados de Polícia Civil, uma vez que a Lei 1.500/89 foi expressamente revogada.

É importante ter conhecimento de que, por ocasião da sessão de julgamento das promoções, o Conselho Superior de Polícia deverá analisar a apuração levada a efeito pelo Departamento Geral de Pessoal, relativamente às anotações constantes dos assentamentos funcionais, bem como as informações prestadas pela Corregedoria Geral de Polícia, alusivas a eventuais processos administrativos disciplinares em curso ou punições aplicadas ao servidor concorrente, para que possam ser aferidos os requisitos dos incisos subsequentes.

Registra-se que o Decreto nº 47.760, de 04 de setembro de 2019, estabeleceu critérios objetivos de promoção por merecimento, para o pessoal das Secretarias de Polícia Militar, de Polícia Civil, de Defesa Civil e Corpo de Bombeiros Militar e de Administração Penitenciária, do Rio de Janeiro, que estiverem cedidos e em exercício em outros órgãos, sendo relevante trazer à colação, o teor do artigo 1° da referida norma:

> *Art. 1° - Poderão ser promovidos por merecimento os agentes ocupantes de cargo na Secretaria de Estado de Polícia Militar – SEPM, Secretaria de Estado de Polícia Civil – SEPOL, Secretaria de Estado de Defesa Civil – SEDEC e Corpo de Bombeiros Militar e Secretaria de Estado de Administração Penitenciária – SEAP quando em exercício, sendo consideradas, portanto funções de interesse[224].*

Destarte, o Decreto 47.760/2019 se refere aos policiais cedidos a outros órgãos, desde que as funções sejam consideradas de interesse. Ocorre que o artigo 50, inciso IV da Lei Complementar n° 204/2022, dispõe que, para constar na lista de promoção por merecimento, os policiais concorrentes à classe final devem estar em atividade em órgão da estrutura interna da Polícia Civil (Secretaria de Estado de Polícia Civil) no período da apuração.

Reforça-se, por oportuno, que os requisitos exigidos para a promoção por merecimento constantes dos incisos I, II e III do artigo 48 são cumulativos, devendo ser apurados com base nos seus assentamentos funcionais, contabilizando os aspectos positivos e negativos, consolidados em pontuação, de acordo com critérios prévios estabelecidos pela Administração, como disposto no Decreto n° 3.044/1980, adiante comentado.

---

[224] As funções consideradas de interesse estão previstas no artigo 1° do Decreto n° 47.760/2019, incisos: I- Nos cargos de Secretário e Subsecretário de Estado em todas as Secretarias de Estado do Rio de Janeiro; II- Nos cargos de direção, chefia e assessoramento dos órgãos do Poder Executivo Federal, Estadual ou Municipal; III- Em atividades de Corregedoria, Controladoria, Segurança Institucional, Investigação e Inteligência de órgão ou entidade do Poder Executivo Federal, Estadual ou Municipal, Poder Legislativo Federal, Estadual e Municipal, Poder Judiciário Federal e Estadual e Tribunais Superiores; IV- Em órgão de Representação do Governo do Estado do Rio de Janeiro; V- Em função considerada de natureza e interesse de bombeiro militar e/ou policial.

A avaliação da conduta do servidor por parte da Administração é feita com base nos seus registros funcionais, levando-se os aspectos positivos e negativos da sua vida funcional, mensurados por meio de pontuação prevista em regulamento próprio.

O artigo 208 do Regulamento do Estatuto dos Policiais Civis do Estado do Rio de Janeiro (Decreto nº 3.044/80), trata dos aspectos negativos que reduzem o conceito do policial na organização.[225] O artigo 210, do mesmo Regulamento, por sua vez, estatui acerca dos aspectos positivos que elevam o conceito do policial na organização[226].

Para tanto, o servidor deve requerer a averbação em seus assentamentos funcionais de tudo aquilo que possa representar aspecto positivo em sua vida funcional, tais como certificados de conclusão de cursos, moções ou condecorações, publicações de artigos, livros, participação em cursos etc. Algumas anotações positivas para o servidor são lançadas automaticamente, tais como elogio e recebimento de medalhas.

Por seu turno, as anotações de instauração de processos disciplinares e punições são feitas pelo órgão responsável, com base nas

---

[225] Art. 208 - A indisciplina será apurada tendo em vista as penalidades de advertência, repreensão, suspensão, afastamento do serviço, do cargo ou de função, impostas ao policial. § 1º - Serão considerados os seguintes pontos negativos para grupo de três penalidades: I - três advertências - um ponto negativo; II - duas advertências e uma repreensão - um ponto negativo; III - uma advertência e duas repreensões - dois pontos negativos; IV - três repreensões - dois pontos negativos; V - suspensão ou afastamento - um ponto negativo por dia de penalidade.

[226] Art. 210 – O conceito de que goza o policial na organização deverá ser apurado na classe concorrente, atribuindo-se a cada fator, abaixo relacionado, valoração que variará de zero a dois pontos: I – encargos e missões desempenhadas, entre outros, os que visem ao aumento de produtividade e à redução de custos operacionais dos serviços públicos; II – Elogios decorrentes do exercício da função policial e emanados de autoridade judiciária ou administrativa competente; III – medalhas e condecorações; IV – serviços relevantes prestados a outros órgãos; V – atos de bravura; VI – zelo dos policiais, componentes de Equipe de Plantão, na vigilância de presos custodiados nos xadrezes das unidades policiais, em cada período de 6 (seis) meses, sem ocorrência de fuga.

informações oriundas da Corregedoria Geral de Polícia, publicadas em Diário Oficial e Boletim Interno da Corporação.

Assim, é de suma importância a atualização dos assentamentos funcionais do servidor, para que se possa fazer um cálculo real de pontuação, com vistas à lista de promoção, devendo atentar para as pontuações previstas nos artigos 211 e 212 do Decreto n° 3.044/80.

Ainda sobre o artigo 48 da LC n° 204/2022, foram inseridos os requisitos objetivos para promoção por merecimento relativa às classes iniciais, exigindo, cumulativamente, ordem de antiguidade (inciso I), tempo de serviço mínimo (inciso II) e tempo de lotação (inciso III).

Para a apuração da ordem de antiguidade mencionada no inciso I, é levado em conta o número de cargos fixado em lei, relativo à classe concorrente (vide quantitativo de cargos mencionado anteriormente).

O inciso II claramente estatui que, para concorrer à promoção por merecimento às classes iniciais, o Policial deve contar com pelo menos 03 (três) anos de efetiva atividade em órgão operacional da Polícia Civil, compreendendo aqueles elencados no artigo 14 desta lei complementar.

O artigo 50, por sua vez, regulamenta os requisitos objetivos exigidos, cumulativamente, para que o Policial Civil possa integrar a lista para promoção por merecimento à classe final, seja de delegados, agentes ou de peritos.

Esse ponto do então Projeto de Lei n° 55/2021 foi muito festejado por todas as classes, surgindo com um freio para o arbítrio da Administração que, até então, possuía uma margem muito mais larga para a escolha dos promovidos por merecimento, em detrimento das promoções por antiguidade.

Registra-se que o inciso do artigo 50, o qual preconiza que o concorrente à promoção de que trata o *caput* deverá figurar na ordem de antiguidade, no primeiro um terço do número de cargos fixados em lei da classe concorrente, foi vetado pelo Governador do Estado, tendo sido a Lei Complementar n° 204/2022, promulgada, inicialmente, com esse veto.

No entanto, por tratar-se de medida mais justa em relação aos critérios de promoção por merecimento, as representações das classes, tanto de delegado, como de agentes e peritos se mobilizaram e conseguiram sensibilizar os parlamentares fluminenses, os quais, em 05/09/2022 derrubaram o veto, fazendo valer o teor do inciso I em comento.

O critério objetivo do inciso II do artigo 50 também é de extrema relevância, uma vez que afasta de vez a possibilidade da promoção à última classe do servidor que não tem experiência na instituição, sob o critério de tempo, sendo razoável e proporcional a exigência de pelo menos 12 (doze) anos de efetivo exercício para que o Policial seja elevado à primeira classe pelo critério de merecimento, cumulativamente com os incisos I, III e IV.

O inciso IV estipula que para ser promovido à última classe, além dos demais requisitos já mencionados e comentados, o servidor deve estar em atividade em órgão da estrutura da Polícia Civil, no período da apuração, ou seja, se estiver cedido a outro órgão não poderá constar dessa lista de promoção.

27.2. Apuração das Promoções por antiguidade e merecimento

O artigo 51, *caput,* disciplina que *"concorrerão à promoção por merecimento os Policiais que vierem a ser incluídos em **lista tríplice** para cada vaga, organizada em reunião pelo Conselho Superior de Polícia, com base nos dados, elementos e informações levantadas em relatório, pelo Departamento-Geral de Gestão de Pessoas".*

A lista tríplice de que trata o *caput* do artigo 51 decorre de votação entre os membros do Conselho Superior de Polícia. Serão escolhidos, por maioria absoluta dos votantes, três servidores para cada vaga disponível, levando-se em conta a apuração levada a efeito pelo Departamento Geral de Gestão de Pessoas.

A possibilidade do Conselho Superior de Polícia eleger os servidores para compor a mencionada lista tríplice, em detrimento dos servidores constantes das listas mencionadas nos artigos 49 e 50 anteriormente comentados, é um forte resquício da discricionariedade da Administração no tocante às promoções, o que justifica a luta das classes pela prioridade da elevação por antiguidade.

Reforça-se que a lista tríplice diz respeito aos concorrentes à promoção por merecimento, respeitando-se a razão de 1/3, prevista no artigo 45 desta lei complementar.

Mais adiante, no artigo 53 e incisos estão dispostas as situações que impedem o servidor de constar na lista tríplice, tais como sanções administrativas pela prática de transgressão disciplinar e/ou condenação criminal pela prática de crime doloso.

Os parágrafos 1°, 2° e 3° expressam os critérios para a elaboração da lista tríplice com vistas à promoção por merecimento, mas não ameniza a discricionariedade por parte dos membros do Conselho Superior de Polícia. Essa é a essência do combatido critério de merecimento, que não raro afasta-se do consagrado princípio da impessoalidade.

Como já mencionado outras vezes, compete ao Conselho Superior de Polícia o julgamento das promoções por antiguidade merecimento, consoantes as disposições legais dispostas nesta Lei Orgânica e nas demais normas correlatas. De igual modo, como veremos adiante, também compete ao Conselho Superior de Polícia o julgamento das promoções por bravura e *post mortem*.

O artigo 53 dispõe sobre as situações que impedem o policial de integrar a lista tríplice com vistas à promoção por merecimento, as quais serão apuradas pelo Departamento Geral de Gestão de Pessoas, em especial, pelo Serviço de Promoções, que exerce um papel fundamental na instrução dos processos que serão submetidos ao Conselho Superior de Polícia.

O inciso I apresenta como impeditivo o fato do servidor ter sido punido com suspensão acima de 15 (quinze) dias, por transgressão disciplinar. Ressalta-se que tal sanção administrativa deve ter ocorrido no período de apuração correspondente à lista tríplice.

Do inciso II, extraímos que também não poderá figurar na lista tríplice o policial que, por ocasião do julgamento, estiver submetido a qualquer procedimento disciplinar (sindicância administrativa disciplinar ou processo administrativo disciplinar) ou figurar como réu em ação penal por infração dolosa (crime ou contravenção penal), exceto se houver indícios veementes de exclusão de ilicitude devidamente comprovados.

A exceção prescrita na parte final do dispositivo, na prática, é de difícil aplicabilidade nesses casos, uma vez que a conclusão pela exclusão de ilicitude compete ao órgão julgador do respectivo processo, seja administrativo ou judicial, não sendo cabível ao Departamento Geral de Gestão de Pessoas aferir tais circunstâncias no curso da apuração do processo de promoção.

O inciso III disciplina a hipótese de impedimento para integrar a lista tríplice em relação ao policial que tiver sido condenado por crime doloso (não inclui contravenção penal), inclusive em sentença não transitada em julgado, exceto se, à época da elaboração da mencionada lista, for verificada a extinção da punibilidade ou a desclassificação do crime para excesso culposo declaradas em sentença transitada em julgado.

Os impedimentos expressos nesse artigo 53 preservam os requisitos subjetivos expressos no artigo 48, inciso I, para a promoção por merecimento, que dizem respeito à verificação da conduta do policial em sua vida pública e particular, levando-se em conta o conceito que o mesmo goza na Instituição Policial e as demais anotações em seus assentamentos funcionais.

No artigo 54 encontram-se as hipóteses que impedem o policial de ser promovido por antiguidade, não obstante, ter o mesmo alcançado os requisitos objetivos previstos em lei. O inciso I se refere à punição disciplinar de suspensão acima de 15 (quinze) dias, durante o período anterior ao apurado para promoção. Destarte, o policial que tenha sofrido esse tipo de punição ficará impedido de ser promovido por antiguidade pelo prazo de dois anos. A parte final desse dispositivo, *"durante o período anterior"*, faz sentido porque ainda lidamos com atrasos nas apurações das promoções dos policiais civis e, portanto, caso a punição tenha ocorrido no curso ou posteriormente ao período apurado ela não se subsome ao inciso I do artigo 54 em estudo.

O inciso II, impõe que o policial não poderá ser promovido por antiguidade pelo prazo de 05 (cinco) anos quando houver sido punido com suspensão acima de 40 (quarenta) dias, ou seja, pela prática de falta grave devidamente apurada por meio do competente processo disciplinar (PAD ou SAD).

De igual modo, ficará impedido de ser promovido por antiguidade durante cinco anos o policial que tiver sido condenado por crime doloso (não inclui contravenção penal), mesmo que a sentença condenatória não tenha transitado em julgado.

Nessa senda, ressalta-se a necessidade de uma atenta instrução dos processos de promoção levada a efeito pelo Departamento Geral de Gestão de Pessoas, especialmente pelo Serviço de Promoções, para que não se olvide tais circunstâncias impeditivas, dentre outras.

27.3. Promoção como excedentes na categoria

O artigo 55, §§ 1° e 2°, trata de uma hipótese peculiar ao preenchimento das vagas de última classe e prevê a promoção de um número excedente de policiais, quando as vagas ocorridas durante a apuração anterior não alcançarem 5% (cinco por cento) do quantitativo de cargos que ordinariamente a compõem.

É indiscutível que a elevação funcional em estudo ocorre de acordo com o número existente de vagas, o que vale tanto para a promoção por antiguidade como para a promoção por merecimento, daí a importância de ter sido destacado alhures os quantitativos previstos na Lei Estadual n° 3.586/2001.

Portanto, o artigo 55 prevê que em relação à última classe deverá ser promovido em cada período de apuração pelo menos 5% (cinco por cento) do quantitativo de cargos que a compõem. Caso não haja a disponibilidade de tal número de vagas, mesmo assim serão promovidos policiais como excedentes até alcançar o referido percentual, observando-se as condições previstas nos parágrafos 1º e 2º.

Nesse diapasão, o Secretário de Estado de Polícia Civil editou a Resolução SEPOL nº 442, de 22 de dezembro de 2022, dispondo acerca da realização de promoção dos servidores excedentes na categoria de Delegado de Polícia de 1ª Classe, do Quadro Permanente da Secretaria de Estado de Polícia Civil do Rio de Janeiro.[227]

É de bom alvitre, contudo, ressaltar que essa Resolução SEPOL nº 442, de 22 de dezembro de 2022, tratou apenas das promoções à 1ª classe de Delegado de Polícia, para validade em setembro de 2022. Não obstante, as disposições do artigo 55 aqui estudadas abrangem os demais cargos, vislumbrando-se, assim, a possibilidade da edição de novas resoluções pelo Secretário de Polícia Civil.

27.4. Outras disposições acerca das promoções por antiguidade e merecimento

De maneira clara, o artigo 56 impõe ao Secretário de Estado de Polícia Civil efetivar a promoção dos indicados em lista, no prazo de 30 (trinta) dias, o que, sem dúvida, deverá ser respaldado pelas demais providências minuciosamente estudadas ao longo desta obra,

---

[227] Art. 1º - Fica autorizada a promoção para a categoria funcional de Delegado de Polícia à 1ª Classe do Quadro Permanente da Secretaria de Estado da Polícia Civil do Estado do Rio de Janeiro, na forma do art. 55 da LC 204/2022, no percentual de 2,5% (dois e meio por cento) do número de vagas fixadas em Lei, para a validade de setembro de 2022, resguardando o percentual residual para futuras promoções. Art. 2º - Tornar-se-ão transitoriamente indisponíveis para provimento da categoria na classe imediatamente inferior, os cargos cujo quantitativo corresponda ao de Policiais excedentes da classe final, na forma do disposto no parágrafo 1º do artigo 55 da LC 204/2022. Art. 3º - Os Policiais promovidos ficarão como excedentes na categoria, cujas vagas serão absorvidas na forma do disposto no parágrafo 2º do artigo 55 da LC 204/2022. Art. 4º - As vagas que ocorrerem no período de apuração, posteriormente às promoções referidas na parte final do artigo 1º, destinar-se-ão, primeiramente, à absorção dos excedentes na forma da Lei.

nomeadamente, pelas providências adotadas pelo Conselho Superior de Polícia.

Como fora destacado incontáveis vezes ao longo deste compêndio, a Lei Complementar n° 204/2022 preservou a vigência do Decreto Estadual n° 3.044, de 22 de janeiro de 1980, naquilo que não for conflitante com o seu texto.

Não por outra razão, o *caput* do artigo 57 prevê que a possibilidade, diríamos até uma necessidade, do Governador do Estado regulamentar, de forma mais específica, as promoções dos Policiais Civis, trazendo novos critérios, em consonância com o teor desta Lei Orgânica.

28. PROMOÇÃO POR BRAVURA E *POST MORTEM*

Art. 58 - Considera-se bravura a conduta do policial que resultar da prática de ato ou atos incomuns de coragem e audácia, bem como de trabalho técnico, investigativo e de solução de crimes de alta complexibilidade, no exercício de atividade operacional, e que, ultrapassando os limites normais do cumprimento do dever, representem feitos úteis às atividades policiais na manutenção da segurança e ordem públicas, pelos resultados alcançados ou pelo exemplo altamente positivo deles emanado, podendo constituir-se em motivo de promoção, independentemente do preenchimento de quaisquer outras condições.

§ 1º - Não será considerada conduta de bravura para os fins do *caput* a mera presidência ou prática de ato em inquérito policial, sindicância ou qualquer outro procedimento policial, independentemente do resultado obtido.

§ 2º - A promoção nos termos do *caput* determinará a ascensão funcional da classe ocupada pelo servidor na data de ocorrência do fato sobre o qual se requer o reconhecimento da bravura.

§ 3º Para os fins deste artigo, a Autoridade Policial competente, após registro minucioso do fato, apura a bravura por meio de sindicância sumária ultimada no prazo de 30 (trinta) dias, onde consignará todas as provas colhidas e oferecerá relatório conclusivo, para imediata remessa ao Departamento Geral de Gestão de Pessoas;

§ 4º Recebida a sindicância, o Departamento Geral de Gestão de Pessoas publicará em Diário Oficial e Boletim Interno, descrevendo o fato com todas as suas circunstâncias, a fim de que se habilitem no processo, no prazo de 10 (dez) dias contados da publicação, todos os policiais civis que tenham participado da ação, sob pena de preclusão;

§ 5º O ônus de comprovar todas as circunstâncias do ato que demonstrem os requisitos legais para reconhecimento da bravura e sua efetiva participação no evento incumbe ao requerente;

§ 6º Da decisão que indeferir o ingresso do policial civil na sindicância de que trata o inciso anterior cabe recurso ao Secretário de Estado de Polícia Civil;

§ 7º A bravura caracterizada nos termos deste artigo determinará a promoção do policial ainda que do ato praticado tenha resultado sua morte ou invalidez;

§ 8º A promoção a que se refere este artigo far-se-á automática e independentemente de vaga no Quadro Permanente da Polícia Civil considerando-se excedentes os cargos desta forma providos, enquanto não ocorrer vaga correspondente no Quadro Permanente da Polícia Civil;

9º As vagas preenchidas na forma do parágrafo anterior serão descontadas do quantitativo de cargos vagos apurados para promoção por antiguidade e merecimento imediatamente subsequente.

Art. 59 - A todos os integrantes do Quadro Permanente da Polícia Civil, inclusive Delegados de Polícia, ocupantes da última classe de cada categoria funcional, que não possam ser promovidos, inclusive *post mortem*, por motivo de bravura, fica assegurada e aos seus dependentes, além dos respectivos vencimentos de demais vantagens, a percepção de 20% (vinte por cento) dos vencimentos do cargo efetivo.

§ 1º - O percentual de 20% (vinte por cento) previsto no *caput* não será cumulável em caso de novos atos de bravura, exceto para o cargo de piloto policial.

§ 2º - O disposto neste artigo aplicar-se-á quando ocorrer invalidez permanente em decorrência de doença profissional ou acidente em serviço.

§ 3º - O Poder Executivo regulamentará sobre a cumulatividade percentual por atos de bravura para o cargo de piloto policial.

Insta salientar a legislação anterior à promulgação da Lei Complementar n° 204/2022. O conceito de bravura encontra-se disciplinado pelo artigo 217 do Decreto n° 3.044/80, bem como no artigo 2° da Lei Estadual n° 423/81, definindo-se nos seguintes termos: Considera-se bravura a conduta do policial que resultar da prática de ato ou atos não comuns de coragem e audácia, e que, ultrapassando os limites normais do cumprimento do dever, representem feitos úteis às atividades policiais na manutenção da segurança e ordem públicas, pelos resultados alcançados ou pelo exemplo altamente positivo deles emanado, podendo constituir-se em motivo de promoção, independentemente do preenchimento de quaisquer outras condições.

O *caput* do artigo 58 em comento, por sua vez, ratificou o conceito supramencionado, acrescentando que também serão considerados atos de bravura o trabalho técnico, investigativo e de solução de crimes de alta complexidade, no exercício de atividade operacional que ultrapassem os limites normais do cumprimento do dever e que, também, representem feitos úteis às atividades policiais na manutenção da segurança e ordem pública. Entretanto, ao teor do § 1° não será considerada conduta de bravura para os fins do *caput* a mera presidência ou prática de ato em inquérito policial, sindicância ou qualquer outro procedimento policial, independentemente do resultado obtido.

Em apelo contrário, as ações ou reações que decorrem do dever legal não são suficientes para caracterizar ato de bravura, bem como aquele que, embora denotem coragem, são praticados de forma involuntária e de inopino. Por exemplo, se um policial, inopinadamente, reage a um roubo e consegue neutralizar os criminosos com o fim de evitar danos à sua vida e a de terceiros, nem sempre será considerado ato de bravura. Em regra, nesses casos, os órgãos julgadores alegam que o policial não tinha outra opção a não ser reagir para preservar a sua própria vida, e acaba não sendo entendido como ato de bravura. Entretanto, como a realidade fática envolve inúmeras variáveis, a adequação do conceito de bravura deve ser feita caso a caso.

De todo modo, para a caracterização do ato de bravura, levam-se em conta os resultados alcançados em decorrência da ação do policial civil, apurados por meio de procedimento administrativo submetido ao Conselho Superior de Polícia e homologado pelo Secretário de Estado de Polícia Civil ou pelo Governador do Estado.

Nessa linha, o § 1º do artigo 58 a LC nº 204/2022 estabelece que a mera presidência ou prática de ato em inquérito policial, sindicância ou qualquer outro procedimento policial, não será considerada conduta de bravura.

Os efeitos da promoção por bravura estão previstos no § 2º do artigo 58 em estudo, segundo o qual a promoção disciplinada no *caput* implica na ascensão funcional da classe ocupada pelo servidor na data de ocorrência do fato sobre o qual se requer o reconhecimento da bravura.

Segundo o teor do § 3º, a apuração do ato de bravura deverá ser feita por meio de sindicância sumária, onde serão consignadas todas as provas colhidas com vistas à elaboração de relatório pela autoridade competente, cujo julgamento ficará a cargo do Conselho Superior de Polícia.

Na apuração do ato de bravura, deve-se verificar em que medida a ação do policial extrapolou o seu dever funcional, levando-se em conta o disposto no artigo 61 desta Lei Complementar, de onde se extrai que a atividade do policial civil, em regra, é exercida em condições especiais de risco, que prejudicam a saúde e a integridade física e mental do servidor.

É incontroverso que o perigo é inerente à atuação do policial civil, mesmo ele estando em horários de folga. Portanto, as ações consideradas normais do cotidiano do policial não são suficientes para caracterizar ato de bravura, razão pela qual a Administração deve promover uma minuciosa apuração antes de concluir pela concessão da promoção por bravura.

Na sindicância podem ser apuradas, além de ações meritórias individuais e pontuais, as ações contínuas de um policial ou de toda uma equipe que, ao longo de um período de investigação, se expuserem, voluntariamente, a um risco exacerbado, que extrapole o considerado normal, cujo trabalho alcance resultados positivos à Segurança Pública.

Uma minuciosa e correta apuração tende a evitar, por exemplo, que um ato de bravura seja estendido a policiais de uma unidade que apenas praticaram atos administrativos normais no curso do inquérito ou de outro procedimento administrativo, no âmbito das suas funções ordinárias e cotidianas.

À luz do § 4º do artigo 58 em estudo, compete ao Departamento Geral de Gestão de Pessoas, notadamente ao Serviço de Promoções, adotar as providências cabíveis para a preparação do processo de promoção visando à remessa ao Conselho Superior de Polícia para julgamento. Como já mencionado, o ato de bravura pode ser pleiteado por um ou por mais policiais no mesmo processo, cabendo a cada um deles fundamentar as circunstâncias alegadas para o reconhecimento do ato, de acordo com os requisitos legais, nos termos do § 5º do artigo 58.

A comprovação pode se dar por meio da juntada de documentos, da coleta de declarações ou qualquer outro meio idôneo de prova, com o fim específico de comprovar a participação do requerente no ato para o qual se estiver sendo pleiteado o reconhecimento de bravura.

O § 6º, na sequência, dispõe que da decisão que indeferir o ingresso de policial na sindicância que apura ato de bravura, cabe recurso ao Secretário de Estado de Polícia Civil. Tal previsão se coaduna com o teor do artigo 54 da Lei nº 5.427/2009, o qual impõe que *"das decisões proferidas em processos administrativos e das decisões que adotem providências acauteladoras cabe recurso"*.

Caso seja reconhecido o ato de bravura e concedida a respectiva promoção, devem ser observados os efeitos prescritos no § 8º do artigo 58 em análise, o qual disciplina que a promoção far-se-á automaticamente e independentemente de vaga no Quadro Permanente da Polícia Civil, considerando-se excedentes os cargos desta forma providos, enquanto não ocorrer vaga correspondente.

Por sua vez, o § 9º complementa que as vagas consideradas excedentes, preenchidas por servidores promovidos por bravura, serão descontadas no quantitativo de cargos vagos apurados para a promoção por antiguidade e merecimento imediatamente subsequente.

Salienta-se que, enquanto as promoções por antiguidade e merecimento dependem da existência de vaga no Quadro Permanente da Polícia Civil, a promoção por bravura se dará automaticamente e independente de vaga, podendo representar também um excedente os cargos desta forma providos, enquanto não ocorrer vaga correspondente no Quadro Permanente da Polícia Civil.

28.1. Promoção *post mortem*

Em uma análise mais ampla da legislação vigente, ressalta-se que a promoção *post mortem* encontra-se disciplinada nos artigos 219 a 222 do Decreto nº 3.044/80, as quais permanecerão em vigor até nova regulamentação.

Do artigo 219 do Decreto nº 3.044/80 extrai-se que *a promoção post mortem é efetivada quando o policial civil, independentemente de sua situação na lista de antiguidade, vier a falecer em uma das situações:* I - em ação de manutenção da ordem pública; II - em consequência de ferimento recebido na manutenção da ordem pública, doença, moléstia, ou enfermidade contraídas nesta situação, ou que nelas tenha sua causa eficiente; III - por acidente de serviço acrescentado pelo Decreto nº 4.912, de 20.11.81); IV - por ato de bravura.

No caso do inciso IV, promoção por bravura (*post mortem*) ficará assegurada aos beneficiários, além dos respectivos vencimentos e demais vantagens, a percepção de 20% (vinte por cento) dos vencimentos do cargo efetivo, como disposto no artigo 59 da LC nº 204/2022, comentado subsequentemente.

O artigo 220 do Decreto nº 3.044/80 disciplinas que "*a promoção por bravura, inclusive "post-mortem", far-se-á automática e independentemente de vaga, considerando-se excedentes os cargos desta forma providos, enquanto não ocorrer promoção regular dos beneficiários*".

Ressaltam-se ainda as disposições dos artigos 221 e 222 acerca da promoção *post mortem*: Art. 221 - *O policial será, também, promovido se, ao falecer, integrava o quadro de promoção, independentemente de sua posição no mesmo, consideradas as vagas existentes na data do falecimento.* Art. 222. *Para efeito de aplicação do artigo anterior, será considerado, quando for o caso, o último quadro de promoção em que o policial falecido tenha sido incluído.*

Pelo exposto, mesmo após o falecimento, há casos em que é garantida a promoção ao policial nas hipóteses supramencionadas, repercutindo pecuniariamente nos proventos recebidos pelo(s) beneficiário(os) do policial falecido, sem prejuízo do disposto no artigo 159 do Decreto nº 3.044/80[228].

28.2. Efeitos pecuniários das promoções por bravura de policiais ocupantes da última classe e *post mortem*

É indiscutível que a promoção consiste na elevação funcional do servidor à classe imediatamente superior, com exceção dos cargos singulares. Ocorre que, não raro, o servidor ocupante da última classe faz jus e vem a ser agraciado com a promoção por bravura, não havendo mais a possibilidade de ascender na carreira. Em tais casos, a recompensa será apenas pecuniária na ordem de 20% sobre os vencimentos do cargo efetivo.

De igual modo, no caso da promoção *post mortem*, decorrente de ato de bravura, se o servidor já ocupava a classe mais elevada da carreira quando faleceu, aos seus dependentes/beneficiários será assegurado o percentual de 20% (vinte por cento) sobre os vencimentos do cargo efetivo, conforme assegura o *caput* do Art. 59 desta lei complementar.

---

[228] Decreto nº 3.044/80 - Art. 159. Aos beneficiários do policial falecido em consequência de acidente ocorrido em serviço ou doença nele adquirida, é assegurada uma pensão mensal equivalente ao vencimento mais as vantagens percebidas em caráter permanente, por ocasião do óbito.

Assinala-se que em seu § 1°, o Art. 59 prevê que o aludido percentual de 20% (vinte por cento) não será cumulável em caso de novos atos de bravura, exceto para o cargo de piloto policial. Neste caso, a exceção concedida ao cargo de piloto se dá em razão de se tratar de cargo singular, ou seja, que não faz *jus* às promoções por merecimento ou antiguidade, sendo possível apenas a cumulação de promoção por bravura que repercute somente pecuniariamente.

Não obstante, o § 3° do mesmo artigo ordena que o Poder Executivo terá que regulamentar a cumulatividade percentual por atos de bravura para o cargo de piloto policial.

Noutro giro, o § 2° assegura o direito previsto no artigo 59, *caput*, aos policiais que passarem para inatividade por motivo de invalidez permanente em decorrência de doença profissional ou acidente em serviço.

29. DISPOSIÇÕES COMPLEMENTARES

Art. 60 - Para a fixação das unidades e do efetivo da Polícia Civil serão observados, dentre outros, os seguintes fatores:

I - classificação atribuída a cada unidade de polícia;

II - população, extensão territorial e densidade demográfica, com projeção quinquenal;

III - índice analítico de criminalidade e de violência.

§ 1° - A Polícia Civil determinará a classificação de cada uma de suas unidades.

§ 2° - A Polícia Civil definirá quadro setorial de lotação de cargos nas respectivas unidades, para a distribuição dos servidores, em conformidade com o disposto neste artigo.

§ 3° - O ato de criação de unidade policial civil deverá estabelecer a sua classificação.

Art. 61 - A atividade policial civil é considerada como atividade exercida em condições especiais de risco que prejudicam a saúde e a integridade física e mental.

Art. 62 - A Polícia Civil cultuará a sua memória desenvolvendo estudos e pesquisas, e divulgará a sua história e participação social através de atividades culturais que a integrem à sociedade, mantendo na Rua da Relação n° 40, Centro, Rio de Janeiro, o Centro Cultural da Polícia Civil – CCPC.

Art. 63 - O Estado oferecerá assistência jurídica e gratuita aos policiais civis, que no exercício de suas funções ou em razão delas, se envolvam ou sejam implicados em casos que demandem tutela jurídica, judicial ou extrajudicial.

Art. 64. Após o término do exercício do cargo de Secretário de Estado de Polícia Civil, a Instituição lhe facultará escolta policial pelo prazo de até 2 (dois) anos. (Alterado pela Lei Complementar n° 211, de 18 de outubro de 2023).

Parágrafo Único - Cabe ao Conselho Superior de Polícia a análise e concessão da prerrogativa estabelecida no *caput*, bem como do pedido para prorrogação excepcional do seu prazo.

Neste bloco de dispositivos, agrupamos os comentários alusivos aos artigos 60 a 64, que antecedem às disposições finais da Lei Complementar nº 204/2022, iniciando pelos critérios utilizados para a fixação das Unidades Policiais e do efetivo.

Considerando que a PCERJ, assim como outros órgãos e instituições, padece com a escassez de efetivo, em contrapartida ao aumento constante das demandas de trabalho, a Administração deve adotar medidas no sentido de adequar a distribuição do efetivo à classificação de cada unidade, seja ela operacional ou administrativa. Vejamos os três critérios objetivos: I - classificação atribuída a cada unidade de polícia; II - população, extensão territorial e densidade demográfica, com projeção quinquenal; e III - índice analítico de criminalidade e de violência. Além disso, a estrutura da Polícia Civil do Rio de Janeiro conta com diversos órgãos administrativos, que necessitam de efetivo adequado e especializado para a realização de suas atividades.

Quanto à classificação, a unidade poderá ser considerada de atividade especial, com a missão de cuidar de determinadas matérias ou tipos de delitos ou unidade distrital com a competência de atender a determinada circunscrição ou unidade distrital com atribuições genéricas de atendimento à população, relativamente à investigação criminal.

No artigo 61 encontra-se expresso que a *atividade policial civil é considerada como exercida em condições especiais de risco que prejudicam a saúde e a integridade física e mental do profissional*. É de suma importância que a legislação em comento tenha feito tal previsão, que embasa uma série de direitos e garantias dispensadas à categoria especial, com aposentadoria especial, por exemplo.

Na sequência, o artigo 62 trata da *memória institucional* da Polícia Civil, imprescindível para preservar a identidade da organização, que necessita manter um repositório de conhecimento público, como museu, biblioteca, arquivos, registros, principalmente quando se refere a uma instituição bicentenária como a PCERJ. Na realidade, a preservação da memória institucional da Polícia Civil do Rio de Janeiro ficará a cargo do Centro Cultural da Polícia Civil, primordialmente pelo Serviço de Cultura e pelo Museu.

Insta ressaltar, que a assistência jurídica e gratuita assegurada aos policiais civis no artigo 63 desta Lei Complementar não guarda relação com o Núcleo de Defesa Jurídica que integra a estrutura da Corregedoria-Geral de Polícia, como já fora destacado antes. Trata-se de mais um dispositivo que deverá ser regulamentado para efetiva aplicação.

Dando sequência, passamos ao artigo 64, que trata da escolta policial pelo prazo de até dois anos, oferecida, facultativamente, à autoridade que deixar o cargo de Secretário de Estado de Polícia Civil, cabendo ao Conselho Superior de Polícia a análise e concessão dessa prerrogativa, bem como o pedido de prorrogação do prazo.

Em razão da complexidade das atividades exercidas, ao Secretário de Estado de Polícia Civil e outros membros da Direção Superior é disponibilizada escolta policial enquanto estiverem no exercício do respectivo cargo. A inovação trazida pelo artigo 64 da LC n° 204/2022 é que, mesmo após deixar o cargo, o Secretário de Polícia Civil poderá usufruir dessa garantia, inicialmente pelo prazo de 1 (um) ano, podendo ser prorrogado, excepcionalmente, a critério do Conselho Superior de Polícia.

30. DISPOSIÇÕES FINAIS DA LEI ORGÂNICA

Art. 65 - A partir da publicação e vigência da presente Lei Complementar, o Secretário de Estado de Polícia Civil deverá adotar as medidas necessárias para a imediata composição originária do novo Conselho Superior de Polícia.

Art. 66 - As mudanças necessárias à organização ou reestruturação da Polícia Civil do Estado do Rio de Janeiro serão implantadas de forma gradativa, incluindo as regulamentações, de acordo com os preceitos desta Lei Complementar, em prazo não superior a 180 (cento e oitenta) dias.

Parágrafo Único - A Lei nº 3.586, de 21 de junho de 2001, que dispõe sobre a reestruturação do quadro permanente da Polícia Civil, deverá ser revista, em prazo não superior a 365 (trezentos e sessenta e cinco) dias, prevendo os seguintes assuntos, entre outros:

I -   a unificação dos cargos de inspetor de polícia e oficial de cartório, em oficial de polícia, de nível superior;

II -   a unificação dos cargos de técnico e auxiliar de necropsia, de nível médio;

III -   investigador policial, de nível superior.

Art. 67 - Toda medida estabelecida por esta Lei Complementar que resulte em aumento de despesa deverá ser implementada mediante legislação ou regulamentação específica, com o seu devido estudo de impacto e viabilidade orçamentária e financeira, conforme dispõe o artigo 113 do ADCT da Constituição Federal, com observância da Lei Complementar nº 101, de 4 de maio de 2000, e da Lei Complementar nº 159, de 19 de maio de 2017, e suas posteriores alterações.

Art. 68 - A Lei irá dispor sobre o Plano de Cargos e Carreira do Quadro Permanente da Polícia Civil.

Art. 69 - Aplicam-se ao regime disciplinar e aos recursos previstos nesta Lei Orgânica o Decreto-Lei n° 218, de 18 de julho de 1975, e subsidiariamente, no que não for conflitante, o Código de Processo Civil – Lei Federal n° 13.105, de 16 de março de 2015, o Decreto-Lei Estadual n° 220, de 18 de julho de 1975, o Decreto Estadual n° 2.479, de 8 de março de 1979 e a Lei Estadual n° 5.427, de 01 de abril de 2009.

Art. 70 - Concurso público, quando autorizado pelo Governador, poderá ser deflagrado para os cargos de Perito Legista ou Perito Criminal apenas para uma ou algumas das formações previstas em lei.

§ 1° - Será permitida a abertura de vagas especificamente para especialidades internas à medicina e à engenharia.

§ 2° - Quando da eventual abertura de novas vagas em número superior à prevista no edital, para Perito Legista ou Perito Criminal, a Administração não estará obrigada a seguir, para a convocação e observada a sua necessidade, a mesma proporção entre as especialidades internas definida para o preenchimento das vagas originárias do concurso.

Art. 71 - Aos Peritos Criminais e Peritos Legistas é assegurada a reserva de parte de sua carga horária exclusivamente para a redação de laudos, observados a carga horária semanal do servidor, a natureza dos exames periciais, a complexidade e o número de laudos do setor de perícias.

Parágrafo Único - A carga horária de que trata o *caput* será regulamentada por ato próprio.

Art. 72 - O policial civil, após a concessão da aposentadoria, poderá requerer os valores referentes às férias e a licença-prêmio não gozadas na ativa, desde que não utilizadas para contagem ficta do tempo de serviço para fins de aposentadoria.

Art. 73 - Revoga-se o artigo 23 do Decreto-Lei n° 218, de 18 de julho de 1975 e a Lei n° 1.500, de 21 de agosto de 1989.

Parágrafo Único - Até a edição de novo Decreto do Governador, os direitos e vantagens previstos na presente Lei Comple-

> mentar continuarão a ser regulamentados, no que couber, pelo
> Decreto Estadual n° 3.044, de 22 de janeiro de 1980.
> Art. 74 - Esta Lei Complementar entrará em vigor na data de
> sua publicação.

Do artigo 65 a 74 estão dispostas as regras necessárias à implementação das normas contidas substancialmente na Lei Complementar n° 204/2022, de onde se depreende que as mudanças na estrutura da Polícia Civil devem ser realizadas de forma gradativa.

Como já mencionado anteriormente, o artigo 65 dispõe que a partir da publicação e vigência da presente Lei Complementar, o Secretário de Estado de Polícia deverá adotar as medidas necessárias para a imediata composição do chamado novo Conselho Superior de Polícia, o que efetivamente já ocorreu por meio da Resolução Sepol n° 378, de 06 de julho de 2022.

O artigo 66, *caput*, impõe que as mudanças necessárias à organização ou reestruturação da Polícia Civil sejam implementadas de forma gradativa estipulando o prazo de 180 (cento e oitenta) dias para a elaboração de normas regulamentadoras. O parágrafo único, por sua vez, estipula um prazo maior (365 dias) para a alteração da Lei n° 3.586/2001, que cuida do Quadro Permanente da Polícia Civil.

Por ocasião da reestruturação do Quadro Permanente, deverão ser efetivadas as seguintes mudanças: I- a unificação dos cargos de inspetor de polícia e oficial de cartório, em oficial de polícia de nível superior; II- a unificação dos cargos de técnico e auxiliar de necropsia, de nível médio; III- investigador policial de nível superior.

Sobre a unificação de cargos mencionados no inciso I, é de bom alvitre lembrar que, anteriormente, a Lei n° 3.586/2001 promoveu significativas alterações nas nomenclaturas de diversos cargos da Polícia Civil, sendo relevante destacar o teor do artigo 4° que trata do Grupo III de Agentes de Polícia Estadual de Investigação e Prevenção Criminais, que passou a ser integrado pelas carreiras de Inspetor de Polícia, Oficial de Cartório Policial e Investigador Policial, além do cargo isolado de Piloto Policial.

Do parágrafo único do artigo 4° da Lei 3.586/2001 extraem as seguintes transformações:

I. os ocupantes de cargo de Detetive-Inspetor, Detetive, Técnico Policial de Telecomunicações e Técnico Policial de Laboratório, concorrendo à carreira de Inspetor de Polícia;

II. os ocupantes de cargo de Escrevente e Escrivão de Polícia, concorrendo à carreira de Oficial de Cartório Policial;

III. os ocupantes de cargo de Operador Policial e Telecomunicações, Motorista Policial, Fotógrafo Policial e Carcereiro Policial, concorrendo à carreira de Investigador Policial;

IV. os ocupantes de cargo de Piloto Policial, concorrendo ao cargo isolado de idêntica denominação.

Assim como a novel nomenclatura *"oficial de polícia"*, a mudança dos cargos de escrevente e escrivão de polícia para oficial de cartório policial causaram uma certa estranheza, uma vez que a nova denominação também era, até então, estranha à estrutura da polícia judiciária, entretanto, no ano seguinte foi considerada um avanço para categoria, uma vez que passou a exigir o diploma de curso superior para o ingresso na carreira, por força da Lei n° 4.020, de 06, de dezembro de 2002, o que também ocorreu para os cargos de Inspetor de Polícia e Papiloscopista Policial.

A unificação dos cargos de Inspetor de Polícia e Oficial de Cartório Policial, por sua vez, implicará na aglutinação das atribuições previstas para estes cargos no anexo V da Lei Estadual n° 3.586/2001, com a redação alterada pela Lei n° 4.368/2004[229].

Nesse diapasão, para melhor compreensão da unificação dos cargos de técnico e auxiliar de necropsia, de nível médio, pontuamos as relevantes alterações promovidas, anteriormente, pela Lei

---

[229] RIO DE JANEIRO. Lei Estadual n° 4.368/2004. Disponível em: https://leisestaduais.com.br/rj/lei-ordinaria-n-4368-2004-rio-de-janeiro-altera-a-denominacao-e-atribuicoes-genericas-da-classe-mais-elevada-dos-agentes-de-policia-estadual-de-investigacao-e-prevencao-criminais-do-quadro-permanente-da-policia-civil-do-estado-do-rio-de-janeiro-e-da-outras-providencias. Acesso em 13/09/2023.

n° 3.586/2001 no Grupo II do Quadro Permanente da Polícia Civil, relativamente aos Agentes de Polícia Estadual de Apoio Técnico-Científico, o qual passou a ser integrado pelo Cargo isolado de Engenheiro Policial de Telecomunicações e pelas carreiras de Perito Legista, Perito Criminal, Papiloscopista Policial, Técnico Policial de Necropsia e Auxiliar Policial de Necropsia.

Do parágrafo único do artigo 3° da Lei 3.586/2001 extraem as seguintes transformações:

I.   os ocupantes de cargo de Perito Legista ao cargo de igual denominação;

II. os ocupantes de cargo de Perito Criminal e Perito Auxiliar, à carreira de Perito Criminal;

III. os ocupantes de cargo de Engenheiro Policial de Telecomunicações ao cargo isolado de idêntica denominação; os ocupantes de cargo de Papiloscopista, concorrendo à carreira de Papiloscopista Policial;

IV. os ocupantes de cargo de Técnico de Necropsia à carreira de Técnico Policial de Necropsia;

V.   os ocupantes do cargo de Auxiliar de Necropsia à carreira de Auxiliar Policial de Necropsia.

Levando-se em conta o disposto no anexo V, da Lei 3.586/2001, a unificação dos cargos de técnico e auxiliar de necropsia prevista na Lei Complementar n° 204/2022 implicará na aglutinação das seguintes atribuições:

Técnico Policial de Necropsia	Auxiliar Policial de Necropsia
Exercer atividades de natureza repetitiva relativa à execução de trabalhos operacionais-complementares, na área de anatomopatologia, abrangendo a realização de necropsia e dissecação de cadáveres, sob supervisão direta de Peritos Policiais, bem assim conservação do material técnico, em qualquer órgão da Polícia Civil, compatível com suas atribuições; exercer outras atividades que forem definidas por lei ou outro ato normativo.	**Exercer** atividades de natureza repetitiva relacionada à remoção, lavagem e asseio de cadáveres, limpeza e conservação de necrotérios, em qualquer órgão da Polícia Civil, compatível com suas atribuições; **exercer** outras atividades que forem definidas por lei ou outro ato normativo.

Por fim, cumpre-nos destacar que a reestruturação do Quadro Permanente da Polícia Civil deverá atribuir o nível superior ao cargo de investigador de polícia, que atualmente exige apenas a formação de nível médio.

30.1. Responsabilidade fiscal e orçamentária

O artigo 67 da lei complementar em estudo se harmoniza com a Lei de Responsabilidade Fiscal (Lei Complementar n° 101, de 4 de maio de 2000), a qual estabelece normas de finanças públicas para a responsabilidade da gestão fiscal e dá outras providências, devendo ser rigorosamente observadas em relação a todas as medidas que resultem em aumento de despesa.

É importante ressaltar o entendimento do Supremo Tribunal Federal no julgamento da ADI 6.303, em que a Corte decidiu que lei de qualquer ente federativo que conceder benefício fiscal sem prévia estimativa de impacto orçamentário e financeiro viola o art. 113 do ADCT e é formalmente inconstitucional.

Nesses termos, o Supremo Tribunal Federal decidiu que o art. 113 do ADCT é aplicável a todos os entes federativos e a opção do constituinte de disciplinar a temática dessa forma explicita a prudência na gestão fiscal, sobretudo na concessão de benefícios tributários que ensejam renúncia de receita.

O artigo 113 do Ato das Disposições Constitucionais Transitórias (ADCT) foi incluído pela Emenda Constitucional n° 95, de 15 de dezembro de 2016, a qual instituiu o Novo Regime Fiscal, nos seguintes termos: ADCT: Art. 113. A proposição legislativa que crie ou altere despesa obrigatória ou renúncia de receita deverá ser acompanhada da estimativa do seu impacto orçamentário e financeiro.

A Lei Complementar n° 101, de 4 de maio de 2000, por seu turno, estabelece normas de finanças públicas voltadas para a responsabilidade na gestão fiscal e dá outras providências, a qual também deve ser observada por todos os entes federativos.

Do artigo 1°, § 1°, da Lei Complementar n° 101/2000, extrai-se o importante conceito de responsabilidade fiscal, *in verbis:* Artigo 1° (...) § 1o *A responsabilidade na gestão fiscal pressupõe a ação planejada e transparente, em que se previnem riscos e corrigem desvios capazes de afetar o equilíbrio das contas públicas, mediante o cumprimento de metas de resultados entre receitas e despesas e a obediência a limites e condições no que tange a renúncia de receita, geração de despesas com pessoal, da seguridade social e outras, dívidas consolidada e mobiliária, operações de crédito, inclusive por antecipação de receita, concessão de garantia e inscrição em Restos a Pagar.*

Além da observância das referidas normas, o artigo 67 em comento impõe a observância da Lei Complementar n° 159, de 19 de maio de 2017, que instituiu o Regime de Recuperação Fiscal[230] dos Estados e do Distrito Federal, principalmente pelo fato do Estado

---

230 De acordo com o glossário inserido no anexo VII do Decreto Estadual n° 48.359, de 07 de fevereiro de 2023, Regime de Recuperação Fiscal visa a auxiliar Estados e o Distrito Federal que, eventualmente, se defrontem com grave desequilíbrio fiscal. Em termos gerais, o RRF constitui estrutura legal que permite que estados em situação de desequilíbrio fiscal gozem de benefícios, como a flexibilização de regras fiscais, concessão de operações de crédito e a possibilidade de suspensão do pagamento da dívida, desde que a Unidade da Federação adote reformas institucionais que objetivem a reestruturação do equilíbrio fiscal.

do Rio de Janeiro ter aderido aos seus termos, estando em vigor um acordo de recuperação fiscal com a União.

Assim sendo, qualquer medida estatuída nesta Lei Complementar que represente aumento de despesa dependerá de legislação ou regulamentação específica, que se sujeitará a um estudo de impacto financeiro e viabilidade orçamentária.

30.2. Plano de Cargos e Carreira do Quadro Permanente da Polícia Civil

O artigo 68 da LC n° 204/2022 prevê que a lei irá dispor sobre o Plano de Cargos e Carreira do Quadro Permanente da Polícia Civil, consistente na definição das funções, requisitos e remuneração de uma instituição ou de um órgão. Esse plano tem como objetivo organizar e padronizar os cargos internos e garantir competitividade salarial em relação ao mercado. Já o quadro funcional é o conjunto de carreiras, cargos isolados e funções públicas remuneradas integrantes de uma mesma instituição e de seus órgãos internos.

Como já mencionado anteriormente, o Quadro Permanente da Polícia Civil é regido pela Lei Estadual n° 3.586/2001, cujas disposições permanecem em vigor, naquilo que não for conflitante com a presente lei complementar, sendo certo que o parágrafo único do artigo 66 desta lei complementar impôs a sua revisão em prazo não superior a 365 (trezentos e sessenta e cinco) dias.

30.3. Aplicação do regime disciplinar insculpido na legislação em vigor

O artigo 69 estabelece que se aplicam ao regime disciplinar e aos recursos previstos nesta Lei Orgânica o Decreto-Lei n° 218/1975 e, subsidiariamente, no que não for conflitante, a Lei Federal n° 13.105/2015 (Código de Processo Civil), o Decreto-Lei n° 220/1975, o Decreto Estadual n° 2.479/1979 e a Lei Estadual n° 5.427/2009.

Insta salientar que a Lei Complementar n° 204/2022 não dispõe sobre as regras do regime jurídico disciplinar, *v.g.* transgressões disciplinares, sanções e regras processuais, deixando essa matéria a cargo das normas acima mencionadas.

Atualmente, o regime jurídico disciplinar dos Policiais Civis do Estado do Rio de Janeiro encontra-se disciplinado no Decreto Estadual n° 218/75, regulamentado pelo Decreto n° 3.044/80. Subsidiariamente, os Policiais Civis submetem-se também ao regime disciplinar comum aos Servidores Públicos Civis do Poder Executivo do Estado do Rio de Janeiro, insculpido no Decreto n° 220/75, regulamentado pelo Decreto n° 2.479/79.

É cediço que os Decretos n° 218/75 e n° 3.044/80 são anteriores à Constituição Federal de 1988. Assim sendo, conquanto recepcionados, terão aplicação subsidiária, isto é, apenas visando à colmatação das lacunas verificadas na Lei Orgânica recém-promulgada, sendo que na hipótese de conflito aparente entre as normas das espécies legais supracitadas, isto é, em face de eventual antinomia, resolver-se-á mediante aplicação da regra veiculada na Lei Complementar n° 204/2022 (Lei Orgânica), tendo em vista o princípio cronológico, conforme o brocardo latino *"Lex posterior derogat legi priori"*, cuja previsão legal se acha no § 1° do art. 2° da Lei de Introdução às normas do Direito Brasileiro (LINDB).

De igual forma, considerando que o policial civil é servidor estadual vinculado ao Poder Executivo e, portanto, subordinado às regras gerais insculpidas no Decreto-Lei n° 220/75, que cuida do Regime Jurídico dos Servidores Públicos Civis do Poder Executivo do Estado do Rio de Janeiro, havendo conflito aparente entre essa norma e as disposições da Lei Complementar 204/2022, a superação de eventual antinomia se dará em razão da aplicação do princípio da especialidade, conforme a máxima latina *"Lex specialis derogat legi generali"*.

Em outra vertente, o mandamento do artigo 69 da LC n° 204/2022 impõe a aplicação subsidiária do Código de Processo Civil (Lei Federal n° 13.105, de 16 de março de 2015), pela sua natureza de norma cogente e subsidiária às legislações estaduais.

Já a aplicação da Lei n° 5.427, de 01 de abril de 2009, é imperiosa pelo fato de essa norma regular atos e processos administrativos, inclusive de cunho disciplinar, no âmbito do Estado do Rio de Janeiro, estabelecendo, em especial, a proteção dos direitos dos administrados e o melhor cumprimento dos fins do Estado, como disposto no seu artigo 1°[231].

Não obstante, é esperado que seja editada nova lei que venha dispor sobre um moderno regime jurídico disciplinar para os Policiais Civis do Rio de Janeiro, desta vez, sob as luzes constitucionais e com disposições mais adequadas à realidade da instituição, dos seus servidores e da sociedade.

30.4. Abertura de novos concursos públicos

À guisa de compreensão do disposto no *caput* do artigo 70 da Lei Complementar n° 204/2022, reitera-se o teor do artigo 21 da Lei n° 3.586/2001 (com nova redação dada pela Lei n° 4.375/2004), segundo o qual será exigido do candidato a Perito Legista o diploma de médico, odontólogo, farmacêutico ou bioquímico, devidamente registrado. Já para os candidatos ao cargo de Perito Criminal é exigido o diploma de curso superior em engenharia, informática, farmácia, veterinária, biologia, física, química, economia, ciências contábeis ou agronomia, devidamente registrado. Portanto, diversas são as especializações que habilitam o candidato a concorrer a uma vaga de perito.

A práxis demonstra que, muitas vezes, há carência de profissionais capacitados em determinadas áreas, mas na legislação anterior à Lei Orgânica da Polícia Civil não havia a previsão legal da abertura de concurso para perito em que fosse exigido apenas algumas especializações, em detrimento das demais, anteriormente mencio-

---

[231] Lei n° 5.427, de 01 de abril de 2009. Art. 1° - Esta Lei estabelece normas sobre atos e processos administrativos no âmbito do Estado do Rio de Janeiro, tendo por objetivo, em especial, a proteção dos direitos dos administrados e o melhor cumprimento dos fins do Estado.

nadas. A partir da LC n° 204/2022, passou a existir a possibilidade de abertura de concurso, fazendo constar no edital de algumas das formações exigidas em lei à luz desse artigo 70.

O § 1° especifica a possibilidade de abertura de vagas especificamente para especialidades internas à medicina e à engenharia, áreas de conhecimento em que, possivelmente, há maior carência de servidores.

O § 2° trata da hipótese de eventual abertura de novas vagas em número superior à prevista no edital do concurso para Perito Legista e Perito Criminal, em que tenham sido exigidas determinadas especialidades, proporcionalmente, especificadas no edital. Em tais casos, a Administração não ficará obrigada a seguir a proporção estipulada originariamente, utilizando-se do critério da necessidade para o preenchimento das novas vagas.

30.5. Carga horária dos Peritos Criminais e Peritos Legistas

O artigo 71 da Lei Orgânica dispõe que aos Peritos Criminais e Peritos Legistas é assegurada a reserva de parte de sua carga horária exclusivamente para a redação de laudos, observados a carga horária semanal do servidor, a natureza dos exames periciais, a complexidade e o número de laudos do setor de perícias. Esta é mais uma norma que depende de regulamentação e, portanto, ainda não produziu efeitos.

Consigna-se que a Lei Estadual n° 330, de 30 de junho de 1980 fixou a carga horária mínima de trabalho para os integrantes do Quadro Permanente na Polícia Civil em 40 (quarenta) horas semanais. Em seu § 1° do Art. 1° dispõe que em razão do regime jurídico do Serviço Policial Civil, com o qual é incompatível a percepção de gratificação de serviço extraordinário a qualquer título, mesmo em virtude da prorrogação do horário de trabalho estabelecido neste artigo, é vedada a atribuição dessa vantagem, própria do regime jurídico de outros funcionários, aos integrantes do Quadro do Serviço Policial Civil.

Portanto, os Policiais Civis, inclusive os Peritos Criminais e os Peritos Legistas, possuem carga-horária de 40 horas semanais, podendo exercê-las em regime de plantão.

Vale lembrar as competências dos Peritos Legistas e dos Peritos Criminais, previstas na Lei nº 3.586/2001, nestes termos:

Atribuições genéricas do Perito Legista: exercer atividades de nível superior e envolvendo supervisão, planejamento, coordenação, controle, orientação e execução de perícias médico-legais, no vivo e no morto e exames decorrentes, bem como o estabelecimento de novos métodos, técnicas e procedimentos de trabalho, em qualquer órgão da Polícia Civil, compatível com as suas atribuições.

Atribuições genéricas do Perito Criminal: exercer atividades de nível superior, envolvendo supervisão, planejamento, estudos, coordenação, controle, orientação e execução de perícias criminais, em geral, observadas as respectivas especialidades, bem como o estabelecimento de novas técnicas e procedimentos de trabalho, em qualquer órgão da Polícia Civil, compatível com suas atribuições.

Além dessas atribuições, compete também aos mencionados profissionais a elaboração dos laudos periciais, no âmbito de suas competências. O novel dispositivo autoriza aos Peritos Criminais e aos Peritos Legistas a reserva de parte da carga horária exclusivamente para a redação de laudos, respeitado o limite semanal de 40 horas. Essa medida possivelmente amenizará os problemas recorrentes de atraso na entrega de laudos, que vem ensejando punições administrativas aos servidores que deixam laudos pendentes de entrega após o prazo legal.

30.6. Requerimento após a aposentadoria de valores de férias e licença-prêmio não gozadas

O artigo 72 estabelece que, após a concessão da aposentadoria, o policial civil poderá requerer os valores referentes às férias e a licença-prêmio não gozadas na ativa, desde que não utilizadas para contagem ficta do tempo de serviço para fins de aposentadoria.

O direito ao gozo de férias e de licença-prêmio é garantido legalmente aos Policiais Civis, cujas regras já foram minuciosamente estudadas no capítulo próprio destes *Comentários*.

Como já ressaltado, não raro o servidor passa para a inatividade sem ter usufruído de todos esses direitos, restando a reparação pecuniária, por parte do Estado, como a única maneira de compensação pela inobservância da fruição desses direitos. Dessa forma, ao longo dos anos, essa compensação pecuniária vem sendo pleiteada pelos inativos por meio de ações judiciais, em razão da lacuna normativa sobre o tema.

Já comentamos anteriormente, mas vale a pena repisar, que o Poder Executivo Estadual editou duas importantes normas que cuidam do pagamento de férias e licenças-prêmio não gozadas, relativamente aos servidores que tenham rompido de algum modo o vínculo com a Administração, inclusive por aposentadoria.

Inicialmente, foi publicado o Decreto Estadual n° 48.243, de 04 de novembro de 2022, que regulamentou o pagamento, pela via administrativa, de indenização proporcional de férias aos servidores que romperam definitivamente o vínculo laboral com a Administração direta e indireta do Estado do Rio de Janeiro, quando detectada em encerramento de folha a existência de período de férias não gozado.

O referido Decreto disciplina sobre a base de cálculo para efeito de indenização de férias em encerramento de folha, prescrevendo que deverá ser considerado o último contracheque do servidor quando em atividade, incluídas as verbas de cunho eminentemente remuneratório e excluídas as parcelas indenizatórias e/ou eventual, daí o seu caráter proporcional.

Segundo o Decreto 48.243/2022 (artigo 3°, § 4°), o montante referente ao saldo de férias englobará a remuneração mensal, proporcional ao período aquisitivo apurado, e o terço constitucional correspondente, cabendo ao setor de pessoal de cada órgão ou entidade verificar quais os direitos não exercidos compõem o valor final a ser creditado.

No parágrafo seguinte, verifica-se que na hipótese de fruição parcial de férias com recebimento integral do terço constitucional, a indenização referente ao período não gozado de férias haverá de incluir apenas remuneração relativa a tal período, excluindo-se o terço correspondente.

O artigo 7° do mencionado decreto encerra que o pagamento de indenização de férias não gozadas em encerramento de folha deve ser realizado apenas quando, em virtude do rompimento do vínculo do servidor com a Administração Pública Estadual, não seja mais possível o gozo de férias.

Na sequência, o Poder Executivo Estadual publicou o Decreto n° 48.244, de 04 de novembro de 2022, dispondo sobre a conversão em pecúnia de férias ou licenças-prêmio não usufruídas, na hipótese de rompimento definitivo do vínculo funcional do servidor com o Estado do Rio de Janeiro.

De acordo com o preâmbulo do Decreto n° 48.244, de 04 de novembro de 2022[232], a sua edição ocorreu em razão de reiteradas decisões judiciais que reconheceram aos servidores o direito a terem suas férias e licenças-prêmio, cujos períodos não possam mais ser usufruídos, nem utilizados para contagem de tempo para aposentadoria, convertidas em pecúnia. A não conversão em pecúnia das férias e licenças-prêmio não gozadas pode configurar locupletamento ilícito por parte da Administração.

É importante que se destaquem as disposições do artigo 2° do Decreto n° 48.244, de 04 de novembro de 2022, relativamente ao prazo para o requerimento dessa indenização: *Art. 2° - O requerimento deverá ser efetuado dentro do prazo de 5 (cinco) anos contados da data da extinção definitiva do vínculo funcional com o Estado do Rio de Janeiro, seja em razão de aposentadoria, demissão ou exoneração.*

---

232   Artigo 1° - Fica autorizado o pagamento administrativo de caráter indenizatório e excepcional, a inativos ou ex-servidores da Administração Direta e Indireta do Estado do Rio de Janeiro de valores referente a férias e licenças-prêmio não gozadas enquanto em atividade, que não tenham sido utilizadas para contagem em dobro do tempo para fins de aposentadoria.§ 1° - O pagamento administrativo dos valores referidos no *caput* a inativo ou ex-servidor que tenha ingressado em juízo para o recebimento de referida indenização condiciona-se a efetiva e comprovada desistência da ação judicial respectiva.

Por todo o exposto, considerando que a aposentadoria configura um rompimento do vínculo do servidor com a Administração[233], para o cumprimento do disposto no artigo 72 em comento devem ser observadas as regras dos mencionados decretos n° 48.243/2022 e 48.244/2022.

30.7. Revogações expressas e aplicação do Decreto n° 3.044/80.

O artigo 73 desta Lei Complementar cuida de assunto que já foi mencionado, ao longo deste compêndio, a saber: a revogação expressa do artigo 23 do Decreto-Lei n° 218, de 18 de julho de 1975, relativamente às autoridades competentes para a aplicação das sanções disciplinares: advertência, repreensão, suspensão, demissão, cassação de aposentadoria e cassação de disponibilidade, passando a valer as regras dispostas no artigo 25 desta Lei Complementar, anteriormente comentado.

Também já foi repisada a revogação expressa da Lei n° 1.500, de 21 de agosto de 1989, que dispunha sobre o provimento por promoção na carreira de Delegado de Polícia e outras providências, passando as regras dispostas nesta Lei Complementar, em harmonia com o Decreto n° 3.044.80, o qual permanecerá em vigor naquilo que não conflitar com a novel lei orgânica, a disciplinar as promoções entre as classes das carreiras policiais, até que o assunto venha a ser objeto de regulamentação, por parte do Governador do Estado, com base no parágrafo único deste artigo 73 em comento.

De igual modo, é relevante o teor do parágrafo único deste artigo 73, o qual, ao dispor expressamente que os direitos e vantagens previstos na presente Lei Complementar continuarão a ser regulamentados, no que couber, pelo Regulamento do Estatuto dos

---

[233] Artigo 83, § 11 da CERJ (inserido pela Emenda Constitucional n° 90/2021: "A aposentadoria concedida com a utilização de tempo de contribuição decorrente de cargo, emprego ou função pública, inclusive do regime geral de previdência social, acarretará o rompimento do vínculo que gerou o referido tempo de contribuição".

Policiais Civis (Decreto n° 3.044/80), evitando, desta forma, vácuo legislativo que ensejaria inelutável insegurança jurídica.

30.8. Entrada em vigor da Lei Complementar n° 204/2022

O artigo 1° do Decreto-Lei n° 4.657/1942, alterado pela Lei Federal n° 12.376/2010 (Lei de Introdução às normas do Direito Brasileiro), dispõe que salvo disposição contrária, a lei começa a vigorar em todo o país quarenta e cinco dias depois de oficialmente publicada, sendo o lapso temporal entre a publicação da lei e o início de sua vigência denominado de *vacatio legis*, cuja finalidade consiste em tornar a lei nova conhecida.

Sobre esse dispositivo, acrescenta-se que o artigo 8° da Lei Complementar Federal n° 95, de 26 de fevereiro de 1998, que regulamenta o art. 59 da CRFB/88, dispõe que a vigência da lei será indicada de forma expressa e de modo a contemplar prazo razoável para que dela se tenha amplo conhecimento, reservada a cláusula "entra em vigor na data de sua publicação" para as leis de pequena repercussão.

Sem embargos, no caso em tela optou-se pela entrada em vigor da norma na data de sua publicação, portanto em 01 de julho de dois mil e vinte e dois.

31. CONCLUSÃO

Como percebido ao longo da obra, os autores integram o Quadro Permanente da Polícia Civil do Estado do Rio de Janeiro, cujas largas experiências profissionais e o apreço pela Instituição os levaram a interpretar e comentar todos os artigos da Lei Complementar nº 204/2022, denominada Lei Orgânica da Polícia Civil. Mais do que isso, ampliou-se o raio de estudo para cotejar a novel lei orgânica com as demais normas que se compaginam na regência dessa gigantesca e bicentenária instituição.

Alguns artigos, parágrafos e incisos mereceram posicionamentos doutrinários, notadamente no que se refere às funções de Polícia Judiciária; ao Sistema de Segurança Pública e à missão constitucional da Polícia Civil. De igual modo, os comentários alusivos à Corregedoria-Geral de Polícia, por exemplo, motivaram o enfrentamento de questões atuais necessárias à compreensão da atividade correcional. Para tanto, recorreu-se a renomados doutrinadores, bem como à jurisprudência dos tribunais superiores para entregar ao leitor a maior gama de informações possíveis à devida compreensão do funcionamento da PCERJ, à luz da lei complementar em apreço e de toda a legislação correlata.

Seria, no entanto, impossível alcançar o desiderato deste trabalho sem a abordagem dos diversos decretos e resoluções que ao longo de décadas regulam o funcionamento da instituição e a atividade dos seus servidores, sejam efetivos ou temporários, estáveis ou não estáveis.

Longe da presunção de ter esgotado a matéria, pretende-se que os *Comentários* sirvam como o norte para todos que desejem conhecer a estrutura e o funcionamento da Polícia Civil do Estado do Rio de Janeiro, bem como um manual atualizado para aqueles que já lidam e já conhecem todo o seu funcionamento visando facilitar-lhes eventuais consultas.

É de se destacar que os autores prestigiaram a melhor didática na disposição dos temas, optando pelo pragmatismo em alguns pontos, sem olvidar a complexidade dos dispositivos controvertidos. Na intenção de melhor atender aos anseios dos leitores, optou-se pela organização do sumário para facilitar eventuais consultas a temas pontuais.

Não menos importante é o fato de que a presente obra está atualizada, referindo-se aos mais recentes decretos e resoluções supervenientes à lei orgânica. Entretanto, como fora exposto nas disposições finais e transitórias, diversas inovações advindas da Lei Complementar nº 204/2022 e outras já existentes deverão ser regulamentadas ou alteradas por meio de lei e, consequentemente, por normas inferiores como decretos e resoluções.

É consabido que os policiais civis, de modo geral, anseiam pela implementação das vantagens pecuniárias acrescidas pela LC nº 204/2022, *v.g.* gratificações e os adicionais previstos no artigo 43 e seus parágrafos, dentre outros temas cujo prazo para a regulamentação das mudanças restou previsto no *caput* do artigo 66 da LC nº 204/2022, não superior a 180 (cento e oitenta dias), enquanto o prazo para revisão e alteração da Lei Estadual nº 3.586/2001 ficou estipulado em 365 (trezentos e sessenta e cinco dias), ao teor do parágrafo único do mesmo artigo. Como visto, esses dois prazos já se esgotaram sem que tenham sido efetivamente implementadas as mudanças advindas da Lei Orgânica.

No entanto, a necessidade de ulterior regulamentação mencionada, em nada obsta a utilidade desses *Comentários*, não apenas no que se refere ao conhecimento do que está vigendo, porquanto vários dos dispositivos da lei orgânica têm aplicabilidade imediata e eficácia plena, como também indica com clareza as lacunas legislativas e regulamentares.

Por fim, certos de que a liberdade de criar e de errar orbitam o mesmo espaço, os autores encerram nestas páginas o resultado de longos meses de trabalho, voltados à pesquisa e à hermenêutica da Lei Orgânica da Polícia Civil e da legislação correlata.

REFERÊNCIAS BIBLIOGRÁFICAS

AMARAL, Francisco. *Direito Civil: Introdução*, 6. ed. Editora Renovar.

ANSELMO. Marcio Adriano. *Investigação criminal pela Polícia Judiciária*/ Henrique Hoffmann Monteiro de Castro et al (orgs.), 2. ed. Rio de Janeiro, Lumen Juris, 2017, Capítulo 10. *Inquérito policial como instrumento de obtenção de provas.*

ATALIBA, Geraldo. *Sistema Constitucional Tributário Brasileiro*, Editora Revista dos Tribunais, 1968.

AULETE DIGITAL Disponível em: https://www.aulete.com.br.

BANDEIRA DE MELLO, Celso Antônio. *Regime constitucional dos servidores da administração direta e indireta*. 2. ed. rev. atual. e ampl. São Paulo: Revista dos Tribunais, 1991.

BANDEIRA DE MELLO, Celso Antônio *Curso de direito administrativo*. Colaboração de Carolina Zancaner Zockun, Maurício Garcia Pallares Zockun, Weida Zancaner Brunini. 36. ed. rev e atual Belo Horizonte: Fórum, 2023.

BARBOSA, Ruchester Marreiros. *Investigação criminal pela Polícia Judiciária*/Henrique Hoffmann Monteiro de Castro et al (orgs.). 2. ed. Rio de Janeiro, Lumen Juris, 2017.

BONAVIDES, Paulo Bonavides. *Curso de Direito Constitucional*, Editora Malheiros, 15. edição.

BRANCO, Paulo Braga Castello. *A análise da antijuridicidade da conduta pelo delegado de polícia, sob a perspectiva da teoria dos elementos negativos do tipo penal*. Revista Jus Navigandi, ISSN 1518-4862, Teresina, ano 18, n. 3609, 19 mai. 2013. Disponível em: https://jus.com.br/artigos/24487.

CARVALHO, Antonio Carlos Alencar de. *Manual de Processo Administrativo Disciplinar e Sindicância: à luz da jurisprudência dos Tribunais e da casuística da Administração Pública*. 4. ed. rev. atual. e aum. Belo Horizonte: Fórum, 2014.

CARVALHO FILHO, José dos Santos. *Manual de Direito Administrativo*. 15. ed. rev. amp. atualizada. Rio de Janeiro: Lumen Juris, 2006.

CARVALHO FILHO, José dos Santos. *Manual de Direito Administrativo*, 25. ed. São Paulo: Atlas, 2012.

CARVALHO FILHO, José dos Santos. *Manual de Direito Administrativo*. 36 ed. Barueri (SP): Atlas. 2022.

CARVALHO, Matheus. *Manual de direito administrativo*. 10 ed. rev. ampl. - São Paulo: JusPODIVM, 2022.

CASTRO, Henrique Hoffmann Monteiro de *Investigação criminal pela Polícia Judiciária*/Henrique Hoffmann Monteiro de Castro et al (orgs.), 2. ed. Rio de Janeiro: Lumen Juris, 2017.

CRETELLA JÚNIOR, José. *Dicionário de direito administrativo*. 3. ed. rev. e aum. Rio de Janeiro: Forense, 1978.

DAHL, Robert A. *Sobre a Democracia*, tradução de Beatriz Sidou. Brasília: Universidade de Brasília, 2001.

DICIO, Dicionário Online de Português. Porto: 7Graus, 2022.

DICIONÁRIO Michaelis. Disponível em: *https://michaelis.uol.br.*

DI PIETRO, Maria Sylvia Zanella. *Direito Administrativo*. 12. ed. Atlas, São Paulo, 2000.

DI PIETRO, Maria Sylvia Zanella. *Direito administrativo*. 35. ed. Rio de Janeiro: Forense, 2022.

FERREIRA, Aurélio Buarque de Holanda. *Novo dicionário da língua portuguesa*. 2. ed. Rio de Janeiro. Nova Fronteira. 1986.

GARCIA, Emerson *et al. Improbidade Administrativa*, 9. ed. São Paulo, Saraiva, 2017.

GARCIA, Ismar Estulano. *Procedimento Policial-Inquérito*, 6. ed. AB Editora, 1995.

GOMES, Amintas Vidal. *Manual do Delegado de Polícia*, 8. ed. rev. e atual. por Rodolfo Queiroz Laterza - Gen/Forense, RJ, 2013.

GUIMARÃES, Deocleciano Torrieri . *Dicionário jurídico*, 27 ed. são Paulo: Rideel, 2023.

LIMA, Claudio Roberto Paz, RICCIARDI, Marco Antonio Jr, FREITAS, José Ricardo Bento Garcia de. *Manual de Sindicância Patrimonial*: teoria e prática. Rio de Janeiro: Freitas Bastos, 2021.

LIMA, Claudio Roberto Paz, RICCIARDI, Marco Antonio Jr, FREITAS, José Ricardo Bento Garcia de. *Manual de Sindicância Patrimonial - apuração de enriquecimento ilícito* - teoria e prática. 2. ed., Rio de Janeiro: Editora Freitas Bastos, 2022.

LEME, Og Francisco. *Entre os Cupins e os Homens*, José Olympio Editora, RJ, 1988.

MAINIER, Paulo Enrique, Anderson Schreiber (et al,). *Controle de legalidade da administração pública: diálogos institucionais*. Indaiatuba: Editora Foco, 2022.

MANUAL DE POLÍCIA JUDICIÁRIA: *doutrina, modelos, legislação*, coordenador Carlos Alberto Marchi de Queiroz, São Paulo: Delegacia Geral de Polícia, 6. ed. 2010.

MARQUES, José Frederico. *Elementos de Direito Processual Penal*, vol. 1, 1. ed. 1961, Editora Forense.

MAXIMILIANO, Carlos. *Hermenêutica e Aplicação do Direito*, 19. ed. Forense, 2003.

MEIRELLES, Hely Lopes. *Direito administrativo brasileiro*. 22 ed. São Paulo. Malheiros, 1997.

MEIRELLES, Hely Lopes. *Direito Administrativo Brasileiro*. 28. ed. Malheiros Editores, atualizada por Eurico de Andrade Azevedo. Délcio Balestero Aleixo e José Emmanuel Burle Filho, 2003.

MEIRELLES, Hely Lopes. *Direito administrativo brasileiro*. 29. ed. atual. São Paulo: Malheiros, 2004.

MENDES DE ALMEIDA. Joaquim Canuto. *Princípios Fundamentais do Processo Penal*. São Paulo: Editora Revista dos Tribunais, 1973.

MIRANDA, Francisco Cavalcanti Pontes de. *Tratado de direito privado*, parte geral, Tomo I, atualizado por Judith Martins-Costa, Gustavo Haical e Jorge Cesa Ferreira da Silva. São Paulo: Ed. Revista dos Tribunais, 2012.

MIRANDA, Francisco Cavalcanti Pontes de. *Tratado de direito privado*, parte geral, Tomo IV, atualizado por Marcos Bernardes de Mello e Marco Ehrhardt. São Paulo: Ed. Revista dos Tribunais, 2012.

MORAES, Bismael Batista, *Direito e Polícia - Uma Introdução à Polícia Judiciária*, Ed. Revista dos Tribunais, SP, 1986.

MORAES, Rafael Francisco Marcondes. *Prisão em Flagrante Delito Constitucional*, Salvador, JusPodivm, 2018.

NUCCI, Guilherme de Souza. *Código de Processo Penal Comentado*. 8. ed. rev., atual. e ampl. 2ª tiragem, São Paulo: Editora Revista dos Tribunais, 2008.

NUCCI, Guilherme de Souza. *Manual de Processo Penal e Execução Penal*, 14. ed. 2017, RJ, Editora Forense.

NUCCI, Guilherme de Souza. *Segurança Pública*. Disponível em: https://guilhermenucci.com.br/seguranca-publica-um-dever-de-todos/.

ORTEGA Y GASSET. José, *Meditação da Técnica*, trad. Luís Washington Vita, Livro Ibero-Americano, R J, 1963.

O'DONNELL, Guillermo A. *Democracia Delagativa?* Novos Estudos Cebrap, n° 31, p. 25-40, 1991. Disponível em: biblio.fflch.usp.br/O_Donnell_GA_5_824139_DemocraciaDelegativa.pdf.

PECES-BARBA. Gregorio, *Los Derechos Humanos y Los Deberes, in Diccionario Crítico de Los Derechos Humanos*, pág. 43 a 56, Universidad Internacional de Andalucía. Sede Iberoamericana, Impresión y encuadernación: Impre-Or, España, 1. ed.

PEIRCE, Charles Sanders. *Sobre Uma Nova Lista de Categorias*, tradução Anabela Gradim Alves, Universidade da Beira Interior, Sec. 4. Disponível em: http://www.bocc.ubi.pt/pag/peirce-charles-lista-categorias.pdf.

PERAZZONI, Franco. *Investigação criminal: conduzida por delegado de polícia - comentários à Lei 12.830/2013*, coordenadores: Eliomar Pereira da Silva, Sandro Lúcio Dezan, Curitiba, Juruá Editora, 2013.

PEREIRA. Eliomar da Silva. *Introdução ao Direito de Polícia Judiciária*, vol.1, BH, Ed. Fórum, 2019.

PÉREZ LUÑO, Antonio E., *Los Derechos Fundamentales*. Disponível em: https://pt.scribd.com/document/497160975/1-Perez-Luno-Los-Derechos-Fundamentales-1.

PIMENTEL Júnior. Jaime, *Revista de Direito de Polícia Judiciária | BRASÍLIA | ANO 1, N. 2 | p. 9-47 | JUL-DEZ 2017*. Disponível em: https://doi.org/10.31412/rdpj.v1i2.507.

REALE, Miguel. *Direito Natural/Direito Positivo*. Editora Saraiva, São Paulo, 1984.

REALE, Miguel. *Lições Preliminares de Direito*, 27. ed. 4ª tiragem, Editora Saraiva, 2004.

REALE, Miguel. *Filosofia do Direito*, Ed. Saraiva, SP, 19. ed. 2. tiragem, 2000.

SANTOS. Mário Ferreira. *Dicionário de Filosofia e Ciências Sociais*, Editora Matese, 1965.

SLAIBI FILHO, Nagib. *Direito Constitucional*, 3. ed. Rio de Janeiro: Forense, 2009.

SOUSA, João Pedro Galvão, GARCIA, Clovis Lema e CARVALHO, José Fraga Teixeira. *Dicionário de Política*, verbete: ordem pública, TA Queiroz Editor, SP, 1998.

TÁVORA, Nestor e ALENCAR, Rosmar Rodrigues. *Curso de Direito Processual Penal*, 12. ed. rev. e atual, Salvador, JusPodivm, 2017.

TORNAGHI, Hélio. *Instituições de Processo Penal*. Vol. 2. 2 ed. Editora Saraiva, 1977.

TORRES, Ricardo Lobo. *Curso de Direito Financeiro e Tributário*, Renovar, RJ, 8. ed. 2011.

TOURINHO FILHO, Fernando da Costa. *Manual de Processo Penal*, 4. ed. São Paulo: Editora Saraiva, 2002.

WERNER, Guilherme Cunha. *Investigação criminal: conduzida por delegado de polícia - comentários à Lei 12.830/2013*, coordenadores: Eliomar Pereira da Silva, Sandro Lúcio Dezan, Curitiba, Juruá Editora, 2013.